हरित भाषा

हरित भाषा

वाणी
पृथ्वी

के. वनजा

वाणी प्रकाशन

प्रकाशन के उत्कृष्टतम 63 वर्ष

vaniprakashan.com

सजिल्द प्रथम संस्करण : 2026

वाणी प्रकाशन
4695, 21-ए, दरियागंज, नयी दिल्ली-110 002
फ़ोन : + 91 11 23273167, 23275710
शाखाएँ
अशोक राजपथ, पटना-800 004, बिहार
कॉफ़ी हाउस कैम्पस, महात्मा गांधी मार्ग, प्रयागराज-211 001, उत्तर प्रदेश
महात्मा गांधी अन्तरराष्ट्रीय हिन्दी विश्वविद्यालय, वर्धा-442 001, महाराष्ट्र
sales@vaniprakashan.in
vaniprakashan@gmail.com

Harit Bhasha
by K. Vanja

ISBN : 978-93-6944-222-5
Criticism

मूल्य : ₹ 675

आर. टेक ऑफ़सेट, दिल्ली-110 032 में मुद्रित

वाणी प्रकाशन का लोगो मक़बूल फ़िदा हुसैन की कूची से

अकाल में मुझे छोड़कर चले गए
स्वर्गीय मेरे प्रिय भाई विजयन को

मेरी भाषा

मेरी भाषा हरित है। जब कभी मेरे हाथ में जो भी किताब आती है तो मैं उस किताब की हरित भाषा को तलाशती हूँ। अब खुद मैं अपने को ढूँढ़ने लगी। तब मेरी आत्म पहचान यह हुई कि मैं एक प्रतिरोधात्मक लोकदृष्टि रूपायित कर चुकी हूँ। उस दृष्टि में आज के डरावने और हिंसात्मक वातावरण का सामना करने का साहस पूर्ण कदम है। वह अहिंसा का है, शान्ति का है, वैविध्य का है। वह प्रकृति के चेतन और अचेतन को उपयोगिता की दृष्टि से देखने की नहीं है। उनमें निहित चैतन्य और ऊर्जा को देखने की है। उन सबसे निर्मित एक सर्वसमावेशी शक्ति की है। वह शक्ति आज दूनिया भर व्याप्त अधिनायकवादी शक्ति से लड़ सकती है। वह आज की अनिवार्यता है।

इस पुस्तक में कई विषयों एवं कृतियों से सम्बद्ध कर कई प्रकार के बिखरे हुए मेरे चिन्तनों को समाहित है। लेकिन उन सबके मूल में निहित वह हरित तत्व याने कि प्रकृतिबोध पाठक को नये सिरे से सोचने का रास्ता प्रशस्त करे तो यह मेरे सम्बन्ध में एक अहम बात है। लघु और गुरु के बीच की खाई यहाँ नष्ट हो जाती है। यहाँ कई लघु संस्कृतियाँ सभी प्रकार के सरहदों को शालीनता से तोड़कर एक महानद बनने की उम्मीद में हैं। वह लोकतन्त्रीयता की सदाशयदा को मज़बूत करती है।

'हरित भाषा' शीर्षक किताब में मेरे शुभ चिन्तकों के आशीर्वाद भरे पड़े हैं। इस पुस्तक को प्रकाशित करने केलिए तैयार हुए भले मानस वाणी प्रकाशन, दिल्ली के प्रबन्ध निदेशक अरुण माहेश्वरी को हृदय से आभार प्रकट करती हूँ।

–के वनजा

अनुक्रम

रेत-समाधि : प्रकृति आधारित स्त्री दर्शन और उपन्यास का भारतीय फॉर्म

रेत समाधि गीतांजलीश्री के बिखरे हुए चिन्तनों की कलात्मक अभिव्यक्ति है। अपनी जीवन-यात्रा के इस पड़ाव तक आकर समाज से जो कुछ वे कहना चाहती हैं वे सब इसमें दर्ज हैं। विनाश के कगार पर खड़ी दुनिया को बचाने का मूलमन्त्र सदृश हैं ये चिन्तन। सुनहले भविष्य केलिए इनकी सख्त ज़रूरत है। चिन्तन दार्शनिक व्याख्यायें बनकर हमसे संवाद करते हैं। पददलित स्त्री, माँ, भूमि और आज की सच्चाई को पहचानने वाले हर विवेकी व्यक्ति के डर और आशंकाएँ इस उपन्यास में दर्ज हैं। वैविध्यपूर्ण जैवसत्ता की इस धरती को मानने मात्र से मनुष्य जीवन सफल बनता है। अथवा मनुष्य की पूर्णता प्रकृति के साथ मिलने पर ही सम्भव हो जाती है। इसके लिए आवश्यक सबसे बड़ी चीज़ प्रेम है। उस प्रेम में रेत-समाधि को हिलाने की शक्ति है। यादें वह प्रदान करती हैं। अतीत हमें ठोस जड़ें प्रदान करता है। जब समाधि से जगकर तीनों कालों को श्रृंखलाबद्ध करता है तब महान कृति जन्म लेती है। आज की व्यवस्था की जीर्णता के सामने सवाल उठाने के लिए मज़बूत भूत की अनिवार्यता है। याने कि स्मृतियों की अनिवार्यता है। वे यादें तीव्र प्रणय अथवा प्यार की हिचकियों की होनी चाहिए। वे मिट्टी, हवा और प्रकृति की ख़ुशबू की होनी चाहिए। यहाँ अस्सी साल की औरत अपनी स्मृतियों के संबल पर अपनी मिट्टी की तलाश केलिए निकलती है, अपने बचपन को जहाँ उसने बिताया, उस मिट्टी में समा जाने के आग्रह में और अपने शौहर के साथ बितायी प्यार से सनी स्मृतियों को ताजा कर उससे एक बार मिलने के लिए। वर्तमान इस प्रेम की गहराई को समझता नहीं है। आज मनुष्य कई प्रकार की सीमाओं से बन्धित है। इन सीमाओं को लाँघने के लिए प्यार और प्रकृतिबोध को घोलकर साहसपूर्ण व्यक्तित्व का निर्माण करना है। उपन्यास के अन्त तक आते ही हमें अवगत होता है कि आज की संस्कृति का

निर्माण ज़रूर स्त्री और प्रकृति केन्द्रित होना है। वही तो इस हिंसात्मक, संघर्षपूर्ण एवं आशंका भरे वातावरण के लिए शान्तिमन्त्र जैसे काम करेगा।

उपन्यास में गीतांजली अपने बिखरे हुए चिन्तनों के द्वारा उपर्युक्त संस्कृति को प्रतिष्ठित करने की सफल कोशिश करती हैं। एक रचना को उसके समाजशास्त्रीय अध्ययन तक सीमित करना सही नहीं है। उसके भाषा और शिल्प भी उसे क्लासिकल बनाने में सबसे सशक्त भूमिका निभाते हैं। रचना शब्दों से निर्मित है। शब्द अर्थों को ध्वनित करता है। एक ही शब्द सन्दर्भ, काल और देश के अनुसार अर्थभेद एवं आशयभेद का अनुरणन करता है। वह गद्य को काव्यात्मक अनुभूति प्रदान करता है। वह अनेक गम्भीर विचारों को सूक्ष्मता से तालबोध के साथ हमारा पीछा करता है। वाक्य की संरचना नया पाठ सृजित करती है।

तीन भागों (पीठ, धूप, हद-सरहद) में विभक्त है यह उपन्यास। अपने शीर्षकों के अनुरूप ये भाग अर्थ प्रदान करते हैं। शुरुआती दोनों भाग सरहद को पार करने में आवश्यक पृष्ठभूमि तैयार करते हैं। ज़िन्दगी के अन्तिम पड़ाव तक पहुँची हुई माँ सारी की सारी सरहदों को पार करना चाहती है। उसकी फल सिद्धि केलिए उपन्यासकार पारम्परिक कथाख्यानों एवं संरचनाओं को तोड़ने में समर्थ बनती हैं। उपन्यास में आदि से अन्त तक वह माँ अपने लक्ष्य और सोच में अड़िग रहती है। पति की मृत्यु के उपरान्त अपनी शय्या को छोड़ने में तैयार न होनेवाली माँ। वह हठ के साथ पीठ दिखाकर दीवार की तरफ अपनी सारी इन्द्रियों को अपने वश में कर समाधिस्थ अवस्था में लेटती है। ज्येष्ठ पुत्र सरकारी अफ्सर है, उसके क्वार्टर में रहती है तो भी संयुक्त परिवार के सारे के सारे अनुशासनों एवं खुलापन के साथ परिवार व्यवस्थित है। पुत्र, बहु और पोता से वह परिवार बनता है। पीठ दिखाकर लेटना मतलब सभी से पृथक होकर और रूठकर लेटना नहीं है। सभी सरहदों को पार करने केलिए ध्यान निरत होकर अपनी अस्मिता एवं देह में प्रवेश कर अपनी आन्तरिक शक्ति को मज़बूत करने केलिए अतीत के तीव्र प्रेम के साथ अपने को मिला देती है। अपने प्रेमी पति और अपनी जन्मभूमि से जो अटूट एवं कलंक रहित प्यार है उसे वह जागृत करना चाहती है। अभी तक वह सुप्तावस्था में पड़ी हुई थी। रेत से आच्छादित सुप्त और दमी पड़ी अपनी कामनाओं को बाहर कर उससे अर्जित ऊर्जा को जगाने का एक प्रतिरोध मात्र था उसका यह लेटना।

शय्या को छोड़कर अपनी छडी का साथ लेकर अपने को कल्पवृक्ष घोषित कर दूसरे रोगियों एवं निरालम्बों को अनुग्रहाशिष देकर मोचन मुक्त करती है। उसका यह रूप असल में पीठ देकर जब शय्या में साधनानिरत थी उससे प्राप्त शक्ति से बना

हुआ है। अवकाश प्राप्त होनेवाले बेटे के क्वार्टर को छोड़कर नये फ्लैट की ओर शिफ्ट होने की नौबत आ गई तो एक दिन माँ ग़ायब हो गई, माँ के साथ अपने घर में संभालकर रखी बुद्ध की मूर्ति भी। सरहद को पार करने की उसकी वह पहली कोशिश असफल हुई।

"धूप" दूसरा भाग है। उसमें सहजीवन बितानेवाली बेटी के फ्लॉट में माँ शारीरिक दुर्बलताओं को सही करने और बेटे की शिफ्टिंग प्रोसस से बचने केलिए आकर रहने लगी। बेटी सभी प्रकार के स्वातन्त्र्य से जी रही है। वह फ्रीलान्सर लेखिका है। समय और किसी प्रकार की दफ्तरी अनुशासन की परवाह करने की ज़रूरत नहीं है। वही स्वातन्त्र्य माँ भी चाहती है। इसलिए संयुक्त परिवार की चहरदीवार को पार कर स्वातन्त्र्य की धूप से अपने को समृद्ध एवं हरिताभा से आवेष्टित करती है। यह उपन्यास इन दो स्त्रियों की कहानी है। उपन्यासकार शुरु में ही कहती हैं–"दो औरतें, एक माँ, एक बेटी, एक छोटी होती, एक बड़ी होती, एक हँस कर कहती कि मैं दिन प्रतिदिन छोटिया रही हूँ दूसरी दुखी होती पर न कहती कि वा देख रही है वो रोज़ बुरा रही है।" यहाँ माँ अपने लक्ष्य और विश्वासों पर अड़िग रहती है तो बेटी कभी विचलित होती दिखाई देती है। माँ को धूप में बिठाती है। माँ किसी न किसी प्रकार अपनी शारीरिक दुर्बलताओं को दूर करना चाहती है। माँ केलिए बेटी माँ बनकर पूरा संरक्षण देती है, इस दुनिया में माँ से बढकर गर्वित होने में उसे कुछ नज़र आता नहीं है। बेटी पूर्णत: अपने को माँ केलिए समर्पित करती है। माँ उस घर में जो ऊर्जा है उससे आनन्दित होने लगी। पौधे लगाती है, मिट्टी को स्पर्श करती है, धूप और माँ परस्पर एक टाटक देखते बैठती हैं। प्रकृति के साथ घुली मिली बनती है माँ।

ज्येष्ठ के घर पर पहले ही विशेष अवसरों पर आकर आशिष देनेवाली हिजड़ा माँ से लम्बे समय तक बातें करती बैठती थी। यहाँ आकर उन दोनों के बीच का रिश्ता सभी सीमाओं को लाँघता है। दोनों मिलकर बाहर जाते हैं, भविष्य को बनाने केलिए तैयारियाँ करते हैं। एक ही साथ रोसी और रजामास्टर बनकर लिंगस्वत्व की पहचान में असमर्थ बननेवाले एक हिजड़े का आत्मसंघर्ष व्यक्त करता है। लेकिन लिंगस्वत्व रखनेवाली माँ की जीवनेच्छाओं को प्रज्वलित कर दृढ़ निश्चय के साथ आगे बढ़नेवाले दोनों मित्र यह दिखाना चाहते हैं कि बूढ़ापे में भी ज़िन्दगी जीकर समाप्त करने के लिए है। याने कि जीवन की हर अवस्था में जीवन का आस्वादन करना है। रोसी की मृत्यु ने जो आघात माई को पहुँचाया उससे मुक्त होना अत्यन्त कठिन कार्य था। लेकिन मित्रता की गहराई बूढ़ापे में जीवन पर्यन्त अपने साथ होगी।

उन दोनों ने मिलकर पाकिस्तान जाने की जो तैयारी की थी उसे सार्थक करने केलिए माँ ने पाकिस्तान जाने का निर्णय अपनी सन्तानों को जताया। बूढ़ापे में माँ की इच्छा को पूर्ण करने को बच्चे तैयार हुए।

माँ बेटी मिलकर पाकिस्तान पहुँचते ही चन्द्रप्रभा देवी उर्फ़ चन्द्रा की आरम्भिक जिन्दगी का अनावरण हुआ। यह यात्रा अपने प्रथम पति अनवर तक पहुँचने की यात्रा है। याने कि अपनी पूर्ण पहचान की तलाश की यात्रा है। वे भारत विभाजन के पहले 1870 के अधिनियम के अनुसार विवाहित थे। विभाजन के वक्त हिन्दुओं को भारत की ओर आना पड़ा उस वक्त जबरन दोनों को अलग किया गया। चन्द्रा को अनवर सदा केलिए नष्ट हो गया। भारत में आकर दुबारा उसको शादी करनी पड़ी। पाकिस्तान पहुँचे माँ-बेटी की वीज़ा के अभाव में सुरक्षा के कानूनों की वजह से गिरफ्तारी हुई। लेकिन सुरक्षा सेना के सामने वह हिम्मत के साथ यह व्यक्त करती है कि उसकी मिट्टी यह है। उसका शौहर अली अनवर पाकिस्तान का है। उससे मिले बिना उसकी वापसी सम्भव नहीं है। वहाँ प्रकृति उसे सुनने केलिए साथ देती है। याने कि जब अपनी दास्तान का अनावरण माँ करती है, तब बेटी, सुरक्षा सैनिक भारत से आया कौआ, वहाँ की अनेक तितलियाँ, पाकिस्तान का तीतर सब सुनने में एकत्र हुए। माँ का सरहद सम्बन्धी जो व्याख्यान है वह इस उपन्यास का आत्मांश ही है। अन्त में सभी सरहदों को पार कर अली अनवर से चन्द्रा की मुलाकात बेहद मर्मस्पर्शी है। सालों से लकवाग्रस्त होकर वह शय्यावलम्बी है। उस स्नेहमिलन में चन्द्रा भावविभोर होकर स्मृतियाँ दिलाने में समर्थ अनेक रागों का संगीत अनवर को सुनाती है, बीती कहानी को सुनाती है, अभी तक मिलने न आने केलिए माफी माँगती है, अनवर के मुँह से भी माफी का शब्द निकला। लेकिन बाहर निकली माँ की हत्या की गई सैनिक द्वारा। उसने जिस प्रकार उस मिट्टी में समा जाना चाहा वही हुआ। बेटी बूढ़ी होकर अपने साथी के.के. के प्रति जो प्यार है उसे याद कर विरहिणी के रूप में वहाँ समाप्त हुई। माँ जब सरहद को पार करने में सफलता प्राप्त करती है तो वह बेटी के सामने सरहद बनता दिखाई देती है। लेकिन बेटी अन्त में अपनी पहचान को समझती है।

उपन्यास के कथानक के सारसंग्रह से यह ज़ाहिर है कि उसमें कई विषयों एवं विमर्शों का अनावरण हुआ है। बीसवीं शताब्दी की सबसे बड़ी दुर्घटना है भारत विभाजन। उस विभाजन की स्मृतियाँ देते हुए उसकी शिकार बनी माँ सरहदों को पार करते हुए सरहद की परिभाषा देती है। यह भी नहीं हिन्दू-मुस्लिम एकता पर बल देती है। दूसरी ओर स्त्री विमर्श के तहत उपन्यास का विवेचन करना अनिवार्य

है। वृद्धविमर्श को भी हम अलगा नहीं सकते। पर्यावरणीय चिन्ता लेखिका को उपन्यास में हमेशा सताती सी दिखाई देती है। वह भी नहीं जैवबोध एवं प्रकृतिबोध मुख्य आधार दृष्टि बनकर उपन्यास में विद्यमान है। इसलिए वैविध्य को आत्मसात करनेवाले इस उपन्यास को कई दृष्टियों से मंथन-मनन करना अनिवार्य है। लेकिन इस समाजशास्त्रीय व्याख्या की मूल दृष्टि प्रकृति और स्त्री केन्द्रित है, उसपर आधारित एक संस्कृति को प्रतिष्ठित किया जा रहा है। इस वैविध्यपूर्ण कथानक एवं कई जीवन-दर्शानों को पिरोकर निर्मित इस उपन्यास से यह उपनिषदीय सवाल पूछा जा सकता है कि वह इतिहास और परम्परा एवं धरती के निर्माण केलिए कौन सा योगदान देता है? सचमुच इस सवाल का जवाब ढूँढ़ने पर उपन्यास की सार्थकता प्रकट हो जायेगी और बुकर सम्मान के लिए वह क्यों योग्य बन गया, इसकी वजह भी प्राप्त हो जायेगी।

इतिहास बनाम परम्परा

क्या रेत समाधि इतिहास के लिए कुछ देने में असल में समर्थ हुआ? एक साहित्यिक सृष्टि गहराई से विचार करे तो एक इतिहास है, वह अनुभवों से सम्बन्धित संवेदना है, थलें एक दार्शनिक बिन्दु पर साधन बनते हैं। हम देखें कि यह उपन्यास हमसे इन विषयों पर कैसे संवाद करता है।

उपन्यास स्मृतियों से गठित है, वे स्मृतियाँ चन्द्रप्रभा की स्मृतियाँ हैं। वर्तमान की रेत अपने पति की मृत्यु के साथ धीरे-धीरे हिलने लगी। सुप्त पड़ा अतीत अपनी समाधि से जाग उठा। तब अपनी मिट्टी से विस्थापित चन्द्रा को उसी मिट्टी की ओर वापस जाने की अदम्य इच्छा जागृत हुई। यह उसकी दबी हुई इच्छा थी। जब अवसर अनुकूल बन गया तो उसकी पूर्ति केलिए वह पूर्णत: अपने को सुसज्जित करती है। वहाँ से भारत-पाक् विभाजन के इतिहास की स्मृतियाँ ताजी होती हैं। इतिहास कुछ नेता लोगों का ही नहीं बल्कि इतिहास जो घटित हुआ वह है। तब उन सारे के सारे अकिंचनों का है जो यहाँ ज़िन्दा थे। इतिहास सम्बन्धी नयी व्याख्या भी उपन्यासकार देने में सक्षम निकले। चन्द्रा, रोसी जैसे कितने लोगों को इतिहास के पन्नों में दर्ज करना है। याने कि ऐसे कितने अकिंचनों की ज़िन्दगी की सच्चाईयों को इतिहास के साथ जोडना है। इतिहास के बाहर हैं अनेक अथवा अनेकों की स्मृतियाँ।

सबसे पहले इस ओर ध्यान देना चाहिए कि उपन्यासकार भारत विभाजन सम्बन्धी हिन्दी-उर्दू की प्राय: सारी की सारी रचनाओं को माँ-बेटी मिलकर बाघा बोर्डर पर जब पहुँचती तो याद करती हैं। देखिए–"वाधा आ गये तो गाथा ड्रामा

और कथा पार्टीशन। छोटी होती औरत का ये कारनामा है कि हर कहानी होती ही है पार्टीशन स्टोरी-प्यार मोहब्बत हसरत हौसला दर्द बिछोह ख़ौफ़ कटाई। ज़ाहिर में हाज़िर नहीं तो फज़ा में रूहें हैं फिरती। या बैठतीं क्योंकि एक लाइन में लेखकगण आ बैठते हैं और जैसे फ़ॉर्मल डिनरों पर हर शख्स के भागे उसके नाम का कार्ड रखा होता, यहाँ भी लगे हैं। भीष्म साहनी। बलवन्त सिंह। जोगिन्दर पॉल। मंटो। राही मासूम रज़ा। शानी। इन्तज़ार हुसैन। कृष्णा सोबती। ख़ुशवन्त सिंह। रामानन्द सागर। मंजूर एहतेशाम। राजिन्दर सिंह वेदी। इतने कि गिनते रह जाओ। अगल बगल से एक्टर उनपर नट नटिनी की तरह अपने जिस्म बलखाते झुकाते सामने पड़ती लाइनों को पढ देते हैं। मोहन राकेश का गनी अपने मलबे पर बैठता है।" (पृ-267)

इधर उपन्यासकार यह जताना चाहती हैं कि ये सब भारत-पाक् विभाजन पर आधारित उपन्यास हैं, ये उस इतिहास प्रसिद्ध घटना का अपने अपने पात्रों के ज़रिये मंचन करते हैं। वे इतिहास के पात्र हैं, उन पात्रों के बीच अपने उपन्यास के पात्र भी आ मिले। वे भी उस इतिहास को बुनने में कड़ी बनते हैं। यहाँ इस ऐतिहासिक घटना के पात्र चार कहानियों के माध्यम से विभाजन के समय मिट्टी से उसकी विस्थापन की कहानी पेश करते हैं। पहली कहानी "कहानियाँ" है। फुल्का बनाती स्त्री को कुछ पट्टाधारी घसीटकर ट्रक में कुछ लडकियों के साथ ले जा रहे हैं। कई दिन-रात कैसे-कहाँ जा रही है, कोई पता नहीं है, पूर्ण रूप से वे बन्दी हैं। मोहल्ले में आग लगी गई। इन लड़कियों को खाना-पीना कभी कुछ मिलता तो अच्छा होता। कुछ बोलना मना है। अनवर की निशानी के रूप में बड़े कैदखाने से एक उजडी बुद्ध की मूर्ति उठा ली। अनवर के संग उसने अजायबघर में ऐसी मुर्ति देखी। दूसरी कहानी "मूर्ति और वो लड़की" हैं। इस कहानी में ट्रक में ट्रावल करने वाली लड़कियों के एक झुंड की दर्दभरी कहानी है। खुद जंगल में लड़कियों को रोटी बनाना पडी। बाथरूम जाने की सुविधा नहीं है। रेगिस्तान से यात्रा करते वक्त हवा की तेज झोंकें खानी पड़ीं। दिन में धूप थी। चंदा मूर्ति को संभालकर रखती है। रेल की पट्टरी में अगली यात्रा की प्रतीक्षा, फिर लोरी में। लड़कियाँ रोती कलपती हैं। इसी बीच में सिसकती हुई एक छोटी लड़की को भी एक हाथ में दूसरे हाथ में मूर्ति थामे चन्द्रा भागती है। तीसरी कहानी "रेतसमुन्दर" में थर मरुप्रदेश से होकर उनकी दुष्कर यात्रा का वर्णन है–"इतनी हवा। इतनी रात। हम उसमें तैर रही थीं। हाथ पैर मारती, किसी तरह अपने को डूबने से निकाले रखने में लगीं। बच्ची न छूट जाए, मूर्ति न बह जाए, मैं न डूब जाऊँ। रेतीली लहरों को पानी की तरह काटते बाजू। पानी जलजला" (पृ. 307) इसप्रकार रेत समुद्र में लड़कियाँ तैरती रहीं। चौथी कहानी में

"डूबों का होना" उस रेत समुद्र में डूबी लड़कियाँ बेहोश पडीं। जब आँखें खोली तो चन्द्रा एक अस्पताल में थी। बुखार आदि से पीडित थी, कुछ लड़कियाँ चल बसीं, कुछ बच गईं। उसकी मूर्ति बगल में मेज़ पर। वह छोटी लड़की जो रोसी है वह दिखाई नहीं देती।

इन कहानियों के माध्यम से भारत विभाजन के वक़्त अपने प्रिय जनों के बीच से कैसे लोग घसीटे गये और दूसरी मिट्टी में पहुँच गये, इसका अतिदारुण चित्र खींचा गया है। यह भारत के इतिहास में दर्ज है। उस इतिहास के अनेक पात्रों में एक है चन्द्रा भी। इसे इतिहास बनाने केलिए उपन्यासकार ने और एक घटना जो पेश की वह उसका सही प्रमाण बनकर हमारे सामने आती है। उन दिनों मेमोरी यानी स्मृति का बाज़ार गरम था याने कि माँ और बेटी जब पाकिस्तान गईं उन दिनों में। दुनिया की हर यूनिवर्सिटी हर रिसर्च संस्था में मेमोरी को लेकर बयानबाने चल रही थी। कुछ यूनिवेर्सिटीस और रिसर्च संस्थायें पर सेमिनारें चला रही थीं, भारत के बुद्धीजीवी भी उसकी देखा देखी में स्मृति सेमिनारस एवं प्रोजेक्ट्स तैयार करने में लगे हुए थे। दिल्ली में नेहरू लैब्ररी का रिसर्चर भी लगा हुआ था। पुराने अखबार, पुरानी पत्रिकाओं के ख़ज़ाने को टटोलते टटोललते उसकी आँखें भटकीं और पड गयीं पुराने अखबार की एक कतरन पर। सनसनीखेज की वह ख़बर थी कि सीमा को लाँघते हुए दिल्ली की अस्सीसाला नारी बिना वीज़ा के पैदल सीमापार पुराने प्रेमी की खोज में। तब उसने उससे जुडी हुई ख़बरें पढना शुरु कीं। तब और एक ख़बर नुज़र में आई–"खैबर पश्तून में बुरी फँसीं दो हिन्दुस्तानी महिलाएँ" और थे अंग्रेज़ी में–"Additional Solicitor General Submits that the Indian High Commission in Islamabad has written to the Pakistan Government, but the court could not issue any order in the matter and the court accepted the contention.-P- 356 तब इसके आगे के सिलसिले में बूढ़ी माता के बड़े बेटे ने न्यायालय में अपील की, कोई उचित निर्णय नहीं हुआ, दोनों सरकारों के बीच में लडाई चलती रही। और भी कई सुर्खियाँ मिलीं कि "चन्द्रप्रभा देवी उर्फ़ चंदा के दावे", "चढी जवानी दादी नू" आदि। इसप्रकार रिसेर्च स्कोलेरस में कुछ दिनों तक अखबारों में आई ख़बरों के आधार पर बड़ी औरत और छोटी औरत की चर्चायें चलती रहीं। अब उसे याद करनेवाला कोई नहीं है। इसका मतलब इतिहास की वह घटना कुछ दिनों तक चर्चा का विषय रही थी, बाद में समाधि में चली गई। रेत को निकालने पर वह बाहर आएगी। यह इसलिए इतिहास है। इस इतिहास में सकारात्मक पक्ष यह है कि यह प्रेम की

हिचकियाँ भी पैदा करता है, साधारणतय: दिखाई पडनेवाली नकारात्मक स्मृतियाँ इसमें नहीं हैं। इसलिए प्रेम से याद की जानेवाली किताबें, प्रेमी तथा पाकिस्तान क्रिकेट, नोस्टाल्जिया, अतीत-विरह आदि इतिहास के अंग बनकर आते हैं। यह पाकिस्तान में खैबर नामक स्थान में जहाँ संघर्ष चलता है वहाँ घटित हुआ।

इतिहास और परम्परा केलिए रेत-समाधि ने क्या दिया? इसका जवाब ढूँढ़ते समय धरती के लिए क्या दिया, यह सवाल भी उठता है। उपन्यास में प्रकृति दर्शन, स्त्री-अस्मिता एवं स्वतन्त्रता, वृद्ध जीवन, हिजड़े का जीवन, जीवन में प्रेम का महत्त्व, सरहद की परिभाषा कई जीवन दर्शन, साहित्य सम्बन्धी मान्यतायें, पारिवारिक जीवन आदि बड़ी महत्त्वपूर्ण बातें हैं।

प्रकृति दर्शन

रेत समाधि में प्रकृति दर्शन की भूमिका बड़ी है। मनुष्य और पूरी धरती के बने रहने अथवा भविष्य में उसके अस्तित्व सम्बन्धी बुनियादी सवाल उपन्यास में बुलन्द है। एक मनुष्य स्वतन्त्र कोशिकाओं से निर्मित है। इनको कम समय तक हो स्वतन्त्र अस्तित्व। जाने-अनजाने इनके साथ की जानेवाली कोशिश से "मैं" रूपी मनुष्यशरीर बना रहेगा। वैसे ही हर व्यक्ति जब जाने-अनजाने मिलकर काम करते तो मनुष्य समूह बनता रहेगा। यदि मनुष्य समूह एक साथ काम करते तो पूरी मनुष्यता बनी रहेगी। हर व्यक्ति अपने आपको वश में करना आत्मविश्वास है। "A good book is the life-blood of a master spirit embalmed and treasures up for a life beyond life."– John Milton. इस दृष्टि से देखा जाए तो रेत समाधि प्रकृति दर्शन को सामने रखते हुए मानव जीवन को बनाए रखने में इसकी ज़रूरत पर बल देता है। आधुनिकता ने मनुष्य को प्रकृति से अलग कर दिया। प्रकृति से जब मनुष्य अलग हुआ तो वह अकेला एवं अरक्षित महसूस होने लगा। प्रकृति हमें सामूहिकबोध प्रदान करती है। धरती के समस्त जीवजन्तुओं अथवा जड़ चेतन के परस्पर लेन-देन एवं आशय-विमिय में ही धरती का अस्तित्व निर्भर है। प्रकृति दर्शन के मूल में भौमसदाचार एवं साकल्यता की नीति है। परस्पर मानकर, स्नेह-सम्मान के साथ जीना है इस धरती में। तब संघर्ष एवं हिंसा का माहौल शान्त हो जाएगा। व्यक्ति केन्द्रीयता और मनुष्य केन्द्रीयता आधुनिकता में बाकी सबके शोषण की वजह बनीं। मनुष्य सबको अपने उपयोग एवं उपभोग केलिए तो समझता है। अपनी सुविधा और सुखभोगों केलिए किसी का भी नाश करने केलिए मनुष्य तैयार हो जाता है। तब संकुचित मन का शिकार बननेवाला मनुष्य कई प्रकार के

सरहदों की सृष्टि करेगा। इन सरहदों को स्नेह के साथ पार करने पर मनुष्य-मनुष्य, देश-देश, धर्म-धर्म और कितने भी भेदभाव हो वे सब समाप्त हो जाएँगे। इसके लिए मिट्टी और प्रकृति से ऊर्जा को ग्रहण करना है। तब प्रेम, साहस, आत्मविश्वास, शान्ति, सामूहिकता जैसे मूल्यों को आत्मसात किया ज़ायेगा। इसका सबल दृष्टान्त है यह कृति।

गीतांजली श्री अपनी रचना में कहती हैं कि रचनाकार को रचना करने के लिए प्रकृति के प्रांगण में प्रवेश करना है। इस दुनिया में प्रत्येक का स्रोत प्रकृति है, कला, साहित्य, विचारधारायें सबों का। "प्रकृति क्या ख़ूब हैं। दुनिया भर की अभिव्यक्ति वहाँ। बस प्रकृति से लय पकड़नी है। दिल जान हवा के हवाले। बादल घुमडे तो नायिका का दिल बादल और मेघदूत। कलियाँ चिटकीं तो पाव थिरके और चैतन्य महाप्रभु। ओस की बूँद में टैगोर को दिखा ब्रह्मांड। हव के ठहराव में अरस्तू का जागा, फलसफा।" (पृ. 172)

इस उपन्यास में "धूप" नामक दूसरा भाग सचमुच यह ज़ाहिर कर रहा है कि प्रकृति याने कि धूप कैसे मनुष्य जीवन के जागरण एवं विकास के लिए सहायक बनती है। बन्द अवस्था में थी माँ पुत्र के घर के जीवन काल में, बिलकुल एक बेहोश अवस्था में। यहाँ आकर शारीरिक एवं मानसिक रूप से वह तंदुरुस्त बनी। बेटी के फ्लॉट के खुले एवं स्वतन्त्र परिवेश में माँ अपने को छोटा करने लगी। माँ और धूप परस्पर देखती बैठती हैं। माँ मिट्टी में हाथ लगाने लगी। बालकणी में पौधे लगाने लगी। माँ युवा बनती आ रही है। प्रकृति का वह सामूहिक रूप हुसैन के चित्र में है वह अपनी अम्मा में बेटी देखने लगी–"बेटी को मज़ा आ रहा है। अम्मा अपने आप चलने लगी है और देखे कैसे लहर बाहर से घर की परिक्रमा करती है। ये क्या है? हुसैन के प्रिंट्स? अपनी माँ को ढूँढ़ते हैं? माँ को कभी नहीं जाना, अपने चित्रों में उनकी कल्पना घोलते रहे? वाह कला करिश्मा! और ये? ये बस्तर वासियों के जानवर हैं। उनके यहाँ पशुपक्षी पुरुष प्रकृति एक, सबकी रक्षा, सबकी इज्जत एक। वाह।" (पृ. 137) इधर समस्त जीवजन्तुओं की समता एवं समान अस्मिता सम्बन्धी उपन्यासकार के विचार गूँजते हैं और समस्त कला एवं मनुष्य का प्रेरणास्रोत एवं ऊर्जा प्रकृति है यह रेखांकित किया गया है।

मनुष्य वैविध्यपूर्ण प्रकृति में आनन्द अनुभव करता है। यहाँ माँ हिजड़ा रोसी से रम जाने का मतलब इस वैविध्य की स्वीकृति है। प्रकृति की सन्निकटता से ही लेखन पूर्ण बनता है। देखिए एक कहानी उपन्यासकार हमसे कहती हैं–"शहरों की भूरिभूरि बुराई पर उनके जीवन की धुरी। मैं तो निकल जाऊँगी, मुझे कुछ नहीं

चाहिए, बस मेरा क़लम, काँपी, दो किताब और प्रकृति। निकल गयीं इन्हें लेकर किसी जंगल के डाकबंगले में अपना उपन्यास लिखने। सुहानी पहाड़ी पर बंगला, हवाघर सा कमरा, अकाश में टंगा। खोला क़लम काग़ज़, बैठ गई कि अब तो नयी जान आएगी, जान ही जान। आयीं। नयी जान ही जान। क्योंकि हवाघर में जहाँ हवा बेधड आती जाती है वहाँ हवा के संग हर कुछ आने जाने लगता है। शुरु तो शुरु की बेला से होती है। लेखिका विभोर मन अपना आदर्श मुजस्समा खुलता देखा कियें । हर हवाई झोंके के साथ पत्ते डंडी धैले किरचें गुलेब माफ़िक अन्दर। वाह जंगल, वाह प्रकृति, उनका क़लम सुखलम जियलम। मगर थे वो फौरन न जान पायीं कि प्रकृति, मरी वस्तु नहीं, हवाघर ताबूत नहीं। यहाँ तो सब ज़िन्दा। और जो नहीं वो लहका पा जी उठाये। जैसे लाश नया पौधा उगये। स्मृति अनजियी कहानी उठाये। आदि इत्यादि। प्रेरणा से प्रेरित लेखिका को न आँखों पे हो विश्वास, न कानों पे, न अपने कूढ मंगल पे कि अब तो जो है वही ज़िन्दा है। जिसे वो मिट्टी को लोंदा समझ रही हैं कोई कीडा है जो अचानक दौड़ने लगा। पत्ता पंखों वाला जीव निकला। टहनी तक, जहूनियों को जोड के बने छोटे बच्चे की पहली ड्राईंग सा, एकदम से दीवार पर पलट कर चल दिया। और तो और ऊपर छत में छुपम छुपाई खेलते चूहों ने ऊपर से ही कोरा काग़ज़ देख अपने लिखे भर दिया छपक्क। लेखिका को काटो तो खून नहीं। हवा वह गयी, ऊपर की ऊपर, नीचे की नीचे। फड़कती ज़िनदगाती फिज़ा में मरीं तो वही, अगर कोई। प्रकृति से प्यार गया तेल बेचने, और शहर से नफरत की याद यों तडपी जैसे नफरत प्यार का पर्याय। (पृ. 156)

उपर्युक्त कहानी में प्रकृति प्रत्येक सृजन को संवारती है, बनाती है। आज नगर संस्कृति व्यापार की और नफरत की है। लेकिन इसके प्रतिरोधी संस्कृति के रूप में खुली प्रकृति की सामूहिकता एवं स्वातन्त्र्य, प्रत्येक जीव-जन्तु की अस्मिता की मान्यता आदि से प्रकृति की जीवन्तता को बनाये रखना आज की ही नहीं भविष्य केलिए भी अनिवार्य है। इसी जीवन्त प्रकृति के संस्पर्श से माँ सजग हुई। सोचने एवं अपने को पुष्पित करने लगी। इसके लिए आवश्यक वातावरण बेटी ने माँ को प्रदान किया। उपन्यासकार का दर्शन यह है कि मनुष्य की पूर्णता प्रकृति से मिल जाने पर है–"कोशिकाएँ मिलती हैं। वजूद तैयार होता है। एक इन्सान का, एक समूह का, एक अंग का, अंग प्रत्यंग का। और जो आधा इन्सान और आधा पेड़ मिल जाएँ तो वो भी समग्र वजूद। या बड़े और कौवा। अम्मा और छडी। रोज़ी और नदी। बेटी और पड़ी। (पृ. 222)

इसलिए होगा गीतांजली श्री ने कौआ, तीतर, तित्तलियाँ आदि को उपन्यास के पात्र बनाए। पुराने समय से लेकर हमारे साहित्य में यह परम्परा चलती आ रही थी कि पक्षियों एवं जानवरों से कथा कहलवाने की। पंचतन्त्र जैसी कहानियाँ, शुक-शुकी संवाद, काक भूशुंडी संवाद, हीरामन तोता जैसे कितने उदाहरण प्राप्त हैं। लेखिका की राय है कि हम आज उनकी भाषा समझते नहीं हैं, क्योंकि हम उनसे दूर गए। हिन्दुस्तान और पाकिस्तान की दोस्ती की कहानी कौआ ने ज्येष्ठ से कहा। तीतर और कौआ के बीच की दोस्ती, खैबर में नफरत के बदले में प्रेम की कहानी सब ज्येष्ठ से कौआ ने कहा। कौआ की जो संवेदना है उसने उसे माँ-बेटी के साथ खैबर पक पहुँचाया। माँ-बेटी का साथ दिया उसने सदा, जो ज्येष्ठ के अकेलापन का मित्र है। खैबर में माँ की प्रेम कहानी सुनने केलिए विविध वर्णों की तित्तलियाँ उसकी झडी पर आकर बैठीं। पाकिस्तानी तीतर ने भी किसी शत्रुता के बिना उसका साथ दिया। तीतर की मृत्यु पर कौआ को जो गहरा दुख हुआ और तीतर की मृत्यु के उपरांत कौआ ने उसकी जगह तक पहुँचकर जो भी कार्य किया ये सब जीवजन्तु-जगत् की स्थिति को समझाने के लिए है। कौआ हमेशा ज्येष्ठ के साथ इस अवकाश प्राप्ति के अवसर पर भी रहने का निश्चय करता है। मनुष्य और जीव जन्तुओं के बीच की अवस्थिति की अनिवार्यता आगामी जीवन को सामूहिक बनाने में अनिवार्य है, यह सिद्ध करती हैं उपन्यासकार।

आधुनिक युग में प्रकृति से मनुष्य के अलगाव को यों उपन्यास में अंकित है–"किसी को क्या पता कि वो काँव-काँव भाषा में बड़े से सांत्वना और हिम्मत दिलाने के ये शब्द बोला भी। खुद बड़े को नहीं पता। क्योंकि ये त्रासदी नहीं तो क्या कि इन्सान दूसरे जीवों की भाषा भूल गये हैं। ये सब अहंकार का मसला है। इंसानों को अपने ज्ञान पर इतना भरोसा है कि उसमें वो फूल गये हैं, ज्ञान सीमित रह गया है।" इधर माँ-बहन के नष्ट होने पर ज्येष्ठ को कौआ स्वांत्वना देता है। उनकी पूरी कहानी उसे कह सुनाता है। लेकिन ज्येष्ठ उसकी भाषा समझता नहीं है। क्योंकि आधुनिकता सभी प्रकार के ज्ञान परोसती है मनुष्य के बोधोदय केलिए। मनुष्य को जो ज्ञान मिला वह भौतिक ज्ञान है, उसमें वह मदोन्मत्त है। लेकिन वह ज्ञान प्रकृति से दूर ले जाकर प्रकृति का उपयोग कर विकास करने का है। वह प्रकृति से मिलकर जड़-चेतन में व्याप्त शक्ति तत्व को पहचानकर हरित आध्यात्म को प्रज्वलित करने का नहीं है। इसलिए लेखिका इस प्रकृति दर्शन पर पूरा भरोसा कर उसपर दुनिया को प्रतिष्ठित करने की कोशिश करती हैं।

वर्तमान में प्रकृति एवं पशु-पक्षी की दुरवस्था पर उपन्यासकार चिन्तित हैं। अतीत और वर्तमान के अन्तर उनके इन शब्दों में प्रकट है–"पहला खवरी कौआ था। जो किसी को पता नहीं क्योंकि वो ज़माना गया जब परिंदा देखकर कोई जान लेता ये जयंत है और जटायु जो सीता को पहचान कर राम को तफसील देगा, इत्यादि। पेड़, आसमान, नदी, पक्षी सबकी इज्जत सीमेंट में मिल चुकी है। पानी है बदबू का नाला आसमन धुएँ का पटल, पक्षी गर कौआ तो चोरने आया या मल मूत छींटने।" (पृ. 193) धरती में सबका अपमान हो रहा है। यहाँ प्रत्येक की पहचान की रखवाली अवश्य होनी चाहिए। लेकिन आधुनिकता ने इस जैविक यथार्थ एवं धरती के सन्तुलन को अनदेखा कर दिया। यहाँ कौवे को उपन्यास के मुख्य पात्रों में एक कर दिया उपन्यासकार ने। कौवे मनुष्य से ज़्यादा आज के प्रदूषण और प्रकृति विनाश के प्रति चिन्तित हैं। उनकी भी मीटिंग होती है। उनके सामने का भी मुख्य मुद्दा विज्ञान के नाम पर प्रदूषण फैलानेवाली तरक्की है। वे बदलते मौसमों और विज्ञान परस्त इन्सान द्वारा उनपर कहरती परेशानियों को लेकर मीटिंग की चर्चाओं को आगे बढाते हैं अपनी अपनी भाषा में। उनमें पर्यावरण प्रेमी अनेक थे। वे अपना काम पर्यावरण को स्वच्छ करने का मानते हैं। आज की सच्चाई को वे यों प्रकट करते हैं–"हमें मलमूत्र पे ऐतराज नहीं था जब तक वो आर्गनिक थे। हमारे दरख्तों को आता था दूध पानी अलग करना औगर खिलना। मगर आब उनमें जहरीला रासायनिक घोल है जो जड़ों को धरती को हवा को देता है, जो हो रहा है और इस सबके ख़िलाफ़ रैली निकालेंगे।"[1] (183-184) मनुष्य पर्यावरण सम्बन्धी जो चर्चा करता आ रहा है, वह कौवे के माध्यम से करवाकर मनुष्य के समान धरती से उसके रिश्ते यानेकि अवस्थिति को उपन्यासकार ज़ाहिर करते हुए यह दिखाना चाहती हैं कि उनका सम्मान और उनकी पहचानों को भी मानना है। जिस प्रकार इकोफेमिनिदज़्म में स्त्रियाँ अपनी अस्मिता को बनाने के साथ पर्यावरण संरक्षण का दायित्व भी उठा लेती हैं वैसे ही यहाँ उनके बीच की फेमिनिस्ट अपनी समस्याओं और मुद्दों को सामने रखते हुए पर्यावरण की सुरक्षा की बात उठा देती हैं।

स्त्री

असल में प्रकृति केन्द्रित स्त्री-दर्शन है इको फेमिनिज़्म। यह उपन्यास फेमिनिज़्म एवं हरित आन्दोलन से प्रभावित है। मानव की वृत्तियों का जो बुरा प्रभाव मानवेतर जगत् पर पड़ता है उसकी असलियत की पहचान हरित आन्दोलन से है। उसी प्रकार इको फेमिनिज़्म शोषण की शिकार बननेवाली स्त्रियों के प्रति मानवीयता की दृष्टि

फेमिनिज़्म से ली गयी है। वह स्त्री और प्रकृति को केन्द्र में प्रतिष्ठित करनेवाला एक वैश्विक विचार है। यह एक मूल्यवादी सिद्धान्त है इसके केन्द्र में प्रेम और अहिंसा हैं। लिंग, वर्ग, जाति, नस्ल, रंग, देश, धर्म, उम्र आदि के नाम पर हाशिएकृत जो लोग हैं वे कई प्रकार के दमन के शिकार बन रहे हैं। इन्हें भी हाशिए से केन्द्र की ओर लाना इस सिद्धान्त का लक्ष्य है। इस उपन्यास के आधार रूप में यह दृष्टि काम करती है। स्त्रियों के सम्बन्ध में गीतांजलीजी यह कहना चाहती हैं कि अब तक स्त्री में पहले से भिन्न होकर कौन सा बदलाव आया। "कुछ का कहना है ये नया ज़माना है। औरों का कहना है औरतों की बात में हमेशा नया ज़माना होता है। नया ज़माना। यानी औरतों केलिए चीज़ें बदलती हैं। (चीज़े हमेशा बदलती हैं औरतों केलिए)। औरतें अब उस भूमिका में नहीं जिस में थी (हमेशा वो अलग भूमिका में होती है)। वो बाहर निकल पडी है। (हमेशा ऐसा करती रही है। भीतर जाती है। (हमेशा)" (पृ. 118) इसका तात्पर्य यह है कि स्त्री कभी भीतर से बाहर आती है तो भी दूसरे क्षण भीतर ही चली जाती है। कुछ वेश-भूषा एवं ब्रान्डड ऐटम पहनती है, फिर भी भीतर ही भीतर वह पुरानी स्त्री है। स्त्रियों की समस्यायें अलग-अलग हैं, इसलिए इतिहास के पन्नों और नारीवादियों के नारों में भिन्नता है। लेकिन आज आकार में याने कि अपनी वेशभूषा में सब एक सी नज़र आती हैं। आत्यन्तिक रूप से स्त्रियों में कोई अच्छा विकास नहीं हुआ, यही तो उपन्यासकार का रवैय्या है।

उपन्यास में मुख्य जो स्त्रियाँ हैं, माँ, बेटी और बहू। इसमें बहू में पुरानी बहुओं से क्या अन्तर प्रकट है। वह भी सन्देह प्रकट करती है कि उसकी जगह कहाँ है? वह भी अनिश्चितता में। वैसे ही बेटी की हालत एवं सोच को हम देखेंगे। शुरु में घर छोड़कर स्वतन्त्रता की चाह में अपनी पहचान बनाने केलिए खुद प्लॉट में रहने लगी। वह सहजीवन बिताती है। फ्रीलान्सर लेखिका है। बहुत सारी यात्रायें करती है। लेकिन उन सबसे वह ऊब जाती है। जब माँ को संभालने केलिए फ्लॉट ले आई तब से लेकर बेटी माँ बनने लगी और माँ बेटी बनने लगी। बेटी को अपने मित्र के के का आना भी अच्छा नहीं लगता। उसके मन में यह सोच आने लगी कि के के का रिश्ता नैतिक दृष्टि से ठीक नहीं है। रोसी और माँ के सामने उसे वह अच्छा नहीं लगने लगा। यही है बाहर से भीतर की ओर जाना। बेटी इसलिए बूढ़ी होती जाती है। उसने जो क्रान्तिकारी कदम उठाया वह पीछे की ओर खिंचा गया। अन्त में पाकिस्तान में खैबर जब वे दोनों माँ-बेटी पहुँचीं तो उसने यह सवाल खुद पूछा कि मेरी जगह क्या है माँ की ज़िन्दगी में। के के के प्यार का महत्त्व तभी तो उसने पहचान लिया। के के और अपने बींच में बॉर्डर खींच दिया गया है। अब जीने की अदम्य इच्छा हुई।

लेकिन अब वह बच नहीं पायी। उसके बढे होते शक्ल का वर्णन है। वह पारिवारिक जीवन की लालसा प्रकट करती है। के के का चुंबन चाहती है। उसका यौवन वापस लाना चाहती है। लेकिन उसके सामने रास्ता नहीं है। इस के द्वारा उपन्यासकार स्त्री की मानसिकता को रेखांकित करती हैं।

लेकिन बेटी ने अपनी माँ याने कि मरनेवाली अस्सी साल की एक बूढ़ी औरत को यौवन देने का महत्त्वपूर्ण कार्य किया। वह प्रकृति के प्रांगण में प्रकृति के वैविध्य को अपनाते हुए अपने विशेष लक्ष्य की प्राप्ति के लिए छोटी बनती जाती है। अपनी लक्ष्य प्राप्ति केलिए अपने को पूर्णत: सुसज्जित करती है। प्रेम एक ऐसा मूल्य है वह सभी प्रकार की विघ्नबाधाओं को पार करने की शक्ति प्रदान करेगा। हिजड़े की मित्रता भी घनिष्ठ थी। हर रिश्ता, याने कि मनुष्य, प्रकृति, हिजड़ा आदि के साथ का रिश्ता उसके संवर्द्धन के लिए वह प्रयुक्त करती है। माँ-बेटी के रिश्ते का वह सदुपयोग करती है अपने को छोटी बनाने केलिए। बीच बीच में यह सन्देह उठता है कि अपनी बेटी को बड़ी होती देखकर माँ को कोई दु:ख नहीं हुआ? माँ पीछे मुड़कर नहीं देखती है, आगे की ओर यानेकि बाहर की ओर की यात्रा को गतिमय बनाना उसका लक्ष्य था। या पीछे की ओर मुड़कर देखने का वक्त उसको नहीं था। इसलिए जीवन की पूर्णता में जाकर वह मर जाती है।

बूढ़ापा का सन्देश

उपन्यासकार अपनी रचना के द्वारा यह प्रतिष्ठित करती हैं कि किसी भी उम्र में हो ज़िन्दगी जीकर समाप्त करने केलिए है। "अब तारीखें न याद रखो। बस जीती रहो, जीती चलो।" ज़िन्दगी को उत्सव बनाने के पक्ष में हैं रचनाकार चाहे बूढ़ापे में हो। पति की मृत्यु के उपरान्त माँ असल में अकेलापन और घर पर सीमित दायरे में सिमट गई थी। जब समाधि से वह जाग उठी, उसे बाहर जाने की इच्छा प्रबल हुई थी। संयुक्त परिवार की सीमा को तोड़ना उसका लक्ष्य था। बेटी के साथ इसलिए वह जाती है कि उसे स्वतन्त्र होना है, खुला वातावरण चाहिए। एक बार वह घर के सरहद से बाहर निकली तो वह पराजित हुई, क्योंकि शरीर और दिमाग़ कमज़ोर थे। बेटी के घर आने के बाद बेटी की देखरेख में माँ छोटी होती जाती थी। बेटी ने यह अपना परम धर्म समझा। माँ को अपने जीवन का सबसे बड़ा पुण्य माना। अपने सम्बन्धों को तोड़ने केलिए वह तैयार हुई। बेटी के लालन-पालन में माँ ने हर सरहद को तोड़ने की हिम्मत अर्जित की। रोसी की मित्रता ने उसे और छोटा कर दिया। स्त्री, संयुक्त परिवार, माँ, उम्र, देश, लिंग, धर्म आदि की सरहद को माँ ने लाँघ

दिया। बूढ़ापे में माँ की हर इच्छा को पालने केलिए बेटा-बेटी तैयार हुए, यहाँ तक पाकिस्तान तक जाने की। बूढ़ापे और माँ का सम्मान एवं आदर इस उपन्यास का मुख्य लक्ष्य भी रहा था। ज़िन्दगी को सीमित दायरे में सिमटाकर जीवन की इच्छाओं की कुर्बानी करने केलिए नहीं है बुढापा। अपने पाकिस्तान के पति से मिलने और अपने प्रेम की परिपूर्णता में मरने को तैयार होनेवाली माँ दुनिया केलिए उम्मीद प्रदान करती है। हर अवस्था में सही परवरिश में चाहे स्त्री हो, वृद्ध हो वह अपने हुनर का परिचय हमें देगा। बेटी ने सचमुच यह पहचानने में देरी कर दी। हमारी ज़िन्दगी को छोटे घर के बाहर निकालकर, राजपथ से होकर यात्रा करने केलिए सज्जित करना है।

आज वृद्धों के प्रति जो अन्याय सन्तानों के द्वारा दुनिया भर चल रहा है इसका एक प्रतिरोधात्मक स्वर उपन्यास में बुलन्द है। माँ अपने जीवन को व्यापक दायरे की ओर ले आती है। माँ खुद इसकी तैयारियाँ शुरु करती है तो रेत हिली। बाहर निकली तो सन्तानें पराजित हुईं, तब माँ की अच्छी देखभाल करने की ज़रूरत बच्चों का ध्यान आकर्षित करती है। प्रकृति के साथ मिलकर तथा रोज़ी की मित्रता को सघन बनाकर वह अपना विस्तार करती रहती थी। बेटी की मदद लेकर पाकिस्तान पहुँचते ही अभी तक की दमित इच्छाओं की पूर्ति करने के साथ वर्तमान एवं भविष्य केलिए उसने जो सन्देश दिया वह बोर्डर को पार करने का है। वह सन्देश है इस उपन्यास की आत्मा। बूढ़ापे को प्रज्वलित कर उस माँ के विलाप दुनिया के सामने रखकर उम्मीद प्रदान करना उपन्यासकार का मुख्य लक्ष्य रहा था। अनुभवों के बलबूते पर दुनिया के लिए सन्देश देने में वृद्ध समर्थ है, यदि उनपर ध्यान दिया जाता तो। इसलिए उनका सन्देश यही है कि प्रत्येक की सीमा होती है, लेकिन वह सरहद दोनों तरफ को और उजालने केलिए होती है। उसका सवाल जवाब बहुत विचारणीय है "सरहद बन्द नहीं करती, खोलती है। आकार बनाती है। किनारा सजाती है। किनारे का इस तरफ भी खिल जाता है और उस तरफ भी खिल जाता है और उस तरफ भी। नक़्क़ाशी कर लो, बेलबूटे टिमका दो, असली नगीने लगा दो। क्या है बोर्डर? वजूद को उभारता। ताक़त देता। न कि चीरता। वॉर्डर पहचान बढाता है। जहाँ दो तरफ मिलते हैं और दोनों तरफ खिलते हैं। बॉर्डर उनके मिलने को सजाता है।" (पृ. 331) दिल के बीच के सरहद को चोट कही जाती है, तब दिल टूट जाएगा। सरहद नातों को रोकने केलिए कभी भी नहीं है। सरहद से किसी को अलग नहीं करना है। सरहद संगम की जगह है। रात-सन्ध्या की मिलन रेखा समान, क्षितिज रेखा समान गलबाहियों की जगह है। वहाँ मस्तियाँ करना है। बॉर्डर

ख़ूबसूरत है, वह प्यार और इज्जत का है। उसे खोलकर छोड़ना है, बन्द करना ग़लत है। सबने सरहद को नफरत का वॉइस बना दिया। लेकिन इधर लेखिका ने सरहद को याने कि खैबर को स्नेह की जगह बना दिया। "मत मानो बॉर्डर को। बॉर्डर से अपने टुकडे मत करो।" (पृ. 333)

सचमुच उस बुढापे का जो सन्देश है वह प्रेम का है। आज दुनिया में इससे बड़ा सन्देश क्या चाहिए। प्रेम की रागरागनियों से निश्चेत शरीर को भी जगाती है चन्द्रा। प्रेम की अनन्य शक्ति की पहचान है उपन्यास का सबसे बड़ा योगदान। बेटी भी जब बूढ़ी हो गयी तो अपने सामने के बोर्डर को पहचानकर अमिट प्रेम की याद करती है– "सच्चा प्यार, खोया प्यार।" (पृ. 341) "प्यार की बात कभी भी की जा सकती है क्योंकि प्यार प्यारा होता है।" (पृ. 20)। उपन्यास में प्यार का महत्त्व सब रिश्तों में है। माँ-बेटे, माँ-बेटी, माँ-पोते, माँ-रोसी, चन्द्रा-अनवर, चन्द्रा-जन्मभूमि, बेटी-के के, कौवा-ज्येष्ठ, कौवा-तीतर, माँ-प्रकृति ये सब असल में हमें यह सोचने को विवश करते हैं कि सघन प्रेम हमारी शक्ति है, वह आत्मविश्वास पैदा करता है। वह प्रेम सरहदों को खुला छोड़ने में है। बेटा अपने घर का दरवाज़ा बन्द नहीं करना चाहता है, "वह खुला छोड़ता है, यद्यपि पत्नी उसे बन्द करती तो भी। आज के घरों का दरवाज़ा हमेशा इसलिए बन्द है कि वहाँ प्यार का आना बन्द है। तब यह नफरत की जगह बनता है। व्यक्ति-स्वातन्त्र्य मुख्य है तो भी उसका विस्तार प्रकृति एवं समाज मिलने पर सम्भव हो जाता है और परिष्कृत हो जाता है। चाहे पुरानी पीढ़ी हो या नयी पीढ़ी सबका दायित्व है कि सरहदों को प्रेम से पार करना। हर काल में सरहदें बन्द करने की बेवकूफी चलती थी। यहाँ चन्द्रा ने मुसलमान से विवाह किया। धर्म के बॉर्डर उसने पार किया प्यार से। अर्थात् यह उपन्यास आत्यंतिक रूप से प्रेम का सन्देश देता है, वह आज की ज़रूरत है, भविष्य की भी। वह उम्मीद प्रदान करता है। वही है प्रत्येक साहित्यिक रचना का उद्देश्य भी। रचनाकार कहती हैं–"दुनिया को साहित्य की सख्त ज़रूरत है क्योंकि वो उम्मीद और जीवन का द्योतक है। तो दुनिया आड़े तिरछे छिपे खुले रास्तों से साहित्य में घुलने चली आती है। दबे पाँव उसमें जज़्ब हो जाती है। उसकी चाल बेमिसाल जग-ठुकराई में अपनी निराशा को मिटाना चाहती है। उसकी कोशिश सार्थक हो जाती है जब मरती औरत का किस्सा उसके लहलह जीने का हो जाता है और खैबर बेमेल बेमैल पहला प्यार निखारता है। दुनिया मचल के खैबर की हिंसा और इन्तेकाम के बीच से पहाड़ियों से नगीने और आसमान से धूप बटोर लाती है। दुनिया को मिल जाते हैं तबाही के बीच उगती दूब हरी घास।" (पृ. 356) यही है साहित्य, उम्मीद और आशा प्रदान

करने में सक्षम। रचनाकार खुद कहती हैं कि इस संग्राम के बीच में भी बहुत दिनों के बाद दुनिया को प्रेम कहानी में चुपचाप चले आने का मौक़ा मिला और इसलिए दुनिया ख़ुशी के मारे चुप नहीं रह पायी।

उपन्यास का भारतीय फ़ॉर्म

अज्ञेय और निर्मल वर्मा दोनों के लिए भारतीयता देश-काल के बोध की प्रधान संज्ञा स्मृति है। निर्मल वर्मा इतिहास को स्मृति या परम्परा का विलोम मानते हैं। स्मृति या परम्परा एक शाश्वत वर्तमानता है जिसमें अतीत, वर्तमान और भविष्य का विभाजन नहीं रहता। अतीत वर्तमान में जीवित रहता है, व्यतीत नहीं होता। ठीक उसी तरह भविष्य भी वर्तमानता से अलग कोई सत्ता नहीं रखता। समय की यह अखण्डता या सम्पूर्णता स्मृति से पैदा होती है जो कला का उद्गम है। "स्मृति और काल" शीर्षक अपने व्याख्यान में अज्ञेय ने भी लगभग यही स्थापित किया है। अज्ञेय ईसवीं सन् और विक्रमी संवत् के दो कैलेंडरों की तुलना में स्मृति के अलग-अलग परिदृश्य की धारणा तक पहुँचते हैं। उनके अनुसार अनादि और अनन्तकाल की गणना केलिए कोई एक बिन्दु चुनना होता है। इस आदि बिन्दु से पहले घटी कुछ घटनाओं को तो इतिहास की परिधि में रख लिया जाता है और बाकी को मिथक या पुराण मान लिया जाता है, मिथक और पुराण, यथार्थ और कल्पना को धुंधलके में रहते हैं, लेकिन स्मृति में दस बात का फ़र्क़ नहीं कि क्या प्रागैतिहासिक है, क्या पौराणिक, क्या यथार्थ है और क्या अयथार्थ। अज्ञेय के शब्दों में–"स्मृति की वह गतिशील सर्जनात्मक तत्व है, जो काल इतिहास, साहित्य और हाँ, भाषा के नए परिदृश्य रचती चलती है।" (अज्ञेय–संस्कृति की चेतना, खुले में खड़ा पेड़ (सं. नन्दकिशोर आचार्य), वाग्देरी प्रकाशन, बीकानेर, 1999, पृ.58) स्मृति और देश" नामक अपने दूसरे व्याख्यान में अज्ञेय ने काल की ही तरह देश को भी आनुभाविक यथार्थ या स्मृति का अंश माना। अज्ञेय मानसिक, मनोवैज्ञानिक देश की अवधारणा प्रस्तुत करते हैं जो सांस्कृति है, महज भौतिक नहीं। अज्ञेय और निर्मल वर्मा केलिए जिस तरह स्मृतिपरक भारतीय कालबोध में इतिहास और पुराण, यथार्थ और कल्पना में कोई विभाजन नहीं है, उसी तरह धार्मिक अनुभव सेक्युलर अनुभव में भी कोई विभाजन नहीं है। ग़ैर करें तो दोनों विद्वानों केलिए भारतीय संस्कृति धर्म से इतर कोई अलग वस्तु नहीं है।

"रेत-समाधि" उपन्यास में "रेत-समाधि" शब्द ही इसी स्मृति या परम्परा की अखण्डता को द्योतित करता है। वर्तमान का जो रेत है उसे निकालने पर सुप्त पड़ा

अतीत जागृत होता है, तब स्मृतियाँ ताजी होती हैं। अतीत, वर्तमान और भविष्य से निर्मित चिरंतन वर्तमानता का प्रतीक है "रेत-समाधि"। माँ की स्मृतियाँ जब ताजी हो जाती हैं, तब उन स्मृतियों की वह गतिशील सर्जनात्मक तत्व है, जो काल इतिहास, उपन्यास और भाषा "के नये" परिदृश्य रचता चलता है। यहाँ गीतांजलजी काल की ही तरह देश (पाकिस्तान) को भी आनुमानिक यथार्थ या स्मृति का अंश माना। उन्होंने अज्ञेय के समान देश की अवधारणा मानसिक और मनोवैज्ञानिक तौर पर किया। वही तो माँ ने बोर्डर की अवधारणा में की है। उनका देश राष्ट्रीयता को पार कर अन्तरराष्ट्रीयता को छू लेता है। हर एक देश की अपनी कुछ विशेषतायें हैं, उसे परिष्कृत करने पर हम संस्कृत हो जायेंगे। तब हमारी सीमा का विस्तार हो जायेगा। संस्कृति कुछ ऐसी चीज़ का नाम हो जाता है, जो बुनियादी और अन्तरराष्ट्रीय है। इसी अन्तरराष्ट्रीयता को बढावा देना उपन्यासकार का लक्ष्य है। सेक्युलरिसम के समर्थन के द्वारा भारतीय धर्म के निचोड़ को गीतांजली हमारे सम्मुख रखती हैं, जिस प्रकार टैगोर ने अन्तरराष्ट्रीयता का समर्थन किया। राष्ट्रीयता की संकुचितता के बाहर निकालने से उपन्यास का स्तर ऊँचा उठता है। उपन्यास में "दीवार" बॉर्डर है तो "दरवाज़ा" चिरंतन वर्तमान का प्रतीक है।

दर असल अज्ञेय और निर्मल वर्मा के पास एक पूरा सांस्कृतिक चिन्तन है। जिसे वे उपन्यास विधा पर लागू करते हैं और उसे ही भारतीयता कहते हैं। यदि उनके सांस्कृतिक चिन्तन को समीकरण में प्रस्तुत किया जाए तो वह कुछ इस प्रकार ठहरेगा भारतीयता आवर्ती, सनातन, मिथकीय कालबोध धर्म-परम्परा/ स्मृति -जीवन दृष्टि-जतीयता-सृष्टि दर्शन है। इसी तरह आधुनिकता-पश्चिम-ऐतिहासिक कालबोध-इहलौकिकता-यथार्थवाद-व्यक्तिकेन्द्रिकता-मानववाद है। इस तरह उनकी कल्पना का भारतीय उपन्यास वह होगा जो इतिहासबोध पर मिथकीय या सनातन कालबोध को, इहलौकिकता पर धार्मिकता को, यथार्थवाद पर कल्पना या स्मृति को, विचारधारा पर जीवन-दृष्टि को, व्यक्ति केन्द्रिकता पर जातीयता को तथा मानववाद पर सृष्टि-दर्शन को तरजीह दे या कम-से-कम इनमें फ़र्क़ को मिटाए। इससे मिलते जुलते विचारों के अनुसार "रेत-समाधि" भी चलता है। यथार्थवाद पर कल्पना या स्मृति को लेकर और विचारधारा की जगह जीवन-दृष्टि को गीतांजली ने वरीयता दी है। भाषा का प्रश्न भी निर्मल वर्मा के इन विचारों से जुडा हुआ है– "शब्दों की दुनिया एक तरह से अनुभवी जीवन-दृष्टि के समानांतर चलती है। एक समाज की धार्मिक संवेदनायें और मिथकीय चेतना उसकी भाषा में भी अपने स्मृति चिह्न, अपनी अनुगूँज छोड़ जाती है।" (निर्मल वर्मा: भाषा और राष्ट्रीय अस्मिता)

रूपात्मकता और मिथकीयता उनके अनुसार भारतीय भाषाओं का स्वभाव रही है। काल-बोध के अलावा प्रकृति के साथ मनुष्य का सम्बन्ध भी भाषा के स्वभाव को निर्मित करता है–"यह एक नृतत्वीय सत्य है कि जिन समाजों में मनुष्य और प्रकृति दो विरोधी सत्तायें नहीं हैं, जहाँ उनके परस्पर सम्बन्ध अधिक आत्मीय निकट और नैसर्गिक होते हैं, वहाँ अनुभूति और चिन्तन की भाषा में अन्तराल नहीं होता है और उसकी मिथकीय संवेदनाएँ अधिक समृद्ध होती हैं। ऐसे समाजों में भाषा अपने मूल-स्वभाव में रूपकात्मक (मैटफारिकल)...होती है।...यदि भारतीय भाषाओं का विकास विम्बों और प्रतीकों के प्रभामण्डल में हुआ तो इसका बड़ा कारण मनुष्य और प्रकृति के बीच का वह पवित्र सम्बन्ध रहा है जो आधुनिकता के आक्रमण से पहले शताब्दियों तक अक्षुण्ण रहा था।" (वही) यह गीतांजलीश्री की भाषागत विशेषता है। गीतांजली की भाषा प्रकृति की है। उदाहरण केलिए उपन्यास के दूसरे भाग केलिए उन्होंने "धूप" नामकरण दिया। वह प्रतीकात्मक रूप से उन्होंने प्रयुक्त किया। माँ और धूप के बीच के रिश्ते को व्यक्त करते हुए उन्होंने यह दिखाया कि "धूप" की प्राप्ति से कैसे सभी पेड़-पौधे और जीव पल्लवित होकर प्रफुल्लित होते हैं, या यौवनयुक्त बनते हैं वैसे ही माँ ऊर्जा-सम्पन्न और छोटी होती जाती है। वैसे ही नदी, रेत, वृक्ष, तितलियाँ, कौआ, मिट्टी, मरुप्रदेश, शिव, पार्वती आदि। निर्मलजी के अनुसार "लेखक का "शब्द" न यन्त्र है, न माध्यम न ही तर्कसम्मत विचार पद्धति, वह सिर्फ़ है," (वही) शब्द के प्रयोगों से आनेवाले सौन्दर्य एवं कलात्मकता गीतांजली के उपन्यास में सर्वत्र है, जैसे "नहीं" का प्रयोग।

निर्मल वर्मा के अनुसार भारतीय उपन्यास "अखण्ड चेतना" को पाने का उपक्रम होना चाहिए। इसी अखण्ड चेतना की गतिमयता का सच्चा स्वरूप है रेत-समाधि। कुछ तो सुप्तावस्था में पड़े हैं, लेकिन रेत निकालने पर वर्तमान बनते हैं, वह भविष्य से जुडता है। रमेश चन्द्र शाह ने निर्मलजी के इस उपक्रम को "चेतना का पुनस्संगठन" कहा है और इसे ही वे भारतीय उपन्यास की भूमिका मानते हैं। शाह लिखते हैं–"अपने विश्व इतिहास के एक खण्ड में आर्नोल्ड ट्वायनबी ने एक विचारोत्तेजक बात कही है...वह यह कि उन्नीसवीं सदी के प्रारम्भ में जब यूरोपीय संस्कृति का जबरदस्त दबाव रूसी चेतना पर पड़ा तो उस कल्चरल" शॉक" को पचाने और उससे उबरने के सिलसिले में रूसी चेतना ने यह नया रास्ता खोज निकाला जिसका नाम रूसी उपन्यास है।...ट्यायनबी का कहना है कि उपन्यास रूपी यह "सेफ्टी वाल्व" रूसी चेतना केलिए उसकी आत्मरक्षा और आत्मविकास दोनों दृष्टियों से बड़ा उपकारक सिद्ध हुआ । भारत में सांस्कृतिक पुनस्संगठन की

समस्या तो रूस की तुलना में कई गुना विकट और दुस्साध्य थी; कि भारत के पास रूसी उपन्यास सरीखा अपने भावयन्त्र की सेहत बनाए रखनेवाला "सेफ्टीवाल्व" नहीं था और न वह उस तरह के राहत-कार्य की सृजनात्मक विधि ही अपने लिए खोज पाया।...निर्मल वर्मा द्वारा उठाए गए उपन्यास के भारतीय "फ़ार्म" के प्रश्न को और आर्नोल्ड द्वायनबी की उस दो अनमेल संस्कृतियों की ना-बराबरी की टकराहट से उपजते मर्माघात, उस आघात को पचाने या विकास देखनेवाले औपन्यासिक "सेफ्टी वाल्व" वाली बात को भी तब हम उचित परिप्रेक्ष्य में रखकर देख सकेंगे। यदि कोई पूछे कि क्या हम सचमुच किसी ऐसे भारतीय उपन्यास को रेखांकित कर सकते हैं जो दोनों का सटीक प्रत्युत्तर हो, तो उसका उत्तर यही हो सकता है कि प्रेमचन्द के बाद निराला का कुल्लीभाट, अज्ञेय, अमृतलाल नागर, फणीश्वरनाथ रेणु, निर्मल वर्मा, कृष्ण बलदेव वैद, कृष्णा सोबती, श्रीलाल शुक्ल, नरेश मेहता, विनोद कुमाल शुक्ल इत्यादि के उपन्यास स्वभावतया और अनिवार्य रूप से उसी सटीक प्रत्युत्तर की दिशा में हुए उपक्रम है।" (रमेशचन्द्र शाह, चेतना का पुनस्संगठन भारतीय उपन्यास की भूमिका, बहुवचन 7, अप्रैल-जून 2001, पृ. 55-60) रमेश चन्द्र शाह ने जिन "कैनन के आधार पर भारतीय उपन्यासकारों की सूची बनाई, अब गीतांजली श्री को भी उसमें दर्ज करना उचित है। हिन्दी उपन्यास इतिहास और सामाजिक यथार्थ की समस्याओं से ही उलझ रहे हैं और पश्चिम के "चौखटों" से बाहर आना नहीं चाहते। उन स्थितियों और चरित्रों की सीमाओं को पार कर उनसे ऊपर उठ जाने वाले दार्शनिक बोध को उपलब्ध कर सकनेवाले "फ़ॉर्म" तक नहीं पहूँचना वे चाहते नहीं हैं। इसलिए गीतांजली ने कहा कि उपन्यास की समाजशास्त्रीय आलोचना तक सीमित रहे बिना उसके शिल्प पर विचार करना अनिवार्य है। उनके सारे के सारे उपन्यास इस औपन्यासिक फ़ॉर्म की दृष्टि से निर्मल वर्मा, अज्ञेय, कृष्णा सोबती आदि की परम्परा की कडी बनते हैं।

पहले ही सूचित किया गया कि इतिहास, परम्परा और दुनिया केलिए प्रत्येक रचना ने जो दिया वह रचना की सार्थकता का द्योतक है। यह रचना इन दोनों दृष्टियों से सार्थक है। भाषा एवं शिल्प की दृष्टि से भी सरहदों को लाँघकर नया दिया। "नहीं" शब्द के खेल ने कितना नया दिया। संगीतात्मक भाषा से उपन्यास को महाकाव्य का दर्जा दिया गया। छोटे छोटे वाक्यों का जादू भी इसमें है, वैसे ही विराम चिह्न के बग़ैर पृष्ठों तक का लम्बा वाक्य भी है। शब्दों से ध्वनित होनेवाली अर्थछवियों की सान्द्रता उपन्यासों को गहरा करती है। जादूई यथार्थ से सबको यथार्थ बनाने के कौशल ने भी उपन्यास की कलात्मकता को ख़ूब सुन्दर बना

दिया। सर्वत्र हरित भाषा का इस्तेमाल ही किया गया। भूमण्डलीकरण की विद्रूपता से गम्भीर बननेवाले गम्भीर नामक पात्र का जिक्र है। बिलायती संस्कृति का पोल खोलती हैं लेखिका। ब्रैंड संस्कृति को भी वे परिहास की दृष्टि से देखती हैं। यह भी नहीं मिट्टी एवं प्रकृति से मिलजुलकर एक हरित संस्कृति की सृष्टि करने में अपनी सफलता समझती हैं, इसे वे साहित्य की सफलता भी। क्योंकि वह प्रेम की, प्रत्येक की पहचान, स्वातन्त्र्य, खुलापन और लोकतन्त्रीयता की भाषा है। विस्थापितों द्वारा अपनी जडों की तलाश करनेवाली भाषा है इसमें। वह सारे पार्थक्यों के विरोध में है। संघर्ष, समर एवं युद्धोन्मत्त राष्ट्रों के सामने सवाल खड़ा करता है। क्रान्ति चाहिए, लेकिन अहिंसा के उपकरण का प्रयोग किया जाना चाहिए। उपन्यास में तब हम बुद्ध और गांधी की उपस्थिति अनुभव करते हैं। यह निरन्तर सवाल करनेवाला उपन्यास है। क्योंकि इन सवालों से जूझने पर ही सही जवाबों पर हम पहुँच पायेंगे। यह ऊसर बननेवाली दुनिया को बचाने का स्नेह और अहिंसा का मूल्य प्रदान करता है। याने कि सभी प्रकार के विलापों के ख़िलाफ़ की भाषा है।

कनुप्रिया का इकोफेमिनिज़्म-पाठ

स्त्री और प्रकृति को केन्द्र में प्रतिष्ठित एक वैश्विक विचारधारा है इकोफेमिनिज़्म। दोनों की समानधर्मिता तर्कातीत है। याने कि स्त्री में प्रकृति तत्व सवार करता है। वह तत्वमानवियता से पोषित है। उस संस्कृति में पली बढी स्त्री अन्याय को बर्दाश्त करती नहीं है। वह ख़ूब विवेकी होती है। वह सभी प्रकार के शोषितों को बचाने में उतावाली होती है। उसका दायित्व गुरु गम्भीर है। इस सन्दर्भ में महादेवी वर्मा के ये शब्द याद आते हैं–"स्त्री के व्यक्तित्व में कोमलता और सहानुभूति के साथ साहस तथा विवेक का एक ऐसा सामंजस्य होना आवश्यक है जिससे हृदय के सहज स्नेह की अजस्त्र वर्षा करते हुए भी वह किसी अन्याय को प्रश्रय न देकर प्रतिकार में तत्पर रह सके। ऐसा एक भी सामाजिक प्राणी न मिलेगा जिसका जीवन माता, पत्नी, भगिनी, पुत्री आदि स्त्री के किसी न किसी रूप से प्रभावित न हुआ हो। इस दशा में उसके व्यक्तित्व को कितने गुरु उत्तरदायित्व की छाया में विकास पाना चाहिए, यह स्पष्ट है।" (श्रृंखला की कडियाँ) यह भारी दायित्व है असल में इकोफेमिनिज़्म का। याने कि इस पृथ्वी को उसके सारे असन्तुलन से बचाकर ले जाने का दायित्व वह अपनी आत्म पहचान से अपने ऊपर ले लेती है।

यह सृष्टि सुन्दर, उर्वर, विकासोन्मुख और पूर्ण रूप से प्राकृतिक है। इसमें स्त्रियाँ सतत सक्रिय रहती हैं। स्त्रियाँ पृथ्वी की तरह जीवन को बुनती हैं। पृथ्वी के साथ स्त्री की अनुपम एकतानता अथवा विशेष सम्बन्ध है। अतीत में इस सम्बन्ध को माना गया था। स्त्री और पुरुष समान रूप से मान्य थे। वह समाज युद्ध का नहीं था। तब मनुष्य पृथ्वी को नाश करने की अथवा आक्रमण कर अधीन बनाने की वस्तु नहीं मानता था। वह युग साँझेदारी का था, समता का था। लेकिन बाद में द्वन्द्वपूर्ण पुरुषमेधा समाज ने उस सुनहली-व्यवस्था को तहस नहस कर लिया। इकोफेमिनिज़्म इस सन्दर्भ में इसकी इलाजस्वरूप प्रस्तुत हुआ। यह एक निर्माणात्मक विश्वदृष्टि

है जो सभी प्रकार की द्वैतता एवं द्वन्द्वात्मकता के विरुद्ध है। इसमें समस्त चराचरों की सुरक्षा निहित है। इसमें आध्यात्मिक एवं भौतिकवादी दृष्टियाँ काम करती हैं। यह विमोचन एवं शान्ति की आवाज़ है। इसमें स्त्री, प्रकृति और पुरुष का विमोचन दर्ज है। यह मनुष्य और अन्यों को अलगाता नहीं। सब में व्याप्त एक ही चैतन्य है, जैसे कामायनीकार ने कहा "एक तत्व की प्रधानता कहो इसे जड या चेतन।" यह है भौमसदाचार एवं साकल्यता पर केन्द्रित हरित आध्यात्मिकता। यह इकोफेमिनिज़्म का मुख्य तत्व है।

राधामाधव के अनश्वर प्रेम का सौन्दर्य कालातीत है। राधा का प्रेम व्यक्तिगत बनकर यद्यपि हमारे सामने आता है तो भी वह धीरे धीरे इतिहास बनकर युग-युगों में व्याप्त हो जाता है। वह निष्काम प्रेम का रूप है। वह राधा रूप लोकजीवन का प्रतिनिधि है। हमारे इस महान देश के कोने-कोने में वह भिन्न नाम और रूप लेकर अवतरित होता है, मीरा, आण्डाल, कुरूरम्मा जैसे कितने नामों में। देश के नाना जनपदों की नारियों में वह राधा चैतन्य दृश्यमान है। इस संसार में सिर्फ़ एक ही ऐसा भाव है प्रेम जो निरन्तर दोहराने पर भी नीरस नहीं बनता। राधातत्व की सार्थकता इसमें है।

धर्मवीर भारती की "कनुप्रिया" उस राधातत्व को बिलकुल नए सन्दर्भ में पुनर्विचार करने को प्रेरित करती है। वह राधा प्रकृति के कण-कण से निर्मित एवं प्रकृति में तन्मय है। इसलिए वह लोक से निर्मित पुरुष में तन्मय हो जाती है, उसे अपने जीवन का चरम साक्षात्कार समझती है। उन दोनों की तन्मयता में है जीवन की सार्थकता। उससे लोककल्याण सम्भव होता है। वह राधातत्व स्त्रीतत्व है। वह तत्व अन्त तक इस दुनिया में द्वन्द्वरहित एक शान्त संस्कृति की प्रतिष्ठा केलिए प्रतिक्षारत है। "कनुप्रिया" के बीच में आकर पुरुष अपने जीवन में धुलेमिले लोक से दूर चला जाता है। वह सत्ता (अधिकार) एवं ज्ञान से वशीभूत होकर नयी संस्कृति को रचता है। वह संस्कृति हिंसा की है। वह आधुनिकता की याने ज्ञानोदय की है। वह पुरुषाधिपत्य की है, वह स्त्री की समझ के परे है। लेकिन यह स्त्री अपने विवेक के द्वारा पहचानती है कि उस संस्कृति का कोई स्थायित्व नहीं, इसलिए पुरुष उससे थककर, ऊबकर एवं दिशाहीन होकर उसके पास वापस आयेगा। लोकनिर्मित स्त्रीतत्व में वह सांत्वना अनुभव कर पायेगा। इस लोक संस्कृति में है सबका विमोचन। इसलिए इस रचना को चार भागों में विभक्त करके विश्लेषण करना संगत होगा। (1) प्रकृति और स्त्री (2) प्रकृति, स्त्री और पुरुष (3) प्रकृति एवं स्त्री तत्वों से पुरुष का द्वन्द्व (4) प्रकृति और स्त्री केन्द्रित संस्कृति की चिरंतनता

प्रकृति और स्त्री

कनुप्रिया के आरम्भिक भाग में कवि यह ज़ाहिर करते हैं कि स्त्री में प्रकृतितत्व इतना मिलजुल गया कि उसे अलग करना कठिन है। छायादार पावन अशोक-वृक्ष भी अपने को पुष्पित करने केलिए राधा के चरण स्पर्श की प्रतीक्षा करता है। राधा अशोक वृक्ष की इस प्रतीक्षा को समझकर यों कहती है–

"तुमको क्या मालूम कि
मैं कितनी बार केवल तुम्हारे लिए
धूल में मिली हूँ
धरती में गहरे उतर
जडों के सहारे
तुम्हारे कठोर तने के रेशों में
कलियाँ बन, कोंपल बन, लाली बन
चुपके से सो गयी हूँ
कि मधुमास आये और तुम कब मेरे
प्रस्फुटन से छा जाओ।"

राधातत्व इस प्रकृति के कण-कण के साथ तन्मय होकर लयात्मकता अनुभव करता है। वे दोनों पृथक तत्व नहीं हैं। इसलिए प्रकृति के प्रत्येक संकट को स्त्री अपना समझती है। यह है इको-फेमिनिज़्म का मूल मन्त्र भी। इस सन्दर्भ में इकोफेमिनिस्ट सूसन ग्रीफ की कविता 'Woman and Nature' (स्त्री और प्रकृति) मुझे याद आती है–

"हम प्रकृति हैं
हम स्त्रियाँ हैं
हम फूल और पतंगें हैं
हम प्रकृति और स्त्रियाँ हैं
वह बोलता है
हमारी भाषा वह सुनता नहीं है
लेकिन हम सुनती हैं।"

इस कविता का वह (पुरुष) प्रकृति और स्त्री की भाषा सुनता नहीं। लेकिन स्त्री और प्रकृति परस्पर सुनने के साथ सबको सुनती हैं। उन दोनों की भाषा सामूहिकता

की है और उस भाषा में सबको समाहित करने की शक्ति है। स्त्री और प्रकृति पुरुष से भिन्न भाषा का गठन करती हैं, वह अन्य की भाषा है। पुरुष की भाषा अपने में सीमित होकर अपनी महत्त्वाकाँक्षा की संस्कृति को रूपायित करने की है, वह पृथ्वीबोध से दूर है।

राधा के सम्बन्ध में कहा जाए तो राधा अशोक, कदम्ब, आम्रतरु जैसे सभी वृक्षों की इच्छा एवं गतियों से अभिज्ञ है। वह यमुना के पानी में, स्वयं कृष्ण में, कृष्ण के संगीत में तल्लीन है। राधा का व्यक्तित्व गठित है लोक के रेशे-रेशे से। इसलिए वह मानवीय प्रेम का साकार रूप है। वह किसी से पृथक नहीं है, सबकी संवेदनाओं एवं अनुभूतियों को आत्मसात कर विवेकी बनकर अपनी पहचान को बनायी रखती है। इसलिए राधा कालातीत बनकर हमारे बीच में मौजूद है।

स्त्री, पुरुष और प्रकृति

कनुप्रिया में सबसे ज़्यादा महत्त्व स्त्री, पुरुष और प्रकृति की समन्वयात्मकता को दिया गया है। राधा-कृष्ण युगल बनकर नहीं एक बनकर प्रकृति में लीन रहता है। कनुप्रिया का चौथा गीत इसके लिए सही दृष्टान्त है। यमुना के नीले जल में निर्वस्त्र खड़ी राधा को अपने को देखकर ऐसा लग रहा है कि यमुना की इस साँवली गहराई का फैलाव मानो कृष्ण ही हो, वह कृष्ण भी अपने सारे आवरण दूर कर राधा को प्रगाढ आलिंगन में भर रहा हो,

"यमुना के नीले जल में
मेरा यह वेतसलता-सा काँपता तन-बिम्ब, और उसके चारों
ओर साँवली गहराई का अव्याह प्रसार, जानते हो
कैसा लगता है-
मानो यह यमुना की साँवली कहराई नहीं है
यह तुम हो जो सारे आवरण दूर कर
मुझे चारों ओर से कण-कण, रोम-रोम
अपने श्यामल प्रगाढ अथाह आलिंगन में पोर-पोर कसे हुए हो।"

यह जो बिम्ब उत्प्रेक्षा अलंकर की सहायता से कवि ने अंकित किया, उससे यह ध्यातव्य है कि तीनों के बीच में याने कि स्त्री-पुरुष और प्रकृति के बीच में कोई सीमारेखा नहीं है।

कृष्ण और राधा की रासक्रीडायें प्रकृति को माध्यम बनाकर होती हैं। "आम्र-बौर का गीत" में विरहिणी राधा की यादों में उन दोनों का खेल यों प्रकट है-

"कदम्ब के नीचे बैठकर/जब तुम पोई की जंगली लतरों के पके, फलों को /तोड़कर, मसल कर, उनकी लाली से मेरे पाँवों को महावर रचने केलिए अपनी गोद में रखता है"

यहाँ महावर रचने के लिए पोई की जंगली लतरों के पके फलों को लिया जाता है। आम्र मंजरी की धूल को माँग का सिन्दूर कहकर राधा अपनी माँग को श्यामल वनघासों में बिछी पगडण्डी के समान समझती है। इस प्रकार प्रकृति के प्रत्येक अवयव को कृष्ण और राधा अपनी क्रीडा की पूर्णता केलिए उपयोग करते हैं। वैसे ही कृष्ण को राधा के प्रत्येक अंग उसकी पूर्णता तक पहुँचने की पगडंडी मात्र है। देखिए–

"मैं मानती हूँ
कि तुमने अनेक बार कहा है:
"राघन् । तुम्हारी शोख चंचल
विचुंबित पलकें तो
पगडण्डियाँ मात्र हैं:
जो मुझे तुम तक पहुँचा कर रीत जाती है।"

इस प्रकार प्रकृति के प्रांगण में वे परस्पर मिलजुलकर प्रकृति से तन्मय होकर क्रीडा करते थे। वे प्रकृति को अपनी क्रीडाभूमि बनाते थे। लोकजीवन के दृश्य उतारने में कवि अत्यन्त शौकीन दिखाई देते हैं। "आम्रबौर का गीत" में आम्रमंजरी के नीचे राधा की प्रतीक्षा में निरत कृष्ण जब वेणु बजाता बैठता है, तब नन्दगाँव के दृश्य एक-एक कर उभर आते हैं–

"गायें कुछ क्षण तुम्हें अपनी भोली आँखों से
मुँह उठाये देखती रहीं और फिर
धीरे-धीरे नन्दगाँव की पगडंडी पर
बिना तुम्हारे अपने-आप मुड गयीं-

और

"यमुना के घाट पर
मछुओं ने अपनी नावें बाँध दीं
और कन्धों-पर पतवारें रख चले गये- "

इस प्रकार लोकजीवन के विभिन्न दृश्यों को उतारने का मकसद यह दिखाने केलिए भी है कि कृष्ण का पूर्ण विकास लोक से हुआ है। कृष्ण और राधा के

मिलन से जो प्रेम तत्व दोनों में समन्वित हुआ, वह बिलकुल निस्वार्थ एवं विराट है। वह लोककल्याण को लक्षित है। इसी सन्दर्भ में आचार्य रामचन्द्र शुक्ल की साहित्य सम्बन्धी मान्यतायें ध्यातव्य हैं। उनके अनुसार साहित्य का परम लक्ष्य लोक का मंगल है और वह प्रकृति और मनुष्य की पारस्परिकता से संजात है। इसलिए उन्होंने कहा कि सभ्यता विकास के साथ-साथ कविकर्म जटिल होता जा रहा है। इस सभ्यता समीक्षा के पीछे निहित संकल्पना, यही थी कि मनुष्य को मात्र अपने "प्रिमिटीव" (आदिम) जीवन और आदिम बिम्बों से रस और शान्ति मिलते हैं। आज की कला सभ्यता के अलंकरणों से आवृत है। लेकिन साहचर्य-संभूत रस के प्रभाव से सामान्य, सीधे-सादे, चिरपरिचित दृश्यों से माधुर्य की अनुभूति होती है। वन्य और ग्रामीण दोनों प्रकार के जीवन प्राचीन हैं, दोनों पेड़-पौधों, पशु-पक्षियों, नदी-नालों और पर्वत-मैदानों के बीच व्यतीत होते हैं।वे प्रकृति के अधिक निकट हैं। (काव्य में प्राकृतिक दृश्य-चिन्तामणी-भाग 2)

कृष्ण के व्यक्तित्व-विकास में पूर्ण सहयोग नन्द गाँव के पेड़-पौधे, नदी-नाले, जीवजन्तु, पर्वत-मैदान आदि देता है। कदम्बवृक्ष के नीचे कृष्ण को राधा ध्यानमग्न खड़ी पायी। राधा याद करती है कि "पर तुम खड़े रहे अड़िग, निर्लिप्त, वीतराग, निश्चल।" राधा बार-बार कई कविताओं में इस पर ज़ोर देती है कि कृष्ण सम्पूर्णता का लोभी है। उसने नन्दगाँव की सम्पूर्णता को आत्मसात किया और राधातत्व की सम्पूर्णता को ग्रहण किया था–

"वह जिसे भी रिक्त करना चाहता है
उसे सम्पूर्णता से भर देता है।"

अथवा

"तुम्हारा प्यार अजीब-सा प्यार है
जो सम्पूर्णत: बाँध कर भी
सम्पूर्णत: मुक्त छोड़ देता है।"

कृष्ण सम्पूर्णता को बाँध देता है, लेकिन उस सम्पूर्णता को स्वतन्त्र छोड़ता भी है। पूर्ण स्वीकृति के साथ पूर्ण वापसी भी है। एक के व्यक्तित्व से पूर्ण तादात्म्य है कृष्ण के प्यार का महत्त्व। लेन और देन पूर्णता का है, वहाँ स्वार्थ नहीं है। लेकिन इस पूर्ण-अपूर्ण में भी अपने अपने निजत्व और आन्तरिक अर्थ को मर्यादित रखता भी है। कृष्ण की भाषा यही है। परस्पर पूर्णत: डूब जाकर प्रत्येक की अस्मिता या

पहचान को नष्ट करने की नहीं बल्कि प्रत्येक की पहचान को बनाए रखने की है। अर्थात् इस संसार में राधा-कृष्ण एक बनकर आनादिकाल से प्रकट है तो भी राधा के प्रेम की ख़ूब तारिफ होती है। कृष्ण से राधातत्व ज़्यादा उज्ज्वल बन गया। लेकिन कृष्ण के निर्माण में राधातत्व की भूमिका शब्दातीत है। इधर कृष्ण, राधा और प्रकृति का जो समवेत है, वह एक अनूठी संस्कृति का उत्स बनता है। वह बहुलता, पूर्णता और सादगी की उच्च भूमि को छू लेती है।

इस सन्दर्भ में कवि राधा और कृष्ण के सम्बन्ध को शब्दों में बाँधने की कोशिश करते हैं। उस सम्बन्ध में अनछुआ कोई रिश्ता नहीं है -

"रखा-बन्धु-आराध्य
शिशु-दिव्य-सहचर
और अपने को नयी व्याख्यायें देनी चाही हैं
सखी-साधिका-बान्धवी
माँ-वधु-सहचरी
और मैं बार-बार नए-नए रूपों में
उमड-उमडकर
तुम्हारे तट तक आयी
और तुमने हर बार अथाह समुद्र की भाँति
मुझे धारण कर लिया-
विलीन कर लिया
फिर भी अकूल बने रहे।"

यहाँ सम्पूर्णता में भी अलग-अलग अस्तित्व के साथ खड़े व्यक्तित्वों का अंकन है। जो बड़ा और विराट है, वह दूसरे को मिटा देता है। लेकिन राधा तत्व कृष्ण तत्व में लीन होकर भी अलग है। यह भी नहीं कृष्ण का सम्पूर्ण अस्तित्व उसकी सृष्टि पर टिका हुआ है। वह सम्पूर्ण सृष्टि कृष्ण की इच्छाओं की है। उसकी सम्पूर्ण इच्छा का अर्थ राधा है। इसलिए राधा यों कहती है -

"इस निखिल सृष्टि के
अपार विस्तार में
तुम्हारे साथ मैं हूँ - केवल मैं
तुम्हारी अन्तरंग केलिसखी"।

यहाँ सब में व्याप्त कृष्ण के साथ सर्वत्र व्याप्त राधा है। दोनों प्रकृति तत्व है, परस्पर लीन होते हुए भी अलग-अलग पहचान के साथ। यह है हरित आध्यात्मिकता। यह भौम सदाचार और साकल्यता से निर्मित है। प्रत्येक जीवन में विद्यमान चैतन्य तत्व एक होता है। उसे इस पृथ्वी में सामंजस्य के साथ समरसता में द्वन्द्वातीत होकर जीना है, अपने अस्तित्व को बनाए रखते हुए। यही सीख प्रकृति हमें देती है। यह है इस सृष्टि का अर्थ।

प्रकृति एवं स्त्री तत्वों से पुरष का द्वन्द्व

कनुप्रिया में "इतिहास" के भाग में आकर कृष्ण आधुनिक पुरुष का प्रतीक बनता है। अपनी जड़, लोक संस्कृति और जिन लोकतत्वों से वह गठित है उन सबसे दूर चला जाता है। वह अधिकार एवं ज्ञान की एक नयी संस्कृति के निर्माण का इच्छुक बनता है। याने कि आधुनिक पूँजीवादी पुरुषसत्तात्मक व्यवस्था की सृष्टि केलिए ज्ञान का गठन कृष्ण करता है। नये शब्दों से गठित नए नए दर्शनों की भरमार थी आधुनिकता में। वह बिलकुल यान्त्रिक थी। बोधोदय और औद्योगीकरण का सौन्दर्यशास्त्र है आधुनिकता। यह आधुनिकता प्रकृति का उपयोग ही नहीं स्वार्थ केलिए प्रकृति का विनाश भी करती रहती है। यह प्रकृति से मनुष्य का अलगाव है। आधुनिकता में विश्व की सहज अन्विति को मिथ्या कहने का अहंकार है। अलगाववाद के प्रति अनन्य भक्ति, सीमातीत अहंबोध, सभी प्रकार की आध्यात्मिकता से परिहास आदि आधुनिकतावाद के आधारभूत भाव हैं। इसने साहित्य से ज़िन्दगी और प्रकृति को अलग कर दिया। इस प्रक्रिया को डिसिएनचान्टमेंट (Disenchantant) कहते हैं। इसकी प्रतिलोमी संस्कृति की सृष्टि करने की कोशिश है इस रचना में।

कनुप्रिया में कृष्ण द्वारा जिस इतिहास की रचना की जा रही है वह निरर्थक साबित होता है। कुरुक्षेत्र युद्ध के सूत्रधार एवं संचालक कृष्ण राधातत्व से दूर दिखाई देता है। विरहिणी राधा इस कृष्ण को देख शंकाकुल होकर सवाल करती है। राधा को लग रहा है कि वह एक सेतु मात्र थी कि लीला भूमि और युद्ध क्षेत्र के अलंध्य अन्तराल में। राधा ने जिसको जान लिया था वह दूर चला गया। कृष्ण को अब राधा समझ नहीं पाती, क्योंकि कृष्ण की संस्कृति अब नगर की और सत्ता की ज्ञानी-दबावी संस्कृति है। वह युद्ध एवं हिंसा की है। इस सन्दर्भ में सीमोन द बुआ के "सेकेन्ट सेक्स" (Second Sex) का यह विचार समीचीन लगता है–"पुरुष सत्तात्मक समाज ने स्त्री और प्रकृति की समानता पहचान कर दोनों का वस्तुकरण कर दिया। इसलिए पुरुष ने स्त्री और प्रकृति को अपनी शक्ति के अधीन कर नयी

संस्कृतियों का निर्माण करना शुरु किया। जिसप्रकार पुरुष माँ से अलग होकर उसके शोषण केलिए तैयार हो जाता है वैसे ही प्रकृति रूपी माँ की गोद में उसके स्नेह एवं लालन-पालन पाकर बड़े होने के बाद उसका शोषण कर लेता है। स्त्री और प्रकृति से भी बढकर श्रेष्ठ की सृष्टि करने की व्यग्रता में पुरुष प्रकृति को खाकर औद्योगिक संस्कृति के निर्माण में लग जाता है। विकास का यह पागलपन पुरुष केलिए विस्मृति है। स्त्री और प्रकृति को भूलकर दूर जाने का मार्ग है।" यह पहचान राधा को होती है। यह है इकोफेमिनिज़्म। कामायनी में यह पहचान श्रद्धा को हुई और श्रद्धा ने तब मनु से यह सवाल किया–

"मनु ! क्या यही तुम्हारी होगी उज्ज्वल नव मानवता ?
जिसमें सब कुछ ले लोना हो हत,
बची क्या शवता !"

मनु श्रद्धा तत्व एवं पृथ्वी तत्व को भूलकर आधुनिक जानवरीयता का हिंसात्मक तत्व अपनाता है। इधर राधा अब भी कृष्ण की यादों में उसी प्रकृति की गोद में बैठकर कंकड, पत्ते, तिनके, टुकडे चुनती है। उसका आश्चर्य है कि "तुम्हारे महान बनने में/ क्या मेरा कुछ टूटकर बिखर गया है कनु!" राधा समझती है कि उनके चरम साक्षात्कार का एक एक गहरा क्षण अभी कृष्ण जो इतिहास रच रहा था उससे बड़ा और सशक्त था।

आज राधा देख रही है कि नन्दगाँव से होकर कृष्ण की युद्धोन्मत्त सेनाएँ गुज़र रही हैं। जिस आम्रवृक्ष की डाल कृष्ण के लिए सबसे प्रिय थी वह आज युद्ध करने की सुविधा केलिए काटी जायेगी।

"आज यह आम की डाल
सदा-सदा केलिए काट दी जाएगी
क्योंकि कृष्ण के सेनापतियों के
वायुवेगामी रथों की
गगनचुंबी ध्वजाओं में
यह नीची डाल अटकती है।" (पृ. 65)

वह गाँव पूर्णतः युद्ध के ख़िलाफ़ है। यहाँ गाँव एवं शहर का द्वन्द्व है। आज सत्ता एवं शहर की प्रतिष्ठा के लिए कितने गाँव उजाड़े जा रहे हैं। पेड़ों को काटकर पारिस्थितिक सन्तुलन बिगाड़ दिया जा रहा है। यह युद्ध पूँजीवाद की सृष्टि है, इससे

ग़रीबों का नाश होता है, वे ही विस्थापित होते हैं। कृष्ण का प्रिय गाँव एवं जिस अशोक वृक्ष से उसका अटूट सम्बन्ध है वह नष्ट होने के भय में है राधा -

"और यहपन्थ के किनारे खड़ा
छायादार पावन अशोकवृक्ष
आज खण्ड-खण्ड हो जाएगा तो क्या-
यदि ग्रामवासी, सेनाओं के स्वागत में
तोरण नहीं सजाते
तो क्या सरा ग्राम नहीं उजाड़ दिया जायेगा? (पृ. 65)

कृष्ण का वर्तमान इस लोकजीवन से क्या अनभिज्ञ हो गया? राधा दुख से विवश हो रही है। अब कृष्ण नगर की भीड़भाड़ और चकाचौध में राधा का प्यार और जिस गाँव ने उसे बनाया उन दोनों को क्या भूल गया। वह निस्सन्देह महान है, लेकिन वह महानता और उसकी अक्षौहिणी सेनाओं का गठन उस लोक जीवन का परिणाम है।

कृष्ण की भाषा बदल गई है। नये शब्द जो गढ़े गए हैं वे हैं पाप-पुण्य, धर्माधर्म, न्याय-दण्ड, क्षमाशीलता आदि। ये शब्द कृष्ण के युद्ध सत्य है। कृष्ण-राधा की भाषा में ये शब्द नहीं हैं। अब शास्त्रों से लदी हुई अगणित नौकाओं की पंक्ति रोज़ यमुना से जाती है। यह राधा केलिए अपरिचित दृश्य है। धारा में टूटे रथ, जर्जर पताकाएँ बहते आ रहे हैं–

"हारी हुई सेनाएँ, जीती हुई सेनाएँ
नभ को कँपाते हुए, युद्ध-घोष, क्रन्दन-स्वर,
भागे हुए सैनिकों से सुनी हुई
अकल्पनीय अमानुषिक घटनाएँ युद्ध की
क्या ये सब सार्थक है
चारों दिशाओं से
उत्तर को उड़-उड़ कर जाते हुए।
गृद्धों को क्या तुम बुलाते हो।" (पृ. 68)

राधा समझती है कि यह युद्ध अमानुषिक है। हमारी संस्कृति मानवीयता की है। यह युद्ध सार्थक नहीं है। कृष्ण जिस प्रकार नन्दगाँव में भटकी हुई गायों को बुलाता था वैसे लाश से भरी युद्धभूमि की ओर उड जाने वाले गिद्धों को बुलाता है। अर्जुन

को युद्ध की भाषा, कृष्णने गीतोपदेश के ज़रिये सिखा दी। अर्जुन भी उस भाषा से अनभिज्ञ था। कृष्ण और राधा की भाषा तन्मयता और प्यार की है। लेकिन राधा प्रश्न करती है कृष्ण से कि क्या हमारा वह अतीत अर्थहीन था।

आधुनिक सत्ताओं द्वारा निर्मित राजनीति का दुष्परिणाम हैं दो विश्वयुद्ध। उन विश्वयुद्धों की विभीषिकाओं से गुज़रते हुए आधुनिक बुद्धिजीवियों ने युद्ध की निरर्थकता को पूर्णत:समझ लिया। उसकी विनाश लीलायें मर्मभेदी हैं। भारतीजी ने इस युद्ध की अनावश्यकता को अपने गीतिनाट्य "अंधायुग" में कुरुक्षेत्र युद्ध के ज़रिये पेश किया है। वैसे ही "कनुप्रिया" में भी स्त्री द्वारा ही इस युद्ध का विरोध किया जा रहा है।वंदना शिवा ने "Introduction to Eco-feminism" में यों कहा –इकोफेमिनिज़्म नारीवादी, शान्ति और पर्यावरण जैसे कई सामाजिक आन्दोलनों से उभरा है। प्रेमचंद ने गोदान में यो कहा कि "पुरुषों की रची हुई इस संस्कृति में शान्ति कहाँ है? सहयोग कहाँ है?"

कृष्ण से निकलनेवाले शब्द आज राधा को अर्थहीन लगते हैं। कर्म, स्वधर्म, निर्णय, दायित्व जैसे ज्ञान के शब्द आज गली-गली में सुनाई पड़ रहे हैं। अर्जुन ने चाहे कुछ पाया हो, लेकिन राधा को कुछ नहीं।

"युद्ध कौन-सा है
और मैं किसके पक्ष में हूँ
और समस्या क्या है
और लडाई किस बात की है।"

किसी भी युद्ध केलिए किसी प्रकार का ठोस मानवीय कारण नहीं होगा। वह स्वार्थ एवं प्रतिशोध केलिए है। उसका एकमात्र परिणाम शान्ति का भंग और अनेक प्रकार की क्षतियाँ हैं। इस भयानक युद्ध से क्या हासिल किया जाता है। इसमें सही-ग़लत का निर्णय लेना सम्भव नहीं है। राधा कृष्ण के कण-कण में व्याप्त है। युद्ध-लोभी कृष्ण से वह वाक़िफ़ नहीं है। वह कृष्ण से एक ही शब्द सुनती है, वह है "राधन"। वह सम्पूर्णता का है, वह निर्द्वन्द्ध एवं अभेद का है। जैसे भ्रमरगीत में सूरदास की गोपिकायें उद्धव को सगुण का पाठ सिखा देती हैं। निर्गुण से वे बिलकुल अज्ञ हैं, वैसे राधा युद्ध से। दोनों सन्दर्भों में गाँव एवं शहर का द्वन्द्ध खड़ा कर दिया गया है।

राधा ज़ोर से यह कहना चाहती है कि कृष्ण का इतिहास युद्ध से नहीं बल्कि "राधा" से अथवा राधातत्व से ही बनना है।

"शब्द, शब्द, शब्द
तुम्हारे शब्द अगणित हैं कनु-संख्यातीत
पर उनका अर्थ मात्र एक है-
मैं
मैं
केवल में।" (पृ. 72)

कृष्ण के अनेक शब्दों में केवल एक ही शब्द सार्थक है, वह "राधा" शब्द है, वह समस्तलोक की तन्मयता का शब्द है।

प्रकृति और स्त्री केन्द्रित संस्कृति की चिरंतनता

राधा के समुद्र के स्वप्न में आधुनिक युद्धोन्मुख संस्कृति की पराजय और जिस नयी संस्कृति की कल्पना करती है, वह एक स्त्री की समझ का परिणाम है। इसमें कृष्ण कभी मध्यस्थ होकर, कभी तटस्थ होकर कभी युद्धरत होकर दिखाई देता है। यह आधुनिकता की द्वन्द्वात्मकता का प्रतीक है। यहाँ समुद्र देश का प्रतीक है। वह विषभरा और फेनिल है, मछलियों निर्जीव और सीपियाँ निष्फल हैं। लहरें नियन्त्रणातीत हैं। कृष्ण समुद्र के तट पर खड़े होकर बाहें फैला कर कुछ कह रहा है। लेकिन कृष्ण को कोई सुनता नहीं है। युद्ध ने इतनी भयानकता पैदा की है कि लोग किसी के वश में नहीं है। कृष्ण की अर्थहीन दार्शनिक व्याख्यायें जनता के कानों पर नहीं पड़तीं। जनता को चाहिए मानवीयता एवं शान्ति का लेप। राधा ने सपने में देखा कि कृष्ण पराजित होकर राधा के वक्षों पर गहरी नींद में सो गया है। यहाँ मोहन राकेश के "आषाढ का एक दिन" के कालिदास की वापसी स्मरणीय है। सत्ता और राजनीति से निराश होकर मल्लिका की खोज में वापस आना। मल्लिका जो है वह ग्रामीण जीवन की सृष्टि है। जिसने भावना में भावना का वरण किया था। कृष्ण का सो जाना समाधि है, लेकिन जागरण स्वप्न, छलना और मिथ्या है। यह जागरण ज्ञानोदयका परिणाम है। इसी वजह से युद्ध हुआ। इस युद्ध में कई शब्द गूँज उठे उन्हें कसने की कसौटी का पता किसी को नहीं।

"न्याय-अन्याय, सद्-असद्, विवेक-अविवेक,
कसौटी क्या है? आख़िर कसौटी क्या है?" (पृ. 75)

राधा इस युद्ध का विरोध पूर्णत: करती है। धर्माधर्म की जो व्याख्या हुई, उसका भी कोई अर्थ नहीं दिखाई देता है। पैताने स्वधर्म है, वह पांण्डव है तो सिरहाने अधर्म

है वह कौरव है। राधा ने सपने में देखी कृष्ण की पराजय। क्योंकि कनु का यह वर्तमान कृष्ण और राधा के तन्मय क्षणों की कथा से अलग है। लेकिन वह कृष्ण उन एक छोटे से छौने की भाँति राधा के पास आ गया। वह बालू पर अपने पगचिह्न बनाने के करुण प्रयास में था। रक्त का वह इतिहास सबको शतृ समझनेवाला है, उसे कृष्ण का इतिहास बनने नहीं देती राधा। राधा ने पहचान लिया कि कृष्ण ने असफल इतिहास को जीर्ण वसन की भाँति त्याग दिया है। अन्त में वह राधा केलिए भटकता है।

यहाँ राधा का विवेक है नयी संस्कृति का आधार। वह विवेक प्रकृति के कण-कण से निर्मित स्त्री तत्व है। उसके बिना कृष्ण द्वारा निर्मित इतिहास सही इतिहास नहीं बनेगा। हमारे बीच में इतिहास सम्बन्धी यह भ्रम चालू है कि वह राजा महाराजाओं की वीरता, युद्ध, साम्राज्यमोह, शासन एवं राजनैतिक षड्यन्त्र है। लेकिन वह असल में रक्त से रंजित इतिहास है। हमें उस इतिहास को महिमामंडित करनेवाली संस्कृति की हिमायती करना नहीं चाहिए। राधा की सचेतनता इस में ज़ाहिर है कि लोग यह न कहे कि कृष्ण के तन के नशीले संगीत की लय बनकर रह गई..."। लोगों के बीच में यह धारणा व्यापक है कि राधा कृष्ण की प्रेमिका मात्र थी, वह प्रेम भी शरीर तक सीमित था। लेकिन राधा का यह उद्‌गार सबसे ज़्यादा इस रचना में विचारणीय है–

"बिना मेरे कोई भी अर्थ- कैसे निकल पाता
तुम्हारे इतिहास का
शब्द, शब्द, शब्द....
राधा के बिना
सब
रक्त के प्यासे
अर्थहीन शब्द।" (पृ. 82)

कृष्ण द्वारा जो इतिहास निर्मित होनेवाला है वह अर्थहीन संस्कृति का है। वह हिंसात्मक है। राधा तत्व अहिंसा का है। हमें उस संस्कृति से निर्मित इतिहास चाहिए। इसलिए उस संस्कृति की रूपायिति के लिए पगडंडियों के कठिनतम मोड़ों पर कृष्ण की प्रतीक्षा में वह अड़िग खड़ी होती है। कृष्ण को उस हिंसात्मक संस्कृति से लोक संस्कृति की ओर ले आने का दायित्व राधा खुद का समझती है। यद्यपि वह कठिन तपस्या थी तथापि उसको निभाना लोकरक्षा के लिए अनिवार्य दीख पडता

है। कामायनी में जिसप्रकार मनु को उभारने का गुरु गम्भीर दायित्व श्रद्धा तत्व ने निभाया बैसे ही राधा प्रतीक्षा में है परिवर्तन लाने की।

अमेरिकी फेमिनिस्ट शोरी आटनर ने कहा कि संस्कृति केलिए प्रकृति के समान है पुरुष केलिए स्त्री (Is female to male as nature is to culture) यहाँ इकोफेमिनिज़्म का बीज अन्तर्निहित है। इस सवाल का जवाब कनुप्रिया में पर्दाफाश किया गया है। चीन के दर्शन तावोयिसम में जो यिन (Yin) और यांग (Yang) है, उसके द्वारा स्त्री और पुरुष को परस्पर पूरक माना जाता है। मतलब इस संसार की सारी घटनाओं के पीछे ये दोनों शक्तियाँ काम करती हैं। इन शक्तियों में आनेवाला असन्तुलन प्रकृति के असन्तुलन की वजह बनता है। वही तत्व है भारतीय शिवपार्वती में और विष्णु-लक्ष्मी में।

कृष्ण-राधा की यात्रा अनन्त काल से चलती आ रही है, यह कभी भी समाप्त होनेवाली नहीं है, क्योंकि वे प्रकृति तत्व का पूरक एवं समवेद हैं। इनकी यात्रा की समाप्ति का मतलब इस विराट प्रकृति का विध्वंस है। इसलिए राधा कहती है-

"मैं तो वह हूँ जिसे दिग्वधू कहते हैं, कालवधू-
समय और दिशाओं की सीमाहीन पगडंडियों पर अनन्त दिशाओं में
तुम्हारे साथ-साथ चलती चली आ रही हूँ, चलती चली जाऊँगी-
इस यात्रा का आदि न तो तुम्हें स्मरण है मुझे
और अन्त तो इस यात्रा का है ही नहीं मेरे सहयात्री!"

इस सामरस्य की संस्कृति को साथ लेने वाली राधा यह चेतावनी देती है कि प्रकृति और स्त्री केन्द्रित संस्कृति ही शाश्वत है। वह चिरंतन वर्तमानता का है। वह है कनुप्रिया की सार्थकता।

नवीनतम हिन्दी साहित्य में लोक

समकालीन दौर में "लोक" पर विचार करना अनिवार्य सा लगता है। "लोक" सम्बन्धी कई मान्यतायें हमारे बीच में प्रचार में हैं। इन सभी मान्यताओं से अलग होकर आज लोक को नए सिरे से समझने एवं परखने के लिए हम विवश हुए हैं। लोक प्रजातन्त्रीयता है याने कि वह वैविध्य को बनाए रखने की आज़ादी है। उसके मूल में मानवीयता का महान उद्देश्य है। उसमें संवेदनशीलता, स्नेह, करुणा आदि महान गुण स्पंदित हैं। वह एक प्रकार की मुक्तावस्था है। उसमें सभी शोषित एवं उपेक्षित हैं, जैसे स्त्री, दलित, आदिवासी, वृद्ध, बालक, कृषक, मज़दूर, ट्रान्सजेंडर, समलैंगिक आदि समाहित है। इसमें राम और रावण हैं, अमीर, ग़रीब और विस्थापित हैं। अत: इसमें सम्पूर्ण जनता की अदम्य शक्ति है। आज जो सामन्तवाद, फॉसीवाद, साम्राज्यवाद, पाश्चात्यीकरण, कुलीनतावाद, आदिमवाद, उपभोगवाद आदि से जनजीवन जो दुष्कर बनता जा रहा है उसे रोकने की शक्ति लोक में ही है।

एक राष्ट्र में लोक से बढकर दूसरी कोई निधि नहीं। वह कौशल और उच्च आशाओं से भरा एक ज़िन्दा संसार है। भारतीय लोक कश्मीर से कन्याकुमारी तक उपस्थित है। उसकी सबसे बड़ी ताक़त विविधता है। लोक निश्चय ही नगर-गाँव, मैदान-पहाड़ हर जगह में है। उसमें किसी की उपेक्षा नहीं। वह किसी भी केन्द्रीयता को स्वीकार नहीं करता है। हम मानते हैं कि सबसे बड़ी शक्ति शासन-व्यवस्था है। उसे भी नीचे गिराने की ताक़त है लोक में। वैसे ही लोक में गणतन्त्र स्थापित करने की क्षमता है। लोक स्वेच्छाचारी राजसत्ता या "राष्ट्र" केलिए एक सिरदर्द है, प्रतिवाद करने या राजनीतिक न्याय स्थापित करने की अनन्त क्षमता है।

एक लोक वह रहा है जिसमें संदेह करने, प्रश्न करने, सृष्टि से प्रेम करने और मिलजुलकर रहने के महान गुण हैं। रामचरितमानस के केवट प्रसंग में केवट नाँव में राम के पादस्पर्श पर संदेह प्रकट करता है। वह क्षमता सम्पन्न विद्वान नहीं है,

लेकिन जानता है कि आजीविका बड़ी चीज़ है, जो कुछ उसके पास है उसे विनम्रता से बचाना है। इसका मतलब है लोक एक आत्मविस्मृत या सपाट चेहरा नहीं है। अभिजात वर्ग हमेशा अपने को लोक से विशिष्ट समझते हैं। वे अपने को महापुरुष समझते हैं। वे आर्थिक रूप से सम्पन्न और आलीशान शिक्षण संस्थाओं से निकले हैं। उनमें अभिजात्य सामन्तवाद सुरक्षित है। बुद्धिजीवि, लेखक, व्यापारी राजनेता और सत्ता की मानसिकता ढ़ोते हुए हैं।

हिन्दी के मूर्द्धन्य आलोचक आचार्य रामचन्द्रशुक्ल ने कहा–"सच्चा कवि वही है जिसे लोक हृदय की पहचान हो। जो अनेक विशेषताओं और विचित्रताओं के बीच मनुष्यजाति के सामान्य हृदय को देख सके।" शुक्लजी देशबद्ध मनुष्यत्व और देशप्रेम, लोकसामान्य भावभूमि, समावेशी राष्ट्रीयता जैसी चीज़ों की बात करते हैं। लेकिन आज इससे सब विमुख हैं। उदारवाद एक असुरक्षित जगह हो चुका है। लोग साझी संस्कृति में अपने को खोने का ख़तरा देखते हैं। वे धार्मिक ध्रुवीकरण, जातिवाद और प्रान्तीयतावाद के चक्रव्यूह में फँसे हैं।

नवजागरण के सन्दर्भ में जो आधुनिकता रूपायित हुई वह भारतीय जनमानस का परिष्कार कर आगे की ओर विकास कर रही थी। उसमें उपनिवेशवादी ग़ुलामी मानसिकता का प्रतिरोध है। भारतेन्दु, बालकृष्ण भट्ट, राधाचरण गोस्वामी, मैथिली शरण गुप्त, प्रेमचंद, प्रसाद जैसे साहित्यकारों ने भारतीय वैविध्य को स्वीकार करते हुए उसको समृद्ध बनाने का अथक प्रयत्न किया। उस समय हमने दूसरों के धर्म के प्रति सहिष्णुता, दूसरी भाषाओं के प्रति आदर, स्त्री उत्पीडन के प्रति क्रोध, दूसरी जातियों के अधिकारों केलिए आवाज़ और त्याग की भावना देखा। अपने को बड़ा बनाकर अन्यों को कमज़ोर करने की मानसिकता एकदम नहीं थी। 1947 में इस देश के लोगों को एक लूटा हुआ विध्वस्त भारत ही नहीं मिला, चौडी की गई सामाजिक खाईयाँ भी उपहार में मिलीं। ये धर्म, जाति और क्षेत्रीयता की खाईयाँ थीं। इन सबको ध्यान में रखते हुए रामविलास शर्मा ने कहा कि ग़रीब जनता को आधार बनाकर जब तक समाज में हिन्दू-मुस्लिम का भेदभाव नहीं मिटाया जाता, तब तक हिन्दी भाषी जनता भीतर से सुदृढ़ नहीं हो सकता। इसी तरह जबतक जाति बिरादरी का भेद बना हुआ है, तब तक हिन्दी जाति भीतर से कमज़ोर बनी रहेगी।

प्रसाद की कामायनी में श्रद्धा का सवाल "लोक" का मूल स्वर बनकर हमारे सामने बुलन्द है–

"अपने में सबकुछ भर कैसे व्यक्ति विकास करेगा ?
यह एकान्त स्वार्थ भीषण है अपना नाश करेगा।

सुख को सीमित कर अपने में केवल दुख छोड़ेंगे,
इतर प्राणियों की पीड़ा लख अपना मुँह मोडेंगे।"

निराला "साहित्य की समतल भूमि" में रेखांकित करते हैं कि सीमा के अन्दर घिरकर रहना जिस तरह मनुष्य की प्रकृति है, उसी तरह सीमा के संकीर्ण बंधनों को पार कर जाना भी मनुष्य की प्रकृति है। मनुष्य हमेशा कॉमन प्लेस खोजता है। लेकिन आज अपने धर्म, जाति-बिरादरी और प्रान्तीय समुदाय में ही सुरक्षा का अनुभव कर रहा है, वह बृहत्तर समाज में अपने को असुरक्षित पाता है। क्योंकि सत्ता की राजनीति अभेद में भेद कर अकादमिक संसार को हथियार बनाती है। वह Cultural interaction के बदले Cultural Regimentation को बढावा देती आ रही है। यह तर्कशक्ति और सृजनात्मक कल्पना को ध्वस्त करता है। लोग तब हर मामले में अंध-पिछलग्गू होने लगते हैं। वे निर्मित इच्छाओं को ढोने केलिए विवश हो जाते हैं। लेकिन अर्थपूर्ण अस्तित्व केलिए प्रदत्त अस्मिता का अतिक्रमण करना है। जैसे–मराठी, हिन्दू, ब्राह्मण, मुसलमान आदि सबकुछ होता है। मनुष्य की प्रकृति में सभ्यता की शुरुआत से ही जिज्ञासा है, जिसका अन्त नहीं किया जा सकता। इसलिए कोई बंधन या बाउंडरी शाश्वत नहीं है–हर बाउंडरी प्रश्नांकित होता है। जिज्ञासा अनन्त है, वैसे ही स्वतन्त्रता अनन्त है, इसकी कोई अखिरी मंजिल नहीं है। इसलिए अस्मिता की भी कोई आख़िरी मंजिल नहीं है।

अज्ञेय की "असाध्यवीणा" में लोक की स्थिति विचारणीय है। प्रियंवद, वज्रक्रीर्ति, किरीटी तरु की साझी संस्कृति से लोक का अनावरण होता है। वह किरीटी तरु सालों के लोकजीवन की संस्कृति से पालित एवं पोषित है। इसलिए उससे निर्मित असाध्यवीणा भेदभावों की इस दुनिया की समझ के परे है। लेकिन इस दुनिया के वैविध्य को आत्मसात किये गये बड़े मानिषी प्रियंवद ने वीणा का वादन किया तो प्रत्येक स्तर का आदमी उससे सन्तुष्ट हुआ। यही वीणा है आज का लोक। कहने का तात्पर्य है कि लोक की उदार जड़ें वेद-पुराणों से लेकर अभी तक के साहित्य में परिलक्षित है।

हाल ही में हिन्दी में ही नहीं पूरी दुनिया में चर्चा का विषय बना इन्टरनाशनल बुकर सम्मान प्राप्त गीतांजली श्री का उपन्यास "रेतसमाधि"। इस उपन्यास में उपन्यासकार आत्यंतिक रूप से सभी प्रकार की सीमाओं को लांघने की बात उठाती हैं। भारत-पाकिस्तान विभाजन के द्वारा जो चोट लगी वह लोक पर हुआ आक्रमण है। गीतांजली जी प्रत्येक की अस्मिता को स्वीकार करते हुए अलगाव की भावना

पर प्रश्नचिह्न लगाती हैं और आज उसके हल के स्वरूप प्रेम की अनिवार्यता की ओर इशारा करती हैं। लिंग, जाति, धर्म, उम्र, देश, भाषा आदि के नाम पर जो विभाजन हो रहे हैं उनपर चिन्तित हैं गीतांजली श्री। सबसे उल्लेखनीय बात है कि अस्सी की उम्रवाली माँ को इन सभी बौण्डरीस को क्रोस करवाती हैं रचनाकार। लोक की इतनी अच्छी सृष्टि अन्यत्र नहीं है। सत्ता एवं अधिकारियों के सामने सवाल उठानेवाली बूढ़ी औरत के सवाल सदा वायुमण्डल में गूँजते रहते हैं। इन सवालों के सामने विचलित होनेवाले अधिकारी वर्ग की असमर्थता यहाँ ज़ाहिर है। मिट्टी और प्रकृति के साथ मिलजुलकर रहनेवाली माँ सामूहिक वैविध्य को बनाने में सिद्धहस्त है। प्रकृति और इतिहास को जो चाहिए इन सबको प्रदान करनेवाली यह रचना नवीन लोकबोध की दृष्टि से विचारणीय है। देखिए–"मत मानो बॉर्डर को। बॉर्डर से अपने टुकडे मत करो। हमीं हैं। हम नहीं मानेंगे तो ये दीवार नहीं रहेगी।" (पृ. 333, रेतसमाधि) अलगाव और द्वन्द्व हैं सर्वत्र। आज की दुखद सच्चाई पर विचार हुए हैं उपन्यास के आद्यंत। "पर हिन्दुस्तान पाकिस्तान की दोस्तियों की किसे पड़ी? ज़माना तो होड़ और दुश्मनियों का डंका बजाने का हो चला। जब नफरत उडान पर हो तो प्रेम की बातें गिजगिजी और पिचपिची लगती हैं। खैबर को लैला मजनू शीरी फरहाद चंदा अनवर से कौन जोड़ता है? खूनियों से, कलैशनिकोव से, तालिबान, ड्रोन अटेक, बच्चों के स्कूल पे बमवारी, इन दहशतों में वे सुर्खियों में आता है।...उसे क्या पता कि अलगाव जताना कुछ लोगों केलिए जश्न बन गया है? जश्ने-दुश्मनी जोशे-दरार।" (पृ. 361, वही) इधर अलगाव से पैदा होनेवाला दुःख उपन्यासकार ज़ाहिर करती हैं। आज का यथार्थ है यह, यह लोक को भस्म करता है।

वर्तमान कहानीकारों में बहुदर्चित एक कहानीकार है उमाशंकर चौधरी। उनकी सुन्दर कहानी है "एक नक्शा एक ख्वाब और कुछ तितलियाँ। अवकाश प्राप्त वृद्ध मन के सपने और उनके खो जाने पर उत्पन्न वेदना दोनों को कहानी में पेश किया गया है। पत्नी से नायक कहता है–"पूरा हिन्दूस्तान घूमेंगे हम साथ साथ। इतिहास भी, समुद्र भी, पहाड़ भी, रेगिस्तान भी। तुमने कभी यूँ खुले आँखों के सामने बाघों को घूमते भी तो नहीं देखा है।" नक्श बनाकर अन्त में वह एक-एक करके नक्शे में खाना, रहना, नृत्य, भाषा आदि सभी को बारीक अक्षर में लिखकर रखने लगा था। "देख रही हो ये पक्षी कितना उन्मुक्त होकर उड रहे हैं। अब तुम दुरुस्त हो रही हो ना तो हम भी उडेंगे। कन्याकुमारी से लेकर कश्मीर तक, उडीसा, पश्चिम बंगाल से लेकर गुजरात, महाराष्ट्र सभी पर अपनी निगाह फिराते हैं। यह पक्षी अपने मन के मालिक हैं। कहीं भी जा सकते थे। वे आज़ाद थे। यहाँ वही आज़ादी और पूरे भारत

को एक साथ अनुभव करने की इच्छा आदि चित्रनुमा शैली में अभिव्यक्त है, वह लोक से साक्षात्कार हमें कराती है।

दरअसल लोक का सांस्कृतिक अन्तर्मन एक ऐसी जगह है, जहाँ महान और निम्न दोनों तरह की प्रवृत्तियाँ हैं–रावण भी है, राम भी है। उसकी पीड़ायें हैं, आत्मज्ञान हैं, बुद्धिपरक चीज़ें हैं और उनकी शक्तियाँ हैं, विकृत कर दी गई परम्पराएँ हैं, निर्बुद्धिपरकताएँ और कमज़ोरियाँ भी हैं। वहाँ उच्च परम्परा के पहिए हैं तो रोडे भी हैं, ब्रेक है तो स्टार्टर है। इसप्रकार लोकमन की कई तहें हैं।

लोक के विश्वासों में धार्मिक रूढ़ियाँ स्वाभाविक हैं, जिनकी आत्मीय आलोचना होनी चाहिए। एलीट बुद्धिवादियों को इधर लोक बेवकूफ और बदमिजाज दिखने लगा है। वे जानना नहीं चाहते कि इन लोगों में पागलपन क्यों बड़ा है। दलित नाटककार रत्नकुमार सांभरिया का नाटक है "उजास"। जाति के नाम पर आदमी-आदमी में जो फरक है वह इसमें अभिव्यक्त है। मन्दिर तो बड़े जातिवालों का है। निम्नजातिवालों को मन्दिर में प्रवेश भी निषिद्ध है। लेकिन निम्नजाति के पढे-लिखे लोग धर्म एवं जाति केन्द्रित राजनीति का खोखलापन समझते हैं। निम्नजाति का शिक्षित युवा कलिया के ये शब्द देखिए–"हम ठहरे भोले-भाले। पैसे से छोटे। इस सच्चाई को हम नहीं जानते कि वोट एक मोहर होती है, जो हृदय की ताप से तपकर बनती है। वह मोहर ईमानदारी पर लगनी चाहिए।" उसके अनुसार उनके लिए स्कूल मन्दिर है, शिक्षा मूर्ति है। छोटे लोग धर्म को धरती और आकाश से बड़ा मानते हैं और हमें भगवान मानते हैं। उच्च धर्मवाले इसलिए समझते हैं कि जब तक उनके हाथ में मन्दिर और मूर्ति हैं, वे श्रेष्ठ और पूजनीय हैं। मन्दिर और मूर्ति उनका अस्तित्व है। उनके लिए जाति वरदान है। मतदान के सन्दर्भ में हिन्दू एकता की बात सब करते हैं, लेकिन दूसरी तरफ निम्न जाति के हिन्दू भाईयों से नफरत करते हैं। यह तो हिन्दू धर्म के लिए घातक नहीं है। अम्बेडकर के अनुसार राजनीति किसी की बपौती नहीं है। ना किसी जाति की ठेकेदारी है। राजनीत वह चावी है जो विकास के सब ताले खोल देती है। लेकिन इस राजनीति में या लोकतन्त्र में हाशियेकृतों का कोई स्थान नहीं है। नाटक में यह दिखाया गया है कि वे लोग आधुनिकता, लोकतन्त्र, क्रान्ति, धर्मनिरपेक्षता आदि के छतों के नीचे थे, लेकिन ये सब उनको विकास के पिछवाड़े में फेंक रहे हैं। लोकतन्त्र की क्षयावस्था में वह चुनाव का गणित भर रहा है। कुछ इसी स्थिति में विमर्श के सहारे ऊपर उठना चाहते हैं। उनके सामने विध्वंस की दुनिया है। अंध-राष्ट्रवाद की लोकप्रियता और अतीत के जगे तमाम प्रेम इसी निराशा की देन है।

जिस तरह धर्म के संस्कार होते हैं, उसी तरह गणतन्त्र के भी संस्कार होते हैं। गणतन्त्र कौन निर्मित कर सकता है। खुद अपने को लोकतान्त्रिक बनाना है। हर खाते-पीते आदमी को दिमाग़ में छोटा मोटा फासिज़्म भरा हुआ है। तब बराबरी कैसे सम्भव है। समावेशी राष्ट्रीयता या लोक को विमर्श के पक्षधर नहीं मानते हैं। यह राष्ट्रीयता मानवीय सौहार्द को लेकर चलती है।

सच्चाई यह है कि इस समय कोई मामला बाज़ार से बाहर नहीं है, कुछ भी प्रबन्धन के बाहर नहीं है, यह कितनी भयानक बात है। राजेश जोशी की ये पंक्तियाँ सुनिए–"नदियों का नहीं/समुद्रों का नहीं/पहाड़ों का नहीं/बाज़ारों का समय है यह।" (नेपथ्य में हँसी-राजेश...)

निश्चय ही जो है, सिर्फ़ उसके अधीन रहना दासता है। इसलिए हर ज़माने में स्वप्नों की ज़रूरत होती है, हर युग में कल्पनाशीलता की रक्षा की जानी चाहिए। आदमी बाज़ार के प्रलोभन में आ जाता है, लेकिन इसे पहचानने का विवेक मनुष्य को होना चाहिए। वैशाली नामक एक कॉलनी में कवि विजेन्द्र रहते हैं। वहाँ जब शहर बनने लगा तो उन्होंने उसका भयनक एवं घिनौना रूप देखा। यह पहचान "लोक" केलिए अनिवार्य है। "भला नगर" कविता में नगर की व्याख्या कवि ने बहुत मार्मिक ढंग से की है–

"नहीं हो कुछ भी, हर रोज़ नए भारत उठ रहे
चरती भेडें, बकरी, गाएँ, खेत नहीं हैं
दूर-दूर तक कहीं आँकडे, बबूल कहीं हैं
उगते जो बिन देखे भाले, ठाठ ठठ से
पैसेवालों के, श्रमिक ठंड में नित
नहीं पौष्टिक भोजन ठिठर हैं"

उनको सूखे गठरे हैं "नगर" तो हमेशा पैसेवालों का है। वहाँ लोकजीवन नष्ट हो रहा है, प्राकृतिक उपजें बिलकुल नहीं के बराबर हैं। ऐसे वातावरण में ग़रीबों का स्थान बिलकुल नहीं। वहाँ मानवीयता लुप्त हो गयी। आज किसान मज़दूर बनते जा रहे हैं। अपनी किसानी से ज़्यादा लाभ फैक्टरियों में काम करने से मिलता है। परिणामत: किसानी नष्ट होती जा रही है। एकान्त श्रीवास्तव अपनी कविता "कन्हार" में यह गम्भीर मामला उतारते हैं -

"गाँव के किसान
शहर की मिलों और फैक्टिरियों में मजूर हुए

गाँव की बहू-बेटियाँ
शहर जाक चौका - बर्तन करनेवाली
नौकरानियाँ हुईं
गाँव क नौजवान पढ-लिखकर
न किसान बन सके, न कर्मचारी
एक अधक चरी-सी संस्कृति में फँसकर
फूलती रही उनकी साँस
ज़मीन, जाति-धर्म के झगडे हुए
थानों और कोर्ट कचहरियों में खो गये।"

भारतीय जीवन का मेरुदंड है किसान और किसानी। इसका मर्मभेदी चित्र प्रस्तुत करते हुए कवि इस ओर इशारा करते हैं कि भारत में लोक का क्षय जो हो रहा है वह अत्यन्त विचारणीय है। हमारी प्रजातन्त्रीय व्यवस्था की शोचनीय स्थिति केलिए इससे बड़ा दृष्टान्त क्या चाहिए।

वैसे ही सहजता एवं स्वाभाविकता नष्ट हो रही हैं। कृत्रिमता एवं अस्वाभाविकता में हम रमते आ रहे हैं। तब वैविध्यपूर्ण संसार को जो क्षति पहुँचती है वह हम पहचानते नहीं हैं। विष्णुनागर की "ज़रूरत" शीर्षक कविता की पंक्तियाँ देखिए–

"उन्होंने ऐसा कृत्रिम दूध बनाया
जो असली दूध को मात करे, उसे पीकर
लोगों को लगा कि अब गाय-भैंस
बकरी की ज़रूरत नहीं रही
फिर उन्होंने ऐसा मांस बनाया कि
लोगों को जानवरों की ज़रूरत नहीं रही
फिर उन्होंने ऐसे रोबोट बनाए
जिनमें मनुष्य का एक भी दुर्गुण नहीं था
और सद्गुण सारे थे।"

मनुष्य संवेदन शून्य बनते जा रहे हैं। अपने स्वार्थ केलिए सबकुछ करने को तैयार हो रहा है। लेकिन यह स्थिति हम पहचानते हैं। इसका मतलब लोक अपनी गरिमा के साथ हमारे बीच में होगा।

संक्षेपत: लोक की जगह अन्तत: न समुदाय ले सकता है और न हमेशा बाज़ार की चीज़ों के पीछे दौड़नेवाला उपभोक्ता ले सकता है। लोक संदेह करने, सपने

देखने और बोलने की अपनी शक्ति के कारण हमेशा बचा रहेगा। संकीर्णताओं से ऊपर उठे लोक को मनुष्य में या नागरिक में गणतन्त्र स्थापित करने की शक्ति है। कहना न होगा कि आज भी लोक में घुमड़ते बादलों सा पानी है और बिजलियाँ हैं। पहाड़ सी ऊँचाई और नदी सा प्रवाह है। यह भारतीयता का प्राणधार है। इस धारणा को कोई मिटा नहीं सकता। आज एक प्रकार से मृतप्राय लोक अवश्य अपने राख से जाग उठेगा। यह समय यह माँगता है।

'अथर्वा : मैं वही वन हूँ' की पारिस्थितिकी

'अथर्वा: मैं वही वन हूँ' के नाम से ही यह विदित है कि प्रथम ज्ञान-विज्ञान के सृष्टिकर्ता वही वन है जो जैववैविध्य का थल है। भारत वह धरती है जो अरण्य संस्कृति की उपज है। यह "अरण्य प्रकृति" की बहुलता, सामूहिकता और आत्मनिर्भरता से गठित है। कवीन्द्र रवीन्द्र ने कहा कि "अरण्य जीवन" सांस्कृतिक विकास का सबसे उच्च रूप है। उन्होंने अपनी रचना "तपोवन" में लिखा - "समकालीन पाश्चात्य सभ्यता ईंट और लकडी से निर्मित है। इसकी बुनियाद शहर है। लेकिन भारतीय सभ्यता के मूल का पुनरुत्पादन, संसाधन और प्रतिभा वन में हुआ, शहर में नहीं। भारत के उच्च आशय एवं आदर्श जब मनुष्य भीड से दूर, पेड़ों, नदियों, तालाबों से मिलकर रहे तब पैदा हुए। वन की शान्ति मनुष्य के बौद्धिक विकास केलिए सहायक बन गयी। वन संस्कृति ने भारतीय संस्कृति को ऊर्जा एवं गति प्रदान किये। वह जीव-जीव, जाति-जाति, वंश-वंश, जलवायु-जलवायु, दृष्टि-दृष्टि, आवाज़-आवाज़, गन्ध-गन्ध को अलगाती है। वैसी बहुलता भारतीय संस्कृति का मूल सिद्धान्त या मन्त्र है।

रवीन्द्र बाबू के विचारों से यह स्पष्ट कि है कि भारतीय विचार एवं जीवन ईंटों, लकडियों और लोहे से निर्मित नहीं हैं, वे वन जीवन से गठित हैं। मानव और प्रकृति की अवस्थिति से ज्ञान का आविर्भाव हुआ। ज्ञान-व्यवस्था में प्रकृति जीवन्त और गतिमय है। अरण्य जीवन से यह सिद्ध हुआ कि प्रकृति ही मनुष्य के प्रकाश, वायु, खाना और पानी का स्रोत है। जीवन के उत्स के रूप में धरती को पवित्र माना गया है। मनुष्य के विकास, बौद्धिक, भावात्मक और आध्यात्मिक को नापा जा सकता है धरती के ताल-लय और गति के साथ। याने कि वन ने भारत को एक पर्यावरणीय संस्कृति प्रदान की है, वह भौम सदाचार, साकल्यता और हरित आध्यात्मिकता पर केन्द्रित है। उसमें समता, समानता, शान्ति, पारस्परिक आदर-सम्मान एवं बहुलता

का संस्कार है। इसलिए टी.एस इलियट ने "The waste Land" में लिखा "In the mountain you feel free"। अथर्व वेद का यह श्लोक यहाँ ध्यातव्य है - "जनं विभ्रती बहुधा विवाचसं नाना धर्माणं पृथिवी यथौकसं सहस्त्रधारा द्रविणस्य में दुहां ध्रुदेव धेनुरनास्कुरन्ती"–पृथ्वी भिन्न भाषा बोलनेवाले भिन्न रीति-रिवाज़वाले -आसपास रहनेवाले सभी सहवासियों को समान ममता और प्रेम से पालती है।

भारतीय संस्कृति आध्यात्मिक रही है, यह सच है। किन्तु, साथ ही यह भी रही है कि भौतिकवाद या संसारोन्मुख कर्तव्य-भावना की भी हमारे यहाँ कभी कमी नहीं रही। शंकराचार्य ने सबसे ज़्यादा इस संसार को मिथ्या कहा। लेकिन लोक शब्द का स्पष्ट प्रयोग करते हुए उन्होंने लिखा है, "सर्वं हि प्रजानामान्त: कारणं चेतनावत् प्रसिद्धं लोके", "लोक में प्रजा के सभी अन्त:करण चेतनायुक्त प्रसिद्ध है।" (मुण्डक, गीता प्रेस, पृ. 101) भारतीय दर्शन में जीवन-यथार्थ की परम्परा इतनी सुदृढ़ है कि ब्रह्म की चर्चा करते हुए शंकराचार्य बार-बार लोक से उदाहरण देते हैं। सन्यास भारतीय संस्कृति की मूल धारा नहीं है। महाभारत और रामायण में कोई भी पात्र सन्यासी नहीं है। महाभारत में स्वयं व्यास ने अपने पुत्र शुकदेव से कहा "गृहस्थस्तेवष धर्माणां सर्वेषां मूलच्युते", अर्थात् यह गृहस्थ आश्रम सब धर्मों का मूल है। (शान्तिपर्व, 234.6) मनुस्मृति में कहा गया है, "गृहस्थ उच्यते श्रेष्ठा, सभी आश्रमों में गृहस्थ आश्रम श्रेष्ठ है। (6.89) संसार का प्राचीनतम ग्रन्थ हमारे देश का ऋग्वेद है। उसमें भी यह उल्लिखित है कि उस समय का जीवन ग्रामीण था, लोग पशुपालन और खेती करके जीवन निर्वाह करते थे। उसमें लोकजीवन की गतिविधियाँ चित्रित हैं। ऋग्वेद की घोषणा है : "न ऋते श्रान्तस्य सख्याय देवा।" (4.33.11) देवता उसी के सखा बनते हैं जो परिश्रम करता है। यहाँ श्रम में विभाजन नहीं है, वह उसकी बहुत बड़ी विशेषता है जो संसार के अन्य किसी ग्रन्थ में नहीं है यह हमारा अतीत था और यह हमारा भविष्य भी होना चाहिए। उस समय वर्ण-व्यवस्था शुरु हुई थी। इसका मतलब भारत में जो भी ज्ञान-विज्ञान में उन्नति हुई है, वह सापेक्ष रूप में संसार और मानवशरीर को सत्य मानकर ही हुई है। इस दृष्टि से देखा जाए तो आनन्द का "अथर्वा" भी हमारे सामने मानव संस्कृति के विकास में अरण्य एवं लोक की भूमिका पर प्रकाश डालते हुए उस संस्कृति से विच्छिन्न जो संस्कृति आज रूपायित हुई वह बड़ा ख़तरनाक सिद्ध करता है। परम्परा एवं इतिहास से विच्छिन्न कोई भी संस्कृति मानव-कल्याण की पुष्टि नहीं करेगी। पृथ्वी को मान्यता देकर एक औन्नत्यपूर्ण संस्कृति की अनिवार्यता 'अथर्वा' काव्य में सिद्ध

होती है। इसलिए इस रचना को पारिस्थितिकी के परिप्रेक्ष्य में मंथन मनन करना आज की अनिवार्यता है।

पारिस्थितिकी एक नयी समीक्षा शाखा के रूप में 1990 के आसपास संसार भर में उभर आने लगी। 1996 में शेरिल ग्लोफेलटिया द्वारा संपादित अंग्रेज़ी आलोचनात्मक ग्रन्थ "The Eco-criticism Rader" की भूमिका में उन्होंने इस नयी आलोचनात्मक पद्धति की परिभाषा यों दी है–"मानव-संस्कृति की प्रकृति के साथ अटूट सम्बन्ध है। वे परस्पर प्रभावित हैं। यह आलोचना प्रकृति और संस्कृति के बीच के सम्बन्ध को ढूँढ़ती है। एक आलोचनात्मक पद्धति के रूप में इसका एक पैर साहित्य में और दूसरा भूमि में है। एक दर्शन के रूप में यह एक साथ मनुष्य और मनुष्येतर सत्ताओं के साथ जुडा हुआ है। उनके अनुसार आधुनिक "संसार" मनुष्य के सामाजिक संसार में सिमट रहा है। लेकिन पारिस्थितिक विमर्श में "संसार" व्यापक बनकर मनुष्य की पूरी आवास-व्यवस्था को धारण करता है। यही तो इस विमर्श को अन्य आलोचना पद्धतियों से अलगाता है। अथवा यह अध्ययन भौम केन्द्रित है और इसका अविश्वसनीय वैविध्य है। प्रसिद्ध पारिस्थितिक चिन्तक लोरेस बुवेल के अनुसार हम कथापात्र, विषय और कथावस्तु से परिचित हैं। लेकिन थल सम्बन्धी बोध की उपेक्षा एवं अपमान किया जा रहा है। इस अवस्था में परिवर्तन लाना पारिस्थितिक आलोचकों का लक्ष्य है। अनेक नये आलोचक साहित्यिक अध्ययन में आम तौर पर प्रयुक्त होनेवाले वर्ग, वर्ण, लिंग आदि प्रतिमानों के साथ "थल" को भी जोडने के पक्ष में हैं। लेकिन स्वेन बिरकोट्स का मानना है कि पारिस्थितिक चिन्तन के केन्द्र में बाह्य संसार या थल नहीं बल्कि मनुष्य ही है। वे इको-क्रिटिसिज़्म को "अहंबोध समीक्षा" (Ego-Criticism) नाम से अभिहित करना चाहते हैं। क्योंकि आज की जो संस्कृति है वह मनुष्य के लालच और अधिकार के प्रति अतिमोह आदि की उपज है। मनुष्य की इस आन्तरिक स्थिति को ढूँढ़ना ही चाहिए।

उपर्युक्त विचारों के परिप्रेक्ष्य में यदि देखा जाए तो पारिस्थितिकी में प्रकृति और मानव संस्कृति के बीच के सम्बन्ध को ढूँढ़ते हुए इस संसार के समस्त चराचरों के वैविध्य को मानने की मानवीय संस्कृति की गरिमा एवं इस वैविध्य के संकट के कारणों को ढूँढ़ना है। इस दृष्टि से आनन्द का "अथर्वा" अत्यन्त विचारणीय एक ग्रन्थ है। काव्य के परखने से उसकी प्रतिरोधी संस्कृति की गहराई एवं विस्तार को नापा जा सकता है। शीर्षक "अथर्वा: मैं वही वन हूँ" से पता चलता है कि अथर्वा जैसा व्यक्तित्व वन की सारी विशेषताओं से गठित है। उसके सारे ज्ञान-विज्ञान का रूपायन वन-संस्कृति से हुआ है। उसमें सारे के सारे पृथ्वितत्व समालीन हैं। वह

बहुलता एवं सामूहिकबोध से निर्मित है, वह सहजता, सादगी एवं लोकतत्वों की साकार परिणति है। आनन्द हमारी पुराणेतिहासों से साबित करते हैं कि पृथ्वी पर एक मन्वन्तर की रचना में अथर्वा की प्राथमिक भूमिका है, केवल कल्पना भर नहीं है। उनके अनुसार अथर्वा ही प्रथम कवि है जिसने परा और अपरा विद्या को हमारी पृथ्वी पर सम्भव किया है। आनन्द के अनुसार अथर्वा ऐसा ही एक कवि है जिसके माध्यम से उस लोकोन्मुखी कविता का प्रस्फुटन होता है जिसके स्रोत एक तरफ उसके अपने अलौकिक अनुभवों में प्रच्छन्न रूप से विद्यमान है और दूसरी तरफ उस विभावन व्यापार में जिससे कविता बनती आयी है। आनन्द जी काव्य में अवश्य सिद्ध करते हैं कि वन द्वारा निर्मित है अथर्वा की उच्च चेतना– "अथर्वा के साहचर्य में उसकी आन्तरिक चेतना का उत्थान "कुण्डलवन" में होता है और संगठित धर्मानुभाव से सर्वथा परे प्राणोत्थान को साधनात्मक रहस्यानुभव से गुज़रने के क्रम में एक सर्वातिशायी चेतना उसे पकड़ लेती है।" (पृ. 16) तब अवश्य अरण्य संस्कृति से निर्मित मन्वन्तर में भूमितत्व ही है। लेकिन आज हम औद्योगीकरण एवं भूमण्डलीकरण की चकाचौध से धरती के गुणों से दूर एक अलग संस्कृति का निर्माण कर रहे हैं। यह निर्मिति है, इसलिए कृत्रिम है। इस विश्व में सामूहिक मुक्ति केलिए अपने को बार-बार संस्कारित करने की ज़रूरत है। इसका मतलब पृथ्वी से अलग होना नहीं है, बल्कि मानवीयता का परिष्कार करना है। कविता प्रकृति से जन्म लेती है और जीवन सत्य को पृथ्वी पर उतार लेती है।

प्रकृति की महानता एवं जीवन्तता को द्योतित करते हैं काव्य में कवि अन्यत्र-

"महाप्रकृति ईश्वर की जननी महीयसी
ज्ञान की उज्ज्वल तरंगों पर चुपचाप बैठकर
देखती है करुणा का काव्य एकान्त में"

काव्य में प्रकृति और मनुष्य की एकतानता या अभिन्नता वर्णित है। कवि देखते हैं कि अचानक पृथिवी के सारे वृक्ष मिलकर क्रमश: एक हो गये हैं, कहीं कुछ नहीं बचता और वे सभी अक्षयवट में बदल जाते हैं। उसके तन में हज़ारों आँखें हैं और एक ही मुख है जिससे धीरे-धीरे आवाज़ निकलती हैं। वृक्ष के चैतन्य पर कवि प्रकाश डालते हैं। ये मानव को तथा पृथ्वी को बनाये रखने में अनन्त उपकार करते हैं। ये वृक्ष एक साथ क्या कहते हैं, देखिए–

"वृक्ष हैं हम: हम समय के वृक्ष हैं स्थावर:
फिर एक शिलालेख अलिखित भविष्य के

देखने पर चमकीली मरकत पत्तियों के भीतर
छुपाये हुए रखते हैं अनन्त रहस्य को!
प्राणवायु देते हुए रसवती डालियों का सहचार
अवशेषित करता है जीवन का क्रूर हलाहल
वृक्ष हैं हम चेतना की साधना है अन्तहीन
सिक्त करते हैं अमृत तरंगों से इस पृथिवी को।"

पेड़ अपने लाभ पर निर्भर नहीं, वह सारे जीवजगत् केलिए प्राणवायु प्रदान करता है। इस महाकार्य के साथ जीव-जन्तुओं को झुलसते धूप और मूसलघार वर्षा में छाया बनता है और फल प्रदान करता है। वह भौमताप को रोकने का बड़ा हथियार है। सूखा, अतिवर्ष और मिट्टी के बह जाने को रोकता है। पेड़ का जीवन हम जैसे स्वार्थी मनुष्य केलिए अनुकरणीय है। काल की चक्राकार गति में पृथ्वी में सर्वनाश होता रहता है–"पर हम वृक्ष हैं, समय पर उगते ही रहते हैं/धरती के भीतर भी बनाते हैं रत्नकोश।" यहाँ उल्लेखनीय बात यह है कि क्यों प्रलय मच जाता है। कामायनीकार ने इसका स्पष्ट उल्लेख किया कि मानव के अतिभोग से प्रलय होता है। मनुष्य इतने अमानवीय एवं स्वार्थ बन चुके हैं कि वे दूसरे प्राणियों के जीने के अधिकार को भी छीन लेता है। इधर आचार्य रामचन्द्र शुक्लजी की याद आती है– "काया की न छाया यह केवल तुम्हारी, द्रुम/अन्तस के मर्म का प्रकाश यह छाया है।/भरी है इसीमें वह स्वर्ग-स्वप्न-धरा अभी/जिसमें न पूरा-पूरा नर बह पाया है।/शान्तिसार शीतल प्रसार यह छाया धन्य/प्रतिभा पसारे इसे कैसी हरी काया है/ हे नर! तू प्यारा इस तरु का स्वरूप देख, देख फिर घोर रूप तू ने जो कमाया है।" (कविता क्या है?) इस प्रकार महत्त्वपूर्ण काम करनेवाले वृक्षों को हम अपने स्वार्थ केलिए काट डालते हैं और वनों को जला देते हैं। यहाँ भी कवि कहते हैं कि वह धरती का रत्नकोश है। इसके बिना मानव जीवन तहस नहस जाएगा।

उपर्युक्त सन्दर्भ में जर्मन भाषा में 2015 में प्रकाशित अंग्रेज़ी में 2016 में अनूदित बेस्ट सेलर पुस्तक की सूची में आनेवाली पीटर वोलेबेन द्वारा रचित "The hidden life of Tress" का जिक्र करना अनिवार्य है। बोलेबेन एक वनपालक का काम करते आ रहे थे। शुरु में उनके सामने पेड़ केवल बूचड़खाने का जानवर मात्र था। लेकिन बीस वर्षों के वनपालन के फलस्वरूप उन्होंने सूक्ष्म वैज्ञानिक दृष्टि से वृक्ष की ज़िन्दगी को पहचाना। उन्होंने अपनी किताब में स्पष्ट कर दिया कि पेड़ एक कुटुम्ब बनकर कैसे पारस्परिकता से ज़िन्दगी काट रहा है। पिता और माता वृक्ष

रक्षक बनकर छोटे पेड़ों की देखभाल करते हैं। वे परस्पर आशय विनिमय करते हैं। रोग से पीडित वृक्षों की रखवाली देसरे पेड़ करते हैं। इस प्रकार अतिसंकीर्म प्राकृतिक जीवन की ओर रचनाकार हमें किताब में ले जाते हैं। प्रकृति के इस विनिमयपूर्ण एवं सहज वैभवपूर्ण जीवन के सामने इस आधुनिक समय में हमें अति विनीत होना पड़ता है। क्योंकि आज प्रकृति और मनुष्य के बीच में एक द्वन्द्वात्मक स्थिति पैदा हुई है। इससे अवगत कवि आनन्द पृथ्वी में वृक्षों की महत्त्वपूर्ण भूमिका पर प्रकाश डालते हैं।

पृथ्वी का अंधाधुंध नाश हो रहा है विकास योजनाओं के तहत। आधुनिकता के साथ प्रकृति और मनुष्य के बीच द्वन्द्व शुरु हुआ। औद्योगीकरण के फलस्वरूप जो सहज स्वाभाविक है वह मशीन बन गया। कई फैक्टरियाँ एवं कंपनियाँ खुलीं। वहाँ मनुष्य एवं अन्य जीवजन्तु की उपस्थिति बिलकुल नहीं है। केवल यन्त्र के पुतले में बदल गए मनुष्य हैं उस संस्कृति में। विदेशों की मदद से जो मल्टीनेशनल कंपनियाँ आ गयीं वहाँ वे अपने मुनाफे के लिए सारा काम करते हैं। वैज्ञानिक एवं प्रौद्योगिकी के आविष्कारों ने मानव की सुख-सुविधा को बढाया। पर मनुष्य अपने तात्कालिक सुख में इतना अन्धा हो गया कि निरन्तर उत्पन्न होनेवाली अपनी हानियों के बारे में सोचता भी नहीं है।

कवि यहाँ सवाल करते हैं कि "भविष्य में आनेवाली पृथिवी/काले स्याहजल में डूबी क्यों रहती?" इसका तात्पर्य यह है कि पृथ्वी मलिन एवं प्रदूषित होती जा रही है। लेकिन हम प्रकृति को अपनी सहेली और क्रीडा जगत मानते आ रहे थे। इसलिए प्रकृति को बचाना समय की माँग है। यहाँ प्रत्येक की मुक्ति कवि की कामना है–

"चिडियाँ खोले अपनी पाँखें
कहतीं जैसे
तू भी मुक्त गगन में जी ले।" (पृ. 96)

कवि विभिन्न पात्रों के ज़रिये हो, यह स्पष्ट करते हैं कि मनुष्य की जननी है वनदेवी ।कुण्डलवन में प्रवेश करने के पहले कवि आज के पर्यावरण संकट के मूल कारण की अभिव्यक्ति यों देते हैं–

"तुमने सिद्ध कर दी है पात्रता कुण्डलवन में प्रवेश केलिए....
किन्तु द्वैत से घिरे हुए पृथिवी के प्राणी तुम
जब आवेशमुक्त लौटोगे बुद्धि की भूमि पर।" (पृ-103)

याने कि इस द्वैतता से ग्रस्त मनुष्य वन में प्रवेश किये बिना लौटने की सम्भावना है। अब वन के वातावरण से मिल जाने में वह असमर्थ सा दिखाई देता है। कुण्डल वन में प्रकृति वर्णन के द्वारा प्रकृति का परिचय दिया जाता है। वह लोकजीवन के वैविध्य के सौन्दर्य, स्वातन्त्र्य एवं आनन्द हमें प्रदान करता है। कवि यह भी द्योतित करते हैं कि प्रकृति और पुरुष में कोई अन्तर नहीं है और वह बुद्धि एवं प्रज्ञा से सम्पन्न वनदेवी ही है। यहाँ वन को स्त्री रूप प्रदान करने पर इकोफेमिनिज़्म की दृष्टि प्रकट होती है। इकोफेमिनिज़्म स्त्री और प्रकृति की समानधर्मिता को व्यक्त करता है। इस दुनिया के सारे हाशिएकृतों को बचाने का दायित्व विवेकी स्त्री अपने कंधे पर उठा लेती है। यहाँ प्रकृति विवेकी स्त्री की पात्रता में है। पुरष और प्रकृति की अभिन्नता यहाँ ध्यातव्य है।

"मैं पुरुष और प्रकृति
मैं प्रज्ञा वनदेवी।" (पृ. 124)

उस वन में कई जीवजन्तु विचरण करते हैं, उनके बीच में एक मात्र है मनुष्य-

"जलती झाडियों के उत्सवानल में भुनते हैं वनपशु
घेरकर जिसका विहार करते रहे हैं किंपुरुष
गांगेय घाटियों में जब कालनाग की केंचुल उतर रही थी
चमकती त्वचावाली स्पर्शाकुल लहरों में
विद्युन्मय प्रजातियाँ इन्हीं घन खेतों में चरती थीं।" (पृ. 145)

यहाँ वन का जो सामूहिक बोध एवं पारस्परिकता है इसका पर्दाफाश हुआ है। यह भौम सदाचार एवं साकल्यता से युक्त दुनिया का गतिमय दृष्टांत है। दुनिया में हरेक की अपनी अपनी जगह है। प्रत्येक में जो चैतन्य है उसे परस्पर मानना है। इसे हरित आध्यात्मिकता (Green Spirituality) कहते हैं। वह शान्त अहिंसात्मक वातावरण की सृष्टि के लिए अनिवार्य है। यह धर्म केन्द्रित आध्यात्मिकता नहीं है। यह पूरी दुनिया के साथ आदर-सम्मान का है। आजकल की आध्यात्मिकता शोर्ट कट तरीक़े की है। असल में हरित आध्यात्मिकता आज की माँग है। प्रसादजी ने कामायनी में कहा–"एक तत्व की प्रधानता, कहो उसे जड या चेतन।" यह तो इसका मूल मन्त्र है। "अथर्वा" का भी मूल आशय यह हरित आध्यात्मिकता है।

हम प्रकृति से कितने ऋणी हैं। कवि की यह पंक्ति देखिए–"पृथिवी और सूर्य का प्रेमजल जीवन की धारा है।" (पृ. 170) पाण्डुलिपि-आठ में प्रतिनारायण वर्तमान का दुर्निवार सत्य है। वह सभी प्रकार के सत् के विरोध में है। इसलिए उसकी

प्रवृत्ति हिंसात्मक है। युद्ध, आदिवासियों के हिस्से को भोगना आदि उसके वश की बात है। वह इस प्रकृति और मनुष्य के पूरे शोषण को लक्ष्य करके निकला–

"मैं रसिक छद्म काल का
पद्म मुकुलों में बाँधता रहा हूँ युद्धों के सव्यूह
अहंकारों के तर्जन-विवर्जन।"" (पृ. 242)

यह भी नहीं - "नदी सागरों के तट पर बसनेवाली
आदिम जनजातियों के वनपुरुषों में
प्रकृति को भोगने की महेच्छा मेरी है।

आदिवासियों की जो प्रकृति है, याने कि वनों को भोगने की महेच्छा उस प्रतिनारयण में है। वह प्रतिनारायण वर्तमान स्वार्थप्रेरित अहंग्रस्त मनुष्य है। आदिवासी जीवन का दर्शन प्रकृति दर्शन है। उस प्रकृति को लूटकर प्रकृति के रक्षक आदिवासियों को सदा केलिए अपनी संस्कृति एवं थल से विस्थापित किया जाता है। वर्तमान मनुष्य कदापि धरती का मान बढने न देता है।

दर्शनों एवं आन्दोलनों के जन्म लेने के पूर्व मनुष्य की जीवनचर्या से परिस्थिति को अलग करना बहुत कठिन कार्य था। तब जीवन इतना संकीर्ण नहीं था। संस्कृति की यात्रा की रफ्तार बहुत धीमी थी। मनुष्य की संख्या भूमि केलिए बोझ नहीं थी। सुरक्षा और सुख की वृद्धि के साथ मनुष्य की आबादी भी बढ गयी। आज भूमि पर जितने आदमी हैं उन्हें अपनी बुनियादी ज़रूरतें-भूमि, जल और वायु-देकर उनकी रक्षा करने में भूमि सशक्त नहीं है। उन्हें आवश्यक खाना और ऊर्जा प्रदान करना भी सबसे बड़ी चुनौती है। बिना किसी नियन्त्रण की बढ़ती आबादी भूमि के सन्तुलन को ही नष्ट करके दूसरे जीवनजन्तुओं केलिए बहुत बड़ी धमकी बन गयी है। जनसंख्या वृद्धि के फलस्वरूप कई विकास योजनाएँ सामने आ गयी हैं। पर आज ज़रूरत से ज़्यादा विकास योजनाएँ सामने आ गयी हैं। औद्योगीकरण ने पूँजीवाद की कोख से जन्म लिया। वह अर्थ को बढाने और नौकरी दिलाने में सहायक तो हुआ अवश्य। पर समकालीन दौर तक आते-आते भूमण्डलीकरण का जो उदय हुआ उसने नवउपनिवेशी पूँजीवाद का सबसे भयनाक रूप धारण कर लिया। इस प्रक्रिया में उच्च वर्ग के साथ मिलकर मध्यवर्ग भी सुख के लालची बनकर पारिस्थितिक सन्तुलन को बिगाड़नेवाली कई विकास योजनाओं के समर्थक बन गए। वे तात्कालिक प्रयोजन में अंधे हो गये, भविष्यद्रष्टा नहीं रहे। विकास योजनाओं के आयोजन से मुख्यत: दो प्रकार के पारिस्थितिक संकट पैदा होते हैं। उनमें एक

है जैव संकट और दूसरा है सामाजिक संकट। अन्य सभी प्रकार के संकटों को इन दोनों के अन्तर्गत रखा जा सकता है। जैव संकट में धरती के जैव वैविध्य के विनाश और उससे उत्पन्न होनेवाली हानी पर विचार विमर्श करता है। शहरीकरण एवं विकास योजनाएँ जनता पर जो आघात पहुँचाते हैं वे सामाजिक पारिस्थितिक संकट के विषय हैं।

श्री. आनन्द के "अथर्वा" में दोनों विषयों के साथ उसमें निहित सांस्कृतिक संकट की भी चर्चा हुई है। सांस्कृतिक संकट को पैदा करने वाला पात्र है प्रतिनारायण। वह पात्र जिस संस्कृति को प्रतिनिधित्व करता है वह आज के पर्यावरण संकट की वजह बनता है। इसलिए वह प्रतिनारायण कहता है–"मैं चाहता कदापि नहीं धरती का मान बढे।" (पृ. 242) इससे ज़ाहिर है कि वह वर्तमान के सारे तमो गुणों का पुंज है। इसके बाद कवि कहते हैं–

"मिट नहीं पाती है विश्वव्यापी ग़रीबी की रेखा।" यह सूचित करता है कि संसार की आबादी बड़ी रफ्तार से बढ रही है। इसलिए ग़रीबी बढ़ती जा रही है। यह पर्यावरण संकट की गति को भी बढावा देती है।

"हाँ, मैं ही वाहनों का प्रदूषण, जलकुंभियों का प्रेत
जीवनमात्र को स्वच्छ हवा से अपवित्र करता हूँ"

शुद्ध वायु के अभाव में जनता बेचैन हो रही है। सर्वत्र युद्धोन्माद है। यह युद्ध पारिस्थिति को क्षति पहुँचा देता है। सारी हिंसाएँ पूँजीवाद की उपज हैं। पारिस्थितिकी का मूल तत्व अहिंसा है। वह है प्रकृति दर्शन। इसलिए सांस्कृतिक संकट का सर्वोच्च रूप है युद्ध। कवि इस युद्ध का विरोध अन्यत्र करते हैं।

पर्यावरण संकट का कारण कवि यों बयान करते हैं–

"मानवता को अकरुण पदार्थग्रस्त बनाकर
पृथिवी का ही नहीं आसमानों का भी रूप बदल डाला है।
मैं ने कभी नहीं गच्चा खाया है, मैं प्रतिनारायण हूँ।
प्रकृति को खाने के लिए तैयार होनेवाला प्रति नारायण"–(पृ. 244)

यहाँ यह विदित है कि पदार्थ ग्रस्त बनाकर अर्थात् जनता में उपभोग की नयी संस्कृति को बढावा देकर उनको प्रकृति-विनाश केलिए सुसज्जित किया जा रहा है। भूमण्डलीकरण की उपज बाज़ारु संस्कृति मनुष्य प्रकृति के सम्पूर्ण चराचरों को उपभोग की चीज़ें बनाने के साथ खुद बिकाऊ चीज़ में परिणित होता है। यह नयी

संस्कृति सबसे ज़्याद ख़तरनाक है। यह हमें प्रलय के कगार तक पहुँचा देती है। देखिए–

"जहाँ पृथ्वी पर प्राण रस्ते और चेहरे हरदम बिकाऊ है।
जहाँ ओज़ोन पर्त खिरती और क्लोरोफ्लोरो कार्बन गन्धाती है।"

(पृ. 326)

इस पृथ्वी की यथार्थ संस्कृति सो जानेवाली है। यहाँ अँधकार सर्वत्र छा गया है। यहाँ की असली संस्कृति अरण्य संस्कृति है, याने कि लोक संस्कृति है। उसमें मिलावट नहीं है। लेकिन इस पृथ्वी की उपेक्षा कर जो नयी संस्कृति निर्मित हुई उसमें आध्यात्मिकता नहीं है, वह बिलकुल पदार्थमयी है। उस संस्कृति का स्थायित्व संदेहास्पद है-

"मैं प्रतिनारायण हूँ–मेरा संकल्प है पवित्रकार प्रज्ञान-मण्डित
मैं इस सम्पूर्ण प्रकृति को
किसी औचक क्षण में नेस्तनाबूद कर दूँगा।
जब आँधी रात होगी और संस्कृति के पहरुए सो जाएँगे,
काली बिल्कुल काली रात में
शाखों से निकलेंगे उल्लू खण्डहरों से चमगादड,
तब बियाबान में अज्ञान की तिमिरवेला में
प्रकृति को इस समूचे सौन्दर्य को लील जाऊँगा।" (पृ. 245)

इस अनियन्त्रित उपभोग संस्कृति में अगले प्रलय की सम्भावना की ओर हमें कवि चेतावनी देते हैं। कवि संकेत करते हैं कि सम्बन्धों की आर्द्रता तो नष्ट हो गई। विज्ञान, प्रौद्योगिकी आदि के नए आविष्कारों से विपणन के अर्थबल विनाशकारी ढंग से बढ गये। आसुरी शक्तियाँ महामेरु सदृश्य ताडंव कर रही हैं। यह पृथ्वी को तोड़ देने में सशक्त है। पूँजी का अमित बल है प्रतिनारायण रूपी औद्योगिक संस्कृति के पास। उस विपुल वैभव के सामने पृथ्वी हताश है।

पृथ्वी हम सबकी मधुर निवास है। इसे बनाए रखने का अदम्य आग्रह है कवि में। लेकिन तृष्णा और कामना की आग में देश और भूखण्ड जल रहे हैं। यहाँ इतिहास एवं परम्परा को काटकर नयी सभ्यता का निर्माण हो रहा है। सर्वत्र नए ज्ञान-विज्ञान के गाढे विषद्रव से लोग मृतुप्राय बन रहे हैं। लेकिन जलते दीपक से आकृष्ट होनेवाले पतंगों के सदृश्य हैं वर्तमान आदमी। सभी प्रकार की सुरक्षा, खाना, पीना और सुख-सुविधायें प्रदान कर माँ के समान हमारी देखभाल करनेवाली पृथ्वी

की इज्जत को हम लूट रहे हैं। कवि ऐसे कई उदाहरण हमारे सामने प्रस्तुत करते हैं। महाकाल के शाप स्वरूप कवि हमें चेतावनी दे रहे हैं। वह आज की सच्चाई है–

"तुम जिसने युद्ध बोये हैं
जिसने वाणिज्य के खंजर से पनपते देशों के पेट में धुरे भोंके हैं
जिसने वनों को काट-काट पर्वतों के वसन छीने हैं
नदियों में कचडे फैलाये हैं, बाढ़ें पनपायी हैं
तुम, जिसने संस्कृतियों को हन डाका है
जिसने मानवता को अशरण किया है ।
... ...
जिसने अहंकार से जनता को शरणार्थी बनाया है
तुम जिन सबसे जहाँ भी जिसने
इस रसवर्षिणी पृथिवी को नष्ट किया है
जिसने पशुओं को चीर-फाड़ जीभ समेत सड़कों पर टाँग दिया है।

(पृ. 336)

तब नयी संस्कृति की ख़तरनाक परिणित से कवि बिलकुल खिन्न होकर हमसे बोल रहे हैं। अथर्वा की संस्कृति से हम कितने दूर चले गये हैं।

जैव संकट के अनेक उदाहरण एक-एक करके हमारे सामने आ रहे हैं। वन की अग्नि उग्र रूप धारण कर सबको जला रही है। पृथ्वी जीवजन्तुओं से रिक्त होने की चेतावनी यों देते हैं–

"जहाँ
भारवह घोडों की पीठ छिल गयी है
गायों की ठठरी कटने की आशंका से बँधी हुई है
बकरियाँ, भेडे, भेंस, मुर्गे और अन्द सुपर्ण
कट-कट पृथिवी पर पड़े छटपटाते हैं
साँप व्याकुल इन्द्र के रथ से चिपट गये हैं
बैलों के खुर पक गये हैं
कुत्ते अपने घाव चाट रहे हैं
... ...
लुप्त हो रही हैं प्रजातियाँ
बन्दर जो दिखते थे कितने बचपन में

जल गये ओत इस वन में
जल गये.....(पृ. 337-338)

यह पृथ्वी रक्त से रंजित है, साथ ही साथ जलवायु में आये परिवर्तन से वन जल रहे हैं। सारे जीवजन्तु के विनिष्ट होकर उनकी प्रजातियाँ भी नाश के कगार पर हैं। इस प्रकार भूमि महाविनाश की प्रतीक्षा में है। इन सबका कारण मनुष्य की निर्मितयाँ हैं। वह अपनी सहजता से वंचित हो गया है।

कवि बार बार कहना चाहते हैं कि भूमण्डलीकरण की ख़तरनाक परिणिति है धरती की यह बेबसी। मनुष्य अपना विवेक खो चुका है। वे बेसुध पड़े दिखाई देते हैं। यहाँ कोई भी इस आतंक से बचेगा नहीं है। हमें पुराण इतिहासों की याद दिलाते हैं कवि। देश-विदेश की दशा समान रूप से पीड़ादायक है। इतिहास के महात्माओं के विचारों को कवि पेश करते हुए अपने विचारों को और भी प्रभावी बना देते हैं–

"कितनी बार....वापस कितनी बार
लौट जाना होगा उन अनन्त जीवनाकाशों की ओर
तब भी जब धरती की विह्वलता
उस आख़िरी घड़ी की गिन रही है साँस
घर छोड़कर भटक रहे हैं आस्ट्रेलिया के कँगारू
जंबू द्वीप की नदियाँ साँस-साँस को तरसती हैं हरदम
लैटिन अमेरिका में अमेज़न मिस्त्र की नील और
इराक की दज़ला-फरात भी समुद्रों से मित्र नहीं पातीं
सहारा का भीषण अन्धड़ है केद
मरु के रेतीले वन में खुलकर खेलता है खेल आदिम।" (पृ. 354)

ग़रीबी से तड़पनेवाले लोग, शारणार्थी लोग, विस्थापित लोग, युद्ध पीडित लोग इन सबसे तड़पती पृथ्वी को बचाने का दायित्व हम लोगों का है। कवि का दर्जा साधारणतया से ऊपर है। इसलिए वे इन भीषणताओं को दूरदर्शिता से समझाते हैं और आँकते हैं। सब विपरीत दिशा की ओर अपनी गति को मोड़ते हैं। जीवकोशों को भी बचने का मार्ग नहीं है। मनुष्य उसे भी अपनी मशीनों के टूल बनाने की कोशिश में है। देखिए–

"आधुनिक सभ्यताओं के निरन्तर बदलते फ़ैशन-सी
खिसके लगी है धरती की जलवायु
बदलने लगे हैं पहाड़-नदी और समुन्दर

फूल मोबाइल से भेजते हैं पुंकेसर
परागण सम्भव नहीं है उस तरह
व्योमवासी रेडियोधर्मी विकिरण से निकल
भागते जाते हैं सूक्ष्म जीवकोश अनन्त गर्भों में जन्मातुर।" (पृ. 354)

जब कभी हमें सबकुछ अर्थहीन लगते हैं और पूर्णत: हम इताश निराश होते हैं तब पृथ्वी ही हमें जीने की प्रेरणा देती है। उस पृथ्वी का नाश एवं असन्तुलन हमें कितना पीड़ादायक होगा। याने कि हम कितना असुरक्षित होते जा रहे हैं। सर्वत्र पशुवत् मनुष्यजीवन भी कट रहा है। कवि असल में इतनी विषम परिस्थिति में भी प्रकृति की विविधता एवं वैपुल्य से आकृष्ट एवं चकित होते हैं। वह विशेषता हमें जीने की प्रेरणा देती है।

"समता और विषमता के आगे भी देखा होगा
पड़ा हुआ वैषम्य प्रकृति का इतने विवध तलों पर।
साम्य नहीं है स्वाभाविक निष्पत्ति अनेक गुणों में
रची-बसी यह प्रकृति सूक्ष्म चेतस पर नाच रही है।"

यह है हमारी विवधता की संस्कृति। वह पाठ प्रकृति हमें प्रदान कर रही है। अब यह विविधता अवगुंठित होती जा रही हैं। तब गतिहीनता अनुभव हो रही है। इससे बच जाना है। इसलिए आधुनिकता में बौद्धिकता का जो अतिप्रसरण हुआ है, इससे बचकर एक काव्य का देश गढना है, वहाँ बुद्धि के साथ हृदय का भी संयोग होगा। कमायनीकार ने जो सन्देश हमें दिया वही अथर्वा में भी प्राप्त है। सामरस्य की चेतना का नितांत बहिष्कार यहाँ हुआ है। लेकिन इसकी स्मृतियाँ हमें जागरण की ओर ले जायेंगी। धरती को सन्तुलित करने का आह्वान है काव्य में। बुद्धि को सही दिशा में विकसित करना है। कवि की कामना है–

"वसुधा प्रतिक्षण शान्त हो-
सभ्यता-संस्कृति-प्रकृति के सुमेल से
बढे जगमंगल
अचल हो। (पृ. 450)

भूमि को बचाने की हरित भाषा है "अथर्वा" की। कवि चाहते हैं कि हमारे इतिहास अथवा हमारी बुनियाद को भूलकर आज की सभ्यता द्वारा निर्मित संस्कृति में यह पृथ्वी एवं यह मन्वन्तर सुरक्षित नहीं हैं। यह एक परम्परा है, निरन्तर

चलनेवाली चिर वर्तमानता पर सृजित संस्कृति सहज होगी। हमारी वन संस्कृतिं ही हमें स्थायित्व प्रदान करती है। हमें स्थानीय लोक संस्कृति की ओर ले जानेवाला "अथर्वा" समकालीनता के ताने-बाने से निर्मित है। यह उपभोग संस्कृति एवं स्थानीयता के बीच के चक्र में हमें घुमाकर लोकजीवन की स्मृतियाँ जगाता है। यह है पारिस्थितिकी का प्राण तत्व भी। "अथर्वा: मैं वही वन हूँ" हमें स्मृतियाँ दिलानेवाली सशक्त रचना है। आज वापसी सम्भव नहीं है। लेकिन प्रत्येक श्रेष्ठ रचना यादें दिलाती है।

'जंगल पहाड़ की पाठ' का पारिस्थितिक सन्दर्भ

प्रकृति हमारा आदि बिम्ब है। प्रकृति के साथ मिलजुलकर रहना और सामूहिक बोध के साथ एकतानता में जीना मनुष्य का स्वभाव है। क्योंकि भारतीय संस्कृति का बीज रूप अरण्य संस्कृति है। इसलिए भौमसदाचार एवं साकल्यता भारतीय जीवन दर्शन है। याने कि प्रकृति के समस्त जीवन-जन्तुओं में व्याप्त चैतन्य को मानना और परस्पर आदर सम्मान के साथ जीना प्रकृति-स्वभाव है। तब अहिंसात्मक सादगीपूर्ण जीवन बिताने में हम क़ाबिल हो जायेंगे। वहाँ अतिभौतिकता एवं विलासिता की गुँजाईश नहीं है। प्रकृति के समस्त ऊर्जाओं का पोषण धरती की स्थिति और गति केलिए अनिवार्य है। इसलिए प्रकृति में प्रत्येक की उपस्थिति परस्पर सहायक और परस्परिक पोषण की स्थिति पैदा करती है। इसलिए पुराने समय से ही प्रकृति की पूजा यहाँ चलती आ जाती है। यह पूजा पारस्परिक सम्मान और स्वीकृति का निदर्शन है। यह विशेषता जन्मजात है आदिवासियों में।

लेकिन प्रौद्योगिकी के अतिप्रसरण से साकल्यता नष्ट हो गयी। सब समय केन्द्रित हो गया। समय केन्द्रित मनुष्य अपनी शक्ति पर अहंकार करता है। उन्होंने राजनीति को सदाचार मुक्त कर दिया। प्रौद्योगिकी को विज्ञान से काटकर अलग कर दिया। पर वे विकास और इकोलजी को अलग करने में असमर्थ निकले। करोड़ों मनुष्य जल जलकर मर रहे हैं, तब भी विकास के नाम पर प्रशोभित हज़ारों सूरजों को देखकर वे अचंभित होते जा रहे हैं। कई दुर्घटनाओं में हज़ारों की ज़िन्दगी नष्ट हो गई तब भी लाशों को ऊपर उठानेवाले यन्त्रों की क्षमता को देखकर वे रोमांचित हो उठते हैं। प्रौद्योगिकी के भस्म-प्रकाश में आज के लोगों की बुद्धि, संवेग एवं आध्यात्मिकता का भ्रंश हो गया है।

पारिस्थितिक दर्शन की संकल्पना के केन्द्र में आध्यात्मिकता है। किसी केलिए वह धार्मिक आध्यात्मिकता है। लेकिन उस आध्यात्मिकता को फासिज़्म

में परिणत हो जाने की सम्भावना है। यहाँ धर्मनिरपेक्ष हरित आध्यात्मिकता (Green Spirituality) की ओर इशारा है। आज की ज़रूरत इस हरित आध्यात्मिकता की है। प्रपंच सत्ता में जो अचेतन हैं, हम समझते हैं उनमें ही जीवन के बुनियादी तत्व निहित हैं। चेतन और अचेतन के बीच का अन्तर बहुत कम है। जेम्स लोलोक नामक वैज्ञानिक ने भूमि को एक जीव के रूप में सिद्ध किया है। यहाँ कहने का तात्पर्य यह है कि आदिवासी जीवन और आदिवासी साहित्य में प्रकृति से मिलजुलकर रहने की उनकी आदत ही नहीं प्रकृति उनकी जान बनकर प्रकट है। विकास योजनाओं की अदूरदर्शिता के कारण वे अपनी संस्कृति एवं सोच से विस्थापित होते जा रहे हैं। यह पहचान आज आदिवासी को हो रही है। इसलिए प्रकृति एवं अपनी संस्कृति को बचाने की कोशिश उनकी साहित्यिक रचनाओं की खासियत रही है। याने कि अपनी प्रतिरोधात्मक साहित्यिक रचनाओं से वे मुख्यधारा में अपनी सख्त उपस्थिति पेश करते हैं।

महादेव टोपो आदिवासी कवियों में अपने ठोस विचारों एवं संवेदनाओं से पहली श्रेणी में प्रतिष्ठा प्राप्त हैं। विकास से ख़त्म होते जंगल एवं पहाड़, पुरखों द्वारा प्रदत्त परम्परा को खो जाने की पीड़ा, अपनी जगह एवं संस्कृति से विस्थापित होने का दु:ख एवं मुख्यधारा में अस्मिता विहीन होने का दर्द आदि का अपनी कविता में टोपोजी स्वानुभूतिपरक विशेषताओं के साथ अभिव्यक्ति देते हैं। इन कविताओं में प्रकृति दर्शन सबसे ज़्यादा बुलन्द है। यह समकालीन सन्दर्भ में सबसे ज़्यादा विचारणीय भी है। इसलिए टोपोजी की कविताओं की पारिस्थितिकी पर विचार करना मेरा मकसद है। पारिस्थितिक आलोचना का मतलब प्रकृति और संस्कृति के बीच के सम्बन्ध को ढूँढ़ना है। आज जो प्राकृतिक संकट उभर आये हैं उनका प्रतिरोध टोपोजी ने बहुत सतर्कता से उनकी कविताओं में ज़ाहिर किया है। उस संकट पर प्रकाश डालना मतलब मनुष्य की संस्कृति और प्रकृति के बीच जो दरार पैदा हुआ उसको पहचानना है। मनुष्य और प्रकृति के बीच के अटूट सम्बन्ध की स्मृतियाँ जगाकर उस प्रकृतिबोध की ओर ले जाने का कार्य है पारिस्थितिकी में।

टोपोजी अपने रग-रग में विद्यमान प्रकृति तत्व से सचमुच गर्वित हैं। आदिवासियों की वह परम्परा आज नामोनिशान हो रही है। काव्य संग्रह का शीर्षक भी इस प्रकृतिबोध की निशानी है। सबसे पहले विकास योजनाओं के फलस्वरूप उत्पन्न सामाजिक संकट को वे कई कविताओं में रेखांकित करते हैं। उन्होंने नदियों में बाँध बनाकर उन्हें बन्दी बनाने से जीवन का ताललय खो जाने का दु:ख प्रकट किया। यह भी नहीं नदी की जैविकता के स्थान पर कॉनक्रीट ज़ंजीरें आ गयीं। उनके जीवन

से जुडे हुए कुछ बाजे हैं, उनके साथ मिलकर दामोदर, स्वणरिख, कोयल, कारो, कन्हर, गाती थीं, लेकिन आज वे अपने बंधन से मुक्ति पाने की आशा में हैं। इसलिए इसकी मुक्ति के लिए जंग लगे तीरों पर नयी धार लाने का गीत रचने का आह्वान कवि करते हैं। कवि समस्त आदिवासियों को नदियों की दुरवस्था की पहचान होने की सख्त ज़रूरत की ओर इशारा करते हैं।

"बेहतर है रचो नया कोई गीत जदुर
कैद होती स्वणरिखा, कोयल, कारो, कन्हर, दामोदर की मुक्ति का
स्वयं को जानने पहचानने का
और जंग लगे तीरों पर
नयी धार लाने का।"

इस नदी को मुक्त करना इसलिए अनिवार्य है कि नदी के बंधन के साथ आदिवासियों की संस्कृति विच्छिन्न हो जायेगी। वे अपनी संस्कृति से विस्थापित हो जायेंगे। साँस्कृतिक विस्थापन प्राकृतिक संकट की उपज है। विकास योजनाओं के तहत नदी में बाँध बनाया जाता है। अदूरदर्शिता से निर्मित इस बाँध का बुरा असर कई प्रकार से उनके ऊपर पड़ता है। भूकम्प, भूस्खलन, धरती का धँस जाना आदि की सम्भावना है। बाँधों के कारण पीछे के इलाकों में नदियों का प्रवाह अवरुद्ध हो जाता है। सालों भर पानी के जमाव की वजह से लवणाक्त होकर ज़मीन नष्ट हो जाती है और सहज उर्वरता भी। बाँधों में पानी की अधिकता है तो बाँध को खोल दिया जाता है, तब निचले इलाकों में बाढ़ आ जाती है। इस बाढ़ से हज़ारों हेक्टर कृषि योग्य भूमि पर सात-आठ फुट तक बाल भर जाता है। प्रकृति का सबसे महत्त्वपूर्ण उपादान है जल। लेकिन यह उपादान भोगवादी विकास-व्यवस्था के कारण शायद आज सबसे ज़्यादा क्षतिग्रस्त हुआ है।

प्रकृति से मिलकर सादगीपूर्ण जीवन बितानेवाले आदिवासी लोग अपनी खेती और प्राकृतिक संसाधन जो हैं उनसे ख़ुश हैं। वे आज की चकाचौंध और अन्य सभ्यताओं से सचमुच दूर रहना चाहते हैं। देखिए इस सीधे सादे प्रकृत सहज जीवन की ख़ुशी को–

"मैं ख़ुश था, हालत पर अपनी-
चाहे जैसा था आज़ाद था, ख़ुश था
अपने खेतों-खलिहानों से
घर में लगभग साल भर का अन्न पाकर

गर्मी में महुआ पेड़ के नीचे सोकर-
बरसात में गुँगू ओढ़, बारिश से बचकर
खेतों से जंगली घास निकालकर
फसलों को जंगली जानवरों से बचाकर
ठंड में बोरसी तापकर
पुआल के ढेरों में सोकर।"

(टोपोजी-मैं ख़ुश था - पृ. 8)

टोपोजी वे इस परिश्रमपूर्ण और कष्टपूर्ण जीवन से ख़ुश हैं। वे इस वातावरण में आज़ाद हैं और अपनी चिरपरिचित जलवायु में प्रकृति के नाना उपादानों का इस्तेमाल करते हैं। नमकीन चाय पीकर, मडुव की लाल-काली रोटी खाकर, शेर, तेन्दुए, बाघ भालू हाथी से लडकर, पुरखों की अदम्य ताक़त पर गर्वित होकर, पहाड़ों पर उतरते-चढ़ते वे सन्तुष्ट हैं। लेकिन इस सन्तुष्ट जीवन में जब बाहर का हस्तक्षेप होता है तब वे अस्तव्यस्त हो जाते हैं। धर्मपरिवर्तनार्थ विभिन्न धार्मिक कभी कभी भक्ति लेकर आते हैं तो कभी क्रान्ति का मार्ग लेकर शोषण से मुक्ति दिलाने केलिए कुछ लोग आते हैं। उनकी मेहनत की चीज़ें बाहर से आनेवाले व्यापारी और विचौलिये के लोग पूरी दुनिया में ले आते हैं। इस प्रकार उसकी संस्कृति की लूट की जाती है याने कि अपनी प्राकृतिक अस्मिता को ख़त्म किया जाता है।

आदिवासी ने खुद अपने मेहनत से जो कृषिसंस्कृति निर्मित की है वे उसमें बेहद ख़ुश हैं, लेकिन हम जैसे लोग यह मानते नहीं हैं, हम नए ढंग से उनके ऊपर हमारी भक्ति, हमारी क्रान्ति का मार्ग आदि लादना चाहते हैं। देखिए-

"शेर, तेन्दुए, बाघ भालू हाथी से लडकर
वर्षों की मेहनत से
बनाया उन्होंने पहाड़ों पर सीढीनुमा खेत
इन सीढियों पर चढता-उतरता, उछलता कूदता
मैं जैसा भी था ख़ुश था
लेकिन वे मानते नहीं
कि मैं ख़ुश हूँ।"

अपने को सभ्य समझनेवाले मुख्यधारा के लोग उनकी उस सहज संस्कृति की ख़ासियत और सच्चाई समझे बिना उनको अपने काबू में ले आना चाहते हैं। यह सबसे ज़्यादा निन्दनीय ही नहीं उनके प्रति कठोर अपराध ही है। हम समझते हैं कि

हमने उनको सभ्य बनाया। उनके पास अब सबकुछ हैं, लेकिन उनकी ख़ुशी ग़ायब हो गयी। इसकी वजह है–

"बस एक चीज़ नहीं है–हमारे पास
हमारे पुरखों के कब्रगाहों से, ससनदिरी से
सरना से, मसना से
उनकी आत्माओं से जुडी
उनके ख़ून पसीने से सनी
खेत और ज़मीन हमारी।" (पृ. 10)

खेत उनकी जान है, यह उनसे छीन लिया जाता तो वे निष्प्राण बनते हैं।

टोपोजी नए ढंग से आदिवासी का इतिहास रचने में कटिबद्ध हैं। अभी तक का इतिहास मुख्यधारा के सभ्य समझनेवाले लोगों द्वारा गठित है। लेकिन कवि कहते हैं उनके द्वारा लिखित इतिहास में उनकी प्राणप्रिय प्रकृति नहीं है-

"इतिहास तुम्हारा
इतिहास के पन्नों पर
गढा नहीं शब्दों में
ना ही दर्ज हो सका है ग्रन्थों में
तुम्हारी विजय गाथाओं-और संघर्षों के गवाह
पेड़ हैं, नदियाँ हैं, चट्टानें हैं,
पुरखों की आत्मायें हैं
ससनदिरी हैं
जाहेरथान हैं
तुम्हारे लोकगीत हैं
पर -
इन सबकी गवाही
उन्हें नहीं हैं स्वीकार।"

(रचने होंगे ग्रन्थ- पृ. 13)

आदिवासियों की असली पहचान उनका प्रकृतिबोध है। इसलिए इसके अभाव में रचित इतिहास से आदिवासी किनारेकृत हो गये हैं। इसका तात्पर्य है कि बिना प्रकृति के वे अंधूरे हैं।

खोने की पीड़ा टोपोजी की कविताओं का बुलन्द स्वर है। खेती के समान अपने जीवन तरीक़े के नष्ट होने में भी वे चिन्तित हैं। तथाकथित सभ्यता ने इन सबको त्रासद कर दिया है। अब भी स्मृति में वह बचपन झिलमिलाकर आता है, ये स्मृतियाँ उसे प्रत्याशा भी प्रदान करती हैं। आज सुविधाओं से जीवन लद गया। लेकिन अतीत का कठिन सा लगा वह रीति-रिवाज़ मिठास देता है। कारण उस समय प्रकृति की गोद में स्वतन्त्र होकर, प्रकृति से लड़कर जी रहा था। अपने रीति-रिवाज़ अब टी.वी. पर देखते तो कवि महसूस करते हैं कि अपने जीवन से ये कब से ग़ायब हो गये। कवि कहते हैं–

"आदिवासी यानी ट्राइब भाइयों को देखता हूँ टी.वी पर
देखता हूँ - उनके रीति-रिवाज़
उनके ज्ञान-पान और जीने के तरीक़े कठिन
आता है याद मुझे-जंगल पहाड़
वहीं बिताये दिन
खरगोशों के पीछे भागते क्षण
शहद तलाशते, कन्द-मूल खोदते
भेडिये से मेमना छुडाते
याद आता है बचपन
आता है याद लाल चींटी का स्वाद
आग में भुने तीतर का स्वाद, पीठी मछली का स्वाद
गैस चूल्हे में पका मसालेदार खाना तब लगता है बेकार।"

(टोपो-त्रासदी, एक आशा - पृ. 14)

आज जीवन का रसीला और शान्त लेजबान अनुभव शहरीकरण के नाते सदा केलिए वंचित हो गया। कवि को लग रहा है कि वे खण्डित हो गये, वे अब पूर्ण आदिवासी नहीं हैं। नए नए विषयों एवं परिष्कार में फँसकर उसकी खण्डित पहचान बेबसी अनुभव कर रही है। कंवि आदिवासी लोगों के सांस्कृतिक संकट का अच्छा खासा-परिचय प्रत्येक कविता में सन्निवेश करते हैं क्योंकि वे अपनी ज़मीन, जंगल, जल, जड़ें, जीवन-शैली और भाषा से दूर-दूर चले जाते हैं।

जंगल के कण-कण से परिचित हैं आदिवासी। सभ्य समझनेवाले हम प्रौद्योगिकी की मदद से इस दुनिया को और दुनिया की प्रक्रियाओं को समझने की कोशिश करते वक्त भी पराजित हो जाते हैं। लेकिन ये आदिवासी समूह अपने प्रकृति बोध से याने

कि जानवरों के चाल चलन या चेष्टाओं से सुनामी का भी पता करते हैं। हर जडी बूटी का उपयोग उसका औषध गुण आदि क्षण भर में वे बताने में समर्थ हैं। वही है उनकी निजता। देखिए–

जानिए, फुटकल भी दवाई हैं, ब्राह्मी बूटी भी
और भी अनेक ऐसे ही जंगल में हैं औषधियाँ....
क्या आप बता सकते हैं यह
पत्ते इनके देखकर?
या जड़ें इनकी सूँघकर?
रात को तारे देख बता सकते हैं हम-समय
मकड़े, चींटी को देखकर गतिविधि,
बता सकते हैं कब होगी बारिश?
या बदलेगा कब मौसम?
क्या सकते हैं जान भी सुनामी से।"

इसप्रकार प्रकृतस्थ आदिवासी को सभ्य बनाकर अपनी जड़ों से अलग कर विस्थापन के शिकार बनाए गए। यह पहचान विस्थापन के प्रतिरोध केलिए आदिवासी को क़ाबिल बना देती है। पहले वे इससे अवगत नहीं थे। आज अपने जल, जंगल, ज़मीन को बचाने केलिए शेषकों के सामने चुनौती खड़ा करने केलिए जबरन तैयार हो जाते हैं। कवि के प्रतिरोधी स्वर को पहचानिए-

"पहाड़ों, जंगलों को
रुपये की आँखों से देखने की
नज़रिये को तुम्हारी
देता रहूँगा चुनौती
लिखा कर, बोल कर
शब्दों की ऊर्जा भर रहा हूँ इसलिए
दिल में, दिमाग़ में
शरीर के रोम-रोम में" (पृ. 21-22)

अपने निजत्व को बचाने के लिए अदूरदर्शिता के साथ की विकास योजना के ख़िलाफ़ कवि खुल्लम बेहिचक लिखते हैं। देखिए-

"असन्तुलित, विनाशकारी इस विकास
के विरोध में

निकाले जाते हैं जुलुस
जुलूसों में खड़े देखते हैं बगल में आपने
कभी मेधा, रमणिका, अरुन्धती तो कभी ब्रह्मदेव
हमारे ही गाँव घरों में बचाने की ख़ातिर धरती का नंगापन
चलते हैं पेड़ बचाने के आन्दोलन
धरती बनती रहती है फिर भी बंजर।" (पृ. 24)

यहाँ उल्लेखनीय बात है कि पृथ्वी को बचाने के लिए स्त्रियों के नेतृत्व में कोशिश चल रही है। इस कविता में इकोफेमिनिज़्म का दर्शन स्पष्ट परिलक्षित है। इस संसार में सबसे ज़्यादा शोषण के शिकार बनती हैं स्त्री और प्रकृति। यह पहचाननेवाली स्त्रियाँ अपने को बचाने के साथ प्रकृति को बचाने केलिए भी तैयार होती हैं। स्त्री और प्रकृति की समानधर्मिता इसका एक कारण है तो दूसरा कारण है कि दोनों का शोषक पितृसत्तात्मक व्यवस्था है। पुरुष अपनी महत्त्वाकाक्षाओं के कारण अपने अधीन की स्त्री और प्रकृति से अलग उनको भूल कर एवं तहस नहसकर एक संस्कृति का निर्माण करना चाहता है। वहाँ वे दूसरों की आवाज़, माँग, संवेदनाएँ एवं रोदन को सुनते नहीं हैं। लेकिन स्त्री यह सुनती है। यहाँ प्रसिद्ध इकोफेमिनिस्ट सूसन ग्रीफ की कविता (Women and Nature) "स्त्रियाँ और प्रकृति" की पंक्तियाँ बिलकुल सार्थक हैं–

"हम प्रकृति हैं
हम स्त्रियाँ हैं
हम फूल और पतंगें हैं
हम प्रकृति और स्त्रियाँ हैं
वह बोलता
हमारी भाषा वह सुनता नहीं है
लेकिन हम सुनती हैं।

यहाँ विदित है कि वह (पुरुष) प्रकृति और स्त्री की भाषा समझता नहीं है। स्त्री और प्रकृति की भाषा में सबको समाहित करने की शक्ति है, वह सामूहिकता की है। आदिवासी भी प्रकृति से अभिन्न है। इसलिए उनके साथ मिलकर जुलूस निकालने केलिए उन्हें पहचाननेवाली मेधा पाटकर, अरुंधती रोय, रमणिका गुप्ता जैसी स्त्रियाँ सम्मिलित होती हैं। यहाँ कवि की पंक्तियों में स्त्री की पहचान है। याने कि कवि

पुरुष द्वारा गठित पूँजीवादी संस्कृति का विरोध करते हैं। कवि बहुलता एवं विविधता से सम्पन्न समृद्ध पृथ्वी की कामना में अटल रहते हैं।

'झारखण्ड गठन के बाद-कुछ दृश्य' शीर्षक कविता द्योतित करती है कि कई अच्छे परिवर्तन झारखण्ड में आए, उनमें एक है शहर बनती राजधानी "रांची" का बदलाव। लेकिन उस बदलाव के लिए प्रकृति का नाश बड़े पैमाना पर किया गया–

"जहाँ से ग़ायब है अब ठंडी हवा
ग़ायब है पक्षियों का कलरव
शोर है जुलूसों का
गर्मी हैं, धूल है
और होड़ है एक दूसरे को काट आगे बढ जाने का।

(पृ -26)

शहरीकरण से पैदा होनेवाली विपत्तियों की ओर कवि इशारा करते हैं। स्वास्थ्यदायक उपादानों का नाश इस की पैदाईशी है। आज इन शहरों के बीच में दम घुटती साधारण जनता की हालत बहुत शोचनीय है। इसलिए प्रकृति को मित्र मानकर उसके पोषक उद्यमों को अपनाने की ओर कवि हमारा ध्यान आकृष्ट करते हैं। वह टूरिस्टों की नगरी बन गयी। अनजान चेहरे की भीड सर्वत्र नज़र आयी। तब झारखण्डवासी डरने लगे। उनकेलिए अपरिचित, विचित्र, अजनबी एवं अज्ञात दुनिया में वे भ्रम में पड गए, क्योंकि उनको लगा कि अपनी ज़मीन से वे दूर चले जा रहे हैं। टूरिस्ट जो आते हैं वे आदिवासी की संस्कृति और उनके जीवन की कठिनाई आदि पहचानकर उसे लेकर अपने ढंग से पत्र-पत्रिकाओं में या अपने लेखन में या चर्चाओं के विषय बनाते हैं। अथवा आदिवासियों के जीवन को लेकर वे नाम कमाते हैं। बेचारे आदिवासी को इससे क्या फायदा है। आदिवासियों की आदिवासियत या प्रकृत जीवन को अपने मुनाफे के लिए मुख्यधारा के लोग इस्तेमाल करते हैं। उनकी ग़रीबी इनकी कहानी बनती हैं। लेकिन वहाँ स्वानुभूतिपरक मुद्दों का अभाव है। मुख्यधारा उन्हें खुद कहने नहीं देती है। इसप्रकार इन प्रकृति की सन्तानों की लूट जो हो रही है वह प्रकृति की ही है।

विस्थापित मन का गहरा दुःख अन्यत्र प्रकट है। आधुनिकता उन्हें कहाँ से कहाँ ले गई। आधुनिकता की चकाचौंध में अंधे होकर विकास केलिए इन जंगल की सन्तानों को बेघर कर दिया जाता है। कवि इन आधुनिकों से कह रहे हैं कि कहीं भी फेंको, लेकिन उनको चाहिए–

"थोडी सी हवा
थोडी सी मिट्टी
थोडी सी नमी
थोडी सी गर्मी।"

(बदल डाला है खुद को कुछ ऐसा-पृ. 33)

आदिवासी अपने कष्टपूर्ण जीवन में भी सजधजकर बाजे बजाकर नृत्य-संगीत में मौज उठानेवाले हैं। उनके जीवन के साथ अथवा प्राण के साथ घुलमिल गया है माँदर। उनकी ज़िन्दगी का ताल है माँदर। उस माँदर को कवि प्रकृति के उपकरणों के द्वारा ही अभिव्यक्ति देते हैं। यह कवि का प्रकृतिजन्य अवचेतन मन की सृष्टिपरता है। वे माँदर को "पहली बारिश में मिट्टी की सोंधी महक है" ही मानते हैं। उनके खेत-खलिहानों का रक्षक का स्थान देते हैं।

परिष्कृत लोग उन्हें जो भी नाम से पुकारें उनको उसकी परवाह नहीं है, लेकिन माँदर उनके लिए–

"लेकिन, हम गाते रहेंगे माँदर की थाप पर-
धरती की साँसों के गीत
धरती की हरियाली के गीत
कोयल, कारो, दामोदर, स्वर्णरेखा,
नर्मदा की मुक्ति-कामना के गीत
सरई फूलों की पवित्रता के साथ
नदियों के कल-कल लयबद्ध तालों के साथ
पहाड़ की ठंडी, शान्त हवाओं के साथ
बार बार गाते रहेंगे।"

(माँदर का साथ - पृ. 36-37)

यहाँ ध्यातव्य है कि प्रकृति और माँदर साथ साथ मिलकर उनके जीवन में समा गए हैं।

उपर्युक्त झारखण्डीय संस्कृति और प्रकृति को विकास के नाम पर चूर किया गया। उनके कुछ सपने धूमिल हो गये, कुछ डूब गये, कुछ पराये हो गए और पराये सपने उनके हो गए। इसकी चकाचौंध में कुछ आदिवासी लोग मुख्यधारा में बह गए। वे इतने बह गये कि उन्होंने किनारे के लोगों को देखा तक नहीं। वे अपने पैतृक धंधे से अलग होकर आधुनिक हिंसात्मक प्रवृत्ति में डूब गये। कईयों ने मिलकर

दामोदर नदी के पानी को मलिन कर दिया। स्वर्णरिखा नदी के सुनहरी रेत को ग़ायब किया गया। झारखण्ड के विकास के साथ झारखण्ड के सारे प्राकृतिक संसाधनों की लूट हुई जो संसाधन झारखण्ड के वैभव के निदान थे। यह प्रकृति शोषण कवि यों उतार देते हैं–

"कुछ ने दामोदर का पानी कर दिया मलीन
कुछ ने कर दिया स्वर्णरिखा से सुनहरी रेत ग़ायब
कोई इरिया-धनबाद से कोयला ले गया
तो कोई चिडिया माइन्स, किरीबुरु से लौह पत्थर
कोई सारंडा के धूने जंगल को क्षीण बना गया
तो कोई जादूगोडा से यूरेनियम ले भागा
और तो और कोई राँची का ठंडा मौसम चुरा ले गया।"

(भारत की समृद्ध परम्परा निभाता झारखण्ड - पृ. 38)

कवि खिन्न होकर यह दृश्य देख रहे हैं कि झारखण्ड नंगा हो रहा है, क्यों कि यहाँ के मानवीय संसाधन, शान्ति सब विकास चकनाचूर हो रहा है। लेकिन अपनी कविता के ज़रिये कवि प्रतिरोध खड़ा करते हैं। झारखण्ड की खासियत को बनाए रखने के साहस पूर्ण पहल को सफल बनाने केलिए वे कटिबद्ध होकर निकले हैं।

झारखण्ड का लेबल लगाकर आदिवासी की संस्कृति पुरखों को बेची जा रही है। बाज़ारीकरण के शिकार बननेवाले आदिवासी अपने शोषण को न पहचानकर बेफिक्र रहते हैं–

"नयी ज़रूरतों का बन गया है बाज़ार
जहाँ बिक सकता है अब
झारखण्ड के नाम पर कुछ भी
बस लगाना है उसमें झारखण्ड का लेबल
या लेना है बिरसा का नाम
झारखण्ड बनने के यही तो हैं फायदे।"

(बाज़ार का झारखण्ड, पृ. 48)

आज की पीढ़ी झारखण्ड के जंगल पहाड़, पेड़-पौधे, जानवरों, पक्षियों, नदी-नालों से बिलकुल अनभिज्ञ है। वे अपने दादा-दादियों से पूछते हैं कि ये कबूतर और पंछियाँ कहाँ उड गये होंगे, क्यों उड गये। लेकिन एक ज़माना था अपने दोस्तों के

साथ प्रकृति के संग खेलते थे, प्रकृति के प्रत्येक का परिचय था, लेकिन आज का बच्चा आश्चर्य और प्रश्न भरी दृष्टि से इन सबका निरीक्षण करता है-

"कितना सुन्दर है जल!
पहाड़ की हरी
गहरी घाटियों के बीच गुज़रती नदी
काली, आडी-तिरछी, कुछ टिकनी, कुछ रुखड़ी
आग्नेय चट्टानों से टकराती
बूदें सफेद मोतियों जैसी कितनी अच्छी लगती है वाह।
वे बतियायेंगे हम उम्र दोस्तों के संग
नदी के बारे, पहाड़ों के बारें, पेड़ों के बारे
फिर पूछेंगे उत्सुकतावश बूढे आजा से
कबूतर किधर से आते थे ग्रैंड पा?"

(पेरवा धाध के कबूतर -1, पृ. 53-54)

आज कबूतर शान्ति दूत बन कर सम्पूर्ण विश्व में शान्ति फैलाता है। लेकिन झारखण्ड में विकास के कारण उसका नामोनिशान भी नहीं है। अब कवि को सन्देह हो रहा है कि उसके वापस आने पर वह शायद इस काली-साँवली धरती को नहीं पहचानेगा। इसप्रकार पारिस्थितिकी में सबसे मुख्य है जैव संकट, इस पर गहरे विचार कवि प्रकट करते हैं।

पेड़ों की कटाई हूबहू चल रही है झारखण्ड में। पहले पहाड़ों से शहरी लोग पूजा के लिए पीपल आदि ले जाते थे। लेकिन उन लोगों की सन्तान आजकल पहाड़ों के पेड़ों के ख़रीददार बनकर आते हैं। शालवन की अंधाधुंध कटाई के बाद वहाँ यूकिलिप्टस और अमर बेल फैलाते हैं। लेकिन कवि इससे डरते हैं, क्योंकि वे मनुष्य के लिए हानिकारक हैं–

"मैं उनसे डरता हूँ
क्योंकि वे
इस जंगली झाड़ पर-
मौसमी सब्जियों के लत्तर हैं नहीं
हैं अमर बेल
चूस लेंगे मेरा रक्त, मेरा मांस।"

(वे और हम, पृ. 60)

असल में हम मुख्यधारा के लोग पहाड़ों, पेड़-पौधों, जंगल और नदी-नालों की जैविकता समझते नहीं हैं। उन्हें केवल व्यापारी की दृष्टि से देखते हैं, न उनके चैतन्य को और न हमारे जीवन को पुष्ट बनाने में उनके योगदानों को। कवि अपनी कविता में इनके साथ आदिवासियों का रिश्ता और इनके महत्त्व को उद्घाटित करते हैं। इनको भी जैविक समझकर उनका सम्मान करनेवाले ही टोपोजी की कविता समझ सकते हैं।

"मेहरबानी कर
इसलिए
मेरी कविताएँ न पढें आप
पहाड़ों, पेड़-पौधों, जंगल को भी
नदी-झरनों को भी
आदमी समझें, पहले आप
फिर कविताएँ पढें मेरी आप।"

(कविताएँ मेरी न पढें आप, पृ- 64)

उपर्युक्त पंक्तियों में कवि भौमसदाचार पर प्रकाश डाल रहे हैं। भारतीय दर्शन का मूल मन्त्र है भौमसदाचार। प्रत्येक चर एवं अचर को अपने के समान मानना सदाचार है। तब पहाड़ों, पेड़-पैधों, जंगल, नदी-नालों के प्रति भी यही बर्ताव है तो उनके नाश केलिए हम तैयार नहीं होते हैं। इस सदाचार बोध को अथवा भौम नियम को पेश कर टोपोजी प्रकृति दर्शन के मूल स्वर को पकड़ लेते हैं। इसलिए वे कवि से महान कवि के स्थान को छू लेते हैं। वे आज आदिवासियों के इस मूल्यबोध को नज़रअंदाज़ करनेवाली इस मुख्यधारा की छल-कपटता को अच्छी तरह पहचानते हैं। उनके अनुसार मुख्यधारा के लोगों में पवित्रता, सहृदयता, शिष्टाचार, सहयोग, स्वच्छन्दता, सच्चाई, ईमान, करुणा, दया, एकजुटता आदि गुणों का अभाव है। इसलिए इस प्रकृतिनुमा सौन्दर्य और गुणों का अन्ताज़ उनको नहीं होगा। इसलिए उनका सख्त विरोध समय की माँग है–

"इसलिए करते हैं हम
अपने घर खेतों से खोदा
जिसा अपने हाथों से खोदा
बनाया हमने और सींचा
इसलिए करते हैं

विरोध उन ताक़तों का
जो इनके विरुद्ध होती है खड़ी।"

(विरोध - पृ. 69)

कवि कभी कभी दुःख के आधिक्य में इन लोगों के प्रति गुस्सा प्रकट करते हैं। बड़े-बड़े अन्याय, क्रूरतायें एवं दंडनीय अपराधों को करने के बाद आदिवासी-सुधारक एवं पोषक के नाटक खोलनेवालों को कवि पहचानते हैं और प्रतिरोध के हथियार के रूप में कविता का सच्चा इस्तेमाल करते हैं–

"वैसे सबकुछ से किया है तुमने बेदखल
घर, द्वार, खेत, खलिहान, भाषा, संस्कृति,
जंगल, पहाड़, नदी, झरन, पेड़-अध्यात्म पत्ता, हवा सबकुछ
शरीर का मांस भी नोच लेने के बाद
और क्या लोगे?
हमारी स्थितियाँ
देंगे ज़रूरत पडी तो वह भी लेकिन तुम इस धरती को चिथडों में
लपेटकर
पवित्र नदियों को गंदे नाले में बदलकर
इसे बचाने का जब करते हो नाटक
तब आता है गुस्सा।"

(तुमसे, आदमी कहलाने के गुर नहीं सीखूँगा। पृ. 70)

यहाँ कवि अपनी लोकतन्त्रीय व्यवस्था पर करारा व्यंग्य करते हैं। यह सत्ता हमेशा मुख्यधारा के पक्ष में है। मुख्यधारा के अमानवीय व्यवहार एवं आदिवासियों के शोषण का वे सत्ताधारी साथ देते हैं। देश केलिए चाहे तो प्राण देने को भी आदिवासी तैयार है। लेकिन इन सत्तालोलुपों में ईमानदारी नहीं है। वे आदिवासियों को फँसाने का षड्यन्त्र रचते हैं। उनके सामने सवाल उठाना ग़लत है। तब आदिवासी मुजरिम बनता है। इस प्रकार घोर कष्टकंटकों से गुज़रते हुए भी कवि जंगल का कवि ही रहना चाहते हैं। इसमें वे गर्व अनुभव करते हैं। परिष्कृत, सभ्य समझनेवालों के द्वारा कायाकल्प वे चाहते नहीं, इससे वे नफरत करते हैं। वे बिलकुल मानवीयता की छाया में सम्पूर्ण प्रकृति को अपनाने और उनसे मिलकर उनमें एक बनकर उनकी भाषा में कविता करना चाहते हैं–

"हाँ मैं जंगल, पहाड़, नदी
पेड़-पौधे बचाता एक कवि
बना रहा हूँ पहाड़ को चट्टानी व्याकरण से,
हरी होती भाषा की, हरियाली से
क़लम के कैमरे से
कविता पर एक फ़िल्म।"

(कविता-पृ. 77)

झारखण्ड में ही नहीं पूरे विश्व में औद्योगीकरण और विकास की भाषा चलती है। उसमें हरियाली नहीं है। इसके उलटे में "पेड़-पौधे", जंगल, पहाड़, नदी को बचानेवाले कवि की भाषा उस उपभोग संस्कार की प्रतिरोधी है। तब उस भाषा में लिखित कविता फ़िल्म बनकर दृश्यता और प्रभावी अवश्य होगी। जंगल, पहाड़ के साथ जीनेवाले पीटर बोलेबन ने अपनी रचना 'The Hidden life of Trees' में जो कहा उस कसाई की दृष्टि नहीं होगी। पेड़ निस्वार्थ भाव से सबको अपनी छाया, फल, लकडी, पत्ते और इन सबसे ऊपर हमें ऑक्सीजन प्रदान कर स्वस्थ बना देता है। वैसे ही पेड़ों और नदियों के बीच में रहकर सामूहिकबोध एवं अवस्थिति की भावना आदिवासियों में उत्पन्न होती है। साधारण एक आदिवासी बनकर उनकेलिए ही नहीं सम्पूर्ण देश की भलाई चाहनेवाले कवि अपनी अस्मिता की भाषा दर्ज करते हैं। कवि जानते हैं कि इस आधुनिक जीवन में जंगल, और पहाड़ के लोगों का जीवन त्रासद है। लेकिन कवि इन आधुनिक शहरीकरण, औद्योगीकरण और विकास योजनाओं के दुष्परिणामों से अवगत होकर स्वयंरक्षा पर सीमित रहते नहीं हैं, वे इन सबको बचाने केलिए चुनौतीपूर्ण जीवन-तरीक़े को अपनाते हैं। यह है मानवीयता का उज्ज्वल रूप। यही है हरित भाषा। आज की भाषा "पेड़ का काटना" है, लेकिन कवि की भाषा "पेड़ का रोपना" है।

वन नशीकरण की अत्यन्त भयानक स्थितियों का भोग हम कर रहे हैं। वैसे ही आदिवासी विस्थापित हो रहे हैं जंगलों, अपने खेतों और संस्कृतियों से। आदिवासियों की विद्रोही आवाज़ केवल उनकी निजता एवं जीवन तकलीफों को बचाने केलिए ही नहीं पूरी दुनिया को वह फायदामन्द निकलेगा। कवि जंगल के पेड़ों के हरेपन को, हरे-भरे पहाड़ों पर, घाटियों में उगने-लहरने की आदिवासियों की आकाँक्षाओं को महुए के बोतल में डुबोकर समाप्त करने के पक्ष में नहीं हैं। इन्हें बचाने के लिए

वे अपने सारे उपकरणों का इस्तेमाल करेंगे जो उनके जीवन को आनन्द एवं ताल प्रदान करते हैं।

> *"इस जंगल का कवि रहेगा भला कैसे चुप*
> *वह धनुष उठायेगा*
> *प्रत्यंचा पर क़लम चढायेगा*
> *साथ में बाँसुरी और माँदर*
> *भी ज़रूर बचायेगा।"*

यह कवि की हरितभाषा है। उनके जीवन के साथ या पहन रहन के साथ मिले जुले उपकरण 'धनुष' 'प्रत्यंचा', 'बाँसुरी', 'माँदर' ये सब उनकी प्रकृत सहज संस्कृति के हैं। बन्दूक़ उठाने की बात वे करते नहीं हैं। यह है उनकी कविता की पारिस्थितिकी।

समकालीन हिन्दी साहित्य की कई रचनाएँ, विशेषकर आदिवासी रचनाएँ पर्यावरण संकट पर विचार करती हैं। इन कृतियों के विचार-मंथन किलिए नवीन आलोचनात्मक पद्धति इको-क्रिटिसिसम अथवा पारिस्थितिकी का सहारा लेना उचित होगा। आज भारत इस पर्यावरण संकट से बहुत अधिक जूझ रहा है। इस सन्दर्भ में इस नये दर्शन के प्रतिमानों पर विचार करने में देर करना सही नहीं लगता। इस दृष्टि से महादेव टोपो की कविता की पारिस्थितिकी पर विचार करना आज की माँग है। उनकी कविता उस निकष पर खरी उतरती है।

मनुष्यता की इबारतें : सभ्यता समीक्षा की पारिस्थितिकीय दृष्टि

यह निर्विवाद बात है कि कविता लिखना मनुष्यता की आग को अंधेरे समय में बचाकर रखना है। दरअसल जानकी प्रसाद शर्माजी ने लीलाधर मण्डलोई की कविता में निहित मनुष्यता की उच्चता के पर्दाफाश करने केलिए हिन्दी के मूर्द्धन्य आलोचनक आचार्य रामचन्द्र शुक्ल की सभ्यता समीक्षा का मार्ग अपनाया था। शुक्लजी ने "कविता क्या है?" में कहा कि सभ्यता की वृद्धि के साथ-साथ ज्यों-ज्यों मनुष्यों के व्यापार बहुरूपी और जटिल होते गए त्यों-त्यों उसके मूल रूप बहुत कुछ आच्छन्न होते गये। तब कवि जटिल होता जाएगा। वासनाजन्य मूल व्यापारों के सिवा बुद्धि द्वारा निश्चित व्यापारों का विधान बढता गया। तब प्रच्छन्न रूप वैसा ही मर्मस्पर्शी नहीं हो सका। कवि कर्म का मुख्य अंग इसी प्रच्छन्नता का उद्‌घाटन है। इसका उद्‌घाटन जब लीलाधर मण्डलोई ने किया तो इसे एक समीक्षक के नाते अर्थग्रहण के साथ निर्दिष्ट, गोचर और मूर्त विषय का बिम्बग्रहण भी किया।

लीलाधर मण्डलोई के काव्यों के मूल्यांकन शर्माजी ने कई उपशीर्षकों जैसे स्थानिकता में सृष्टि को रचने की कोशिश, कविता में घर आँगन और उससे बाहर, विस्थापन-निर्वासन के बरअक्स प्रेम की नागरिकता, जैव विविधता: विलुप्ति के इस मारक समय में, पर्यावरण-विनाश की करुण पुकारें, रौशन स्पेस की तलाश और सपने के सहयात्री शब्द में किया, उनके मूल में एक ही स्वर बुलन्द करने की कोशिश की, वह मनुष्यता का है। लेकिन उन्होंने यह ज़ाहिर किया कि यह मनुष्यता तब सम्भव हो जाती है जब मूल आदि संस्कृति एवं वासनाओं के साथ कवि मन संचार करता है। याने कि प्रकृति तथा प्रकृति के समस्त जीवजन्तुओं में विद्यमान चैतन्य को माननेवाली संस्कृति ही मानवीयता की रहेगी। भौमसदाचार एवं साकल्यता पर केन्द्रित हरित आध्यात्मिकता (Green Spirituality) की इच्छा कवि ने अपनी

कविता में विभिन्न उदाहरणों के द्वारा इंगित किया है और उसकी नब्ज पहचानने में शर्माजी समर्थ हुए। यह धर्मनिरपेक्ष हरित अध्यात्मिकता है। यह प्रपंच सत्ता में चेतन-अचेतन के भेद के बग़ैर मौजूद चैतन्य अथवा शक्ति है। उसे जयशंकर प्रसाद ने कहा "एक तत्व की प्रधानता कहो उसे जड या चेतन।" तब द्वन्द्वातीत एक विश्वदृष्टि रूपायित होगी, तात्पर्य है कि प्रत्येक के अस्तित्व का सम्मान एवं आदर करने पर किसी का भी हनन नहीं होगा। तब भाईचारे की मानसिकता और अहिंसात्मक माहौल पैदा होंगे। प्रत्येक कवि में वर्तमान यह संवेदनात्मक पक्ष कल्पना के माध्यम से अभिव्यक्त होता है तो वर्तमान निर्मम, कट्टरवादी स्थिति का प्रतिरोधात्मक हथियार बनता है। यह कवि के प्रकृतिबोध से सम्भव हो जाता है। कवि तब प्रतिपक्षी स्वर में बोलने में हिम्मत रखते हैं।

शर्माजी समकालीनता की जो समझ है उससे एकदम वाक़िफ़ हैं। उसकी मुख्य विशेषता प्रतिरोध है। आधुनिकता औद्योगिक संस्कृति का सौन्दर्यशास्त्र है। वह प्रकृति से मनुष्य का अलगाव है। आधुनिकता में विश्व की सहज अन्विति को मिथ्या कहने का अहंकार है। उसने साहित्य से ज़िन्दगी की समग्रता को अलग कर दिया। इस अलगाववाद को पहचाननेवाले समीक्षक हैं शर्माजी। इसलिए 'निर्मित दृश्यों' के बाहर सभी प्रकार के चौखटों से बाहर आकर सहज स्वभाविक प्रकृत मण्डलोई की कविता के प्रत्येक अंश को लेकर जब समीक्षक विश्लेषण में प्रवृत्त होते तो सबसे पहले वे उपभोगवाद के यथार्थ से कविता को खुली स्थानीयता पर प्रतिष्ठित करते हैं।

समीक्षक 'स्थानिकता में सृष्टि को रचने की कोशिश' शुरु करते हैं "लीलाधर मण्डलोई के अद्यावधि रचननात्मक विकास पर नज़र डालें तो मालूम होगा कि उनके संवेदनावृत्त में यथार्थ के नये-नये पहलू सतत रूप से शामिल होते रहे हैं, लेकिन स्थानिकता का आदिम स्पर्श पूरी यात्रा में रहता है।" यह है एक कवि की ख़ूबी और यह है कवि धर्म। आज का यथार्थ आज का निर्मित दृश्य है। लेकिन इसके खोखलेपन, निर्ममता, हिंसात्मकता, दिखावा और कट्टरता की पहचान कवि को है। स्मृतियाँ दिलानेवाली स्थानीयता उसके प्रतिरोध में कवि दर्ज करते हैं। तब कविता का धर्म सुन्दरता, आज़ादी और भाषा की नयी सम्भावनाओं की खोज बनता है। अथवा कविता एक ऐसी जगह बनती है जहाँ भले सुलभ समाधान न हो, पर उसमें ऐसी कल्पना होती है जो बौद्धिक छद्मावरण और सत्ता की हिंसा से मुक्त हो। सच्ची काव्यात्मक कल्पना पर निर्मित दृश्यों का दबाव नहीं होता। तब कविता मनुष्यता की उच्चभूमि को छू लेती है और कविता रोशनी बनती है। अंधेरे के विस्फोट में

सूरज का जो काम है वह कविता करती है। कविता के इस मूल धर्म को समीक्षक मण्डलोई में तलाशते हैं।

शर्माजी स्थानीयता पर प्रकाश डालते हुए कहते हैं कि एक अंचल विशेष के प्राकृतिक, सांस्कृतिक और समाजशास्त्रीय तत्वों के समवाय से स्थानीयता की अवधारणा बनती है। वह स्थानीयता कवि की सृजनात्मकता की जडों का पता देती है। इसके सहारे वे बिम्ब हमारी आँखों के सामने सजीव हो उठते हैं जिनमें कवि की संवेदना के उत्स रहे होते हैं। इसमें निहित है कविता का प्रतिरोध एवं संरक्षण। इसमें भय का, भेदभाव का, निर्मित दृश्यों का, हिंसा का, शोर का प्रतिरोध ज़रूर है। यह भी नहीं इसमें ज़रूर शब्दों की आत्मा का संरक्षण है। इससे जुडा है अपने भीतर के प्रेम, न्याय भावना, सामाजिकता, कलात्मक अभिरुचि एवं आन्तरिक आनन्द को बचाकर रखने का कार्य। इसके साथ कुछ पीड़ाओं को भी बचाकर रखना, उन्हें सुखों में खोने न देना! तब कविता सम्पूर्णत: मार्मिक तथ्यों के उद्घाटन में समर्थ बनती है।

समीक्षक ने मण्डलोई की कविता का विवेचन-विश्लेषण कविता के इसी परिप्रेक्ष्य में किया था। उन्होंने स्पष्टत: रेखांकित किया कि यह स्थानीयता एक वैचारिक रुख (Ideological & Position) है। यह समकालीनता की मुख्य वैचारिकता है, यह समय की माँग है। आधुनिकता द्वारा निर्मित दर्शनों एवं विचारधाराओं की भरमार से भ्रमित लोगों के सामने यह वैचारिक रुख उम्मीद एवं सांत्वना है। हम मिट्टी से बहुत दूर जाकर विकास का छद्मवेश पहनकर नयी संस्कृति बना रहे हैं। उस नयी संस्कृति से वैयक्तिक एवं सामाजिक नुक्सान हुए। व्यक्ति संकुचित होता गया और समाज और भी संकीर्ण। व्यापारी अजेंडा में फँसकर मनुष्य बाह्य सुख की तलाश में भटकते हुए आन्तरिक सुख से रिक्त होता जा रहा है। इसलिए कवि में समीक्षक आज के वैश्विक सवालों के जवाब ढूँढ़ निकालते हैं। लोक जीवन के छोटे छोटे सचों में बड़े सच निहित हैं। क्योंकि स्थानीयता में याने कि लोक में वह सामूहिक बोध एवं साथ-साथ जीने की सीख है। वह अलगाव का नहीं।

साथ-साथ जीने की संस्कृति

अभिजनवाद केन्द्र के लोगों की संस्कृति है। वह उच्च वर्ण, सत्ताधारी एवं धनाठ्यों की है। वह जिन संस्कृतियों का तिरस्कार करती है, वे स्थानीयता में रक्षित हैं। वहाँ देश, वर्ण, नस्ल, लिंग, जाति आदि पर आधृत विभाजन नहीं है। क्योंकि वह प्रकृति एवं मिट्टी की सहजता से निर्मित है। लोकजीवन में आत्मविस्तार कैसे हो रहा है, इसका उदाहरण मण्डलोई की कविता में प्राप्त है–

"गाय और उसकी बछिया के साथ
करते हुए भोजन
हमने पशु का नेह जाना
और वह गन्ध मनुष्य से अधिक पवित्र थी।"

वैसे ही इस 'सतपुड़ा' के कवि प्रकृति के बहुवर्णी बिम्बों के बीच अपने हृदय का प्रसार करते हैं और इससे हमारे जीवन में भी एक नयी स्फूर्ति आ जाती है। कवि की इस वाणी के प्रसार से हम संसार के सुख-दुख, आनन्द-क्लेश आदि का शुद्ध स्वार्थमुक्त रूप में अनुभव करते हैं। इस प्रकार के अनुभव से हृदय का बन्धन खुलता है और मनुष्यता की उच्चभूमि की प्राप्ति होती है। आलोचक शर्माजी यह ज़ाहिर करने को सबसे ज़्यादा ज़ोर देते हैं कि सम्पूर्ण जीवन-क्षेत्र और समस्त चराचर के क्षेत्र से मार्मिक तथ्यों की चयन करने वाली दृष्टि है कवि की। वह दृष्टि उत्तरोत्तर अधिक व्यापक और गम्भीर कही जाएगी। इसलिए कवि पर्यावरण संकट के प्रति अत्यन्त सजग हैं।

कवि को बार बार अपने गाँव, माँ-बाप, भाई-बहिन और जीवन की कटु एवं मधुर घटनाओं की यादें आती हैं। उनमें कुछ उस समय के व्यक्तिगत जीवन के घोर तीव्र अनुभव हैं, लेकिन वे अनुभव समाज की सामाजिक एवं आर्थिक व्यवस्था का क्रोस सेक्शन है। हर घटना एवं जगह के साथ कवि की वैचारिक प्रतिबद्धता भी है। प्रकृति के साथ मिलजुलकर रहनेवाले मण्डलोई के परिवार और समाज श्रमिक मज़दूर हैं और किसान हैं। सम्बन्धों की आर्द्रता माँ सम्बन्धी कविताओं में विशेषत: अभिव्यक्त है। यह आर्द्रता आज इस पूँजीवादी युग में प्राय: खो गई। लोग व्यापारी मनोवृत्ति के बन गए। लेन-देन की मनोवृत्ति में सबसे ज़्यादा प्रबल संस्कृति "Use and throw" की है। तब कविताओं में जो स्मृतियाँ ताज़ी होती हैं ये हमें सोचने केलिए विवश करेंगी। कवि की ये पंक्तियाँ विशेषत: ध्यातव्य हैं–"स्मृतियों की पूँजी जो अमूल्य थी, किसी को उसकी ज़रूरत न थी/सन्दूक में गूँजती उनकी सीखें, कहावतें किसी ने उठायीं/ वे सन्दूक को उनकी खटिया के नीचे ढकेल कर ख़ुशी-ख़ुशी लौट गई/ मैं ने सन्दूक को उठाया और उसमें अपनी ज़रूरी किताबें रख लीं/ घर केलिए ग़ैर ज़रूरी सन्दूक से निकलकर/मालामाल वस्तुएँ चली आती हैं मेरे लिखे में।" ये स्मृतियाँ समकालीन कवि केलिए सबसे अनिवार्य गुण हैं क्योंकि वे सामूहिक बोध एवं सादगी की ओर हमें ले जायेंगी। 'लोलिता' के रचयिता रूस के प्रसिद्ध उपन्यासकार नाबोकोव ने कहा कि जब स्मृतियाँ ताजी होती हैं तब अच्छी रचना सम्भव हो जाती है। वह कभी किसी घटना से, या किसी आवाज़ से या किसी

पात्र से घटित होगी। याने कि गौरवपूर्ण सभी कलाएँ एक प्रकार से विस्मृति के ख़िलाफ़ स्मृति का प्रतिरोध ही है।

प्रेमचंद ने गोदान में कवि के बारे में मेहता के माध्यम से जो कहलवाया, वह यहाँ शतश: सही सिद्ध होता है–"जिसे संसार दुख कहता है, वह कवि के लिए सुख है। धन और ऐश्वर्य, रूप और बल, विद्या और बुद्धि-ये विभूतियाँ संसार को चाहे कितना ही मोहित कर लें, कवि के लिए यहँ ज़रा भी आकर्षण नहीं है। उसके मोह और आकर्षण की वस्तु तो बुझी हुई आशाएँ और मिटी हुई स्मृतियाँ और टूटे हुए हृदय के आँसू हैं। जिस दिन इन विभूतियों से उसका प्रेम न रहेगा उस दिन वह कवि न रहेगा।" यहाँ समीक्षक कवि की कविता से इन बुझी हुई आशाओं, मिटी हुई स्मृतियों और टूटे हुए हृदय के आँसू को समकालीन परिप्रेक्ष्य में ढूँढ़ निकालते हैं। कई प्रकार से विस्थापन के शिकार बननेवाले लोग आज सर्वत्र हैं। मिट्टी, संस्कृति, परिवार, देश आदि से विस्थापित होकर अपनी अस्मिता की तलाश में बेबस होनेवाली जनता का दु:ख शब्दों के परे है। बिना दूरदर्शिता की विकास योजनाएँ मनुष्य को जडविहीन बना देती हैं। मानसिक तौर पर भी व्यक्ति इस ज़माने में निर्वासित है। इस आत्मनिर्वासन की पीड़ा कविता में मौजूद है।

पूँजीवादी व्यवस्था की गिरफ्त में पड़कर निम्नवर्ग के लोग, भूख एवं अभाव से वंचित हो रहे हैं। पूँजीवादी पुरुषसत्तात्मक मानसिकता में ग़ुलामी अनुभव करने वाली आधी आबादी की स्त्री की वेदना है। उस वेदना के साथ भी स्त्री एवं मातृत्व की महिमा एवं गौरवपूर्ण जीवन का अर्थ पहचानने वाले हैं कवि। अपने वासस्थान वन के नाश से अपनी जाति को विनाश के कगार पर खड़े होते देख दु:खी होनेवाले आदिवासी और जाति के आधार पर कई प्रकार की दमन नीति के क्रूर शिकार बननेवाले दलितों की दुखती कसकती जीवन गाथा, ये सब कवि के सामने अपने दायित्व बोध को जगा रहे हैं। समकालीन जीवन की इन विपन्नताओं से कवि बच नहीं पाए। हमारे समाज में अपनी पहचान के साथ जीना अनिवार्य है।

पूँजीवाद की उपज ही है युद्ध। दो विश्वयुद्धों की विभीषिकाओं से अभी तक दुनिया मुक्त नहीं हुई। फिर भी युद्ध की छाया दुनिया में मँडरा रही है और युद्ध हो रहे हैं। दुनिया में सबसे ज़्यादा विध्वंसकारी है युद्ध। कितने मासूम बच्चे, स्त्रियाँ, वृद्ध आदि अनाथ होते हैं। कितने नौजवान मृत्यु का वरण करते हैं और कितनों की हत्या होती है। कितनों को अपंग बनकर अजीवन जीना पडता है। इस युद्ध का कारण पूँजीवाद और उससे उत्पन्न जानवरीयता एवं पैशाचिकता है। हिंसा को बढ़ावा देती है पूँजीवादी मनोवृत्ति। इसलिए युद्ध का सख्त विरोध कवि करते हैं, क्योंकि यह

इनसानियत का भयानक अन्त है। यह भी नहीं यह वातावरण को डरावना करता है। सर्वत्र भय का संचार करता है। भूमण्डलीकरण, उदारीकरण, साम्राज्यवाद आदि युद्ध समान वातावरण पैदा करता है। अब रूस का आक्रमण युक्रैन पर हो रहा है। रूस की तानाशाही एवं साम्राज्यवादी वृत्ति एक दुर्बल देश के स्वातन्त्र्य एवं स्वत्व को ख़त्म करने के साथ कितने मासूम एवं निरपराधी लोगों को अनावश्यक क्रूरता के बलिपीठ की ओर धकेल देते हैं। एक युद्ध की पीड़ा कितने सालों तक या आजीवन लोगों को झेलनी पड़ती है। शान्ति के भंग करनेवाले इस युद्ध को कवि कभी भी नहीं चाहते हैं। आर्थिक, मनोवैज्ञानिक और सांस्कृतिक दृष्टि से दुनिया को यह युद्ध झकझोर करेगा। इस युद्ध से कुछ भी हासिल नहीं होगा, यह सम्पूर्ण विनाश है, यह कभी भी होने नहीं देना है।

इन सबके साथ बाज़ारु संस्कृति भारत जैसे विकासशील देशों में अपसंस्कृतियों का निर्माण करती हैं। मनुष्य भी वस्तु में तब्दील होता जा रहा है। जो कमाऊ है वह मूल्यवान है, बाकी सब फेंकने के हैं। सारे रिश्ते, सम्बन्ध आदि इस दृष्टि के अनुसार नापा जाता है। सबसे मूल्य का है प्रेम, वह जनहृदय से सूख गया है। ऐसी परिस्थिति में समाधान के स्वरूप कवि जो प्रस्तुत करते हैं वह पृथ्विबोध है। वह समीक्षक गहराई में जाकर टटोलकर प्रस्तुत करते हैं। यह द्वन्द्वों से उबरकर साथ साथ जीने की कला सिखाता है।

पृथ्विबोध एवं हरितभाषा

कवि का प्रकृतिबोध छायावादी बोध से बहुत अलग है। वे पहाड़ों, नदियों, जंगलों, जानवरों आदि को देखकर मुग्ध होते हैं, तो जंगलों में पेड़ों के कटने का आर्तनाद भी सुनते हैं। कवि ने नष्ट होनेवाली प्रकृति के प्रति अन्यत्र दुःख प्रकट किया। यह एक ऐसी मर्मज्ञ समकालीन दृष्टि है जिसके 'पीछे खोने की पीड़ा' है। साथ ही ऐसा तीखा बोध भी कि जिस युग और दुनिया में हम रह रहे हैं, उसमें लय का जो नैसर्गिक स्पंदन है, उसको देखनेवाली दृष्टि धीरे धीरे धूँधली होती जा रही है। इस बिन्दु पर समकालीन मशीनी संस्कृति के प्रति एक बुद्धिजीवी की वितृष्णा और पीड़ा सार्थक हो उठती हैं। इन सबको पहचानने की मर्मज्ञता इस समीक्षा में दर्शायी गई है। इस सन्दर्भ में आचार्य रामचन्द्र शुक्ल ने जो कहा वह सटीक निकलता है। शुक्लजी ने यान्त्रिक युग में विकास के नाम पर प्रकृति और जीव-जन्तुओं का जो अनुचित शोषण हो रहा है उसे साहित्य का सबसे श्रेष्ठ एवं उच्च विषय माना है–"मनुष्य सारी पृथ्वी छेंकता चला जा रहा है। जंगल कट-कटकर खेत, गाँव और नगर बनते जा

रहे हैं। पशु-पक्षियों का भाग छिनता चला जा रहा है। उनके सब ठिकानों पर हमारा निष्ठुर अधिकार होता चला जा रहा है। कुछ हमारी बस्ती के भीतर या आस-पास रहते हैं और छीन-झपटकर अपना हक ले जाते हैं।" (चिन्तामणि-भाग-1, कविता क्या है?) मनुष्य जैसे इस प्रकृति का आश्रय पाकर सुखानुभव करता है वैसे ही इस संसार के अन्य जीवन जन्तुओं को भी अनुभव करने का अधिकार है। इधर इस समष्टि दृष्टि की व्यापकता एवं गम्भीरता कवि में है, यह समीक्षा में भी प्रकट है। इस प्रकार कवि को ज़्यादा उच्च स्तर प्रदान करते हैं समीक्षक। अत: कवि हम जैसे पाठकों को मानवीयता के शिखर तक ले जाते हैं। वहाँ पहुँचकर व्यापक विश्वदृष्टि को हम प्राप्त करते हैं। इससे ध्यातव्य है कि मनुष्य और प्रकृति के बीच के सह अस्तित्व की अभिव्यक्ति से ही उच्च कोटि का साहित्य जन्म लेता है। वह मनुष्यता का साहित्य होगा।

'हत्यारे उतर चुके हैं क्षीरसागर में' जैसी कविता के मिथकीय प्रयोग पर समीक्षक-दृष्टि पडती है। क्यों आज भी कवि मिथकों का इस्तेमाल करते हैं? प्रकृति के प्रति मोह के कारण मनुष्य को आज भी इन मिथकों के प्रति विशेष लगाव है। अपनी परम्परा अपने विश्वास और अपने संस्कार आदि को सँजोता हुआ मिथक आज भी मनुष्य के लिए प्यारा है। ये आदि मानव के सामूहिक अवचेतन से जुडे हुए रूपक हैं जिनके सहारे आदि मनुष्य यथार्थ का बोध प्राप्त करता था, बाहरी दूनिया से अपना रिश्ता जोडता था। इसलिए सार्थक कला मिथक की भूमिका अदा करती है। यह पृथ्वी के केन्द्र में मनुष्य को प्रतिष्ठित करते हुए नहीं बल्कि प्रकृति के अन्य प्राणियों की तरह मनुष्य भी अपना एक विनयशील, विवेकपूर्ण, अर्थ संगत कोना ढूँढ़ते हुए हैं। इससे यह बात स्पष्ट है कि मिथक आधुनिक मानव को प्रकृति और मनुष्य के बीच की पारस्परिकता को अभिव्यक्ति देता है और यह भी इससे द्योतित होता है कि आधुनिक मानव को अपने अकेलेपन से मुक्त होने केलिए इस पारस्परिकता की दृढ़ता को समझना और अपनाना अनिवार्य है।

वैसे ही समीक्षा के प्रगतिशील विचार का द्योतक है उनकी धर्मनिरपेक्ष दृष्टि। आज विद्यमान सांस्कृतिक राष्ट्रवाद का प्रतिरोध करनेवाले कवि सभी संकीर्ण सीमाओं से ऊपर उठकर मनुष्यता की प्रखरता के इच्छुक हैं। हमारी व्यवस्था का जो घिनौना रूप है उसके प्रति भी वे चिन्तित हैं। हमारी कानूनी व्यवस्था के प्रति शंकालु हैं कवि। व्यवस्था के बीच में पिस जानेवाले हैं लोग। समाज और देश के निम्न तबके के लोगों को केन्द्र की ओर ले आकर बहुलता की संस्कृति को प्रतिष्ठित

करने के आग्रही हैं कवि। इसलिए कवि जिस भाषा का प्रयोग करते हैं वह बहुलता की है इसलिए वह मनुष्यता की है, वह हरितभाषा है।

भाषा और पर्यावरण के बीच के रिश्ते को सामने रखकर एयनर हेगन जैसे विद्वानों ने विचार किया था। आज के यान्त्रिक, औद्योगिक एवं पूँजीवादी संस्कृति में भाषा प्रकृति से बहुत दूर चली गई, यहाँ कवि की भाषा के विश्लेषण में समीक्षक इस ओर इशारा करते हैं कि कवि की भाषा उनके लोगों की भाषा है। उनके लोग लोक जीवन से जुडे हुए हैं। इसलिए वह प्रकृति की है। कवि कहते हैं–"मैं लिखता हूँ/उस भाषा में/ जो/ मुझे जानती है।" कवि जानते हैं अपने गाँव की भाषा। खुद समीक्षक कहते हैं कि "मण्डलोई के बारे में यह जानना दिलचस्प होगा कि मालवी-बुन्देली मिश्रित लहजे से उनकी पहली पहचान हुई। फिर छिन्दवाड़ा की कोयला खदानों की पचमेल भाषा से उनका सम्पर्क हुआ : क्योंकि मध्यमारत के अलावा बिहार और उडीसा तक के मज़दूर खदानों में काम करते थे। इस पचमेल भाषा में बुंदेली का स्वाद ज़्यादा प्रभावी था।" (पृ. 124) उन्होंने यह भी कहा कि एक रचनाकार लोक-भाषा के प्रति स्वयं को खुला रखता है और इसमें उसका आभिजात्य आडे नहीं आता तो लोक-भाषा की रस-गन्ध उसकी काव्यभाषा में उतर आएगी।

कवि की भाषा मज़दूरों और किसानों की भाषा है। उनकी भाषा में सतपुड़ा है, वहाँ आदिवासी है, प्रकृति से मिलजुलकर रहनेवाली स्त्री है, अन्याय को भोगनेवाले कई मनुष्य हैं, साथ साथ जीने की कला है, विविध सांस्कृतिक बहुलता है, वर्तमान व्यवस्था का विरोध है, अनावश्यक विकास योजनाओं का विरोध है, अपनी मिट्टी की बू और हवा है, अहिंसा की चाह है, बोली एवं जनभाषा की पक्षधरता है। अन सबके मेल से सहज स्वाभाविक संस्कृति एवं विविधता भाषा में कायम हैं। यह भाषा कवि के अवचेतन में अपने मूल परिवेश तथा आज जो परिवर्तित यथार्थ है उसकी प्रतिरोधी मनोवृत्ति आदि से रूपायित है।

जैसे -

"किसान खेतों में अब भी हैं हल-बखर के साथ
बैल ही नहीं हैं काम पर सिर्फ़
गाय कम ही सही दूध दे रही हैं और
सुनाई दे रही है स्त्रियों की हँसी खलिहान में
और यह सब तुम्हारी मनमानी के बीच हो रहा है
डरो कि ये सब चेतावनियाँ हैं।"

यहाँ जिस भाषा का प्रयोग हुआ वह भारतीय मिट्टी की है। कवि प्रतिरोध के रूप में चेतावनियाँ भी दे रहे हैं। उस चेतावनी में कवि-भाषा का असली मकसद प्रकट है। वैसे ही, "नर्मदा अलस्सुबह से मेरेलिए लोरी गा रही थी", "इस मिट्टी में खेल कर बड़े हुए", "जिन औरतों ने जलावन बटोर कर रोटियाँ पकाईं भूखों के लिए/वे जंगल की रक्षा में एक दिन आवाज़ को आकाश करेंगी", "कुल्हाडी के ख़िलाफ़ खड़ा होना" आदि कितने उदाहरण हैं हरितभाषा के।

रेचल कर्सन ने 1963 में मौन वसन्त (Silent Spring) इसलिए लिखा कि औद्योगीकरण की उपज कीटनाशकों के बहुतायत प्रयोग से वसन्त में चिडियों की चहचकाहट समाप्त हो गई। कीड़े, पतंगें, चिडियाँ आदि मर गया। वैसी स्थिति के निकट हैं हम भी। साहित्य में इस पर्यावरण संकट के परिप्रेक्ष्य में 1996 में अंग्रेज़ी में "The Eco-Criticism Reader" शीर्षक संपादित आलोचनात्मक ग्रन्थ प्रकाशित हुआ। उसकी मुख्य संपादिका शेरिल ग्लोफेलटिया ने इस नयी आलोचना पद्धति की परिभाषा यों दी है–"मानव संस्कृति की प्रकृति के साथ अटूट सम्बन्ध है। वे परस्पर प्रभावित हैं। यह आलोचना प्रकृति और संस्कृति के बीच के सम्बन्ध को ढूँढ़ती है। यह आलोचनात्मक पद्धति के रूप में इसका एक पैर साहित्य में और दूसरी भूमि में है। एक दर्शन के रूप में यह एक साथ मनुष्य और मनुष्येतर सत्ताओं के साथ जुडा हुआ है।" इस इको-क्रिटिसिज़्म में संसार व्यापक बनकर मनुष्य की पूरी आवास व्यवस्था को धारण करता है। समीक्षक शर्माजी ने असल में इस आलोचना पद्धति को अपनाया है। हिन्दी में इसे पारिस्थितिकीय आलोचना कह सकते हैं। यह आलोचना समकालीन परिप्रेक्ष्य में जैविक संकट, सामाजिक संकट, सांस्कृतिक संकट आदि पर विचार करती है। कुलमिलाकर देखा जाए तो समीक्षक ने इस पर्यावरणीय दृष्टि से मण्डलोईजी की कविताओं का विवेचन किया है। इसकेलिए उन्होंने हरितभाषा का प्रयोग किया जो पृथ्वी के साथ मनुष्य के सहसम्बन्ध को व्यक्त करती है। वह भाषा सामूहिक बोध एवं बहुलता की स्वीकृति को वरीयता देती है। वह आज की माँग है।

'Back to nature' (रूसो) अब पूर्ण रूप से लागू नहीं हो पायेगा। क्योंकि हम बहुत दूर तक आगे बढ चुके हैं। लेकिन स्मृतियों को जगाना कविधर्म है। ये स्मृतियाँ प्रतिरोध के रास्ते को सुचारु बनायेंगी। इसलिए शर्माजी की समीक्षा पारिस्थितिकी की दृष्टि से विचारणीय है। यही तो मनुष्यता का मूलमन्त्र है।

चाँद गवाह की हरितभाषा

मानव संस्कृति का प्रकृति के साथ अटूट सम्बन्ध है। वे परस्पर प्रभावित हैं। इसलिए प्रकृति और संस्कृति के बीच के सम्बन्ध को तलाशना आज की अनिवार्यता है। मनुष्य-मनुष्य के बीच मनुष्य और अन्य जीवजन्तुओं तथा पर्यावरण व्यवस्था के बीच जीवन को बनाए रखने के रिश्ते को भाषा के प्रभाव के स्तर पर जाँचना है। याने कि संसार के सभी जीव-जन्तुओं और पर्यावरण व्यवस्थाओं तथा मनुष्य एवं मनुष्य के बीच के सन्तुलन को परखकर उसकी सच्चाई का पर्दाफाश किया जाना है। उनके बीच में एक पारस्परिक मेल-जोल होता ही है। वह भाषा के ज़रिये अभिव्यक्त किया जाता है। वर्तमान सन्दर्भ में सन्तुलित पर्यावरण-व्यवस्था का नाश बड़े पैमाने पर हो रहा है, इसलिए इस क्षेत्र में प्रयुक्त भाषा भी बदलती जा रही है।

मनुष्य की संस्कृति में भाषावैज्ञानिक प्रक्रिया दर्ज है। इसे सबसे पहले पर्यावरण सम्बन्धी मुद्दों से मिला कर जर्मन चिन्तक एडवेर्ड सापिर ने परिचित कराया। उन्होंने "भाषा और पर्यावरण" शीर्षक एक लेख लिखा। सापिर भाषा और पर्यावरण को मिलाकर भौतिक एवं भौगोलिक वातावरण तक पहुँचे। सापिर के अनुसार "पर्यावरण व्यक्ति पर सीधे असर डाल सकता है और उस प्रकार की स्थिति में हम देख सकते हैं कि शुद्ध पर्यावरणीय प्रभाव जातीय स्वभाव का कारण बनता है। इस सामान्य स्वभाव को व्यक्ति पर पर्यावरणीय प्रभावों की विभिन्न प्रक्रियाओं के संकलन का परिणाम कहा जाता है।" (सापिर, फिल और मुश्तासलर 2001:13 में उद्धृत)

ऊर्मिला शिरीष द्वारा रचित "चाँद गवाह" शीर्षक उपन्यास पर्यावरणीय भाषा अथवा हरितभाषा के सही प्रयोग से समृद्ध है। मूल्यह्रास एवं नैतिकता सम्बन्धी सवालों के कटघरे से ऊपर उठकर उपन्यास प्रकृति एवं मनुष्य जीवन की अवस्थिति पर बल देता है। उपयोगिता और झूठी नैतिकता के नाम पर स्त्री का शोषण समाज

में चल रहा है, उसका सशक्त विरोध उपन्यास में दर्ज है। यह भी नहीं उपन्यास स्त्री-पुरुष का सहज प्रेम, प्रकृति की सहजता एवं विविधता को निर्मित करने में सकारात्मक भूमिका निभाता है। प्रेम जो मूल्य है उसकी सीमातीत शक्ति है। उससे सभी प्रकार से असन्तुलित जो स्थिति है उसका निवारण सम्भव है। इस उद्यम में स्त्री और पुरुष को कंधे से कंधे मिलकर काम करना है। इसलिए इस सोद्देश्यपरक उपन्यास की भाषा हरित है।

उपन्यास में सबसे सशक्त पात्र दिशा है, दिशा एक संवेदनशील व्यक्तित्व है। वह कवयित्री भी है। वह अपने लक्ष्यों और उम्मीदों को सफल बनाने केलिए एक समर्थक व्यक्तित्व की तलाश में थी। वैसे ही सन्दीप दिशा का मित्र है जो दिशा के घर पर याने कि फ़ार्महाउस में दिशा के पति और लड़कियों के साथ रहते हुए उस फ़ार्म को सही रूप में फ़ार्म बनाने कि कोशिश करता आ रहा है। यह भी नहीं दिशा को आत्मनिर्भर बनाने में समर्ध बन जाता है। दिशा और सन्दीप दोनों प्रकृति का अंधाधुंध जो नाश हो रहा है, उसके ख़िलाफ़ हैं। वे नए ढंग से पौधों और वृक्षों को लगाकर धरती के पोषण में लगे रहते हैं। यह हरित भाषा पूरी कथा में छायी पड़ी है। दिशा बेकार की बातों और सामाजिक संरचना में स्त्री-पुरुष रिश्ते सम्बन्धी जो झूठी धारणायें हैं, उन सबकी परवाह नहीं करती। दिशा की मित्रमण्डली भी किस प्रकार की है, देखिए–"हमारा ग्रूप जीवन और प्रकृति के बारे में विमर्श करता है, हम प्रेम की परिपूर्णता में विश्वास करते हैं, न कि जीवन के अधूरेपन में।" (चाँद गवाह- पृ. 9) दिशा के अनुसार मित्रता और प्रेम में जाति, धर्म, ऊँच-नीच और उम्र कहीं पर भी नहीं होना है। इन दो भावों के कारण ही पृथ्वी ज़िन्दा है, स्पंदित है, सृजनधर्मी है और ख़ूबसूरत भी है। इन्सान और जीव, दोनों इन्हीं भावों के कारण ज़िन्दा रहते हैं, वरना सारे रिश्ते आदान-प्रदान की नीति पर चलते हैं या चलते रहेंगे। यहाँ इकोफेमिनिज़्म की दृष्टि काम करती है।

इस सन्दर्भ में इकोफेमिनिज़्म पर थोड़ा विचार करना अनिवार्य है। इको फेमिनिज़्म फेमिनिज़्म और हरित आन्दोलन के तत्वों को मिला देता है। मानव की वृत्तियों का जो बुरा प्रभाव मानवेतर जगत पर पडता है उसकी असलियत की पहचान उसने हरित आन्दोलन से पा ली है। उसी प्रकार फेमिनिज़्म से पराधीन, शोषित और दमित स्त्रियों के प्रति मानवीयता की दृष्टि भी। याने कि प्राकृतिक संसार के नाश एवं अवमूल्यन तथा स्त्रियों की अधीनता एवं ग़ुलामी को संबद्ध करके देखने की विचारधारा है इकोफेमिनिज़्म। कारन वारन नामक विदुषी के अनुसार □प्रकृति और स्त्री पर पुरुष के आधिपत्य की आलोचना तथा प्रकृति और स्त्री के

सम्बन्ध में लिंगातीत एक नीतिशास्त्र है इको-फेमिनिज़्म। स्त्री और प्रकृति को केन्द्र में प्रतिष्ठित एक वैश्विक विचारधारा है इकोफेमिनिज़्म। उपन्यास में पुरुष द्वारा निर्मित सामाजिक व्यवस्था कैसे स्त्री के अपने निर्णय की आलोचना करती है यह विचारणीय है। पति की मूर्खता, धूर्तता, निठल्लापन, क्रूरता, आलस्य, मद्यपान आदि समाज और रिश्तेदारों के सामने कोई समस्या ही नहीं है। स्त्री-निर्णय पर अंकुश इस सामाजिक व्यवस्था के अंग बननेवाले पुरुष ही नहीं स्त्रियाँ भी लगाती हैं। इससे खुद अपने को बचाने का निर्णय लेनेवाली दिशा अन्य मित्रों को संगठित करती है, खुद स्त्रियों को और प्रकृति को बचाने केलिए। दिशा खुद अपने ऊपर होनेवाले शोषण की पहचान करती है–हमारी मज़बूरी थी। आज भी मज़बूरी है। हम कितनी घृणा के साथ उसके साथ रह रहे हैं। मेरी कला, मेरा पढना-लिखना, मेरा घूमना, मेरा अपनी मर्जी के अनुसार जीना, खाना-पीना, हँसना, सब असहनीय हो गया था। कभी किसी ने महसूस किया कि तुम सब घूम रहे हो, मैं घर में कैद। तुम सब ख़ूब पढ रहे हो, मैं बिन किताबों केलिए तड़पती मछली सी। तुम सब पार्टियाँ करते... समारोहों में शामिल होते, नित नये कपड़े बदलते और मैं एक कोने में पडी इन सबसे जूझती...रात...रात भर जागती, उसकी बकवास सुनती...तुम सबका दबाव कि पति है तो करो, झेलो अथवा बाहर धकेल दो। (पृ. 11) यह पहचान स्त्री विमर्श है तो प्रकृति के साथ मिलकर जीने की उसकी कला और मोह पारिस्थितिक विमर्श के अन्तर्गत लिया जा सकता है। दिशा और सन्दीप दोनों इस दिशा में अग्रसर होते हैं। इसलिए दिशा को मानसिक रूप से सहारा चाहिए, जो उसकी हर तरह से मदद कर सके। जो उसको समझे, जो उसके मानसिक और वैचारिक स्तर का हो, जिससे वह साहित्य, समाज, प्रकृति, अध्यात्म, ब्रह्माण्ड या अन्य विषयों पर बात कर सके। लेकिन स्त्री के इस आग्रह को समाज मानता नहीं। दिशा जब मूर्ख पति की सेवा में पूर्णत: तल्लीन थी तो वह आदर्श पत्नी और स्त्री रही थी। लेकिन स्त्री जब अपने कद्र करने लगी तो पूरी दुनिया के सामने दुष्चरित्रवाली बन गयी। इससे स्त्री को बचाना उपन्यास का मुख्य मक्सद है, यानेकि स्त्री को असली पहचान प्रदान करना ।

उपन्यास में सन्दीप दिशा के जीवन में कौन सा परिवर्तन लाने में समर्थ हुआ, दिशा के ये शब्द उल्लेखनीय हैं–"आत्महत्या कर लेते अगर वे हमारे जीवन में न आते तो। उन्होंने ही हमें जीवन का अर्थ-समझाया है। भावनाओं की कद्र करना सिखाया है। जीवन में सौन्दर्य, प्रकृति, धर्म, समानता, आनन्द, रस, प्रेम, सम्मान, स्वाभिमान का क्या महत्त्व होता है, यह उन्होंने ही बताया है।" (पृ. 21)। यह हरित भाषा सभी प्रकार के शोषण के ख़िलाफ़ है। सन्दीप कवि है, पत्रकार है, पर्यावरण

और समाजसेवा से जुडा है। पेड़ बचाओ आन्दोलन के एन.जी. ओ. के साथ भी जुडा है, यानी दुनिया की जितनी भी अच्छी बातें होती हैं, उन सबको अपनाने की कोशिश में है वह। वह विस्थापितों केलिए काम करता है, कभी वह हिंसा और आतंक के ख़िलाफ़ चलनेवाली मुहिम में शामिल हो जाता। उसके हज़ारों फॉलोअर्स हैं। यह निरन्तर नये प्रयोग करता रहता है। उनके जीवन का यह सन्देश गांधीजी के चिन्तनों से मेल खाता है। गांधीजी इस संसार के सबसे बड़े पर्यावरण विद् थे। उनकी भाषा हरितभाषा रही थी। अहिंसा एवं सत्य पर वे अड़िग रहे थे। अन्यायों के ख़िलाफ़ निरन्तर इन दोनों हथियारों से लड़ते आ रहे थे।

उपन्यास में फ़ार्महाउस जहाँ है वहाँ जंगल है। उसे एक अच्छा खेत बनाना दिशा का मकसद है। उपन्यास में प्रकृति की अवस्थिति दिशा का सपना है–"दूर-दूर तक वीरानीयत को ओढे लम्बे सघन विशाल वृक्ष। महा अंधकार में डूबा उसका खेत। खेत के किनारे बना एक हॉलनुमा घर। चारों तरफ खड़ी लम्बी सुनहरे रंग की घास, जिसमें तेंदुआ, जंगली कुत्ते, नीलगाय, शेर, लकडबग्धा चुपचाप आकर डेरा डाल लेते हैं। आसपास इन्सान तो क्या...उसका पुतला तक दिखाई नहीं देता। बस पेड़ों की घनी शाखों से बहती ठंडी हवा में मादकता झुली होती है। बीच-बीच में दृश्य-अदृश्य, जानवरों के पाँवों की आहट या गुर्राने का डरावना स्वर पूरे वातावरण को थर्रा देता है। आसपास सरसराते पत्ते, पत्तों में भागते साँप, छून्दर, चूहे खरगोश। ऊपर आकाश में टिमटिमाते नक्षत्रों की द्युति और स्थिर, शान्त, दार्शनिक मुद्रा में दिखता आसमान। आसमान को अपलक देखती आँखों में जीवन की छटा दिखाई देती है।" (पृ. 34) यह दिशा का सपना है, इसकी पूर्णता केलिए वह कोशिश करती है। इसलिए सन्दीप ने उसे सजग कर दिया कि यदि आत्मसम्मान के साथ अपने निर्णय पर जीना चाहती है तो उस जंगल में ही अपना सुख, अपनी सुरक्षा और अपना भविष्य सँवारना है।

चाँद गवाह में दिशा और सन्दीप के काम में पूरे पर्यावरण को बचाने की कोशिश है। जिस पर्यावरण संकट का हम सामना कर रहे हैं, जैसे जैव संकट, सामाजिक संकट इन सबका इशारा इसमें है। आज की औद्योगिक संस्कृति की उपज है उपभोग संस्कार। अति उपभोग से धरती विनाश के कगार पर खड़ी है। और एक कामायनी मचने की सम्भावना का इनकार नहीं किया जा सकता। इसलिए इस विशेष ख़तरनाक स्थिति से बचने केलिए सन्दीप एवं दिशा नितान्त जागरूक हैं। वे दोनों उस फ़ार्महाउस के चारों ओर की ज़मीन को मनुष्य और अन्य जीवजन्तुओं केलिए उपयोगी बनाने के उपलक्ष्य में अनेक योजनाएँ तैयार करते हैं। जिस पर्यावरण

संकट की पहचान सबसे मुख्य है, उसके निवारण के लिए कडी मेहनत करना सबसे सराहनीय कार्य है। सन्दीप पर्यावरण संरक्षण के लिए, नदी बचाने केलिए, हर तीन किलोमीटर पर तालाब बनाने की ओर इशारा कर रहा है। सन्दीप के विचार देखिए- "सरकार के भरोसे न रहकर हम सबको मिलकर यह काम करना होगा। समितियाँ बुनाई जाए, जैसे तालाब संरक्षण समिति, कुँआ संरक्षण समिति, वृक्ष संरक्षण समिति आदि क्यों नहीं बनाई जा सकती है? ये समितियाँ अपने-अपने काम की ज़िम्मेदारी लें। ये सुझाव मैं ने कहीं पढ़े थे। मैं ने जता दिया कि अगर हमने ऐसा नहीं किया तो भयानक सूखा पड़ेगा। जानवर, पक्षी, सब प्यास से मर जाएँगे। वृक्ष सूख जाएंगे, पर! देखो क्या होता है। वह मेरी हर बात को काट रहा था। क्या मूर्खता है। आज बदले हुए मौसम और पर्यावरण के कारणों को वे नहीं समझ पाए तो हमारी पृथ्वी को बचाना मुश्किल हो जाएगा। पेड़ों की बेहिसाब कटाई ने मनुष्य जाति को कितने बड़े संकट में डाल दिया, यह बात इन लोगों को क्यों नहीं समझ में आती है। आज एक लम्बा लेख लिखता है इसी विषय पर।" (पृ. 55-56) पर्यावरण शोषण एवं विनाश के प्रतिरोध में प्रयुक्त उपर्युक्त जो भाषा है असल में हरित भाषा। इधर जैवसंकट और सामाजिक संकट की चेतावनी दी गई है।

आज इस भूमण्डलीकृत उपभोग संस्कार में हमारी संस्कृति को बचाना अनिवार्य है। तब सादगीपूर्ण सहज स्वाभाविक प्रकृत संस्कृति ही हल का उपाय बनेगी। उपन्यास में देखिए वह विचार यों प्रकट है–"हमारी अपनी जो जीवनशैली है, उसका एक ही सिद्धान्त होना चाहिए-आवश्यकतानुसार चीज़ों का उपयोग करना। हमने जिस तरह जंगलों को काट डाला है, जिस तरह हम नदियों के साथ क्रूर व्यवहार कर रहे हैं, वह आत्मघाती कदम है। जीवन में यदि ये चीज़ें नहीं रही तो हम ज़िन्दा कैसे बचेंगे ? मैं इसी बात पर फोकस करना चाहता हूँ कि एक पत्ती तोड़ने से पहले भी हमें सोचना चाहिए कि हम क्यों तोड़ रहे हैं और इसके टूट जाने से क्या-क्या नुकसान होगा। (पृ. 56) इस प्रकार आज की उपभोग संस्कृति की प्रतिरोधी संस्कृति की प्रतिष्ठा कर अहिंसा और स्नेह पर केन्द्रित एक सन्तुलित दुनिया की सृष्टि करने का उत्तम विचार है इसमें। प्रौद्योगिकी एवं विज्ञान के विकास ने प्रकृति एवं स्त्री केन्द्रित संस्कृति की सृष्टि करने के बदले में इन दोनों के दमन कर एक अलग संस्कृति का जो रूपायन हो रहा है यह दुनिया के अस्तित्व केलिए हानीकारक है। आज मनुष्य और प्रकृति के बीच की दूरी बढ़ती जा रही है।

सन्दीप के व्यापक अनुभव और विभिन्न विषयों से सम्बन्धित जानकारी उसके व्यक्तित्व और आचरण में प्रकट हैं। यह दिशा के सपनों को साकार बनाने में

सहायक हुआ। दिशा जैसी एक महिला को राजीव जैसे मूर्ख, गँवार नहीं सन्दीप जैसा ज़हीन, समझदार और इंटलिजेंट शख्स की ज़रूरत दिशा का बड़ा भाई समझता है। यह समझ और पहचान है हरितभाषा की विशेषता। इन महानगुणों को पहचाननेवाला दिशा का भाई विवेकी है और समय की नब्ज की पहचान रखता है। इसलिए सभी प्रकार से प्रताडित दिशा का सन्दीप की ओर झुकाव स्वाभाविक है। राक्षस पति और बेटियाँ दिशा की विवशता को नहीं समझते हैं, जीने केलिए पैसा नहीं, अकेली स्त्री कहाँ तक इन सबको बर्खास्त करती है। समाज दूसरों के जीवन के दोष निकालने में जो उत्सुकरता दिखाता है वह दूसरों की मदद करने में नहीं है। इसलिए सन्दीप जैसे व्यक्तित्व से दिशा का आकर्षण स्त्री द्वारा काँक्षित एवं प्रवर्तित मूल्य बोध का निशान है। वह है स्त्री की दुनिया के प्रति दायित्व का प्रकटीकरण। उन दोनों का रिश्ता केवल शरीर केन्द्रित नहीं था दुनिया को बचाने के दायित्वबोध से उभरी सन्तुलित जीवनदृष्टि का परिणाम है। इसे अन्त में उपन्यास के अन्य पात्रों ने भी समझ लिया।

फ़ार्म को तैयार करने में और पेड़-पौधों के रोपन केलिए सन्दीप और दिशा ने बहुत तकलीफ उठाई। अनेक लोगों, सरकारी विभागों आदि द्वारा कई अडचनें पैदा की गई हैं। चोरी चुपके से उनके प्लान्टेशन का शोषण किया जा रहा है। सन्दीप के ये शब्द देखिए–"दिशा, हम लोग इसके बाद भी जहाँ तार लगे हुए हैं, उनके भीतर ही फलदार पेड़ लगा लेंगे। जितने पेड़ ये लोग चोरी-छुपे काटते हैं, उतने ही हम लोग अपनी ज़मीन से लगा सकते हैं। अपनी संपदा को चोरी-छुपे काटना और बेचना इन्होंने अपना अधिकार समझ लिया, किसी से डरते भी नहीं है।" (पृ. 64) इसप्रकार उनके लक्ष्य को पराजित करने में कितने लोग लगे हुए हैं।

दिशा को आत्मनिर्भर बनाकर अपने कर्तव्य को एक हद तक पूरा कर दिशा को उसकी परेशानियों से बचाने केलिए सन्दीप को दिशा और फ़ार्महाऊस छोड़कर जाना अच्छा लगा। दिशा एक हद तक अपने लक्ष्य को पूर्ण करने की कोशिश करती रही। वह प्राकृतिक नाश अथवा पेड़ का काटना अपने को काटने के समान समझती है। पेड़ के समान मनुष्योपयोगी काम करनेवाला कोई नहीं। वे परस्पर भी सहयोग एवं मदद करते हैं, मनुष्य की मदद करने के साथ। उनके जीवन से मनुष्य को बहुत कुछ अपनाना है, निस्वार्थ सेवा में सदा निरत पेड़ जलवायु को कई प्रकार से सही दिशा में ले जाने का सामर्थ्य रखता है। इसलिए अतीत से वृक्ष पूजा चलती आ रही है। वैष्णोई आन्दोलन में पेड़ काटने के विरुद्ध स्त्रियों ने आन्दोलन चलाया था। उस सिलसिले में अमृता देवी ने पेड़ को बचाने के लिए कुल्हाडियों के सामने अपने सिर को काटने केलिए समर्पित किया। दिशा एक जगह पर अपनी बेटी से कहती

है–"तुम्हें पता है कि मुझे पेड़ों से कितना लगाव है, उस दिन उन पेड़ों को रोते हुए देखा था मैं ने। मैं उनको बचाना चाहती हूँ। पेड़ रहेंगे तो हम भी रहेंगे।" (पृ. 119) सन्दीप के लिए लिखित पत्र में उसने उल्लिखित किया कि पेड़ की ज़िन्दगी को मुरझानेवाली कुल्हाडी या दुष्ट आँधी कितना बड़ा अपराध करती है। कई प्रकार से उच्च विचारों को साथ लेकर चलनेवाली दिशा का विवेक प्रेम को साथ लेकर पुरुष सत्तात्मक पूँजीवादी व्यवस्था को उखाड़ फेंकना चाहता है। इसलिए अपने से दूर चले गए सन्दीप की तलाश में वह निकलती है।

अन्त में बेटी ने सन्दीप द्वारा लिखित पत्रों को दिशा को सौंप दिया तो स्पष्ट होता है कि उसने अपनी ज़िन्दगी में जिन लोगों के साथ रिश्ता निभाया उन सभी से प्रेम और न्याय किये, सन्दीप की पत्नी से, बेटी से और दिशा से। उसकी न्याय की लडाई में वह दिशा की प्रतीक्षा करता है।

अपनी पत्नी के निधन के साथ देश-विदेश के विश्वविद्यालयों में अपनी सभ्यता, संस्कृति, पर्यावरण, अध्यात्म एवं दर्शन को लेकर बोलता रहा। बाद में पेड़ बचाओ आन्दोलन को ही प्रमुखता दी गई। उसके पत्रों में पर्यावरण के नाम से झूठे आन्दोलन चलानेवालों की निंदा भी है। वैसे ही दिशा के समान निस्वार्थ सेवा करनेवालों की प्रशंसा भी है। इधर स्त्री द्वारा प्रकृति और खुद अपने को बचाने की कोशिश करनेवाली दिशा की दृष्टि इकोफेमिनिज़्म की है, जो फेमिनिज़्म और पारिसथितिकी की ऋणी है। वैसे ही इसमें एक महत्त्वपूर्ण कार्य का उद्घाटन हुआ है कि स्त्री-पुरुष-प्रकृति के सन्तुलन आज की माँग है। यह मनुष्य को इस उपभोग संस्कृति एवं विदेशी संस्कृति से बचाने का एकमात्र उपाय है। सन्दीप एक ऐसा पुरुष व्यक्तित्व है वह इस सच्चाई से अवगत है, बिना स्वार्थ एवं किसी प्रकार की लाभेच्छा के प्रेम जो मूल सत्भाव है इसके सदुपयोग से जनकल्याण कलिए जीवनभर काम करता आ रहा है। अन्त में सन्दीप की खोज में निकलनेवाली दिशा हमें उम्मीद प्रदान करती है।

उपन्यास में हरित आध्यात्मिकता (Green Spirituality) का दिग्दर्शन किया जा सकता है। वह प्रार्थनालयों में जाकर किसी प्रकार की मूर्ति की पूजा करने का विरोध करता है। लेकिन वह इस प्रकृति के समस्त चैतन्य का आदर सम्मान और प्रेम करता है। पारिस्थितिक विमर्श में मुख्य है भौमसदाचार और साकल्यता से युक्त हरित आध्यात्मिकता। इस विश्व के समस्त चैत्नय को मान्यता दी जाती है हरित आध्यात्मिकता में। यहाँ जन्म लेनेवाले सबको यहाँ जीने का अधिकार है। सब में जो चैतन्य है वह पवित्र है। तब सबको मानना अहिंसा पर केन्द्रित एक विश्व दृष्टि है। किसी मूर्ति की पूजा से यह सम्भव नहीं। आज संसार भर में विद्वेष एवं प्रतिशोध

की भावना है, प्रेम नहीं है। इसलिए आज भक्ति का षोर्टकट लोग अपनाते आ रहे हैं।। लेकिन हमें चाहिए परस्पर माननेवाली हरितआध्यात्मिकता। यह है इस उपन्यास का सबसे बड़ा वैशिष्ट्य। इसको स्पश्ट करनेवाला एक प्रसंग देखिए–"मैं जो घोर नास्तिक हूँ, मैं जो किसी ईश्वरीय सत्ता में विश्वास नहीं करता, मैं जो पेड़-पौधों, जानवरों, नदी-तालाबों, आकाश, चन्द्रमा, सूरज, तारे...सबकी सत्ता को स्वीकार करता हूँ। इन सबको साक्षी मानकर तुम्हें अपनी जीवन साथी स्वीकार करता हूँ। जब तक कि इन विपत्तियों से बाहर नहीं आ जाती हो, तुम्हें तुम्हारा सम्मान और अधिकार नहीं मिल जाता है, तुम्हारा साथ निभाऊँगी मेरी प्रिये। (पृ, - 38) इस प्रकार सन्दीप ने सारी प्रकृति को साक्षी बनाकर मूर्ति के चरणों के पास पड़े सिन्दूर को अपनी चुटकी में भरा और उसकी माँग में भर दिया। प्रत्येक की सत्ता को स्वीकार कर प्रेम और अहिंसा के वातावरण की सृष्टि करने की समरसता का भाव है। इसमें आध्यात्मिक एवं भौतिक दृष्टियाँ काम करती हैं। यह हरित आध्यात्मिकता आज की माँग है।

संक्षेपत: इस उपन्यास में विभिन्न प्रकार के भेदों का अतिक्रमण कर बहुलता की संस्कृति की सृष्टि की गई है। यहाँ स्त्री और प्रकृति केन्द्रित संस्कृति को प्रतिष्ठित करने केलिए पुरुष का सहयोग भी प्राप्त होता है। अथवा सामाजिक सन्तुलन प्रत्येक की सहभागिता से सम्भव हो जाता है, चाहे जड हो या चेतन। इस अभिन्नता केलिए अभिजात वर्ग, बुद्धिजीवी वर्ग एवं अभी तक की सामाजिक व्यवस्था में परिवर्तन निस्संदेह अनिवार्य है। तब दमित शोषित एवं कई प्रकार के उपेक्षित जैसे लिंग, जाति, धर्म, वर्ग, वर्ण, वंश आदि के आधार पर हाशिए की ओर धकेल जानेवाले सारे के सारे केन्द्र में आ जायेंगे। सबकी सत्ता की स्वीकृति होगी। यह है इस उपन्यास की अहमियत। यहाँ दर्ज जो प्रतिरोधी भाषा है वह है हरित भाषा। वह आज की अधिकांश विषम परिस्थितियों का सामना करने की शक्ति और उम्मीद है।

आदिवासी कविताओं की 'आदिवासियत'

आदिवासी कविताओं में आदिवासी कवि अपनी पहचान और अस्मिता को व्यक्त करते हैं। वे अपना परिचय कई प्रकार से दर्ज करते हैं, यद्यपि उनका निचोड़ एक ही हो। उनकी कविता की सबसे बड़ी विशेषता उनका प्रकृति दर्शन ही है। प्रकृति के साथ उसका सहज सम्बन्ध उनकी पूरी ज़िन्दगी को गठ देता है। उनका चरित्र विपरीत परिस्थितियों में भी विनयशीलता को नहीं भूलता है। क्रोध में भी वे मूल स्वभाव में लौट आते हैं। यह लौटना स्थितियों से पलायन अथवा कायरता नहीं है। हिंसा को टालने की स्वभावगत विनम्रता है, जिसे दूसरे लोग बेवकूफी और भोलापन मान लेते हैं और इस विनयशीलता की सद्बुद्धि महान सभ्यता के समझनेवाले हम जैसे लोगों में कहाँ प्राप्त है और प्राप्त होगी। लेकिन हम जैसे सभ्य उन्हें विकास के नाम पर विस्थापित कर जंगलों से बाहर खदेड़ रहे हैं। उनकी सारी सम्पत्तियों का शोषण कर हम उन्हें उनके अधिकारों से भी वंचित करते हैं। इन विपरीत और विषम परिस्थितियों में भी विनयशीलता वे नहीं भूलते और आनन्द से बहुत देर तक अलग नहीं रह पाते। यही वह अनमोल उपहार है, जिसे प्रकृति ने उन्हें बख्शा है और जिसका सम्मान वे हर हाल में करते हैं। आदिवासियों के इस मूल दर्शन को नहीं जानने के कारण ही तथाकथित सभ्य समाज के बैद्धिक इस "स्वच्छन्दतावाद" की श्रेणी में दर्ज कराने की कोशिश में लगे रहते हैं।

आदिवासी कविताओं का अलग सौन्दर्यशास्त्र है। उन सौन्दर्यशास्त्रीय प्रतिमानों के तहत आदिवासी कविताओं का विवेचन विश्लेषण अनिवार्य है। कुछ विद्वान लोग आदिवासी कविता को ग़ैर-आदिवासी अथवा केन्द्र की कविताओं के प्रतिमानों के आधार पर परखते हैं। यह आदिवासी कविता के प्रति बड़ा अन्याय है। सहजीवी व सहअस्तित्व वाले मूल आदिवासी दर्शन को सामने रखकर प्रतिमानों को तय करना है। वे कविताएँ आक्रोश, आक्रामकता और अपनी कमज़ोरियों को चिह्नित

करने केलिए नहीं हैं। ये कविताएँ अपने मूल दर्शन की चिकित्सा से आदिवासियों का यथोचित उपचार करना है। इसलिए मुख्यत: आदिवासी कविताओं की "आदिवासियत" अथवा उसका सौन्दर्यशास्त्र प्रकृति प्रेम, प्रेमी मन, संगीतात्मकता, श्रम का महत्त्व, अहिंसात्मक और उपचारात्मक परम्परा आदि है। अथवा तेमसुला आओ की कविता "पहाड़ के बच्चे" की निम्नलिखित पंक्तियों में आदिवासियत के सारे प्रतिमान बद्ध हैं–

"पहाड़ के बच्चे
रचने गढ़ने वाले शिल्पकार
उपजाने वाले किसान
शिकारी और कलाकार
गायक और दार्शनिक
उदात्त प्रेमी और अगुआ जंगली
गृह-निर्माता और नगरों के विध्वंसक

... ...

अदेखे अज्ञात आत्माओं के उपासक
पेड़ों और जंगलों के,
पहाड़ों और नदियों के
प्रकृति के विविध रूपों की आत्माओं के विश्वासी।"

निर्मला पुतुल की कविता "उतनी दूर मत ब्याहना बाबा" में आदिवासी लोगों की आदिवासियत पूर्णत: अभिव्यक्त है। लडकी कहाँ उसकी शादी नहीं चाहती है, अर्थात् जिस संस्कृति में वह ब्याह करके जीना चाहती है, इसे खुलकर बोलती है-

"और उसके हाथ में मत देना मेरा हाथ
जिसके हाथों ने कभी कोई पेड़ नहीं लगाए"

और

"मत ब्याहना उस देश में
जहाँ आदमी से ज़्यादा ईश्वर बसते हैं।"

वैसे ही अपनी कलाओं और संस्कृति का महत्त्व वहाँ होना चाहिए। शहर उसे नहीं चाहिए, धन लोलुप लोगों का इनकार करती है। प्रकृति के प्रांगण में जीनेवाले, मानवीयता से संसिक्त सीधे सादे सामूहिक बोध एवं बहुलता की संस्कृति का चयन करती है लड़की।

प्रकृति प्रेम और सहअस्तित्व

प्रकृति और आदिवासी लोग परस्पर पहचानते हैं। आदिवासी अपने को आदिवासी स्वयं कहते नहीं हैं, वे स्वंयसिद्ध हैं। वे बिलकुल प्रकृतस्थ हैं। उनका अस्तित्व प्रकृति से भिन्न नहीं है। यह पहचान युवा कवि अनुज लुगुन की "आदिवासी" कविता में यों ज़ाहिर है–

"और वे जो नंगे पैर
चुपचाप चले जाते हैं जंगली पहाड़ियों में
कभी नहीं कहते कि
हम आदिवासी हैं
वे जानते हैं जंगली जडी-बूटियों से
अपना इलाज करना
वे जानते हैं जन्तुओं की हरकतों से
मौसम का मिजाज समझना
सारे पेड़-पौधे, पर्वत-पहाड़
नदी झरने जानते हैं
कि वे कौन हैं।"

देखिए कविता में कवि यह स्पष्ट करते हैं कि आदिवासियों की सारी ज़रूरतें का निबाह प्रकृति ही करती है। वैसे ही वहाँ के जानवरों की प्रत्येक हरकत का अर्थ वे समझते हैं। पेड़-पौधे, पर्वत-पहाड़, नदी-झरने सब आदिवासी जानते हैं और आदिवासी उनको पहचानते हैं। इससे श्रेष्ठ बहुलतावादी सहिष्णुता का उदाहरण कहाँ मौजूद है।

अनेक कष्टों के बीच में वे आदिवासी स्त्रियाँ उन्मुक्त मन के साथ प्रकृति से प्रेम करती हैं, हँसती हैं। तब उसकी हँसी आसमान तक पहुँचती है। इसका मतलब है कि प्रकृति के ताल-लय और सह-अस्तित्व पर जीनेवाले आनन्द की स्थिति में पहुँचते हैं, कारण स्वार्थ से वे मुक्त हैं। देखिए–

"जूडे से खोसकर पलाश के फूल जब नाचती कतारबद्ध माँदल की
थाप
पर
आ जाता तब असमय वसन्त
वे करती प्रेम जंगलों से, नदियों से, पहाड़ों से

मिट्टी से, गीतों से, फसलों से
उनके नाते-रिश्ते की परिधि में आते
गाय, बकरी, सुअर भी।"

(आदिवासी स्त्री-निर्मला पुतुल)

तेमसुला आओ की कविता "पहाड़ के बच्चे" में आदिवासी बहुलतावादी सहअस्तित्व का बोध हमें उपलब्ध है। वे प्रत्येक जीवजन्तु की भाषा जानते हैं। उन सबके साथ मित्रता में हैं। उन सबसे निर्मित जीव होने के कारण मानवीयता से संसिक्त है। ये जो गुण आज के सभ्य समझनेवाले हम जैसे यन्त्र मनुष्य में नहीं हैं। जैसे–

"पहाड़ के बच्चे
एक बहुभाषी दुनिया
जो जानकार हैं
पक्षियों की भाषा के
और जानते हैं पशुओं का विमर्श
एक ऐसे छात्र
जिन्होंने चींटियों से सीखा है
नक़्क़ाशी की कला"

(पहाड़ के बच्चे -लोकप्रिय आदिवासी कविताएँ - संपादित - वंदना टेटे पृ. 25)

ग्रेस कुजूर की कविता "एक और जनी शिकार" में प्रकृति के नष्ट होने की पीड़ा प्रखरता के साथ विद्यमान है।

"कहाँ है वह फुटकले का गाछ
जहाँ चढती थी मैं साग तोड़ने
और गाती थी तुम्हारे लिए
फगुआ के गीत।
जाने किधर है
कोमल पत्तियों वाला
कोयनार का गाछ
जिसके नीचे तुम
बजाया करते थे

मांदर और बाँसुरी?
कहाँ गई वह सुगन्ध
महुआ और डोरी की
गूलर और केयोंद की
कहाँ खो गया बाँसों का संगीत
और जाने कहाँ जड गई
"संधना की सुगन्ध?"
(लोकप्रिय आदिवासी कविताएँ, पृ. 32 -संपादक - वंदना टेटे)

अनेक प्राकृतिक उपादानों के ज़रिये अपने जीवन को वे बुनते थे और उनसे उनके ताने बाने मज़बूत थे। लेकिन उसमें शिथिलता आने की सूचना इस लम्बी कविता में अन्यत्र भरी पड़ी है। इस कविता में प्रकृति के ताललय से निर्मित आदिवासी जीवन का सन्तुलित स्वभाव एवं सादगी का सौन्दर्य कहीं कहीं बिखेर जा रहा है। इसकी वजह यह है कि आदिवासी संस्कृति की प्रतिसंस्कृति यहाँ बलवती होने जा रही है। उसके उपचार के लिए तैयार कोई नहीं हैं।

वे अपनी सामूहिक जीवन प्रणली में जीते रहे हैं–समाज और समूह में रहते रहे हैं। सभ्य जनता द्वारा दी गयी कठिन ज़िन्दगी को अपने गीतों, नृत्यों से भुलाते रहे हैं। हमने उन्हें सभ्यता से दूर ठेला विस्थापित किया। उन्होंने बाँसूरी और नगाडे के माध्यम से अपना संवाद ज़ारी रखा। अब यह संवाद नाद बनकर फूट पड़ा है। अब देश और कबीलों के दायरे लाँघकर वे अपने समूचे समाज को रोशन करने केलिए संकल्पबद्ध हो गए हैं। भाषाओं ने क़लम थाम ली है। वे लिखने लगे हैं। वे अपनी अस्मिता को नष्ट करने नहीं देते। वे प्रकृति के संग-संग पैदा हुए, उसके साथ पले-बढे आदि मनुष्य हैं। वे प्रकृति को बचाए रखने में, उसके साथ सहयोग एवं सहभागिता से जीने में विश्वास रखते हैं। सुनिए महादेव टोप्पो के शब्द–

"अब यदि छिडेगा कोई महायुद्ध
मैं धन-दौलत कुछ नहीं बचाऊँगा
बचाऊँगा अपना और पुरखों का
जंगलीपन
क्योंकि तब मनुष्य का
सम्पूर्ण अस्तित्व हो जाएगा ख़त्म
तो यही आदिवासीपन ही

जंगलीपन ही
बचाएगा
बचायेगा
सिरजेगा
चैथे महायुद्ध के बाद जन्मे मनुष्य को।"

वे प्रकृति पर क़ब्ज़ा नहीं करना चाहते, उस पर अपना वर्चस्व नहीं स्थापित करना चाहते, वे साथ-साथ जीने में विश्वास करते हैं, विनाश में नहीं। वे प्रकृति से ज़रूरत भर लेते हैं और उसे उतना वापस भी देते हैं। अब वे लिख रहे हैं हमारे द्वारा थोपे गए विस्थापन के विरुद्ध। अब वे अस्मिता को मिटने नहीं देंगे। आदिवासियत को बचाकर रखना हम सबको बचाकर रखने में ज़रूरी है। इसलिए अपनी भाषा में अर्थात् अपनी आदिवासी भाषा में बोलना लिखना चाहते हैं आदिवासी । उनकी भाषा में मायावी दुनिया का भ्रम नहीं है। वह सहज तथा सबके लिए उपहार जन्य है।

विकास के नाम पर बरतती हुई नीतियों के कारण आदिवासी लोग केवल अपनी ज़मीनों, जंगलों, संसाधनों और गाँवों से ही बेदखल नहीं हुए, बल्कि अपने मूल्यों, नैतिक अवधारणाओं, जीवन-शैलियों, भाषाओं एवं संस्कृति से भी विस्थापित होने लगे। आज भूमण्डलीकरण की प्रक्रिया से यह विस्थापन तेज रफ्तार से हो रहा है। इस विस्थापन में सरकारी हस्तक्षेपों के साथ मुख्यधारा के समाज द्वारा उनके संसाधनों पर क़ब्ज़ा करके उन्हें बेदखल कर दिया जा रहा है। ऊर्जा खनिज, भारी उद्योग, सिंचाई जैसे क्षेत्रों में भी बड़ी मात्रा में विकास हुआ। हज़ारों लोग विस्थापित हुए। विस्थापन का सिलसिला चल रहा है। इसकी पहचान आदिवासी कविता में है। लेकिन यह प्रतिरोध भी प्रकृति की सहज एवं ऊष्मल भाषा में अनुज लुगुन यों करते हैं–

"हमारे जंगल में लोहे के फूल खिले हैं
बॉक्साइट के गुलदस्ते सजे हैं
अभ्रक और कोयला तो
...थोक और खुदरा दोनों भावों से मण्डियों में रोज़ सजाए जाते है
यहाँ बड़े-बड़े बाँध भी
फूल की तरह खिलते हैं
इन्हें बेचने केलिए सैनिकों के स्कूल खुले हैं।

यहाँ देखिए यान्त्रिक युग के सारे विकास दिखाई देते हैं। लेकिन इन्हें भी प्रकृति के उपमानों से अभिव्यक्ति देने की क्षमता आदिवासी कवियों की उपचार प्रक्रिया का निदान है। उदाहरण के तौर पर "लोहे के फूल", बॉस्काइट के गुलदस्ते, "बड़े-बड़े बाँध भी फूल की तरह खिलते हैं"। यहाँ सचमुच हरितभाषा से दूर जाना कवि नहीं चाहते हैं।

विस्थापित होते आदिवासी अपने प्रति ही नहीं सम्पूर्ण चराचरों के चूरचूर कर समाप्त होने के प्रति सजग हैं। कवि अशोक सिंह की कविता "सन्ताल परगना का दुःख" की निम्न लिखित पंक्तियाँ देखिए -

"सन्ताल परगना दुखी है
कि यहीं के जंगल उडते जा रहे हैं
ग़ायब होते जा रहे हैं यहाँ के पहाड़
ग़ायब होती जा रही हैं यहाँ की पहाड़ी लड़कियाँ
... ...
निरन्तर कम पड़ते जा रहे हैं उसके खेत
बिलाते जा रहे हैं नदी तालाब जारिया
धीरे-धीरे न जाने कहाँ?
यहाँ तक कि जंगल तो जंगल
गाय, बैल, बकरी, सुअर जैसे पालतू जानवर भी
घटते जा रहे हैं लगातार... "

(समकालीन आदिवासी कविता, पृ. 67)

आदिवासी जानते हैं कि सम्पूर्ण औद्योगीकरण बड़े बाँध, कृषि की आधुनिक तकनीक, रासायनिक खादों के प्रयोगों के दूरगामी परिणाम हितकर नहीं हो सकते। दरअसल आदिवासी दूरगामी परिणामों को समझते हैं। कुछ लोग उन्हें परम्परावादी कहकर हाशियेकृत करते हैं, यह ठीक नहीं। वे अपनी परम्पराओं, जीवन शैली और जीवन केलिए आर्थिक संसाधनों और उसके नियन्त्रित उपभोग की महत्ता समझते हैं। वे नैतिक मूल्यों के सौन्दर्य को छोड़ना नहीं चाहते। वे मनुष्य और प्रकृति के सन्तुलन को समझते हैं, इसीलिए ऐसा नहीं चाहते कि एकतरफा विकास की अवधारणा को स्वीकार कर प्रकृति का सन्तुलन बिगाड़ दें। इसलिए वे पृथ्वी, वृक्ष, नदी का दुःख सुनते हैं। निर्मला पुतुल की निम्नलिखित कविता सुनिए–

"कुल्हाडियों के वार सहते
किसी पेड़ की हिलती टहनियों में
दिखाई पड़े हैं तुम्हें
बचाव केलिए पुकारते हज़ारों-हज़ार हाथ?

... ...

सुना है कभी
रात के सन्नाटे में
अँधेरे में मुँह ढ़ाँप
किस कदर रोती हैं नदियाँ

... ...

भाग-दौड की ज़िन्दगी से
थोड़ा-सा वक्त चुराकर
बातियाते हैं कभी
कभी शिकायत न करनेवाली
गुमसुम बूढ़ी पृथ्वी से उसका दुख?"

प्रेम और मैत्री

आदिवासी कवि अपने प्रेम और मैत्रीभाव भी प्रकृति की सहज भाषा अर्थात हरित भाषा में करते हैं। महुआ उसे ऊर्जा और आनन्द दोनों प्रदान करता है। वह जीने केलिए उसका भोजन, तेल का स्रोत और झूमने केलिए मदिरा भी है। "महुवाई गन्ध" शीर्षक कविता में कवि अनुज लुगुन यह साबित करते हैं कि सारे आदिवासी मज़दूर एवं कामगरों के प्रेम-सन्देश में प्रत्येक की पत्नी महुवाई पत्नी है। उनके प्रेम में महुवाई गन्ध है। वह गन्ध आदिवासी गाँव की गन्ध है। आदिवासी जीवन की गन्ध है। आदिवासी जीवन से यह गन्ध इतनी मिलीजुली है कि वे उससे अलग कभी नहीं हो सकते–

"तुम्हारे बालों की महवाई गन्ध
मुझे ले आती है
अपने गाँव में, और
शहर की धूल-गर्दों के बीच

मेरे बदन से पसीने का टपटपाना
तुम्हें ले जाता है
महुए की छाँव में
ओ मेरी सुरमई पत्नी।"

"तिरिरिर बाँसुरी के स्वर में" शीर्षक कविता में दुलाय चन्द्र मुंडा प्रियतम को ढूँढ़नेवाली प्रियतमा का सुन्दर चित्र पेश करते हैं। यहाँ प्रियतमा प्रकृति के नाना उपदानों या उपकरणों पर, जैसे नदी, कास के फूल, गाय, बैलों में रात-दिन ढूँढ़ती भटकती है। वह भी नहीं तिरिरिरि बाँसुरी के नाद में भी। देखिए प्रकृति और बाँसुरी के नाद का जो मेलजोल हुआ है उसमें श्रृंगार भाव उद्दीप्त हो जाता है-

"नदी के इस पार और उस पार
कास के उजले-उजले फूल हैं।
पर, मैं तुमको नहीं देखती हूँ,
तिरिरिर बाँसुरी के स्वर में
मैं तुमको नहीं सुनती हूँ।
गाय, बैल समझकर
कास के फूलों में गा गई
मैं तुमको नहीं देखती हूँ,
तिरिरिर बाँसुरी के स्वर में
मैं तुमको नहीं सुनती हूँ।"

प्रियतम को देखना और सुनना दोनों कार्य इस कविता में अभिव्यक्त हैं। दुलाय चंद मुंडा की कविता "पहले की अवस्था नहीं आयेगी" में प्रियतमा के "अंग-प्रत्यंगों" का वर्णन प्रकृति के उपमानों के ज़रिये कर रहा है प्रियतम :–

"हे कुसुम कोंपल प्रिये।
क्या तुमको कोई चिन्ता नहीं है?
है जामुन कोंपन प्रिये!
क्या तुमको कोई अफसोस नहीं है?"

हर कवि अपने प्रदेश से प्यार करता है, मनुष्य से प्यार करता है, दुनिया से प्यार करता है, आदिवासी कवि जिस इलाके का है उसका विस्तृत ब्यौरा देता है। केवल वर्णन करना नहीं है उसका लक्ष्य, उसके द्वारा वहाँ के विस्तृत जीवन-फलक

को बख़ूबी दुनिया के सामने वह लाकर खड़ा करता है। कुछ कवि झारखण्ड के बारे में बोलते हैं तो कुछ कवि मारवाड के बारे में। यह वैश्विक दृष्टि का पेशकश है। कवि महादेव टोपो की कविता "कविता को झारखण्ड घुमाना चाहता हूँ" कि कुछ पंक्तियाँ देखिए–

"तुम्हारी कविता
टहलती है गंगा या यमुना किनारे
करती है सैर मगध, इलाहाबाद, दिल्ली
बनारस, भोपाल, जयपुर
भोजपुर, अवध, ब्रज, मालवा
आती नहीं कभी
कँटीली झाडियों से भरे
झारखण्ड के पहाड़ों पर।"

यहाँ कवि कहते हैं कि मुख्यधारा के जो कवि हैं वे केन्द्रीय स्वभाव के हैं, आदिवासी जीवन पर प्रकाश डालते नहीं। लेकिन आदिवासियों की कविता प्रत्येक किनारे की कविता है, वह है सचमुच वैश्विक दृष्टि की।

आदिवासी जीवन के सबसे महत्त्वपूर्ण मूल्य के रूप में प्यार और मैत्री को मानते हैं। मीरा रामनिवास अपनी कविता "जीवन का परम सत्य" में–

"प्यार और मैत्री जीवन के
चरम सत्य हैं
प्रकृति के हर सृजन से ये
सत्य उद्घोषित होता है।"

(आदिवासी स्वर और नयी शताब्दी - संपादक-रमणिका गुप्ता)

आदिवासी कवि आदिवासी लडकी के सौन्दर्य से भी आकृष्ट है। हरिराम मीणा अपनी "आदिवासी लड़की" शीर्षक कविता में आदिवासी लड़की के माँसल सौन्दर्य के साथ उसके पसीने की बू को खींचना भूलते नहीं है। कवि बिलकुल उसके सौन्दर्य के चितेरे हैं-

"गोल-गोल गाल
उन्नत उरोज गहरी नाभि
पुष्ट जंघाएँ /मदमाता यौवन"

कवि का मानना है कि बन्द कमरे की कृत्रिम रोशनी से परे बाहर फैली कडी धूप में बैठकर कविता करने पर लडकी की दूसरी छवि कविता में प्रकट हो जाएँगी। तात्पर्य यह है कि श्रम एवं कष्ट को जाननेवाले कवि ही श्रम का सौन्दर्य अंकित कर सकते हैं।

संगीत, कला आदि के सिद्धहस्त

आदिवासी के जीवन में संगीत और कलाओं की महत्त्वपूर्ण भूमिका है। सदियों से लय-ताल से समृद्ध सुरों के धनी और पूर्ण मानवतावादी असमाज होते थे आदिवासी समाज। लेकिन वे अक्षरों से दूर थे। इनके अनाम गीतकारों, कवियों, लोकगीतकारों में इनकी संस्कृति का इतिहास निहित है, पर वे सब श्रुति पर आधारित हैं। आदिवासी की गति में नृत्य है, वाणी में गीत है। जब वह चलता है तो थिरकता है और बोलता है तो गीत के स्वर फूटते हैं। उनका मानस सौन्दर्य पर रीझता है। रंगों को चुनकर घर की दीवारों के फलक़ पर उनकी अँगुलियाँ चित्रों को आँकती हैं। उनका मन धरती के कैनवास पर लकीरें खींचकर आकार बनाता है और भरता है। उनमें मिट्टी के रंग-हरे, बैंगनी, पीले, नीले, काले, यानी सातों रंग हैं। कला का व्यापार उसे आता नहीं। कला उसकी आदत है। गीतों को वह बेचता नहीं, तोड़-मरोड़कर बिगाड़ता भी नहीं। वह उनसे समृद्ध है। निर्मला पुतुल की ये पंक्तियाँ देखिए–

"इसमें, गीत है
गीतों में हम
हम सबका जीवन बँधा है
गीतों से
सुबह घर-बाहर खेतों में काम करने से लेकर
रात सोने तक में हम
ओढ़ते-बिछाते हैं गीत
गीत झरता है हमारी बोली से
वाणी से फूटता है संगीत
छलकता है चाल से हमारा नृत्य
आओ मिलकर गायें गीत
बाँटें उन्मुक्त कंठ से इसे
खोप में खोंसकर पलाश के फूल
नाचें माँदल की थाप पर कतारबद्ध
एक-दूसरे का हाथ पकड़।

(फिलम्मी धुन पर तोड़-मरोडकर अपने गीतों को गाते सुनकर-अपने घर की तलाश में, पृ. 76)

नृत्य का वह प्रदर्शन नहीं करता है, उससे वह अनुशासित है। साथियों के संग वह सब बाँट देता है। वह व्यक्ति नहीं समूह है। उस समूह का अपना एक व्यक्तित्व है। उसकी माँदल और नगाड़ों में बादलों की गम्भीरता गूँजती है। उसकी बाँसुरी से समस्त पक्षियों की पीड़ा और अनन्द का स्वर घनीभूत होकर निकलता है तो प्रकृति, मानव-मन और पशु-पक्षी बेचैन हो उठते हैं।

महादेव टोप्पो की कविता "रूपान्तरण" में वे कहना चाहते हैं कि आदिवासी की कलायें सभ्य समाज केलिए बहुत प्रिय हैं। छब्बीस जनवरी को राजधानी के मार्गों में उनका नाच देखकर हम भावविभोर हो जाते हैं और उन्हें भले लोग कहते हैं। लेकिन जब वे अपने अधिकारों की बात करते हैं तो उग्रवादी या क्रान्तिकारी बनते हैं। कवि यों लिखते हैं–

"जब तक थे वे
जंगलों में
मांदर बजाते, बाँसुरी बजाते
करते जानवरों का शिकार
अधनंगे शरीर
वे बहुत भले थे
तब तक उनसे अच्छा था नहीं दूसरा कोई
नज़रों में तुम्हारी
छब्बीस जनवरी को राजधानी के मार्गों में नाचने तक
लगते थे वे तुम्हें बहुत भोले-भाले
परन्तु अब वे नज़रों में तुम्हारी हो गए हैं बुरे
उग्रवादी, आतंकवादी, दिग्भ्रमित, बुद्धिहीन
और न जाने क्या-क्या!"

(लोकप्रिय आदिवासी कविताएँ-सं. वंदना टेटे-पृ. 96)

निर्मला पुतुल की कविता उतनी दूर मत ब्याहना बाबा" में लड़की अपनी संस्कृति के बीच के लोग विशेषकर संगीत, नृत्य में रुचि रखनेवालों का घर पसन्द करती है–

"चुनना घर ऐसा
जो बजाता हो बाँसुरी सुरीली
और ढोल-मांदल बजाने में पारंगत"

आदिवासी लोकसंस्कृति के धनी हैं। यह लोक संस्कृति लोकगीत एवं लोक परम्परा से जन्म लेती है। इसके माध्यम से वे मन की कोमल भावनाओं को अभिव्यक्ति देते हैं। इन भावों के माधुर्य से पुरुष अपनी थकान को भूल जाते हैं, बूढे स्वयं यौवन महसूस करते हैं, युवा अपने प्रेम की अभिव्यक्ति करते हैं, किसान अपने हल जोतते हैं, युवतियाँ अपने कोमल भावों को प्रस्तुत करती हैं। आदिवासियों की लोक भाषा, उसकी शब्द-सम्पत्ति, गीत-नृत्य और अन्य कलाकृतियाँ उनकी संस्कृति के आकर्षक एवं मनोरंजक अंश हैं। इसी वैभव से वे दूसरों की नज़रों में तुरंत आ जाते हैं- आदिवासी समाज का सुख-दुःख, क्रोध, निराशा, भाव-भावना, जीवन शैली आदि सभी वे अपनी भाषा के द्वारा ही व्यक्त करना चाहते हैं। शादी-ब्याह और उत्सव के समय गाए जानेवाले गीत, काम करते समय गाये जानेवाले गीत, देवी देवताओं के सामने रात भर चलनेवाला कथा-कथन नृत्य-नाटक जिसमें मनोरंजन का उद्‌देश्य भी है।" (सं. रमणिका गुप्ता-आदिवासी साहित्य यात्रा-पृ. 35) ये उनके जीवन के अभिन्न अंग हैं। ये उन्हें पीढियों से मिले हैं। इनके माध्यम से वे अपने जीवन के रंग को और सांस्कृतिक जीवन को व्यक्त करते हैं। पूरे गाँव के लोग मिलकर धूमधाम से नृत्य करते हैं एवं गीत गाते हैं। सरिता बड़ाइक की "रोपनी" शीर्षक कविता की पंक्तियाँ यों हैं–

"गा रहा सारा गाँव
दो होठों के बीच सुरीली "सरिता" का बहाव
कितना कर्णप्रिय
गूर से आती हुई माँदर की आवाज़।"

(सरिता बड़ाइक- रोपनी - पृ. 75)

आज इस प्रकार से विस्थापित होते आदिवासी जब स्वयं अपनी भाषा, अपनी कविता, अपने संगीत और संगीतोपकरणों के माध्यम से प्रतिरोध प्रस्तुत करते हैं। उस प्रतिरोध केलिए भी अपनी संस्कृति को छोड़ते नहीं हैं वे-

"उनकी आकांक्षा को
महुए की बोतल में
डुबोने की है साजिश

इस जंगल का कवि
रहेगा भला कैसे चुप?
वह धनुष उठायेगा
प्रत्यंया पर क़लम चढायेगा
साथ में बाँसुरी और माँदल भी
ज़रूर उठायेगा
जंगल के हरेपन को
बचाने की ख़ातिर
जंगल का कवि
माँदल बजायेगा
बाँसुरी बजायेग
चढाकर प्रत्यंचा पर क़लम।"

(जंगल का कवि-महादेव टोप्पो-आदिवासी स्वर और नयी शताब्दी, पृ.47)

श्रम का महत्त्व और अभाव

आदिवासी लोग किसानी से जीवन बितनेवाले हैं। वे प्रकृति से अपने जीवन गुज़ारने केलिए आवश्यक फल-मूल, लकड़ी, शहद आदि लेते हैं और उनको जीने केलिए अथक प्रयत्न करना पडता है। आज उनके जीवन में अभाव एवं ग़रीबी थे। इन सबका खुरदरा यथार्थ उनकी कविताओं की और एक बड़ी विशेषता है। अनुज लुगुन लिखते हैं–

"हमारे सपनों में रहा है
एक जोडी बैल से हल जोतते हुए
खेतों के सम्मान को बनाए रखना।"

(हमारी अर्थी शाही हो नहीं सकती–अनुज लुगुन)

लेकिन कवि अशोक सिंह कहते हैं, उनकी खेती ही नहीं, सारा संसाधन नष्ट होता जा रहा है। तब बाह्य सभ्य जनता के हस्तक्षेप से जंगल का कृशकाय रूप उभर आने लगा। तब आदिवासी जीवन कष्टतर होता जाता है। "आर" कविता में वाहरु सोनवणे ने उनके जीवन का दारुण मर्मस्पर्शी स्वरूप प्रकट किया है–

"जाडे की ठिठुरती ठंड
दादा, हमें क्या लगेगी ठंड?

हम ग़रीब लोग
पेट की आग ही इतनी है
कि ठंड लगती ही नहीं
दादा! मेरी बस्ती आरों पर खड़ी है"

(सं. वेदना टेटे - लोकप्रिय आदिवासी कविताएं - पृ. 49)

पुरुष से ज़्यादा कठोर परिस्थितियों से गुज़रना पड़ता है स्त्रियों को। वे कड़ी मेहनत करती हैं। घर के काम के साथ घर-परिवर को पोसने का दायित्व भी उनके ऊपर है। नशे में घुत होकर लडखड़ाते मर्दों को सहारा देने के साथ-साथ उन्हें उनके जानवरीय व्यवहार का शिकार भी बनना पड़ता है। एक पहाड़ी स्त्री का चित्र निर्मला पुतुल यों खींचती हैं–

"चादर में बच्चे को
पीठ पर लटकाये
धान रोपती पहाड़ी स्त्री
रोप रही है अपना पहाड़-सा दुख
सुख की एक लहलहाती फसल केलिए।"

(पहाड़ी स्त्री-अपने घर की तलाश में - निर्मला पुतुल - 29)

हरिराम मीणा की "भीलणी" शीर्षक कविता में श्रम की देवी भीलणी का श्रमपूर्ण जीवन को बहुत संजीदगी से वर्णित है–

"कहीं छिप गई
इस रोटी की ही तलाश में
जंगल की सूखी लकडी में
दिन-भर फिरती
वह अभागिनी
श्रम की जननी
वह तपस्विनी।
साँझ ढले
बाज़ार फिरे
ले लकडी गठरी
गन्ध खोजती रोटी की सी

मिली अन्त में उसे कमाई
पर थोडी सी
वह थोड़ा सा
श्रम का प्रतिफल
घर का संबल
कैसे करता तृप्त
निर्धना का मरु-जीव?"

जनार्दन गोंड की कविता "पत्थर और इनसान" में कवि कहते हैं कि आदिवासी जीवन श्रम एवं प्रेम का समवेत स्वर है । उनके सारे के सारे कार्यकलापों में इन दोनों का सही समावेश दृष्टिगत है :–

"मिलकर
पत्थर और इनसान
बनाया एक गीत
प्रेम और श्रम का
पहाड़ों ने दी आवाज़
और
कोरस दिया कंकडों ने
फावडे, कुदाली, छेनी, हथौडे
गैंते और धन ने दिए साज।"

(सं. वंदना टेटे-पत्थर और इनसान, पृ. 207)

"मारवाड" शीर्षक कविता में हरिरम मीणा मारवाड के आदिवासियों के कष्टपूर्ण जीवन की गहनता और उसका सामना करने के अथक प्रयत्न पर प्रकाश डालते हैं। मरुभूमि की प्रखरता और सूरज की तपती किरणों की जलन सहते हुए लोग कितने कडी मेहनत करते हैं जीने के लिए।

"जीना दूभर-
फिर भी जीवन में जीवट है
श्रम-संबल जिजीविषा बनता
इस कारण भू बीरान नहीं
चाहे अनगिनत अभाव सही

फिर भी जीते हैं लोग यहाँ
लम्बे-लम्बे कद-काठी के
वन-जीव, वनस्पति दिखते हैं
ज्यों तप: पूत इस माटी के"

(सं. वंदना टेटे - लोकप्रिय आदिवासी कविताएँ - पृ. 723)

यह श्रमपूर्वक जीवन की अभिव्यक्ति आदिवासी कविता को और भी सच्चाई के निकष में कस देती है।

पूर्वजों की स्मृतियाँ

आदिवासी कविता में अपने पूर्वजों की परम्परा, उनका लोकगीत, लोककथाएँ, लोक संस्कृति, भाषा आदि का स्मरण और उसके प्रति अनन्य आदर प्रकट है। वे इन पूर्वजों की स्मृतियाँ जगाकर अपनी अस्मिता को बनाए रखने की बात करते हैं। अधिकाँश कवियों की कविता में उनके विद्रोह "उलगुलान" को प्रयुक्त कर क्रान्ति का अह्वान दिया जा रहा है। बिरसा मुण्डा शोषितों की मुक्ति केलिए अंग्रेज़ों के ख़िलाफ़ लडे क्रान्तिसूर्य थे। अंग्रेज़ियत को हिलाने में उनकी क्रान्ति सहायक हुई। उन्होंने आदिवासियों के बीच के अनेक प्रकार के अंधविश्वासों को मिटाकर उन्हें शिक्षा देने का महत्त्वपूर्ण श्रम किया। बिरसा ने धर्म को सामाजिक सुधार का माध्यम बनाया। उन्होंने दिक्कू, ठेकेदार और शोषक व्यापारियों से संथाल परगना को मुक्त कर वहाँ एक अलग मुंडा या आदिवसी राज्य की स्थापना करने को चाहा। उनपर भगवान ग्वहाडे ने यों लखा–

"लडे थे कभी क्रान्तिसूर्य बिरसा मुंडा
जल ज़मीन और जंगल की ख़ातिर
थी लडाई अंग्रेज़ी के ख़िलाफ़
"उलगुलान" था उनका नारा और शंखनाद
हिल गयी थी साम्राज्य की दीवारें।"

(भगवान ग्वहाडे-आदिवासी मोर्चा - पृ. 7)

कवयित्री सरिता बड़ाइक के अनुसार प्रकृति की धनी और प्यार-प्रेम से सनी इस भूमि का नाथ है बिरसा। यह बिरसा, सिनगी, झानो, फूलो जैसे उलगुलान में लडते लडते मरी वीरांगनाओं की भी भूमि है–

"यह धरती
बिरसा आबा की भूमि
वीरों और वीरों की जननी
"सिनगी", "झानो", "फूलो" की माँ।"

(सरिता बड़ाइक-नन्हे सपनों का सुख - पृ. 79)

बिरसा मुण्डा के अलावा रमना अलहाडी, तिलका मांझी, सिन्धो-कानू, तांतया भीत, गोविन्द गुरु, रूपतियानी, तिरोजसिंह आदि ने भी अंग्रेज़ों से टक्कर ली, लेकिन उनके विद्रोह अपने प्रदेशों तक सीमित रहे।

स्मृतियाँ जब डेरा डालती हैं तो आज के विस्थापन की पीड़ा अनुभव करनेवाला आदिवासी कवि इसे उतारे बिना कैसे रह सकते। महादेव टोपो की ये पंक्तियाँ देखिए–

"सिर्फ़ अपने खेत खलिहान मकान
ही नहीं खोये हैं हमने
खोयी है सैकडों वर्षों से आर्जित
पुरखों के गाढे पसीने की कमाई
अपनी भाषा, संस्कृति और इतिहास।"

(आदिवासी स्वर और नयी शताब्दी - पृ. 50)

पुरखों द्वारा प्रदत्त भाषा, संस्कृति और इतिहास को इज्जत के साथ सुरक्षित रखने की तीव्र इच्छा सारे के सारे कवियों में बुलन्द है, क्योंकि वह है आदिवासियों की पिटारी। कवयित्री निर्मला पुतुल आदिवासियों से चेतावनी के स्वर में कहती हैं–

"पुरखों के सपने रौंदते उन
झक-झक सफेद
कुरतोंवालों के पीछे
मत दौडो मेरे भाई। उन्हें पहचानो"

(एक खुला पत्र अपने झारखण्डी भाइयों के नाम -अपने घर की तलाश में, पृ. 61)

इसलिये नष्ट होती आदिवासियत को बचाने केलिए कवयित्री निर्मला पुतुल एक बड़ा परिवर्तन लाने के प्रयत्न में हैं–

"मैं चाहती हूँ
मेरे शब्दों की ज़मीन से
उगे कई-कई बिरसा मुण्डा।"

आदिवासी कविता का शिल्प सौन्दर्य

आदिवासी कवियों में अधिकाँशों ने अपनी भाषाओं में गीतों को रचा। यह गीतात्मकता उनके जीवन की गति और आत्मा की चारुता है। उज्ज्वला ज्योति तिग्गा का गीत है "अँधेरों का गीत"। वह छोटा गीत आदिवासी जीवन के लय-ताल का है।

"मूक बाँसुरी गाती है
मन-ही-मन
अँधेरों के गीत
मूक बाँसुरी में बसता है
सोई हुई उम्मीदों
और खोए हुए सपनों का
भूतहा संगीत।"

दलाय चन्द्र मंडा, जिन्होंने गीत ही रचा है, वे गाते हैं -

"कौन-सा रास्ता लिया?
नहीं दिखते तुम्हारे क़दमों के निशान तक
मैं कहाँ खोजूँगी?
तिरिरिरि बाँसुरी के स्वर में
मैं तुमको नहीं सुनती हूँ।"

आदिवासी कवि लम्बी कविता भी आज करते हैं। जिस प्रकार मुक्तिबोध अपनी अनुभूतियों को पूर्णत: अभिव्यक्ति देने केलिए और अनुभूति की प्रामाणिकता को लाने केलिए लम्बी कविता को प्रतिमान के रूप में चुनते हैं, वैसे ही समकालीन आदिवासी कवि भी इस रास्ते से होकर चलते हैं। फिर भी वे सच को आक्रोशी स्वर में नहीं बल्कि आदिवासी की शालीनता को छोड़े बग़ैर प्रस्तुत करते हैं। अनुज लुगुन, हरिराम मीणा, निर्मला पुतुल, महादेव टोपो जैसे कई कवियों ने लम्बी कवितायें रचीं। इन कवितओं में भी परम्परागत गीतों की रचना भी कहीं कहीं प्राप्त है।

रामदयाल मुंडा परम्परागत गीतकार हैं। उन्होंने कई लम्बी कविताएँ लिखी हैं। उनकी "पुनर्मिलन" जैसी लम्बी कविता में हनुमान-राम संवाद के ज़रिये "रामराज्य" सम्बन्धी संकल्पना पर परिहासजनक संवेदना प्रस्तुत की गई है। इसप्रकार मिथकों का भी इस्तेमाल उन्होंने किया था। आदिवासी कवि लोक कथा, लोकोक्ति आदि का भी प्रयोग करते हैं कविता में। कारण उनका लोकसाहित्य समृद्ध एवं विपुल

है। लोकभाषा, उसकी शब्द सम्पत्ति और अर्थ-वैभव आदिवासी कविता के शक्ति-स्रोत हैं। निर्मला पुतुल ने कई लोक चिह्नों को अपनी कविता में प्रयुक्त किये हैं जैसे पिलचू बूढ़ी माझी-थान, सन्ताल परगना में प्रसिद्ध जनजातीय हिजला मेले में घडा-उतार, सजॉनी किस्कु, बाहामुनी आदि। जैसे ही कवयित्री ग्रेज़ कुजूर सहूल के फूल, पियार और पिठोर जैसे फल, खुखड़ी और रुगडा जैसे मशरूम, हाँडी जैसा कुआँ, डोभा, खेतों में बिचरते बगुले, गीतू और बुदु मछलियाँ, ढोंढ जैसे साँप आदि आदिवासी जीवन एवं रहन-सहन से जुडी कई चीज़ों एवं जीव-जन्तुओं पर प्रकाश डालती हैं।

संक्षेपत: कहा जा सकता है कि आदिवासी कविता की "आदिवासियत" उसकी संस्कृति एवं अस्मिता द्योतक चिह्न हैं। वे चिह्न प्रकृति, प्रकृति की ऊष्मलता, सामूहिकता, विश्वबन्धुत्व, सादगीपूर्ण ज़िन्दगी, प्रेम, मैत्री, बहुलता, पुरखों की परम्परा, संगीत एवं नृत्य से भूषित मनोरंजन, खेती, आदिवासी भाषायें आदि का समवेत स्वर है। वह स्वर हम जैसे सभ्य समझनेवालों को आज के ज़माने में संवेदनशील मनुष्य बनने में ज़रूरी है। दूसरे शब्दों में कहा जाए तो आदिवासियों की "आदिवासियत" हरित भाषा का रचनात्मक कौशल है। अथवा आदिवासी कविता की संरचना विश्वदृष्टि का परिचायक है, जो आज की मांग है।

'आवां' में गांधी है या मार्क्स?

एक सच्चे लोकतन्त्र में न तो किसी तरह की सामाजिक ग़ैरबराबरी की जगह हो सकती है और न ही किसी तरह की आर्थिक असुरक्षा की। इन दोनों कसौटियों पर परखें तो अभी हम एक पिछड़े हुए लोकतन्त्र में जी रहे हैं। भारतीय लोकतन्त्र को नियन्त्रित करनेवाली समकालीन राजनीति में जिस तरह के नेतृत्व का बोलबाला बढ़ता जा रहा है, ऐसे में यह सवाल उठना स्वाभाविक है कि सवा सौ करोड़ की आबादीवाले इस देश में पंचायत से लेकर संसद तक का नेतृत्व जिनकी मुट्ठी में है, वे किस वर्ग के हैं और वे सही अर्थों में किनका प्रतिनिधित्व करते हैं? देश के 70 प्रतिशत लोग जो 20 रुपये रोज़ाना पर गुज़रने के लिए विवश हैं, क्या यह नेतृत्व उनकी भूख, उनकी शिक्षा, उनके स्वस्थ्य और उनके घर केलिए सारोकारी है? इनकी राजनीति में किसानों के संघर्ष और पीड़ा केलिए कितनी जगह है? भारत अब भी कृषि प्रधान-देश है, लेकिन संसद में किसानों को कितने प्रतिनिधियाँ हैं? सबसे अधिक आत्महत्यायें किसानों की क्यों होती हैं? अब इस देश में चुनाव संस्कृति पनपी है, उसमें शायद ही कोई किसान विधायक या संसद बनने का सपना देखता हो। इस देश की अधिकांश आबादी मतदाता बनकर रह सकती है या उपभोक्ता बनकर। इससे ऊपर उसकी कोई हैसियत ही नहीं है।

एक समय था जब राजनीतिक और सामाजिक क्षेत्र में नेतृत्व स्वाभाविक तौर पर उभरता था और उसे स्वाभाविक स्वीकृति भी मिल जाती थी। समाज ईमानदारी से अपना नेता चुन लेता था और नेताओं में भी वे गुण होते थे जो होने चाहिए थे। तब के नेताओं को अपेक्षाकृत निष्ठा, नैतिकता और सामाजिक मूल्यों की परवाह रहती थी और उनके गम्भीर सामाजिक सरोकार होते थे। लेकिन आज की भ्रष्ट राजनीति एवं स्वार्थ जनसेवा के सिलसिले में गांधी और मार्क्स की स्मृति आना स्वाभाविक है। सच्ची रचनाएँ विस्मृति के ख़िलाफ़ स्मृति का प्रतिरोध है। चित्रा मुद्‌गल का उपन्यास आवां इसी दृष्टि से विचारणीय है।

गांधी-दर्शन के मुख्य तत्व सत्य और अहिंसा हैं। इनकी व्यापकता इतना अधिक है कि वह हर जगह मुमकिन है, धरती के हर कोने में। गांधीजी के अनुसार हिंसा की तुलना में अहिंसा का दर्शन नया है। अहिंसा का विचार समाज में मौजूद रहा है। इसकी जड़ें गहरी धँसी हैं। लेकिन जैसे जीवन-जगत के हर क्षेत्र में राज-काज से समाज-काज तक गांधीजी प्रयोग कर रहे थे, उस तरह बड़े पैमाने पर उसके प्रयोग की मिसाल न के बराबर रही है। इसीलिए गांधीजी अहिंसा को लेकर लगातार प्रयोग पर बल दे रहे थे। अहिंसा के क्षेत्र में नये-नये शोध करने केलिए विशारदों से अपील भी कर रहे थे। "सत्य" में ईश्वर तक का दर्शन करनेवाले हैं गांधीजी। उनका दृढ़ विश्वास था सत्य पर सत्य और अहिंसा को लेकर प्रतिरोध के नए तरकों की खोज करते हुए गांधीजी "सत्याग्रह" तक पहुँचे थे। इस में विसम्मति प्रगट करने से लेकर विरोध में सड़क पर उतरना भी शामिल था। अहिंसा पर आधारित यह संघर्ष गांधी के मुताबिक वीरों का धर्म है, पर लोग इसे डरपोक का मज़बूरी में उठाया कदम समझ रहे थे। लेकिन अंग्रेज़ जैसे लोगों के सामने इस अहिंसा से हम लडे। सत्य और अहिंसा गांधी चिन्तन के निर्गुण-भाव हैं। उस चिन्तन का सगुण भाव है चरखा। चरखे में स्वदेशी की आर्थिकी और स्वराज -प्राप्ति का मार्ग है। गांधीजी ने चरखा को केन्द्र में रखकर विकास की रूपरेखा को भी बड़े पैमाने पर समझा है। गांधीजी केलिए चरखा इतना ही नहीं थी। वे इनकी ध्वनि में संगति सुनते थे। इसको चलाना उनकेलिए आध्यात्मिक अनुभव था। उनका चरखा व्यापक और बहुआयामी अर्थबोध से भरा था।

बम्बई औद्योगिक नागरी है। ट्रेड यूनियन का आरम्भ वहाँ हुआ यानी कि एक ज़माने में वह ट्रेड यूनियन का केन्द्र स्थान रहा था। संगठन अजेय शक्ति है। वह अधिकार एवं अन्याय के विरुद्ध लड़ने केलिए प्रयुक्त एक सशक्त हथियार है। वह परिवर्तन केलिए अनिवार्य है। "आवां" उपन्यास में प्रताप नगर के चारों ओर फैली हुई मज़दूर बस्तियों का कथा-चित्र है। इन बस्तियों में घुसना भी मुश्किल है। वहाँ एक ज़माने में अन्ना साहब तथा देवीशंकर पाण्डे मिलकर मजदूरों की भलाई केलिए लड़े थे। पूर्णत: सत्य और अहिंसा के रास्ते पर चलनेवाले इन दोनों के साथ देने केलिए वहाँ के सारे के सारे मज़दूर तैयार थे। उद्योगपतियों के दमन-शोषण के ख़िलाफ़ वे लड़ रहे थे। उनके ट्रेड यूनियन का नाम था "कामगार आघाडी"। देवीशंकर पाण्डे ने विख्यात समरों को चलाया। अठारह महीने लम्बी खींची कपड़ा मिलोंवाली हड़ताल और अस्थायी श्रमिकों को स्थायी करने और श्रमिक एक्ट के अनुसार उन्हीं बुनियादी सुविधायें मुहैया करने के उद्देश्य से "विटरम ग्लास" का

हडताल आदि उनमें प्रमुख हैं। उन सभी में देवीशंकर ने गांधीजी और मार्क्स के रास्ते को अपनाया। लेकिन इन समारों को दबाने केलिए हिंसा का हथियार प्रतिगामियों ने अपनाया। उसके साथ देवीशंकर शारीरिक रूप से असमर्थ हुआ। लेकिन उसका आत्मबल अत्यन्त प्रबल एवं गम्भीर था। देवीशंकर अपनी निष्ठा के चश्मे से सदैव आंकते-समझते रहे कि मूल्यों की राजनीति का ह्रास हो चुका है।

उपन्यास का सबसे सशक्त एवं मूल्यबोध को सभी कर्म क्षेत्र में बरतनेवाले गांधी-के प्रतिपुरुष के रूप में प्रतिष्ठित पात्र अन्ना साहब है। राजनीति और मज़दूर संगठन में जो भी प्रवेश करता है, वह नेता बनने के लिए है। जहाँ नेता ही नेता संगठित होंगे, निश्चित ही वे एक-दूसरों की छाती पर पाँव देकर उखाड़ने-पछाड़ने की प्रतिघाती राजनीति करेंगे। अन्ना साहब इन सबसे अलग हैं, उनकेलिए उनके घर के चूल्हे की आग महत्त्वपूर्ण नहीं, महत्त्वपूर्ण है सैकड़ों, हज़ारों, लाखों ईंधन-विहीन वे चूल्हे, जो हफ्तों तक आग का मुंह नहीं देख पाते। वे "कामगार आघाड़ी" के महासचिव थे। आज औद्योगीकरण के बावजूद या जिसे हम भूमण्डलीकरण जैसे सुन्दर नाम से अभिहित करते हैं, विकास केलिए कई योजनएँ तैयार हो रही हैं। श्रमिकों की छोटी-छोटी कुटियों के स्थान पर बड़े-बड़े मकान बनाए जा रहे हैं। विस्थापित इन अभावग्रस्तों की कोई परवाह नहीं करता। ऐसी घटनाओं के विरुद्ध अन्ना साहब के नेतृत्व में ट्रेड यूनियन ने जो लडाई लड़ी, वह विचारणीय है। चाल मालिक के कई झूठे प्रलोभनों से सावधान रहने केलिए किराएदारों को आह्वान दिया। उन्होंने उन्हें आश्वस्त किया कि चाल मालिकों की अंधेरगर्दी के ख़िलाफ़ वे मामले को न्यायालय ले जाएँगे। लेकिन उनके आश्वासनों के बावजूद पठान कॉलनी में आठवालों को उसकी खोली में गुंडों ने लहूलुहान कर बेदखल कर दिया। उस दुर्घटना में दो बच्चों की मृत्यु हुई। असन्तुष्ट लोगों ने सोचा कि उनके लिए अन्नासाहब की ओर से कुछ हुआ नहीं। उनपर आक्रमण हुआ, फिर भी दूसरों के समय पर हस्तक्षेप हुआ और वे बच गए। लेकिन जिसने उसपर आक्रमण किया उसे अपनी निजी सेवा में हमेशा केलिए नियुक्त कर अपने निकट ले लिया। यह करिश्मा वाकई गांधीजी की है।

अन्ना साहब का इन्दिरा गांधी के साथ अन्तरंग सम्बन्ध था। लेकिन आपातकाल की वजह से इन्दिरा गांधी और अन्नासाहब के बीच का रिश्ता ख़राब हो गया। इन्दिरा गांधी और आपातकाल की घोर भर्त्सना करते हुए उन्होंने कहा, "दिमाग़ ख़राब हो गया है इंदिरा बाई को देवीशंकर। लोकतन्त्र का घोर अपमान।" (पृ. 90) यहाँ

भारतीय इतिहास की मुख्य घटना को पेश करते हुए यह भी सच किया गया है कि इन्दिरा गांधी और अन्ना साहब के साथ अच्छा रिश्ता था।

नमिता जो देवीशंकर की बेटी थी, देवीशंकर के लकवाग्रस्त होने पर कामगार आघाड़ी के दफ्तर में जाने लगी। उसने समझ लिया कि प्रतापनगर के ग़रीब ऋणी लोगों केलिए अन्ना साहब के नेतृत्व में महत्त्वपूर्ण लड़ाई लड़ी जाती थी। एम.ई.एस. के सरकारी अधिकारियों को अपनी साफ-सुथरी सड़कों के ऊपर पहाड़ी की तलहटी में बसी मजदूर बस्तियों के मैले-कुचैले रहवासियों का गुज़रना अराजक तत्वों का गुज़रना लगता। पत्थरों की चीन-सी ऊँची दीवार घेरा बनवाकर एम.ई.एस के सरकारी अधिकारियों ने प्रताप के छुतहे बाशिंदों से स्वयं को अलग कर दिया। विभजन जो भी हो चाहे जर्मन का हो भारत का हो, हमारा इतिहास साक्षी है कि यह लोगों की भलाई के लिए नहीं है। अन्ना साहब के नेतृत्व में वह दीवार तोड़ी गई। अन्ना साहब की गिरफ़्तारी भी हुई। जहाँ भी उनकी ज़रूरत है, वहाँ वे शेर के समान पहुँचते हैं। अन्ना साहब जैसे जनप्रिय नेता के सामने ख़तरा था, जैसे गांधीजी के सामने था। कामगार आघाड़ी के समान एक ही मिल में दूसरी यूनियन भी रूपायित हुई। वह यूनियन श्रमिकों की भलाई केलिए नहीं बल्कि राजनीति केलिए काम करती आ रही थी। इसलिए सहज ही उन दोनों यूनियनों के बीच संघर्ष शुरु हुआ था। कम्पनी मालिक ने अवश्य फूट डालो और राज करो की नीति अपनायी। उसे मार्ग पर चलते हुए कम्पनी मालिक ने आसानी से शोषण को आगे बढ़ाया।

उपर्युक्त सन्दर्भ में उपन्यासकार ट्रेड यूनियन के यथार्थ सिद्धान्तों को लेकर चलनेवाले कामगार आघाड़ी का पूरा समर्थन करते हुए लोकशाही के संकुचित विचारों की भर्त्सना करती हैं। ग़लत रास्ते पर चलनेवाली ट्रेड यूनियन सचमुच पूँजीपतियों के इशारे पर चलकर श्रमिकों के अधिकारों से उन्हें वंचित करती है। बम्बई में ऐसी ट्रेड यूनियनों का आगमन पूँजीपतियों को पनपने का अवसर दे रहा है। वे क्षणिक लाभ की ओर श्रमिकों को आकृष्ट कर सदा केलिए उनके अधिकारों से दूर करते हैं। यहाँ बोनस एवं तनख्वाह को कुछ बढाकर कम्पनी वालों की चालबासी को साथ देनेवाले लोकशाही श्रमिकों को मूर्ख बनाकर उनकी रिहाइश के उद्देश्य से मिली भूमि की सौदेबाजी की तरफ से उनका ध्यान हटाना चाहता है। अन्ना साहब ने जाहीर किया था "श्रमिकों की अस्मिता का प्रश्न मेरे लिए राजनीति का खेल नहीं । समता अर्जन का धधकता हुआ संघर्ष है। अपने रक्त की आख़िरी बूंद तक मैं इस लड़ाई को ज़ारी रखूँगा। (पृ. 78) उन्होंने स्पष्ट किया कि राजनीति के गलियारे काजल की कोठरी हैं। स्वार्थ केलिए मज़दूरों की वोट छीननेवालों से

सावधान बरतकर अपने लिए खड़े होनेवालों को पहचानने का आह्वान उन्होंने किया तब अमिता का सवाल है, "शब्दों में प्राण फूँकने की कला में सिद्धहस्त कलावन्त अन्नासाहब, पिछले बीस वर्षों से श्रमिकों की मुहिम लड़ते हुए उनमें आत्मचेतना क्यों विकसित पाये? आज भी क्यों यह ख़तरा मँडराता रहता है कि कब कौन इन्हें बरगला-फुसला, खेड सा हाँक ले जाये और वे हँक जाएँ? हंक नहीं गए। (पृ. 182) मतलब है कि विवेक से काम करने केलिए और अपने अधिकारों से अवगत होने केलिए मज़दूरों को शिक्षा की अनिवार्यता है। उन्हें मूर्ख बनाकर पूँजीपति वर्ग अपने स्वार्थ केलिए कठपुतली के समान काम करवाता है। अन्नासाहब कई बार उनकेलिए लड़ते लड़ते प्रतिगामियों के शस्त्र के शिकार बनत हैं, घायल हो जाते हैं और कभी कभी अत्भुत ढंग से बच जाते हैं।

अन्ना साहब आदर्श पर टिके क्रान्तिकारी व्यक्तित्व हैं। उसमें कभी मार्क्स सवार करते हैं तो कभी गांधी। मार्क्स और गांधी विपरीत घ्रुवों के हैं, लेकिन उनमें समानताएँ ज़्यादा हैं। कुछ लोग गांधी को परम्परावादी मानते हैं और मार्क्स को पालपोट और स्टैलिन की परम्परा में मानते हैं। इसलिए दोनों में फ़र्क़ दिखाई देते हैं। अन्टोणियो ग्रामशी और होचिमिन जैसे मार्क्सवादियों ने गांधीजी को स्वीकारा था। मार्क्सवादियों की ग़लत धारणा है कि गांधीजी ने साम्राज्यवाद से संधि की थी। भारतीय मार्क्सवाद को गांधीजी को समझने में सीमा होती थी। "पूँजीवाद" से मार्क्स ने कहा कि आधुनिकता को जिस प्रकार यूरोप ने स्वीकार किया वैसा नहीं होंगे दूसरे देश। उसी सन्दर्भ में गांधीजी ने कहा कि भारत के विकास केलिए ब्रिटन को आदर्श नहीं माना जा सकता है। इन सब में इतना अन्तर नहीं प्रकट होता । वे परस्पर निकट ही हैं।

चित्रा मुद्गल के "आवां" में गांधीजी और मार्क्स एक साथ दिखाई देते हैं अन्ना साहब में। ट्रेडयूनियन के नेता बनकर पूँजीवाद का जब विरोध वे करते तो मार्क्स के निकट दिखाई देते हैं। लेकिन नायिका नमिता की दृष्टि में गांधीजी के समान वे महामानव के स्तर की ओर पहुँचते हैं। उपन्यासकार गांधी के साथ उनकी तुलना करते हैं। अपने मित्र देवीशंकर की बेटी नमिता को "कामगार आघाड़ी" में देवीशंकर का पद देकर उसके परिवार को आर्थिक सहायता पहुँचाने में वे तैयार हो जाते हैं। नमिता से हस्तमैथुन कराके अन्ना साहब ने जो अपराध नमिता के साथ किया, वह नमिता के जीवन में भयानक विपत्ति का कारण बनता है। अन्ना साहब ने जो कहा वह विचारणीय है–मेरे भीतर ऐसा कोई भाव नहीं उठ रहा जो मुझे बाध्य करे कि मैं ने जो भी किया है, अपराध किया है। अपनी ऊर्जा का अपव्यय मैं उस

पश्चात्ताप में नहीं कर सकता । उस क्षण जो घटा, घट गया। अगले क्षण को मैं उस घटे क्षण की प्रेतछाया से दूर रहता हूँ। उसे अगले से अगले क्षण पर मंडराने की कतई मोहलत नहीं देता। (पृ. 137) यहाँ उपन्यासकार गांधीजी की ज़िन्दगी के माध्यम से सिद्ध करना चाहती हैं कि मनुष्य होने के नाते जीवन में कभी-कभी अनेक प्रकार के विचलन आने की सम्भावना है। अन्ना साहब ने नमिता से गांधीजी की आत्मकथा पढने के लिए कहा। कारण गांधीजी के जीवन में कई विचलन हुए। नमिता के जीवन में जब पूँजीवाद की गिरफ्त में पड़कर उसके बीज को गर्भ में ढोने को बाध्य हुई तो अन्ना साहब की हत्या की ख़बर सुनकर उसका गर्भ गिर जाता है–"अन्न साब की मौत उससे सहन क्यों नहीं हो रही? सहन होनी चाहिए थी न शायद, शायद उसके चेतन पर प्रेत-सी ठठरती परछाइयों ने उसके साधारण मानव से महामानव बनने की प्रक्रिया को स्वीकार कर लिया है।" (पृ. -532) यद्यपि अन्न साहब के व्यवहार से खिन्न एवं अतृप्त होकर नमिता ने "कामगार आघाड़ी" को छोड़ा था तो भी उसके मन ही मन में अन्ना साहब की छवि की अमिट छाप अंकित थी। गांधीजी की हत्या जिसप्रकार गोड्से से हुई ऐसे एक गोडसे से अन्ना साहब की भी हुई।

देवीशंकर रात्री के तीसरे पहर जगते हुए, काग़ज़ों पर कामगार अघाड़ी के सपने लिखते। उनके सपनों का रंग केवल लाल है। उन्होंने यों लिखा–

दाल चाहिए भाव चाहिए और बच्चों की शिक्षा
बुनियादी हक की लड़ाई, नहीं मांगते भिक्षा ।
आज नहीं तो कल तुमको होगा देना हिसाब
पैरों तले रौंद रखे हैं जिन ख्वाबों के ख्वाबा ।
हमसे जो टकराएगा, मिट्टी में मिल जाएगा ।
कामगार आघाड़ी ज़िदाबाद । लोकशाही ज़िन्दाबाद ।" (पृ-92)

यहाँ मार्क्सवादी बर्गसंघर्ष का उज्ज्वल रूप प्रकट है।

हैदराबाद में गर्भ से स्वतन्त्र होकर नमिता अपने जीवन को आगे की ओर ले जाने का रास्ता तय करती है पंजाबी वामपन्थी कवि पाश की कविता पढने के बाद–

"हम लड़ेंगे साथी
उदार मौसम के ख़िलाफ़
हम चुनेंगे साथी
ज़िन्दगी के टुकड़े।

हम लड़ेंगे जब तक दुनिया में
लड़ने की ज़रूरत बाकी है
हम लड़ेंगे कि लड़े बग़ैर
कछ नहीं मिलता
लड़ क्यों नहीं।
जो लड़ते हुए मर गये
उनकी याद ज़िन्दा रखने की
हम लड़ेंगे साथी -
हम लड़ेंगे....(पृ. 540-541)

इस प्रकार पसीने को सुलगाने के निर्णय में वह अन्ना साहब के आदर्शों को स्वीकार कर अपनी माँ के पास नहीं, लड़ने और संघर्ष करके जीने की शक्ति एवं स्नेह से माँ की भूमिका निभाने में समर्थ किशोरी बाई के पास जाती है।

एक ओर पूँजीवाद के दमन में मार्क्सवाद और गांधीवाद का रास्ता एक साथ मिल जाते हैं तो श्रमजीवी संस्था के माध्यम से चालियों और बस्तियों में रहनेवाली स्त्रियों को कुटीर उद्योग से स्वावलम्बन सी और ले जाने वाली गांधी जी की शिष्या शाहबेन हैं। मज़दूर महिलाएँ विभिन्न प्रकार के काम करके अपने पैरों पर खड़े होने केलिए प्रयत्न करती हैं। आजीविका केलिए जब वे संघर्ष करती हैं तब उन्हें अनेक सामाजिक, सांस्कृतिक, धार्मिक एवं राजनीतिक शोषणों का सामना करता है। पापड़ बेलहारियों का स्वयंसेवी संघ है श्रमजीवी संस्था। गांधीजी के आदेश पाकर अनाथ बेसहारे औरत केलिए बाडी खोलकर स्वावलम्बन सिखा देने लगी। श्रमजीवी संस्था में दो सौ से आधिक औरतें काम कर रही हैं। खूंट से बन्धे दिन भर के घेराव में कहीं कोई परिवर्तन किसी कारण अनिवार्य होता तो उसे शाहबेन को पहले से सूचित करना पड़ता। काम की आशा में बेगार सी आकर बैठी हुई किसी ज़रूरतमंद को अपनी अगह बैठकर उसे आधी-पौन दिहाड़ी कमा लेने का मौक़ा देती। बरामदे में कोई औरत न दिखती ती वे किसी को किसी ज़रूरत के घर दौड़कर उसे काम पर बलवा लेती। अभावों की भारी ज़ंगर चलाने की इच्छुक स्त्रियों की कमी नहीं। समस्या तो क्षमजीवी का स्थानाभाव है।

शाहबेन को गांधीजी की आज जीवित चेली के रूप में उपन्यास में उभारा गया है। मद्य और मांस का वे विरोध करती हैं। खादी का वस्त्र पहनती हैं। बीच बीच में गांधीजी के शब्दों की याद वे करती हैं, "जीवन में कोई अकेला नहीं होता, अकेला

वही होता है, जिसे अपने ऊपर भरोसा नहीं होता ।" (पृ.88) गांधीजी द्वारा लिखे गए पत्रों को उन्होंने सुरक्षित रखा है। "श्रमजीवा" संस्था तथा शाहबेन के ज़रिये समकालीन सन्दर्भ में गांधी चिन्तन की प्रासंगिकता पर विचार करने के साथ स्त्रियाँ एवं दलितों के उद्धार केलिए गांधी की सजगता भी उपन्यासकार अभिव्यक्त करती हैं।

गांधीजी और मार्क्स समय की मांग है। दोनों पूँजीवाद का दमन-शोषण उसकी भीषणता एवं भयानकता को पहचानकर उसको दूर करने का मार्ग प्रस्तुत करते हैं। दोनों अन्तिम जन के साथ हैं। गांधीजी ने पोसिटीव लिबर्टी को स्थान दिया। जनता के खुद सोचने और कर्म करने की स्वतन्त्रता मिलनी चाहिए। अधिकार सदा हिंसा के आधार पर प्राप्त करने की चीज़ है या नहीं, यह स्वतन्त्र चिन्तन से हम प्राप्त कर सकते हैं। गांधीजी की राजनीति में अधिकार के प्रति भ्रम नहीं है। उनकी राजनीति का चिन्ह चरखा और स्थान आश्रम है। इससे वह कितनी सादगीपूर्ण राजनीति है, यह समझा जा सकता है। उनकी राजनीति में अपनानेलायक तत्व है संवाद की धार्मिकता और समझौते की संस्कृति। वह परस्पर विश्वास पर आधारित संस्कृति है। प्रतिपक्ष के शब्दों को ध्यान से सुनने और उसका आदर करने की राजनीति आज की माँग है, वह गांधी में है।

मार्क्स क्रान्ति के माध्यम से भी अधिकार के पद पर आने के पक्ष में हैं। लेकिन बाद में ग्राम्षी आदि ने ज़रिये दमन की राजनीति का विरोध करते हुए सांस्कृतिक राजनीति की प्रतिष्ठा की बात उठाई है। इस उपन्यास में 1991 में छतीसगठ के श्रमिकों के मसीहा शंकर गुहा नियोगी की हत्या के वक्त रचनाकार के मन में स्मृतियाँ जो ताज़ी हुईं उनका औपन्यासिक स्वरूप है आवां। वर्षों पहले उपन्यासकार ने ट्रेड यूनियन के दफ्तर में काम किया था। उन अनुभवों के आधार पर उपन्यास रूपायित हुआ। शंकर गुहा नियोगी मार्क्सवादी श्रमिक नेता थे । इसलिए उपन्यास में वर्ग संघर्ष का पहलू जब उभरता है तब मार्क्स के निकट हम पहुँचते हैं। गांधीजी के आदर्शों की चर्चा अन्ना साहब के सन्दर्भ में की जाती है। तब हमें इस निष्कर्ष पर पहुँचना पड़ता है कि गांधी और मार्क्स के बीच की दूरी बहुत कम है, महान चिन्तनों में समानतायें ज़्यादा हैं। एक भारतीय परिवेश की उपज है तो दूसरा यूरोप की।

मुक्तिबोध और अज्ञेय की परम अभिव्यक्ति

हिन्दी की आधुनिकता के उन्मेष का अन्वेषण कर अपनी रचना-प्रक्रिया के द्वारा परम अभिव्यक्ति करने में सफल हुए मुक्तिबोध एवं अज्ञेय। उन दोनों ने परम अभिव्यक्ति की तलाश की, उस तलाश में मुक्तिबोध आजीवन भटक रहे थे, लेकिन अज्ञेय उस अभिव्यक्ति में कभी भी सशंकित नहीं थे, अटल रहे थे। परम अभिव्यक्ति केलिए दोनों ने जो रास्ते चुन लिये थे, वे अलग-अलग थे मुक्तिबोध का जनवाद और अज्ञेय का प्रकृतवाद रहे। लेकिन उन दोनों की जो सैद्धांतिक प्रक्रिया है उसमें फ़र्क़ नहीं दिखाई देता है। मुक्तिबोध की परम अभिव्यक्ति "अंधेरे में" कविता है तो अज्ञेय की परम अभिव्यक्ति "असाध्य वीणा" है। यद्यपि मुक्तिबोध ब्रह्मराक्षस में कविता सम्बन्धी सही निष्कर्ष एवं निर्णय पर पहुँचते हैं तो भी उस काव्य-प्रक्रिया की पूर्ति "अंधेरे में" हुई ।

मुक्तिबोध ने काव्य रचना के तीन क्षणों पर विस्तार से विचार किया है। उनमें पहला क्षण है तीव्र अनुभवों का क्षण। मुक्तिबोध खुद जानते हैं कि तीव्र अनुभव में अनुभूति की प्रमाणिकता एवं सच्चाई होनी चाहिए। उसकेलिए सांसारिक जीवन के कई पक्षों को खुलकर समझना है, वह एकपक्षीय नहीं, वह एक देश, एक काल, एक व्यक्ति या एक विचारधारा पर केन्द्रित नहीं है। क्योंकि वह एक तीव्र संघर्ष है वह संघर्ष कवि और उसके आत्म के बीच का है। तब कवि को लगता है कि उसका "स्व" "अंधेरे में" है। इसलिए काव्य-रचना एक लघु कार्य नहीं है। ब्रह्मराक्षस में ज्ञान-विज्ञान के भण्डार होते हुए भी उसे संवेदना में अभिव्यक्ति न दे पाने के कारण वह टूट गया, पराजित हो गया । कारण कवि के मन में सन्देह है कि व्यक्ति है मुख्य या समाज। वे उसमें सही निष्कर्ष निकालते हैं कि–

"मेरा उसी से उन दिनों होता मिलन यदि
तो व्यथा उसकी स्वयं जीकर

बताता मैं उसे उसका स्वयं का
उसकी महत्ता।" (ब्रह्मराक्षस)

कवि विश्वचेतना को बनाने की भाग-दौड में आत्मचेतस के महत्त्व को भूल गए। सभी ज्ञानों को आत्मसात करके उस आत्मचेतस को परिष्कृत करने के बाद भी संवेदना में या अनुभूति में परिणत कर नहीं प्रकट कर पाए। कवि केलिए सबसे मुख्य आत्म का निर्माण है। इसलिए उसमें कवि का निर्णय सबसे उल्लेखनीय है कि

"मैं ब्रह्मराक्षस का सजल उर शिष्य/होना चाहता/
जिससे कि उसका वह अधूरा कार्य/
उसकी वेदना का स्रोत/संगत, पूर्ण निष्कर्षों तलक/पहुँचा सकूँ।"

कवि उस ब्रह्मराक्षस याने उसके "स्व" द्वारा संप्राप्त सारे अनुभवों को काव्यात्मक रूप याने संवेदनात्मक अनुभूति देकर दूसरों तक पहुँचाना चाहते हैं। व्यक्तित्व को पूर्ण परिष्कृत करना काव्य-रचना का पहला कदम या उसका व्यावहारिक पक्ष ही है। व्यक्ति को बनाए बिना कैसे सामाजीकरण से दूसरे लोग या आस्वादक अथवा पाठक लाभान्वित होंगे–

"वह उस महत्ता का/ हम सरीखों केलिए उपयोग/
उस आन्तरिकता का बताता मैं महत्त्व!।"

तब कवि को दुनिया भर के ज्ञान एवं अनुभवों से व्यक्तित्व को संपुष्ट करना है।

"अंधेरे में" कवि मुक्तिबोध कविता केलिए आवश्यक सामग्री का उन्वेषण करते हैं। वह अन्वेषण कवि व्यक्तित्व के निर्माण केलिए है। कवि के व्यक्तित्व के निर्माण केलिए सांसारिक अनुभवों के साथ दृष्टि भी ज़रूर होनी चाहिए। इसलिए दुनिया भर का अनुभव एवं दुनिया भर की विचारधाराओं से वे गुज़रते हैं, उनको आँकते हैं, परखते हैं, मूल्यांकन करते हैं। तब आधुनिक जीवन की विसंगतियाँ हमारे सामने अनावृत होती हैं। विवश एवं बेचैन हैं उसकी आत्मा। "जो आदमी आत्मा की आवाज़ कभी-कभी सुन लिया करता है और उसे बयान करके उससे छुट्टी पा लेता है, वह लेखक हो जाता है। आत्मा की अवाज़ को लगातार सुनता है और कहता कुछ नहीं, वह भोला-भाला, सीधा-सादा बेवकूफ है। जो उसकी आवाज़ बहुत ज़्यादा सुना करता है और वैसा करने लगता है, वह समाज-विरोधी तत्वों में यों शामिल हो जाया करता है। लेकिन जो आदमी आत्मा की आवाज़ ज़रूरत से ज़्यादा सुन करके हमेशा बेचैन रहा करता है और उस बेचैनी में भीतर के हुक्म

का पालन करता है, वह निहायत पागल है। पुराने ज़माने में सन्त हो सकता था। आजकल उसे पागल खाने में डाल दिया जाता था।" (क्लाड़ ईथरली) मुक्तिबोध की आत्मा की जो विभिन्न दशायें हैं वे "अंधेरे में" अभिव्यक्त हैं। उस कलाकार से अधिक अकेला कौन हो सकता है जो यह अनुभव करता है कि वह अपने अनुभव के आगे गूँगा है। इसलिए अभिव्यक्ति मुक्तिबोध की निगाह में मुक्ति है। लेकिन उस मुक्ति केलिए वे छटपटाते हैं। वे अकेले गुफान्धकार में हैं, अतीत में भटकते हैं, कितने विचारकों से मिलते हैं, लोक जनता के जीवन का साक्षात्कार करते हैं। उनके जीवन को अपने जीवन से अभिन्न देखते हैं। वे पठार-पहाड़, समुद्र सब में जाकर अन्वेषण करते हैं। क्योंकि इन सबसे वे अपने को परिचित कराते हैं–"ज़िन्दगी के... कमरों में अंधेरे/लगाता है चक्कर/ कोई एक लगातर," उस ज़िन्दगी से पाप्त काफ़ी अनुभवों से उसकी आत्म बहस करती रहती है, अनुभव अनन्त है। अभी तक उसे वाणी नहीं मिली है। "वह रहस्यमय व्यक्ति/अब तक न पायी गयी मेरी अभिव्यक्ति है/पूर्ण अवस्था वह/निज-सम्भावनाओं, निहित प्रभाओं, प्रतिभाओं की/मेरे परिपूर्ण का आविर्भाव/हृदय में रिस रहे ज्ञान का तनाव वह/आत्मा की प्रतिमा।"

मुक्तिबोध के अनुसार तीव्र अनुभवों को फेंटसी में परिणित करना दूसरा क्षण है, लेकिन उस क्षण के बाद तीसरे क्षण में फेंटसी और भाषा के बीच में होडा-होडी चलती है और भाषा के अधिकार से कविता को बचाना पड़ेगा। फेंटसी में परिणित करने पर अनुभव एवं ज्ञान निर्वेयक्तिक बनकर सबकी अनुभूति में परिणित होते हैं। लेकिन व्यक्ति या आत्म की निर्मिति में समाज, सामाजिक जीवन, देश-विदेश, प्रकृति के चराचर, उच्च-निम्न, वर्ण, स्त्री-पुरुष, वृद्ध-बालक सब उसमें समन्वित हो जाते हैं। उन्होंने जिस प्रकार अपने व्यक्ति को बनाया, वे प्रक्ट करते हैं– "स्वातन्त्र्य व्यक्ति का वादी। छल नहीं सकता मुक्ति के मन को। जन को/" मुक्तिबोध व्यक्ति स्वातन्त्र्य को माननेवाले हैं, लेकिन वे जन को भी या सामूहिक स्वातन्त्र्य को मानते हैं। पहले व्यक्ति को स्वतन्त्र होना चाहिए, बाद में समज की मुक्ति। वे जन मन के साथ इतना मिलजुल हैं कि साथ-साथ घूमते हैं, साथ-साथ रहते हैं, साथ-साथ सोते हैं, खाते हैं, पीते हैं। उनके दुखों का वे अनदेखा नहीं कर सकते हैं। आज के कवि, कलाकार और चिन्तक नपुंसक बनकर अपने सामाजिक कर्तव्यों से विमुख हैं। आधुनिकता का मध्यवर्ग बौद्धिक वर्ग है। वे अनेक विचारों एवं बादों में फँसकर जाते हैं। उनके अपने कुछ विचार नहीं हैं, बुद्धि व्यवसाय करते हैं, जनता की व्यथा वे मानते नहीं, उन से दूर हैं। वे बाहर आते नहीं। भटकनेवाले कवि का जो आत्मत्व है उसने जिनजिन को देखा वे कथायें नहीं, वे सब सच हैं। दुनिया के भयानक निर्मम

रूप उसकी आत्म को ठेस पहुँचा देता है। वह गुहावासी व्यक्ति कवि की आत्म का प्रतिबिम्ब है। उसका परिचय "अंधेरे में" शुरु से लेकर हमें कवि दे रहे थे। अन्त में आकर कवि का गूँगापन परम अभिव्यक्ति में परिणत होता है, कवि सफल बनते हैं, सत्यान्वेषण की पूर्णता में आकर कहते हैं "अन खोजी निज समृद्धि का वह परम उत्कर्ष?परम अभिव्यक्ति...? मैं उसका शिष्य हूँ वह मेरी गुरु है/गुरु है" इससे एक महारहस्य उद्घाटित होता है कि अभी तक न खोजी गई निज समृद्धि अर्थात् व्यक्तित्व के चरम उत्कर्ष की परम अभिव्यक्ति है कविता। इसका तात्पर्य है व्यक्तित्व की पूर्णता या परिष्कार जब कवि में सम्भव हो जाता है तब कविता बनती है, उस कविता से व्यक्ति की मुक्ति होती है। कवि अभी तक उस आत्म के अन्वेषण में थे या वे रहस्यात्मक रूप धारण कर गुफा में वास करते थे। वह रहस्य रोमांचक था। उसके अन्वेषण वे यों रेखांकित करते हैं–इसलिए मैं हर गली में/और हर सड़क पर/झाँक-झाँक देखता हूँ हर एक चेहरा/प्रत्येक गतिविधि/प्रत्येक चरित्र, / वह हर एक आत्मा का इतिहास/ हर एक देश व राजनीतिक स्थिति और परिवेश/ प्रत्येक मानवीय स्वानुभूत आदर्श/विवेक-प्रक्रिया, क्रियागत परिणति!!!/ खोजता हूँ पठार...पहाड़.. समुन्दर/ जहाँ मिल सके मुझे/ मेरी वह खोयी हुई/परम-अभिव्यक्ति अनिवार/आत्म-सम्भवा/" यहाँ मुक्तिबोध इस सच्चाई को प्रमाण सहित घोषित करना चाहते हैं कि सर्जनात्मकता का आधार लोक है, लेकिन उसका जन्म कवि की आत्म से है, वह आन्तरिक है। उसकेलिए विषय एवं दृष्टि रूपायित करने का एक कठोर प्रयत्र है "अंधेरे में।"

अज्ञेय की "असाध्य वीणा" में एक बेचैनी है कि क्यों यह वीणा असाध्य पडी है। लेकिन यह बेचैनी रचनाकार की नहीं वह आस्वादक याने पाठक और आलोचक की है। अज्ञेय एक कलाकार या रचनाकार के कर्म एवं कर्तव्य से अच्छी तरह अवगत हैं। उनके अनुसार "कला सम्पूर्णता की ओर जाने का प्रयत्न है, व्यक्ति की अपने को प्रमाणित करने की चेष्टा है। वे मानते हैं "कला आत्मदान है, यह आत्मदान अहं को पुष्ट करने केलिए है, क्यों कि अहं को छोटा करके व्यक्ति पूर्ण नहीं रह सकता।" यह अहं है मुक्तिबोध की आत्मा। दोनों अहं को पुष्ट करने का कार्य कविता की परमाभिव्यक्ति मानते हैं। असाध्य वीणा में अज्ञेय प्रकृतवाद का रास्ता अपनाते हैं। उन्होंने "हरी घास पर क्षण भर" में कहा "प्रकतिवाद है स्खलन/ क्योंकि युग जनवादी है।" लेकिन वे प्रकृतिवाद को अपनी दृष्टि मानकर "असाध्य वीणा" की रचना वज्रकीर्ति के द्वारा सम्भव करते हैं। "असाध्य वीणा" केलिए उन्होंने जो सामग्री चुन ली है, वह प्रकृति की है, वह किरीटी तरु। इस दुनिया में

मानव से परे होकर मानवीयता एवं जीवनपक्षधरता प्रकट करने वाला है वृक्ष। अज्ञेय की दृष्टि में प्रपंच में मानव मात्र नहीं दुनिया के समस्त चराचर हैं। इसलिए उतने विशाल सामूहिकबोध एवं वैश्विकदृष्टि को उस लेखन में उन्होंने जो अपनाया वह कालातीत है। मुक्तिबोध चाहे दुनिया भर घूमते हैं तो भी वे अन्य जीवजन्तुओं की ओर अपनी दृष्टि डालते नहीं। बिलकुल भौतिक दृष्टि के सहारे जन का कल्याण अथवा उनके प्रति जो संवेदना है, उनके दुःखों की जो निचोड़ है, उससे वे अपने आत्म को बनाते हैं। वहाँ इतिहास एक बड़ा केनवास है वह भी विशाल पैमाने पर निर्मित है। लेकिन उनके आत्म के केन्द्र में मनुष्य है, वह है आधुनिकता की सबसे बड़ी विडम्बना भी।

"असाध्य वीणा" में वज्रकीर्ति द्वारा चुने गये किरीटी तरु से निर्मित वीणा में असंख्य स्वर मिले हुए हैं, वे स्वर प्रत्येक व्यक्ति की अस्मिता को मुखरित करते हैं। उस बहुस्वरता की सृष्टि करने में वज्रकीर्ति कैसे समृदध हुए, उसका बहुमुखी व्यक्तित्व कैसे रूपायित हुआ, उसका अनावरण है असाध्य वीणा में। वज्रकीर्ति ने अपने अहं को जो रूपायित किया वीणा में वह समझने और उसके साथ समन्वित होने में अपने अहं या पाठक, आस्वादक एवं समीक्षक के अहं को छोड़ना पड़ेगा। तब तो उनका सामाजीकरण सम्भव हो जाता है।

किरीटी तरु में प्रपंच के सारे नाद, सारे स्पंदन, सारी विह्वलतायें एवं आनन्द के राग सहजता से सोजोये हुए हैं। वज्रकीर्ति नामक साधक ने अपनी कठिन जीवननपर्यन्त साधना से उस अनुभव को या उस दुनिया को वीणा में समाहित किया। तब वीणा का वादन करने में उतने लोकानुभवों से आत्म साक्षात्कार करना है। प्रियंवद वीणा से कहता है "मेरे गूँगेपन को तेरे सोये स्वर-सागर का हवाले। आ, मुझे भुला/तू उत्तर वीन के तारों में /अपने से गा-/अपने खग-कुल को मुखरित कर/ अपनी छाया में पले मृगों की चौकडियों को ताल बाँध / अपने छायातप, वृष्टिपवन, पल्लव-कुसमन की लय पर/अपने जीवन-संचय को कर छन्दमुक्त/अपनी प्रज्ञा को वाणी दे।"– यहाँ कवि स्पष्ट करते हैं कि प्रत्येक रचनाकार की परमाभिव्यक्ति उसके जीवन-संचय एवं प्रज्ञा की वाणी है। तब सुनने वाले कविता को अपना अपना समझेंगे। यह रचना प्रक्रिया कठिन एवं श्रमसाध्य है। वीणा वज्रकीर्ति का पूरा जीवन संचय है वह उसका सामूहिक ज्ञान है, उसकेलिए उन्होंने प्रकृति को चुन लिया। उस परम अभिव्यक्ति वीणा को वे अपने गुरु तात, शब्दातीत एवं अलौकिक मानते हैं। उस वीणा में एकत्र प्रत्येक का विश्लेषण कर हमारे सामने प्रस्तुत करते हुए दुनिया भर के ज्ञान-विज्ञान का लोकोपयोगी रूप पर्दा उठाकर सामने आते समय प्रत्येक

अपने जीवन क्षेत्र से मेल खानेवाले अनुकूल स्वर अपनाता है, कारण आज के लोग व्यावहारिक हैं। अज्ञेय इसलिए कहना चाहते हैं कि एक रचना का एक अर्थ नहीं उसके असंख्य अर्थ अभिव्यंजित होते हैं, उसको राजनीति, समाजशास्त्र, दर्नशास्त्र, मनोविज्ञान, शास्त्र, विज्ञान, तकनीकी जगत् के सकारात्मक निर्माण केलिए ज़रूरी सारी सामग्री उपलब्ध कराने की ताक़त होगी। जनवादी होने की ज़रूरत नहीं। उनके अनुसार काव्य भावों से मुक्ति है, वह व्यक्तित्व की अभिव्यंजना नहीं, बल्कि व्यक्तित्व से मोक्ष है। यह मोक्ष है असाध्यवीणा। बार बार प्रियंवद कहता है कि ये स्वर स्वयंभू हैं, स्वयं सिद्ध हैं। प्रियंवद ने स्पष्ट कहा कि वह जीवन के अनकहे सत्य का साक्षी है, वह केवल शिष्य है। वह उस उनकहे सत्य का संधान कर रहा है। वह अनकहा सत्य है यह वीणा, जिस प्रकार मुक्तिबोध ने परम अभिव्यक्ति कहा।

मुक्तिबोध एवं अज्ञेय दोनों के सामने लोक है, वह लोक मुक्तिबोध केलिए जन प्रधान है, लेकिन वे जन विचलित हैं, उस स्थान पर अज्ञेय के सामने वह लोक सम्पूर्ण प्रकृति है, वह अपने वैविध्यपूर्ण स्थायित्व के साथ विद्यमान है। इन दो लोकों के बीच के फ़र्क़ से उनको हम दो विभिन्न कोटि के मानते हैं। लेकिन उनकी रचना प्रक्रिया का मूल स्वर व्यक्ति या आत्म का निर्माण और उसके ज़रिये व्यक्ति की मुक्ति है। दूसरे चरण में आकर अज्ञेय ने जिस प्रकार टी. एस. इलियट की निर्वैयक्तीकरण को काव्य में लिया वही निर्वैयक्तीकरण मुक्तिबोध अनुभूतियों को फेंटसी में परिवर्ति करते हुए साक्षात्कार करते हैं। दोनों शब्द काव्य शोभाकारक बिम्बों, प्रतीकों प्रयोगों और रूपकों का यथोचित प्रयोग कर कविताओं के शिल्पपक्ष को संपुष्ट करते हैं। लेकिन मुक्तिबोध अपनी दृष्टि को अर्थात विश्वदृष्टि को रूपायित करने में अपने मार्क्सवाद की सृष्टि की वह सम्पूर्ण दुनिया से बहस करने में समर्थ दृष्टि है। उन्होंने समझ लिया कि रूस का मार्क्सवाद व्यक्ति एवं कलाकार की स्वतन्त्रता का निषेध करनेवाला है। उनकी मुलाकात पोलैडं की शोधार्थिनी आग्नेब्का सोनी से हुई। उनके माध्यम से साम्यवादी दुनिया में साहित्य और कला को लेकर चल रही बहस का अंदाज़ा मिला। रूस की शिक्षा मानवता को एक साँचे में ढालनेवाली है। लेकिन मानवता ज़्यादा समय तक साँचे में कभी नहीं रह सकती। यह मनुष्य को एक यान्त्रिक गुडिया में परिणित करेगी। इसलिए व्यक्ति-स्वातन्त्र्य के पक्षधर माने जानेवाले अज्ञेय के बरक्स खड़ा किया जाता है। वर्गचेतना और व्यक्ति स्वयन्त्र्य में उनको विरोध नहीं, इसप्रकार मुक्तिबोध अपना एक मार्क्सवाद तैयार कर रहे थे।

अज्ञेय की असाध्य वीणा में टी.एस. इलियट का सिद्धान्त ओब्जक्टीव कोरिलेशन का प्रयोग हुआ है। एक-एक परत को भिन्न रूप-भाव एवं प्रवृत्ति का है, उनको मिलाकर एक रचना की निर्मिति हुई है। एक में बहस्वरता का विलयन है। खण्ड-खण्ड से अखण्ड की रूपायति हुई है। लेकिन प्रत्येक की अस्मिता पाठक या आस्वादक अनुभव करता है। एक बार मुक्तिबोध ने ही खुद कहा कि प्रकृति की सौन्दर्य शक्ति के अनुभव के बिना मनुष्य में आत्मविश्वास नहीं होगा। इसलिए ग्रामीणों में जो आत्मविश्वास है, वह शहरो में रहनेवालों में नहीं है। कारण वह ग्राम एक जैविक संस्कार का है। शायद इसलिए होगा कि जैविक प्रकृति संस्कार से कविता का सृजन करनेवाले अज्ञेय आत्मा पर पूरा भरोसा करते हैं और मुक्तिबोध अन्तिम समय तक आत्म की खोज में भटकते रहे। जो भी हो दोनों की परम अभिव्यक्ति का मूलतन्त्र आत्म का पुष्टीकरण है। सबसे पुष्ट व्यक्तित्व का समाजीकरण है रचना।

हिन्दी साहित्येतिहास का पुनर्लेखन स्वप्न या यथार्थ

हिन्दी साहित्य के पुनर्लेखन पर करीब सत्तर सालों से विचारात्मक रवैये विद्वान लोग प्रस्तुत करते आ रहे हैं। नामवर सिंह की रचना "इतिहास और आलोचना" 1957 में सामने आयी, उस समय से यह चर्चा चलती आ रही है। लेकिन नाजुक की बात है कि अभी तक पुनर्लेखन सम्भव नहीं हुआ। उस समय नामवर सिंह और बाद में मैनेजर पाण्डे जैसे मार्क्सवादी चिन्तकों ने इस ओर ध्यान इसलिए दिया कि उस समय रूपवादी और बाद में संरचनावादी साहित्यिक चिन्तन हिन्दी साहित्य में उभर आ गये वे इतिहास के प्रति चिन्तित नहीं थे, वे इतिहास की आवश्यकता को नकारते थे। आधुनिकतावादी साहित्यविदों ने इतिहास का विरोध किया, जैसे लक्ष्मीकांत वर्मा ने यों कहा–"जो इतिहास से जूझते हैं या इतिहास में खपते हैं या संघर्ष करते हैं, अर्थहीन हो जाते हैं।" वह विचार साहित्य के इतिहास को और इतिहास को खारिज करता है। समकालीन सन्दर्भ में हम नए तरीक़े से या किसी वाद या विचारधारा के खेमे में न पड़कर हठाग्रह के बिना निष्पक्षता से हिन्दी साहित्येतिहास के पुनर्लेखन पर विचार करना समय की माँग है।

सबसे पहले "साहित्य का इतिहास" क्या है, क्या होना चाहिए, हिन्दी के मुख्य साहित्येतिहासकारों की दृष्टि क्या है, उन सभी पर विचार करने की अपेक्षा रखती है। इसी सन्दर्भ में रामविलास शर्मा की यह उक्ति अत्यन्त प्रासंगिक लगती है–"सह प्रश्न प्रस्तुत करना स्वयं में एक उपलब्धि है। ऐसे प्रश्न प्रस्तुत करने का अर्थ है पुराने इतिहास लेखन की आलोचना करना। इस आलोचना का अर्थ है नए इतिहास-लेखन की ज़मीन तैयार करना।" (महावीर प्रसाद द्विवेदी और हिन्दी नवजागरण-पृ. 161) नए इतिहस लेखन केलिए इसलिए अभी तक जो इतिहासवेत्ता हुए उनपर विचार करना ही है। साहित्य का इतिहास लेखन साहित्य में होनेवाले परिवर्तन और निरन्तरता के द्वन्द्वात्मक विकासशील सम्बन्ध की व्याख्या से सम्भव होता है। भाषा

के विकास सिद्धान्त का भी साहित्य के इतिहास की विकासवादी धारणा पर प्रभाव पड़ा है। साहित्य के इतिहास में सम्पूर्ण विश्व साहित्य की या किसी एक राष्ट्र के साहित्य की विशेष प्रवृत्तियों या रचना विधाओं की विकासशीलता को स्वीकार करनेवाले साहित्य चिन्तक साहित्य को एक गतिशील प्रक्रिया मानते हैं।

अंग्रेज़ी-साहित्य के विभिन्न इतिहासकारों द्वारा यह धारणा बहुत पहले प्रचलित हो चुकी थी कि किसी भी जाति के साहित्य का इतिहास उस जाति के सामाजिक एवं राजनीतिक वातावरण को ही प्रतिबिम्बित करता है या साहित्य की प्रवृत्तियाँ संबन्धित समाज की प्रवृत्तियों की सूचक होती हैं। फ्रेंच विद्वान तेन (Twin) अपने अंग्रेज़ी साहित्य के इतिहास में साहित्य की विभिन्न प्रवृत्तियों के मूल में मुख्यत: तीन तत्व सक्रिय कहते हैं–जाति (race), वातावरण (milien), क्षण-विशेष (moment)। तेन ने अपनी व्याख्या के द्वारा यह भली भांति स्पष्ट किया कि किसी भी साहित्य के इतिहास को समझने के लिए उससे सम्बन्धित जातीय परम्पराओं, राष्ट्रीय और सामाजिक वातावरण एवं सामयिक परिस्थितियों का अध्ययन-विश्लेषण आवश्यक है। हडसंन ने इस विचार में साहित्यकार या काव्य-रचयिता के व्यक्तित्व एवं उसकी प्रतिभा की उपेक्षा की है, उस ओर संकेत किया। जर्मन चिन्तन में "युग-चेतना" (Spirit of age) का सिदधान्त भी उभर आया। हार्टन ने कहा "साहित्य का इतिहास एक बौद्धिक अनुशासन के रूप में ही नहीं बल्कि साहित्य की रक्षा केलिए भी आवश्यक है। (New literary history, volume -II, पृ. 183) रेनेवेल्के ने लिखा है–"साहित्य के इतिहास का प्रयोजन है साहित्य की प्रगति, परम्परा, निरन्तरता और विकास की पहचान करना।" (Discriminations, 1970, पृ. 143) इसका मतलब है कि इतिहास लेखन साहित्य में होनेवाले परिवर्तन और निरन्तरता के द्वन्द्वात्मक विकासशील सम्बन्ध की व्याख्या से सम्भव होता है।

साहित्य की विकासशील प्रक्रिया में नयी प्रवृत्तियों का उदय, पुरानी प्रवृत्तियों से नयी प्रवृत्तियों के संघर्ष, नये प्रयोग और परिवर्तन के साथ निरन्तरता का क्रम चलता रहता है। परिवर्तन शीलता के साथ साथ निरन्तरता मानव चेतना और मानव समाज की एक विशेषता है। किसी काल के साहित्य में कोई ऐसा परिवर्तन नहीं होता जो अतीत और भविष्य से पूर्णत: विच्छिन्न हो। माइकेल एच. ब्लौक ने लिखा है कि साहित्य में एक महत्त्वपूर्ण समस्या अभिनव प्रयोगों की विशिष्टता है और दूसरी समस्या विकास के बावजूद निरन्तर गतिशील परम्परा के अन्तर्गत घटित होनेवाले परिवर्तनों का स्वरूप है। (New Literary History, volume - VI. पृ. 486)

वाल्टर बेंजमिन साहित्य के इतिहास लेखन में अतीत की रचनाओं के वर्तमान अनुभव की व्याख्या को आवश्यक मानते हैं। इस प्रकार वे अतीत की रचनाओं को इतिहास प्रक्रिया के अंग के रूप देखने परखने का आग्रह करते हैं। कुछ लोग साहित्य को इतिहास में अतीत की रचनाओं की "विगत सार्थकता" देखते हैं और उनकी "वर्तमान अर्थवत्ता" की उपेक्षा करते हैं। ऐसे इतिहासकार और आलोचक रचनाओं को इतिहास के निर्माण के तत्व के रूप में ही देखते हैं उन्हें इतिहास प्रक्रिया के अंग के रूप में नहीं देख पाते। (Illumination, 1977, पृ. 257) ई.डी. हर्ष –"इतिहास में इतिहासकार का निजी दृष्टिकोण मूल्यांकन का केन्द्र होता है तब इतिहास का वैयक्तिकरण हो जाता है और इतिहास में वर्तमान की चेतना की खोज प्रमुख हो जाती है। ज़ाहिर है कि ऐसी स्थिति में इतिहास की वस्तुपरकता खण्डित हो जाती है।" (Essays In Criticism, Voume xxv, पृ. 154) डब्ल्यू जे ओग के अनुसार अतीत को समझने केलिए वर्तमान की गहरी समझ ज़रूरी है, क्योंकि वर्तमान से ही अतीत के बारे में नए ज़रूरी सवाल मिलते हैं। वर्तमान की चेतना से शून्य इतिहास लेखन केवल पुरातात्विक लेखन होगा।"

संक्षेपत: कहा जाए तो साहित्येतिहास में रचनाओं का मूल्यांकन, परम्परा का विवेचन और युग की सामाजिक सांस्कृतिक चेतना की खोज का काम भी होता है। उसमें रचनाकार की रचनाशीलता के सन्दर्भ में जीवन की वास्तविकता की मीमांसा होती है। उसमें वस्तुपरक ज्ञान और आत्मपरक कलाभिरुचि दोनों का सहयोग होता है। इतिहास केवल महान और महत्त्वपूर्ण से ही नहीं बनता। वह साधारण और सामान्य से भी बनता है।

हिन्दी साहित्य के इतिहासलेखक और उनकी दृष्टियाँ

हिन्दी साहित्य के इतिहास लेखन का प्रथम प्रयास फ्रेंच विद्वान गार्सा द ताँसी द्वारा फ्रेंच भाषा में लिखित "इस्त्वार दू ला लितरेत्युर ऐन्दुई ऐन्दुस्थानी" माना जाता है। इस परम्परा में दूसरा नाम शिवसिंह सेंगर द्वारा लिखित "शिवसिंह सरोज" है। इसमें लगभग एक सहस्र भाषा-कवियों का जीवन-चरित उनकी कविताओं के उदाहरण सहित प्रस्तुत करने का प्रयास हुआ है। सन् 1888 में एशियाटिक सोसायटी ऑफ़ बंगाल की पत्रिका के विशेषांक के रूप में जार्ज ग्रियसीन द्वारा रचित "द मार्डन वर्नेक्युलर लिटरेचर ऑफ़ हिन्दुस्तान" का प्रकाशन हुआ। इसे किशोरीलाल गुप्त ने "हिन्दी साहित्य का प्रथम इतिहास" शीर्षक से अनुवाद कर प्रस्तुत किया है। इसके बाद मिश्रबन्धु विनोद प्रकाश में आया। लेकिन हिन्दी-साहित्येतिहास लेखन

की परम्परा में सर्वोच्च स्थान आचार्य रामचन्द्र शुक्ल द्वारा रचित "हिन्दी-साहित्य का इतिहास" को प्राप्त है। उनके बाद हज़ारी प्रसाद द्विवेदी, डॉ. नगेन्द्र, रामविलास शर्मा, गणपतिचन्द्र गुप्त, जैसे इतिहासकारों की लम्बी परम्परा प्राप्त है तो भी शुक्ल जी जैसे वटवृक्ष की छाया में अपने को प्रतिष्ठित करने में वे सुख अनुभव करते थे। सबसे अन्त में चर्चित इतिहासग्रन्थ "हिन्दी साहित्य का दूसरा इतिहास" में बच्चन सिंह भी शुक्लजी के सामने नतमस्तक दिखाई देते हैं। उसके मुख्य कारणों पर विचार विमर्श करते तो साहित्येतिहास के सही रूप पर हम पहुँच सकते हैं। क्योंकि आलोचना और इतिहास सम्बन्धी चिन्तन और व्यवहार की ऐसी एकता दूसरी भारतीय भाषाओं के किसी एक आलोचक इतिहासकार में शायद नहीं मिले। आलोचक की ऐतिहासिक चेतना और इतिहासकार की आलोचनात्मक चेतना की विकासशील एकता से निर्मित साहित्य विवेक शुक्ल के इतिहास और आलोचना सम्बन्धी लेखन की मुख्य विशेषता है।

शुक्ल ने इतिहास, दर्शन, भाषाशास्त्र, विज्ञान और साहित्य सम्बन्धी नये पूराने चिन्तन की वैचारिक यात्रा करने के बाद, एक सुनिश्चित समाजोन्मुखी, विकासशील साहित्य दृष्टि अर्जित की और अपनी इस अर्जित नयी दृष्टि से ही परम्परा का मूल्यांकन, वर्तमान की आवश्यकताओं की पहचान और भावी विकास की दिशा खोजने का प्रयास किया। शुक्लजी ने अपने साहित्य के इतिहास के दृष्टिकोण को यों प्रस्तुत किया–"जबकि प्रत्येक देश का साहित्य वहाँ की जनता की चित्तवृत्ति का संचित प्रतिबिम्ब होता है, तब यह निश्चित है कि जनता की चित्तवृत्ति के परिवर्तन के साथ साथ साहित्य के स्वरूप में भी परिवर्तन होता चलता है। आदि से अन्त तक उन्हीं चित्तवृत्तियों की परम्परा को परखते हुए साहित्य-परम्परा के साथ उसका सामंजस्य दिखाना साहित्य का इतिहास कहलाता है।" उनकी यह ऐतिहासिक दृष्टि युग की परिस्थितियों को प्रमुखता प्रदान करती थी।

शुक्लजी के अनुसार साहित्य का इतिहास भाषा के इतिहास से जुडा होता है और भाषा का इतिहास समाज के इतिहास से। भाषा और साहित्य की परस्पर पूरकता की वजह से शुक्लजी ने भाषा और साहित्य दोनों का इतिहास लिखा है। अपभ्रंश को "प्रकृताभास हिन्दी" और कभी कभी "पुरानी हिन्दी" भी कहा। हिन्दी का आरम्भ प्राकृत की अन्तिम अपभ्रंश अवस्था से हिन्दी साहित्य का आविर्भाव माना गया। हिन्दी काव्य को "देशभाषा काव्य" कहा उन्होंने। उन्होंने देश भाषा को उतना पुरना माना जितना नाट्यशास्त्र क्योंकि नाट्यशास्त्र में "देशभाषा" का उल्लेख है।

उन्होंने कालविभाजन की आवश्यकता को समझ लिया। इसके अभाव में साहित्य का इतिहास कविवृत्त संग्रह, काव्य संग्रह, कविकीर्तन संग्रह और आलोचनात्मक लेखों का संग्रह बनकर रह जाता है। उन्होंने कालक्रम के आधार पर आदिकाल, मध्यकाल (पूर्व मध्यकाल और उत्तर मध्यकाल) और आधुनिक काल में हिन्दी साहित्य के इतिहास को विभक्त किया तो साहित्यिक प्रवृत्तियों के आधार पर नामकरण किया जैसे विरगाथाकाल, भक्तिकाल, रीतिकाल और गद्यकाल। उन्होंने साहित्य के इतिहास को लोकतान्त्रिक आधार प्रदान किय। उन्होंने स्पष्ट किया कि जनसंस्कृति और जनसाहित्य जनभाषा से है। शुक्लजी के चिन्तन की जो भी सीमाएँ हैं वे उसकाल के इतिहास द्वारा दी हुई सीमाएँ हैं।

यद्यपि हिन्दी साहित्य का एक बृहत् इतिहास हज़ारी प्रसाद द्विवेदी ने नहीं लिखा था तो भी उनके द्वारा रचित "हिन्दी साहित्य की भूमिका", हिन्दी साहित्य का आदिकाल" और "हिन्दी साहित्य: उद्‌भव और विकास" के द्वारा और कई निबंधों के माध्यम से अपनी साहित्य सम्बन्धी मानयताओं को पेश किया। उनकी इतिहास दृष्टि परम्पराओं की निरन्तरता का अनुशीलन है। इतिहास लेखन का नयापन विस्मृत परम्पराओं की खोज करने, परम्पराओं को पुनर्व्यवस्थित करने और उनके नये मूल्यांकन करने में प्रकट होता है। इतिहासलेखन के मूलतत्व उनके अनुसार साहित्य, संस्कृति, परम्परा, इतिहास, मनुष्य, भाषा और साहित्य का इतिहास है। उन्होंने लिखा "साहित्य का इतिहास तभी पूर्ण कहा जाएगा जब हमें उसके पढने के बाद चिन्ताधारा की समग्रता और उसकी जीवन्त गति का प्रत्यक्ष दर्शन हो।" (विचार और वितर्क, पृ. 281) किसी समाज या जाति की चिन्ताधारा की समग्रता और जीवन्तता अभिजात संस्कृति और अभिजात साहित्य में ही प्रकट नहीं होती, उसकी सच्ची अभिव्यक्ति जनसंस्कृति और जनसाहित्य में होती है। इसलिए साहित्य के इतिहास को सांस्कृतिक इतिहास के अंग के रूप में विकसित करने केलिए उसमें जन संस्कृति और जनसाहित्य का समावेश करना भी ज़रूरी है। वे बारंबार हिन्दी साहित्य को लोक भाषा में हिन्दी भाषी जनता की चिन्ताधारा, अनुभूति और संवेदनशीलता की अभिव्यक्ति कहते हैं और हिन्दी साहित्य को अधिकाधिक पूर्ण बनाने केलिए लोकगीतों, लोककथाओं और लोक प्रचलित काव्यरूपों के अध्ययन पर ज़ोर देते हैं। उन्होंने यह भी लिखा है कि नवीन छन्द, गीतपद्धति, और नवीन नाट्यरूप बराबर ही लोकचित्त से छनकर अभिजात साहित्य में पहुँचते रहे हैं। साहित्य के इतिहास को मानव की जययात्रा की विकास कथा कहते हैं। इतिहास का लक्ष्य इस जययात्रा के विकास को शक्ति प्रदान करना मानते हैं।

शुक्लजी और हज़ारी प्रसाद द्विवेदी के बाद डॉ. नगेन्द्र ने जो इतिहास रचा वह शुक्लजी का अनुकरण सा सिद्ध होता है। रीतिकाल के महत्त्व को उन्होंने स्वीकार किया। उनकी साहित्य सम्बन्धी मान्यताओं में द्वन्द्वात्मक भौतिक विकासवाद की दृष्टि को ही नहीं अन्य साहित्यिक पक्षों को भी इतिहास में दर्ज करने की आवस्यकता पर बल दिया। वे असल में समन्वयवादी थे। बाद में विशेषत: उल्लेखनीय एक नाम है रामविलास शर्मा का। उन्होंने किसी साहित्येतिहास का प्रणयन नहीं किया, लेकिन भारतेन्दु हरिश्चन्द्र, महावीर प्रसाद द्विवेदी, रामचन्द्र शुक्ल, प्रेमचंद और निराला के साहित्य के विकासशील स्वरूप के द्वारा भारतेन्दु से छायावाद तक के हिन्दी साहित्य का इतिहास हिन्दी जगत् के लिए प्रदान किया। मार्क्सवादी नज़रिये से उत्पादन सम्बन्धों के आधार पर 12वीं सदी को नयी जातियों के निर्माण का आरम्भिक काल वे मानते हैं। उनके अनुसार इस समय आधुनिक भाषाओं में जातीय साहित्य का आरम्भ होता है। उन्होंने भक्तिकाल को लोकजागरण काल माना। उन्होंने भाषा के रूप में हिन्दी का विकास बारहवीं सदी से माना। शुक्लजी के समान नाट्यशास्त्र में "देशभाषा" के प्रयोग की ओर उन्होंने इशारा किया। उन्होंने कहा कि जिस तरह जातीय भाषा में विभिन्न जनप्रदीय बोलियों के तत्व खुलमिलकर जातीय भाषा का निर्माण करते हैं वैसे ही जातीय साहित्य के विकास में विभिन्न जनपदीय सांस्कृतिक तत्वों का योग होता है। इन दोनों प्रक्रियाओं को न समझ पाने के कारण ही कुछ लोग हिन्दी साहित्य के इतिहास को केवल खड़ीबोली के साहित्य का इतिहास समझते हैं। इसका अर्थ व्यापक है। हिन्दी की बोलियों, उपबोलियों और जहाँ जहाँ हिन्दी का प्रयोग किया जाता है वे सब हिन्दी हैं वहाँ उनमें लिखित साहित्य हिन्दी साहित्य है। उन्होंने भारतीय समाज के आर्थिक विकास के आधार पर युग का नामकरण देने का समर्थन किया।

लेकिन हिन्दी साहित्य के पुनर्लेखन पर जब नामवर सिंह ने विचार किया तो आर्थिक विकास के आधार पर युग के नामकरण का विरोध किया - "जहाँ तक हिन्दी साहित्य के इतिहास के विभिन्न कालों के नामकरण का सवाल है, कोई ज़रूरी नहीं कि उन्हें उत्पादन-सम्बन्धों के सामन्ती और पूँजीवादी कालों के नाम के अनुसार ढाला जाए। नाम तो साहित्य की अपनी प्रवृत्ति के अनुसार ही होना चाहिए, केवल उन प्रवृत्तियों के पीछे उक्त सामाजिक ढाँचे और काल विभाजन का आधार अवश्य हो।" (नामवर सिंह-इतिहास और आलोचना, पृ.148) इसी दृष्टि से रामचन्द्र शुक्ल के इतिहास में साहित्यिक प्रवृत्तियों की प्रधानता के आधार पर किया गया कालविभाजन और नामकरण ही विशेष महत्त्वपूर्ण है। इससे समाज और साहित्य

के विकास का सम्बन्ध प्रकट होगा और साहित्य की विकास-प्रक्रिया की सापेक्षिक स्वतन्त्रता की उपेक्षा भी नहीं होगी।

यहाँ सुमन राजे द्वारा 2003 में लिखित "हिन्दी साहित्य का आधा इतिहास" भी विशेष ध्यातव्य है। सुमन राजे ने समकालीन सन्दर्भ में इतिहास के प्रति उदासीनता को देखकर इसके पूर्व भी एक-दो रचनाएँ लिखीं, "साहित्येतिहास: स्वरूप और संरचना" एवं "साहित्येतिहास: आदिकाल"। यहाँ ध्यातव्य है कि हिन्दी साहित्येतिहास को परखने का साहस पहली बार एक स्त्री ने किया। "हिन्दी साहित्य का आधा इतिहास" राजा ने इसलिए लिखा कि उनको यह सच्चाई अनुभूत हुई कि स्त्री रचनाकारों की उपेक्षा अभी तक के हिन्दी साहित्य के मूर्धन्य इतिहासकारों ने की। साहित्येतिहास तो रचनाकारों, धाराओं, विधाओं, संप्रदायों, प्रयोगों, वादों आदि के आधार पर विभक्त है, महिला-लेखन के विभाजन का आधार नहीं बनाया अभी तक। आधी आबादी की स्त्रियाँ वह भी कई प्रकार दबावों की शिकार बननेवाली स्त्रियाँ हिन्दी साहित्य में अज्ञातनामा या छद्म नाम से लिखती आ रही थीं। वे लिखे बिना नहीं रह पायीं। इसलिए अभी तक की साहित्येतिहास की दृष्टि और परम्परा में दरार पैदा करने के लक्ष्य में सुमन राजा ने हिन्दी साहित्य के इतिहास में स्त्रियों के योगदान को ध्यान में रखकर इतिहास की रचना की और उनकी दृष्टि से नामकरण भी किया। वैसे ही नीरजा माधव का इतिहास भी इतिहास से ओझल हुई नारियों का है।

उपर्युक्त इतिहासें हमें याद दिलाते हैं कि भारतीय संस्कृति बहुलता की है। विविधता पर हम गर्व करते हैं। विभिन्न धर्म, जातियाँ, प्रजातियाँ, कई वर्ग-वर्ण-लिंग के लोग विभिन्न भौगोलिक परिदृश्य, एक भाषा के भी अनेक रूप एवं मूल प्रकृतियों, विभिन्न मानवीय चेतनाएँ, विविध कला-परम्पराएँ आदि हमारी संस्कृति को अहमियत प्रदान करता है। इसलिए ये वैविध्य और उनकी अस्मिताओं के पुँज से निर्मित है हिन्दी साहित्य भी। तब हिन्दी साहित्य के इतिहास का पुनर्लेखन आज हम करने की कोशिश करते तो इन विभिन्न अस्मिताओं को अलग-अलग दर्जा देने की ज़रूरत है, विशेषकर स्त्रियों के लेखन को। पुरुष सत्तात्मक सामन्ती एवं पूँजीवादी मानसिकता से इतिहासकारों को अवश्य मुक्त होना चाहिए। हम देख चुके हैं कि शुक्लजी की दृष्टि लोक दृष्टि है। उसमें सबको समाहित करने की ओर उन्होंने इशारा किया। जनता की चित्तवृत्ति युगसन्दर्भ के अनुसार बदलती है, उसके अनुसार साहित्य भी बदलता है। लेकिन "जनता" एक सर्वसमावेशी शब्द बनता है वहाँ प्रत्येक की अस्मिता नष्ट हो जाती है और उच्च साहित्यिकता एवं उच्च मनोग्रन्थी की दृष्टि से स्त्रियाँ तथा अन्य लोकजीवन की लघु संस्कृतियाँ एवं अस्मितायें ग़ायब

हो जाती हैं। सचमुच यह लोक है सबका उत्स। यह हज़ारी प्रसाद द्विवेदी भी अपने विचारों में रेखांकित करते हैं। इसी बहुलता की दृष्टि से हिन्दी साहित्य का इतिहास लिखा जाए तो प्रत्येक को न्याय मिलेगा। तब ऐसा एक इतिहास सम्भव होगा उसमें स्त्री, दलित, आदिवासी, प्रवासी, हिन्दीतर प्रदेश का हिन्दी साहित्य, हिन्दी की विभिन्न बोलियों के लोकसाहित्य सब दर्ज होंगे। भारत के हिन्दीतर प्रदेश के हिन्दी साहित्य में दक्षिण का हिन्दी साहित्य अलग है, बंगाल, महाराष्ट्र, असम, उडिया, गुजरात जैसे प्रदेश वाकई हिन्दी प्रदेश के निकट ही हैं। वे हिन्दी से ज़्यादा प्रभावित हैं।

सबसे पहले हमारे सामने यह सवाल भी उपस्थित होता है कि हिन्दी का स्वरूप विस्तार कहाँ तक है। हिन्दी अब हिन्दी प्रदेश तक सीमित नहीं है। पहले से ही यह स्वीकृत है कि राजस्थान बिहार, उत्तरप्रदेश, मध्यप्रदेश, हरियाणा, हिमाचल प्रदेश और दिल्ली का इलाका हिन्दी प्रदेश है। तब मैथिली, मगही, भोजपुरी, पूर्वी अवधी पश्चिमी अवधी, बघेलखण्डी, व्रज, कन्नौजी, बुन्देलखण्डी, राजस्थानी के विभिन्न रूप, कुमाउनी सब हिन्दी की बोलियाँ हैं। इनमें लिखित साहित्य और लोकसाहित्य भी हिन्दी साहित्य है, इससे भिन्न खड़ीबोली का मात्र नहीं हैं हिन्दी साहित्य। आज भोजपुरी, मैथिली जैसी बोलियाँ अपने विरासत के साथ हमारे सामने अपनी अस्मिता का सवाल उठाती हैं। इन बोलियों एवं उपबोलियों के साहित्यिक संपदा को अपनाकर आज हिन्दी जगत् में चल रहे आन्दोलनों का जवाब देना है। लोक की इस अक्षय सम्पत्ति को अलग करना उचित नहीं है।

दूसरी बात भारत के हिन्दीतर प्रदेश का हिन्दी साहित्य है। यहाँ भी भाषायी प्रयोग एवं अपनी अपनी मातृभाषा की धुन के समावेश से भाषायी रूपों में अन्तर प्रकट है। उत्तर भारत के हिन्दीतर प्रदेश की प्रान्तीय भाषायें हिन्दी जैसी आधुनिक आर्य भाषाएँ हैं। तब उनके बीच में कई समानताएँ हैं और दूसरी ओर हिन्दी प्रदेश के निकट होने को कारण हिन्दी उनके लिए दूसरी भाषा नहीं है। इसी परिप्रेक्ष्य में यदि देखा जाये तो उनका हिन्दी साहित्य भाषागत दृष्टि से मज़बूत है। लेकिन दक्षिण भारत की स्थिति अलग है। वहाँ प्रयुक्त प्रान्तीय भाषायें दूसरे परिवार-अर्थात् द्रविड परिवार की हैं। उनमें भी आन्ध्राप्रदेश एवं तेलुंगाना दक्खिनी हिन्दी की उपजाऊ मिट्टी है, इसलिए उर्दू मिश्रित हिन्दी के प्रयोग में वे हुनर हैं। कर्णाटक का उत्तर भाग भी हिन्दी प्रदेश से प्रभावित है। लेकिन कर्णाटक का दक्षिणभाग, तमिलनाडु और केरल का वातावरण इससे बिलकुल अलग है, केरल है तो बहुत दूर है। हिन्दी प्रदेश से तमिलनाडु हिन्दी विरोधी आन्दोलन में मशहूर है तो भी दक्षिण भारत हिन्दी प्रचार सभा के सहयोग से हिन्दी का सशक्तिकरण और साहित्य रचना एवं अनुवाद में

माहिर लोगों से सम्पन्न ही है। केरल के लोग सबसे ज़्यादा हिन्दी साहित्य पढने वाले हैं। वे अधुनातन साहित्यिक गतियों से परिचित हैं। वे आलोचकीय दृष्टि से सबका चिन्तन मनन कर मूल्यांकन करनेवाले हैं। वे लिखते हैं। लेकिन कथा साहित्य जैसी विधाओं केलिए अनुकूल भाषा के प्रयोग करने में तक्लीफ महसूस करते हैं। कहने का तात्पर्य है कि उनका भी हिन्दी में लिखित साहित्य है। तमिलनाडु से चन्दामामा जैसी पत्रिका जो निकली वह भारत भर के बच्चों ने स्वीकार किया।

तीसरी ओर मज़बूती से प्रसारित है प्रवासी साहित्य। प्रवासी साहित्य को भी मेरे ख्याल से दो भागों में विभक्त किया जा सकता है। पहला साहित्य वह है जो फ़िजी, सूरीनाम, दक्षिण अफ्रीका, मॉरिसस, त्रानिदाद जैसे देशों का। ये लोग शर्तबन्दी प्रथा के अन्तर्गत गन्ने के खेतों में गिरमिटिया मज़दूरों के रूप में काम करने के लिए गए हो। विदेश में जो कठिनपूर्ण जीवन उन्होंने बिताया है, उसका वर्णन है इसमें। इनमें से कई कई पीढियों से विदेश में रहे हैं वे कभी भारत आये ही नहीं, लेकिन वे सभी भारत से आत्मीय रूप से जुडे हुए हैं। वे मूल से उखड़े हुए हैं। लेकिन उनके साहित्य में इस मूल की खोज एवं सुरक्षा का भाव है। उनका भारत के प्रति यह लगाव उनकी रचनाओं में सघनता से झलकता है। दूसरे प्रकार के प्रवासी साहित्य अमेरिका इंग्लैंड, जर्मन, हालैंड, फ्रांस, आस्ट्रेलिया, कनाडा न्यूज़ीलैंड या खाडि के विभिन्न प्रदेशों में नौकरी की खोज में गये हुए लोगों के हैं। उनके मन में भारतीय संस्कृति जमकर बैठी है, इसलिए वहाँ के माहौल में सहजता से सांस्कृतिक द्वन्द्व उत्पन्न होता है। उस द्वन्द्व की अभिव्यक्ति भारतीयता के प्रति मोह की वजह से है। भावों और विचारों की अभिव्यक्ति मानव की सहजात प्रकृति है। हम देश में रहे या विदेश में, परिस्थितियाँ अनुकूल हों या प्रतिकूल, भाषा पर हमारा अच्छा अधिकार हो या न हों; हम अपनी भावनाओं और संवेदनाओं को अभिव्यक्त करना चाहते हैं। यह अभिव्यक्ति किसी भी विधा में हो उसमें भारतीयता की, भारत के विस्थापितों का दु:ख दर्ज है। केवल भाषा की दृष्टि से ही नहीं संवेदना की दृष्टि से भी भारतीयता को आँका जाए तो हमें हिन्दी साहित्य के अन्तर्गत उन्हें मानना चाहिए। यदि भाषा हिन्दी है, भारतीयता की पहचान उसमें नहीं है तो उसे हिन्दी साहित्य के अन्तर्गत दर्ज कराने के बारे में सोचना अनिवार्य है। विश्व भर में बसे हुए हिन्दी के ध्वजवाहक प्रवासी भारतीयों के सृजनात्मक लेखन को जिसने विदेश में हिन्दी को भारतीय अस्मिता का प्रतीक बनाया और हिन्दी साहित्य के इतिहास में स्थान दिलाना है।

आज हिन्दी साहित्य देशज संस्कार से सम्पन्न सत्य के तीन रूपों का समन्वय है चेतना, पदार्थमयता और अनन्तता। इससे उत्पन्न आत्मक्रान्ति की भाषा है आज

के साहित्य की लोकजीवन की नब्ज वहचाननेवाली स्त्री अपनी भाषा में जो लिखती है, अपनी संवेदनात्मक अस्मिता को व्यक्त करती है साहित्य की विभिन्न विधाओं में। उसके लिए अलग एक आधा इतिहास सुमन राजे ने लिखा। यह अस्मिताबोध, आत्मक्रान्ति या आत्मपहचान का द्योतक है। वैसे ही दलित तथा आदिवासी भी अपनी अस्मिता और इतिहास अपनी कविताओं, आत्मकथाओं एवं कथासाहित्यों के द्वारा ज़ाहिर करते हैं। साहित्यिकता को मापने एवं परखने केलिए अभी तक प्रचलित एवं प्रयुक्त प्रतिमानों की जगह वे अपने अलग सौन्दर्यशास्त्र गढ रहे हैं। वे किसी वाद या विचारधारा केन्द्रित नहीं, स्वानुभूतिपरक हैं। तब जिस प्रकार स्त्री साहित्य का अलग इतिहास लिखा गया वैसे हर अस्मिता के साहित्य का इतिहास निकट भविष्य में अलग अलग लिखा जायेगा, अब लिखता आ रहा है। याने कि दलित, आदिवासी, वृद्ध, बालक, किसान, ट्रान्सजेंटर अथवा क्विर आदि का अलग साहित्येतिहास सामने आयेंगे।

उपर्युक्त मौलिक साहित्य के साथ हिन्दी में बड़े पैमाने पर अनूदित साहित्य दर्ज हो रहे हैं। भारत की प्रान्तीय भाषाओं की श्रेष्ठ रचनाएँ अनूदित होती हैं, साथ ही कई समृद्ध विदेशी भाषाओं की क्लासिकल रचनाएँ भी। एक ज़माने में शुक्लजी ने श्रीधर पाठक द्वारा अनूदित गोल्ड स्मिथ को परखकर हिन्दी की स्वच्छन्दतावादी प्रवृत्ति को परिभाषित कर प्रतिष्ठित किया। तब अनूदित रचनाएँ भी साहित्य के इतिहास में महत्त्वपूर्ण स्थान अलंकृत करेंगी।

पहले ही मैं ने सूचित किया कि भावों एवं विचारों की अभिव्यक्ति मानव की सहजात प्रकृति है। तब भाषा की पकड़ बड़ी बात नहीं है। विश्व में सहस्राब्दियों तक मानव अभिव्यक्तियाँ मौखिक ही रही हैं और आज भी विश्व की कितनी ही भाषाएँ हैं जिनकी भाषिक अभिव्यक्ति केवल वाचिक ही है ये लिखित साहित्य का अंग आज तक नहीं बन सकी हैं। वे महत्त्वपूर्ण मानव अभिव्यक्तियाँ हैं। हिन्दी की ऐसी अभिव्यक्तियों को क्या साहित्य के इतिहास में स्थान नहीं है।

आज का समय साहित्य, भाषा, जाति, लिंग, देश, प्रदेश, वर्ण, वर्ग आदि पर केन्द्रित अस्मिताबोधक साहित्य का है। तब आज लिखनेवाले साहित्य के इतिहास में इस काल को अस्मिताबोधक कहा जा सकता है। वह देशज भी है। लेकिन आज हिन्दी साहित्य का इतिहास पूर्ण रूप से कोई लिखेगा? अलग-अलग लिखा जा रहा है। यहाँ अवयवों को पृथक मानकर निरीक्षण करने का खण्ड-दर्शन प्रकट है। इन सब अंगों के अंगी रूप का अखण्ड दर्शन इतिहास होना है। अत: यह बात बराबर ध्यान में रखते हुए कि साहित्य की अखण्ड परम्परा का निरूपण ही इतिहास का

लक्ष्य है, समय समय पर उपस्थित दिशा-परिवर्तनों और रूप-परिवर्तनों को अनुसार विकास-क्रम का अध्ययन करना न सिर्फ़ ग़लत नहीं है, बल्कि ज़रूरी है। तब एक समन्वयात्मक रास्ते को अपनाना पड़ता है।

अब सवाल उठता है कि इन सभी अवयवों को मिलाकर कौन एक नया पुनर्मूल्यांकित इतिहास लिखेगा। हमारी इतिहास परम्परा पर नज़र डाले तो यह ज़ाहिर है कि शुक्ल जी द्वारा स्वीकृत एवं प्रतिष्ठित इतिहास सम्बन्धी धारणाओं का उन्मूलन कर किसी ने भी एक नया इतिहास नहीं लिखा। हज़ारी प्रसाद द्विवेदी ने मध्यकालीन काव्य के स्रोतों व पूर्व-परम्पराओं के अनुसन्धान तथा उनकी अधिक सहानुभूति पूर्ण एवं यथातथ्य व्याख्या कर आचार्य शुक्ल की अनेक स्थापनाओं और धारणाओं को चुनौती दी और सबल प्रमाणों के आधार पर खण्डित किया। फिर भी उन्होंने शुक्लजी के इतिहास के आमूलचूल परिवर्तन करने की हिम्मत नहीं दिखाई। बाद में रामविलास शर्मा ने पूर्णत: उसका समर्थन किया। नामवर सिंहजी, मैनेजर पाण्डेय आदि ने मार्क्सवाद के परिप्रेक्ष्य में हिन्दी साहित्य के पुनर्लेखन की माँग की, लेकिन किया नहीं। बच्चन सिंह ने भी शुक्लजी के इतिहास के साथ जो सामग्री ज़्यादा प्राप्त हुई वह जोडा। लेकिन हमारे सामने चिन्ता का विषय है कि आज कौन बृहत इतिहास लेखन के लिए तैयार हो जायेगा। किसको उसमें रुचि है। हमारी परम्परा में भारत में किस-भाषा साहित्य में समृद्ध इतिहास ग्रन्थ है, नगण्य ही है। विशेषकर आज के ज़माने में क्षण में सबकुछ प्राप्त करने के मोह रखनेवाले कहाँ परम्परा में डुबकियाँ लेने के लिए तैयार हो जायेंगे। सोश्यल मीडिया क्षण के महत्त्व को शक्ति और आधार प्रदान करती रहती है। इनकी गिरफ्त में हैं साहित्यकार एवं इतिहासकार। तब हिन्दी साहित्य के पुनर्लेखन की माँग कहाँ तक सार्थक निकलेगी। फ़िल्म-फ़ैशन, पाककला, यात्रा-वृत्तान्त, संस्मरण आदि से हिन्दी साहित्य के दायरे को बड़ा किया गया। पाठकों को विविधतावादी समाज के नित्य हो रहे परिवर्तनों से जोडा है। सोशल मीडिया लेखन जो है वह पत्र-पत्रिकाओं की ही तरह रियल-टाइम कम्युनिकेशन का सबसे बड़ा और अव्यवस्थित गढ बनकर उभरा है। इस नए परिवेश ने लेखक को क्षणवादी बनाया है। वह उत्तराधुनिक उपभोक्ता की तरह हो गया है। उसे अपने लेखन को तुरंत प्रतिक्रिया चाहिए। सुबह पाँच बजे कविता लिखी तो पाँच बजकर 5 मिनट पर ही उसे मशहूर भी होना है और अपनी लेखन की स्वीकार्यता भी होनी चाहिए। सोशल मीडिया का ऐसा आदी हो गया है कि लाइक कमेंट्स की भूख उसके स्वभाव में बद्धमूल एक प्रवृत्ति बन गई।

यहाँ अन्त में बच्चन सिंह के हिन्दी साहित्य का दूसरा इतिहास की भूमिका के आरम्भिक वक्तव्य को रखना चाहूँगी। "आरम्भ में ही कह दूँ कि न तो आचार्य रामचन्द्र शुक्ल के "हिन्दी साहित्य का इतिहास" को लेकर दूसरा नया इतिहास लिखा जा सकता है और न उसे छोड़कर। सन् उनसे बहुत कुछ सीखने के साथ ही उनके ऐतिहासिक पैटेर्न को तोड़ना होगा। जब रचनात्मक साहित्य पुराने पैटर्न को तोड़कर नया बनता है तो साहित्य के इतिहास पर वह क्यों न लागू हो। नया पैटर्न बनाना ख़तरे से खाली नहीं। नया इतिहास लिखने केलिए यह ख़तरा उठाना ही होगा।" इसके लिए एक बृहत् योजना की आवश्यकता है। क़िसी के प्रति अन्याय भी नहीं होना है। लेकिन यह स्वप्न हो या याथार्थ्य!

भूमण्डलीकृत संस्कृति का समाधान ढूँढ़ते हैं समकालीन हिन्दी उपन्यास

भूमण्डलीकरण, उदारीकरण और निजीकरण मूलत: नवउपनिवेश की संचालित नीतियाँ हैं। यह भौगोलिक और प्रशासनिक सीमाओं से परे संसार भर की अर्थनीति को एकीकृत करने के सदुद्देश्य के साथ रूपायित है। लेकिन अमरिका की केन्द्रीयता से वह लक्ष्य से फिसल गया। अमरिका ने इसे संसार भर को अपना बाज़ार बनाने की योजना या प्रक्रिया बनायी। तब इसका लक्ष्य बहुत संकुचित हो गया। अब यह मुनाफे की तलाश में पूँजी की स्वच्छ यात्रा को सुगम बनाने की प्रक्रिया है। अपने मार्ग को निष्कंटक बनाने के लिए उसे विकसित और अविकसित देशों को अपने क़ब्ज़े में रखने की ज़रूरत है। इसके लिए भारत जैसे देशों के अधिकारों पर बहुराष्ट्रीय निगम, विश्व बैंक, आई.एम.एफ, विश्व व्यापार संगठन जैसी संस्थायें अपना नियन्त्रण मज़बूत कर कर रही हैं। इससे तीसरी दुनिया का शासन 'पैकेज टूर' की यात्रियों की तरह एक खास नियन्त्रण में रहता है। वहाँ अधिकार, धन, आग्रह सब हमारे, पर नियन्त्रण उनके हाथ में हैं।

नब्बे के दशक के आरम्भ में ही 1991 में तत्कालीन वित्तमन्त्री मनमोहन सिंह ने "आर्थिक उदारीकरण के माध्यम से भारत की बाज़ार नीति में महत्त्वपूर्ण बदलाव किए, जिससे निजी क्षेत्र के उद्योग और विदेशी निवेश में भारी बढोत्तरी दर को दर्ज किया गया। एल पी जी नीति के साथ भारत में उदारीकरण, निजीकरण और वैश्वीकरण की प्रक्रिया का आरम्भ हुआ, जो पूर्ववर्ती आर्थिक सुधारों से बिलकुल भिन्न है। 1991 की नयी औद्योगिक नीति के साथ अन्तरराष्ट्रीय व्यापार को प्रोत्साहित किया गया, जिसके निमित्त 'विमुक्त अर्थनीति' और 'सूचना प्रौद्योगिकी' में भी विस्तार किया गया। इस नीति के परिणाम स्वरूप आरम्भ में तो कई सकारात्मक प्रभाव लक्षित किए गये, परन्तु सदी के परवर्ती दौर में पूँजी पर असमान रूप से

एक खास आभिजात्य आधिपत्य को भी चिन्हित किया जा सकता है। इस दशक के मध्य 'ब्लैक इकॉनमी' में भारी मात्रा में बढोत्तरी को दर्ज किया गया। उस दौर में विभिन्न क्षेत्रों में हुए चारा घोटाला, हवाला काण्ड, हर्षद मेहता आदि घोटाले इसके उदाहरण हैं। बीसवीं सदी के अन्तिम दशक में हुए इन घोटालों से भारतीय राजनीति और समाज में एक जबरदस्त पूँजी की अन्तर्विरोधी स्थिति को महसूस किया गया। किशन पटनायक अपनी पुस्तक 'भारतीय राजनीति पर एक दृष्टि' में बीसवीं सदी के अन्त में राजनैतिक स्तर की गिरावट में 'अर्थ' की भूमिका को स्वीकार करते हैं। राजनीति के क्षेत्र में आदर्श एवं नैतिकता को स्थान देनेवाले कार्यकर्ता अर्थाभाव में भ्रष्ट होते दिखाई देते हैं। सभी क्षेत्रों में अलगाववाद की स्थिति उत्पन्न हुई, जहाँ तक भाषा, संस्कृति और जातीय भावनाओं में भी। इसी वेला में सांप्रदायिकता सांस्कृतिक राष्ट्रवाद की छत्रछाया में बुरे ढंग से विकास प्राप्त कर रही थी। कई क्षेत्रीय विषमताओं एवं उग्रवाद के साथ अलगाववाद की स्थिति सामने आयी। कई क्षेत्रीय राजनैतिक दलों का उदय भी राजनैतिक परिदृश्य पर दिखाई पड़ा।

उपर्युक्त परिस्थितियों के बीच में भूमण्डलीय संस्कृति सबके ऊपर सवार करने लगी। यह उपभोग को बढावा देनेवाली बाज़ारु संस्कृति है। इस संस्कृति के पीछे एक रंगीय संस्कृति बनाने की अमरिकी साजिश काम करती दिखाई पड़ी। भूमण्डल की विविधता के सौन्दर्य एवं मूल्य का नाश कर अपना रंग सर्वत्र फैलाना उनका लक्ष्य रहा था। भारत के सम्बन्ध में भारतीयों के मानसिक उपनिवेशन का आरम्भ अंग्रेज़ी शिक्षा के साथ शुरु हुआ था। सन् 1825 में मैकाले प्रभु ने अंग्रेज़ी शिक्षा की शुरुआत करते वक्त कहा था कि हमारा लक्ष्य शिक्षा के माध्यम से एक ऐसा दलाल वर्ग पैदा करना है जिसकी रुचि, विचारसरणी और दृष्टि यूरोप की हो-और जिनमें शेष भारतीयों और भारत के अतीत से कोई लगाव नहीं बचे-उलटे ये ही लोग होंगे जो भारत की अपनी व्यवस्था अपना राज्य खड़ा करने का सबसे अधिक विरोध करेंगे और हमसे जी जान से चिपके रहेंगे। अंग्रेज़ अपने लक्ष्य में सफल निकले, ताकि हम अभी तक मानसिक ग़ुलामी से मुक्त नहीं हो सके। यही कार्य भूमण्डलीकरण से अमरिका ने भी किया। यानेकि विविधता की संस्कृति की जगह एकरंगीय अमरिकी या पाश्चात्य संस्कृति को प्रतिष्ठित कर अपने बाज़ार को बढ़ावा देना। भूमण्डलीकरण के अर्थतन्त्र से ग़रीब और भी ग़रीब हो गया, कृषक की स्थिति और भी ख़तरे में है। विकास योजनाएँ तथा मल्टी नेशनल कम्पनियों के पनपने से हमारा पर्यावरण संकट ग्रस्त स्थिति से गुज़रता है। आदिवासी अपनी मिट्टी से एवं संस्कृति से विस्थापित होता जा रहा है। मनुष्य एवं समस्त जीवजन्तु वस्तु में तब्दील

होते जा रहे हैं। स्त्रियाँ बिकाउ बन गईं। पाश्चात्य संस्कृति के बढने से अधिकार में जो हैं और अमीर जो हैं वे बाकी को अपने अधीन कर सबको उपयोग की चीज़ें बना रहे हैं। सांस्कृतिक स्वत्व को बनाने के स्वांग में राष्ट्रीयता के बदले में सांस्कृतिक राष्ट्रवाद को बढावा देनेवाला धर्म और राजनीति का गठबंधन समृद्ध हो रहा है। अंग्रेज़ों ने सांप्रदायिकता का जो विष घोल दिया वह उग्र रूप में प्रकट हो रहा है। दुर्बलों के ऊपर का दबाव बढ़ रहा है। वृद्धों की उपेक्षा इसलिए बढ़ती जा रही है कि भूमण्डलीय संस्कृति उपयोग करना और फेंक देने की है। भूमण्डलीकरण के इन उत्पादनों को समकालीन हिन्दी उपन्यास बड़ी सतर्कता एवं गम्भीरता से प्रस्तुत करने में सफल निकलते हैं। यह भी नहीं, इनमें जो भयानक एवं अनचाहे वातावरण एवं स्थितियाँ पैदा हुए उनका प्रतिरोध करते हुए समाधान देने का दायित्व निभाते दिखाई देते हैं।

साम्राज्यवाद और बाज़ारु संस्कृति का प्रतिरोध

उपभोग जीवन का अभिन्न अंग है। परन्तु उपभोक्ता सभ्यता में जीना बिलकुल दूसरी बात है। वैश्वीकरण के मुख्य औजार विज्ञापन ने उपभोग को उपभोगवाद में बदल डाला है और मनुष्य के रुतबे का निर्णय क्रयशक्ति लेने लगी। वह सच और झूठ को मिटाकर एक मायिक संसार में पहुँचा देता है। वहाँ चेतना को कोई स्थान नहीं रहता, जीवन पूर्णतया विज्ञापन द्वारा निर्मित मापदण्ड के आधार पर चलता है। ऐसा समाज झुण्ड में परिणत हो जाता है, जहाँ मौलिक चिन्तन नहीं होता है। ऐसे निर्बुद्धीकृत समाज में मानवीयता एवं मानवीय मूल्य निष्कासित हो जाते हैं, धर्म, संस्कृति, साहित्य, विज्ञान इत्यादि को मूल्यों के स्रोत की दृष्टि से नहीं देखते हैं, सब फ़ैशन की वस्तु बन जाते हैं। वहाँ उत्तेजना और दिखावा उत्पन्न करनेवाली चीज़ों की माँग होती है तथा आदमी की पूछ चरम मूल्य बन जाती है। ऐसे सांस्कृतिक संकट की वजह साम्राज्यवाद द्वारा प्रायोजित नव उपनिवेशवाद है। कमलेश्वर द्वारा रचित 'कितने पाकिस्तान' में ऐसे अनेक प्रसंगों से साक्षात्कार करने का अवसर हमें मिलता है। अदीबे आलिया का अर्दली महमूद अली से यह कथन विचारणीय है "...सौदागरों की जिस जमात ने अपना साम्राज्य स्थापित करके हिन्दुस्तान को जकड़ लिया है...वे ही उपनिवेशवादी फिरंगी अब चीन में बाज़ार बनाने के रास्ते तलाश रहे हैं।....बाज़ारों केलिए ही बनते हैं साम्राज्य। साम्राज्यों की नाभि बाज़ार से जुड़ी है। साम्राज्यों के रूप बदल सकते हैं...वे प्रजातान्त्रिक आर्थिक साम्राज्य का रूप ले सकते हैं, परन्तु इन पूँजीवादी प्रजातन्त्रों को जीने केलिए मुनाफे की

बाज़ारों की ज़रूरत है। बाज़ार! बाज़ार!बाज़ार!!! यही है औद्योगिक क्रान्ति का सतत जीवित रहने की मज़बूरी भरा सिद्धान्त। यही है पूँजीवाद। इसी का दूसरा नाम है साम्राज्यवाद, तीसरा नाम है उपनिवेशवाद और आज दस्तक देती नयी सदी में इसका कोई अन्य नाम भी हो सकता है।" कमलेश्वर इस भूमण्डलीकरण को पूँजीवाद, साम्राज्यवाद एवं नवउपनिवेशवाद जैसे शब्दों से अभिहित करते हुए भूमण्डलीकरण में छिपे हुए साम्राज्यवादी षड्यन्त्र को स्पष्ट करते हैं। यह भी ज़ाहिर है कि यह एक दानवीय प्रवृत्ति है।

भूमण्डलीकरण के नाम पर आजकल पूँजीवाद साम्राज्यवाद की जड़ें जमा रहा है। उदारीकरण, निजीकरण और जितने भी शब्द इसके साथ प्रयुक्त होते हैं, उसकी बहिरंगी भंगिमा के अन्दर छिपे अमानवीय चेहरे को देखने पर हम कभी भी उसे "संस्कृति" नाम नहीं दे पाएँगे। समकालीन समाज में करुणा जैसे मानवीय गुण गुम हो रहे हैं। इसलिए कमलेश्वर आँसू के सूख जाने को संस्कृतियों का उजड जाना मानते हैं। पुराने और वर्तमान बाज़ार का फ़र्क़ यह है कि माँग और आपूर्ति का अर्थशास्त्रीय सिद्धान्त आज अनुपादेय हो गया है। पूँजीवाद ने ऐसी एक संस्कृति को विकसित किया है कि ख़रीददार अपनी ज़रूरत की चीज़ ख़रीदने के बजाय ऐसी ग़ैर ज़रूरी चीज़ें ख़रीदने को मज़बूर हो जाता है। इतना ही नहीं ख़रीदने के उपरान्त वे महसूसते हैं कि उनकी शान शौकत और हैसियत बढ गई है। इनसानी सभ्यता का भविष्य सौदागरी सभ्यता में तब्दील होने पर सारे के सारे रिश्ते आर्थिक मुनाफे की तराजू पर तौले जाते हैं। इस अस्पृहणीय सभ्यता के असर को 'कितने पाकिस्तान' में यों प्रकट हुआ–"जब तक इनसानी सभ्यता का भविष्य सौदागरी सभ्यता में बदला जा रहा हो, जब मनुष्य के सुकून सपनों और अरमानों को मुनाफे की तिजोरियों में कैद किया जा रहा हो...जब एक बड़ी इनसानी सभ्यता को फरेबी सौदागरों के जाल में फँसाया जा रहा हो, वह वक्त बहुत नाजुक होता है। ऐसे वक़्त में सिर्फ़ बाज़ार की कदें ही नहीं बदलती, रिश्तों के मयार और मूल्य भी बदलते हैं...दिलों के एहसास भी बदलते हैं...और तब अनकहे तरीकों से कहानियों के आदि और अन्त भी बदलते हैं।

भूमण्डलीय संस्कृति की अमानवीयता और इस अपसंस्कृति के द्वारा निर्मित एक अलग सौन्दर्यशास्त्र का ब्यौरा कमलेश्वर देते हैं। बाज़ार द्वारा निर्द्धारित चीज़ों का इस्तेमाल हमारे सहज प्रकृत चीज़ों के बदले करना है। यह भी नहीं इस साम्राज्यवादी साजिश में विभाजित करने की शक्ति भी है। यह हमारे प्रतिरोध की शक्ति को भी विखण्डित करता है और इसको बाज़ारवाद को विभक्त समूहों के

रक्त को चूसने का ख़ूब अवसर मयस्सर हो जाता है। बड़ी संस्कृतियाँ खण्ड-खण्ड बन गईं। नवउपनिवेशवाद में पूरी दुनिया की लूट हो रही है। बहु संख्यक लोगों को भिखमंगे बनानेवाली इस संस्कृति पर वार करते हुए कमलेश्वर कबीर शीर्षधारी पात्र के ज़रिये मौंटबेटन से यो कहलवाते हैं– "हम भिखमंगों की नस्ल तुम लुटेरों ने पैदा की है। हम जैसे भिखारियों की नस्ल तुम्हारे इंडस्ट्रियल रेवोल्यूशन से पहले दुनिया के किसी देश में मौजूद नहीं थी। अमीर और ग़रीब पहले भी थे, लेकिन भिखारियों का जन्म उपनिवेशी बन्दोबस्त के साथ हुआ...जब आर्थिक और जीवनगत न्याय के मूल्यों का अन्त और मुनाफा केन्द्रित अन्ध शोषण और स्पर्धा का जन्म हुआ, नहीं तो इससे पहले ग़रीब तो...पर भिखारी नहीं थे। विश्व का न्यायगत आर्थिक सन्तुलन तुम साम्राज्यवादियों, उपनिवेशवादियों ने खण्डित किया है...नहीं तो मुझ जैसा लाचार आदमी भारत और पाकिस्तान में भीख माँगने केलिए मजबूर नहीं होता, तो एक दूसरे के ख़िलाफ़ हुआ माँगते हैं। तुम उपनिवेशवादियों ने हमारी दुआएँ भी दोगली बना दीं...।" यह साम्राज्यवाद के विभाजन तन्त्र का पर्दाफाश करता है।

बड़ी संस्कृतियों को निस्तेज कर उसे अपनी संस्कृति से उखाड फेंक जाना भूमण्डलीकरण का लक्ष्य है। लू-शुन के ज़रिये वर्तमान चीन में भूमण्डलीकरण के उपरान्त की सांस्कृतिक तस्वीर कमलेश्वर पेश करते हैं–"हमारी जाति को अकर्मण्य बनाकर वे परछाइयाँ इन लुटेरों ने छीन ली हैं...हमें इन्होंने संस्कृतिविहीन करना चाहा है, संस्कृति ही पूर्वजों की जीवित परछाइयों का संसार है। उनकी उपस्थिति हमेशा परछाई की तरह मनुष्य के साथ रहती है...बड़ी सभ्यताओं को निस्तेज करने का यही तरीका इन विदेशी लुटेरों ने निकाला है–यह पहले पूर्वजों की परछाइयाँ छीनते हैं।" लेकिन सबसे बड़ी त्रासदी यह नहीं, इस अपसंस्कृति को फैलानेवाले घोषणा करते हैं कि वे दुनिया को सभ्य बना रहे हैं और यह है सही संस्कृति।

2018 में प्रकाशित ज्ञान चतुर्वेदी का उपन्यास 'पागलखाला' इस दृष्टि से विचारणीय है। उपन्यास में विस्तृत और विराट 'बाज़ार' ही मुख्य पात्र होते हुए भी महा-खलनायक की तरह विद्यमान है। ज्ञान चतुर्वेदी व्यंग्यकार हैं, इसलिए व्यंग्यात्मक शैली में इस बाज़ारु आक्रमण को अभिव्यक्ति देते हैं। इस उपन्यास में सचमुच बाज़ार से बच निकलने के लिए तमाम कोशिशों में लगे कुछ समझदार पागलों की करुण-कथा ही है। बाज़ार के चंगुल में पूरी दुनिया फँसी हुई है। दुनिया की हर चीज़ पर बाज़ार की हुकूमत है। समय ऐसा आया कि विचार, सोच, धज, कपड़े-लते, भाव, प्यार, मुस्कान, संस्कृति, कला, संगीत, साहित्य, लोक-जीवन हर बाज़ार के इशारे पर चलने लगा। फिर भी कुछ सिरफिरे ऐसे बचे थे इस दुनिया में

कि वे जीवन को बाज़ार के ऊपर समझते थे। वे इस कटु यथार्थ को जानते थे कि बाज़ार जीवन केलिए है, जीवन बाज़ार के लिए नहीं। ऐसे लोग पागल कहलाये गये। उपन्यास ऐसे पागलों का दस्तावेज़ है। वह पागल इस दुनिया और दुनियादारी से भाग रहा है और छिप रहा है। क्योंकि वह अपने उस 'स्वत्व, सत्य और सातत्य' को बचा लेने में लगा हुआ है, जो उसके पास संचित था। हमारी संस्कृति हमारी स्मृतियों से ही कायम है। ये स्मृतियाँ ही मनुष्य को मनुष्य बनाए रखती हैं। स्मृति खोनेवाले पात्र के शब्द देखिए–"बहुत सी थी।...मेरे पूर्वजों की। समाज की। इतिहास की। लोकजीवन की। इनमें लोक संगीत था। कथायें थीं। साहित्य था। कविताएँ थीं।...न जाने क्या-क्या था। सब एक दम मिल गया। मुझे कुछ याद नहीं आया।...जब होश आया तो देखा कि स्मृति में कुछ शेष नहीं रहा। बस, बाज़ार बचा था। हर तरफ।" (पागलखाना–पृ. 143)

उपन्यास में धर्म के बाज़ारीकरण का व्यंग्यात्मक बयान पेश है। राजकुमार रिटायर्ड होकर ख़ुशी से रहना चाहता था, लेकिन बाज़ार से तंग आकर बचने केलिए सुरंग खोलने में लगा है। लेकिन सुरंग से होकर वह एक मन्दिर में पहुँचता है तो लोग उन्हें चमत्कारी बाबा मानकर पूजा करने लगे। चिन्ता की बात है कि बाज़ार से बचकर बाज़ार में ही पहूँच जाता है। उससे आध्यात्म के बाज़ार केलिए ब्रांड वेल्यू बढ गया। बाबा के आने पर प्रसाद का बाज़ार, धार्मिक वस्तुओं की दुकान सब खुलने लगी। वह भी धीरे अपनी भूमिका में जम गया। उनका यह अध्यात्म एक पराजित व्यक्ति का ढोंग मात्र है। पहले बाज़ार से बचने केलिए उसने कोशिश की तो उसे पागल कहकर पागलखाना भेजा गया। जो समझदार है इनको सब पागल मानते हैं। मजेदार बात यह थी कि उनके इस मन्दिर में भी पागल आने लगे। वह यह देखकर ख़ुश है कि कुछ लोग ज़िन्दा हैं जिन्होंने अभी तक हार नहीं माना है। हमारे समाज का बचाव इन लडनेवाले कुछ समझदार पागलों पर ही निर्भर है। क्योंकि क्रान्ति सिर्फ़ एक से शुरु होती है, पर धीरे धीरे वह फैलना शुरु होती है। उम्मीद के साथ उपन्यासकार ने अन्त में दर्शाया है कि ज़बरदस्ती बाज़ारवाद को कोई लाद नहीं सकता है। समय इतना बेबस नहीं हुआ है कि विद्रोह न कर सके।

स्वार्थ सुख एवं उपभोग के अतिरेक में उपयोग करना और छोड़ देने की संस्कृति की उपज है हमारे समाज द्वारा वृद्धों की उपेक्षा। हिन्दी में कृष्णा सोबती का 'समय सर्गम,' चित्रा मुद्गल का 'गिलिगडु' जैसे उपन्यासों में यह भयानक स्थिति वर्णित है। लेकिन इन उपन्यासों में इसका उपाय भी प्रस्तुत हुआ है।

भूमण्डलीकरण में नारी

उत्तर-औपनिवेशिक स्थितियाँ तथा भूमण्डलीकरण की प्रक्रियायें स्त्री जीवन पर जो नकारात्मक एवं सकारात्मक प्रभाव डाल रही हैं, उनका खुलासा चित्रामुद्‌गल द्वारा रचित "एक ज़मीन अपनी" में हुआ है। भूमण्डलीय संस्कृति में स्त्री बिकाऊ चीज़ बन गई। बाज़ार केलिए अत्यन्त अपेक्षित है विज्ञापन। कई प्रकार के विज्ञापनों से उपभोक्ताओं को आकृष्ट करनेवाली तरह तरह की कंपनियाँ हैं। विज्ञापन केलिए स्त्री का इस्तेमाल किया जाता है। यहाँ विज्ञापन में मॉडल बनकर एवं उपभोग की मानसिकता की शिकार बनकर भी स्त्री का शोषण हो रहा है। इस उपन्यास में विज्ञापन जगत् में काम करनेवाली अंकिता और नीता दोनों होशियार थीं। जब कई कम्पनियों के बीच में होडाहोडी चलती तो अपनी कामयाबी के लिए स्त्री का उपयोग वस्तु के समान कंपनियाँ करती हैं। उनका नारा है कि 'नाच गोरी नाच, तुझे मिलेगा पैसा'। बेचारी स्त्री इसे अपनी स्वतन्त्रता का अर्थ समझती है। इस उपन्यास में उपन्यासकार बाज़ारीकरण के दौर में विज्ञापन का स्थान और उसके साथ जुडी ज़्यादतियाँ, छलकपट आदि की बाल की खाल निकालती हैं तो दूसरी ओर स्त्री शरीर को विज्ञापनबाजी का उपकरण बनानेवाली जो संस्कृति पनप रही है, इसका संजीदगी से बयान करती हैं। उपन्यास में नीता को मॉडल बनाकर उसके नग्न सौन्दर्य के प्रदर्शन करने के साथ-साथ कम्पनियों के आदान-प्रदान को साध्य एवं सुगम बनाने केलिए अपने क्लाइंट्स को परोसने का कार्य किया जाता है। नीता ने जल्दी जल्दी नाम एवं धन कमाया। लेकिन अन्त में जीवन में पूर्णत: पराजित होकर आत्महत्या करती है। उपन्यास में विज्ञापन जगत् में ही नहीं पत्रकारिता में भी अपनी प्रतिभा के बलबूते पर इस बाज़ारु संस्कृति की गिरफ्त में अपने को फँसने नहीं देती है अंकिता। नीता ने जो मार्ग अपनाया, वह मांसल शरीरिक प्रदर्शन और उच्छृंखलता का है। लेकिन अंकिता प्रतिभा का इस्तेमाल करती है और उस मार्ग से अपनी ज़मीन को सुरक्षित रखती है। इस उपन्यास में भूमण्डलीकृत संस्कृति की प्रतिसंस्कृति गठित करने में उपन्यासकार सफल हुई हैं। उनके ही उपन्यास 'आवां' में नायिका नमिता विज्ञापन एवं इससे जुडी हुई पूँजीवादी संस्कृति की शिकार बनती है तो भी इसकी पहचान उसे होती है और उससे सदा केलिए बच निकलती है। वैसा ही एक उपन्यास है सुरेन्द्र वर्मा का 'मुझे चाँद चाहिए'। उसमें हर्षा वसिष्ठ इस बाज़ारु संस्कृति के भ्रमजाल से मोहित हो जाती है और इसके सुख में जीने के लिए विविश हो जाती है।

पर्यावरण संकट एवं विस्थापन

पर्यावरण का नाश उपभोग संस्कृति की ख़तरनाक परिणति है। भूमण्डलीकरण ने नगर केन्द्रित उच्च मध्यवर्गीय लोगों और ग्रामीण उच्चवर्गों को उपभोग संस्कृति की ओर प्रेरित किया। इसलिए भूमण्डलीकरण की रफ्तार के अनुपात में पर्यावरण के नाश की मात्रा भी बढ़ती गई। नदी सूख गयी, जल विषलिप्त हो गया, पीने का पानी दूभर हो गया, मिट्टी की उर्वरता नष्ट हो गई, सूखा पड़ गया, खेती का नाश हुआ, नए-नए रोगों का उदय हुआ, वायु का प्रदूषण हुआ। ये सब विकास योजनाओं की अदूरदर्शिता का फल है, या माल डेवलेपमेंट की वजह से है। इसलिए भूमि जहरीली एवं बंजर बन रही है। सुन्दर धरती आसन्न मृत्यु की प्रतीक्षा में है।

उत्तर प्रदेश के "टिहरी डैम प्रोजेक्ट" को आधार बनाकर लिखित उपन्यास "डूब" में वीरेन्द्र जैन ने सिंचाई और बिजली केलिए निर्मित बाँधों का बुरा असर जन को कैसे भुगतना पड़ता है इस ओर इशारा किया है। मध्यप्रदेश और उत्तर प्रदेश के शहरों के वैद्युतीकरण केलिए निर्मित इस बाँध के फलस्वरूप सैकडों गाँवों के हरे-भरे खेत और खलिहान नष्ट हुए। जिससे लोगों के पीने का पानी भी नसीब नहीं होता। यहाँ कई बार बाढ़ आई। मिट्टी निकाले जाने से पशुपालन क्षेत्र का नाश हुआ। पशुपालन का क्षेत्र संकुचित हो जाने के कारण पशु अल्पस्थान पर अधिक संख्या में अधिक दिनों केलिए चरने को मजबूर है। परिणामस्वरूप इन इलाकों में भी भूमिकटाव और जलसंकट तीव्रतर होते जा रहे हैं। अतएवं समृद्ध हरा भरा अंचल ऊसर और मरुभूमि में तब्दील हो जाता है। सालों भर पानी के जमाव की वजह से लवणाक्त होकर ज़मीन नष्ट हो जाती है और सहज उर्वरत भी। प्रकृति का सबसे महत्त्वपूर्ण उपादान है जल। लेकिन यह उपादान भोगवादी विकास व्यवस्था के कारण शायद आज सबसे ज़्यादा क्षतिग्रस्त हुआ है। इन सबका बुरा असर लोगों पर पड़ता है और जनता वेघर हो जाती है। वे विस्थापित हो जाती हैं और बेरोज़गारी की समस्या सबसे भयानक रूप से उनको भुगतना पड़ता है। इन सबका खुला चित्र 'डूब' उपन्यास पेश करता है।

आज हर कोई विश्व को गाँव बनाने की बात कर रहा है, एक ग्लोबल गाँव, लेकिन दुनिया को गाँव बनाने की दौड में जो असल में गाँव हैं वे विलुप्त होतो जा रहे हैं। इसके उदाहरण हैं रणेन्द्र द्वारा लिखित दो उपन्यास 'ग्लोबल गाँव के देवता' और 'ग़ायब होता देश'। इन उपन्यासों में यह साबित होता है कि वर्तमान आदिवासी जीवन अपनी पहचान के सबसे कठिन दौर से गुज़र रहा है। वह वैश्वीकरण की

नयी साम्राज्यवादी ताक़तों का सबसे ज़्यादा शिकार है। भौरापेट गाँव में रहनेवाले 'असुर' आदिवासियों को विस्थापित कर बहुराष्ट्रीय कम्पनियाँ ग़ुलाम बनाने की ज़ोरदारी तैयारी कर रही हैं। उस गाँव में बॉक्सैट मैनिंग चल रही है। मैनिंग के गड्ढे छोड़े जाते हैं, उनमें पानी भर जाता है, और उनमें मच्छर पलते हैं। इससे महामारी फैलती है और लोग मरते हैं। तब स्थानीय आदिवासी लोग विस्थापित होने के लिए विवश हो जाते हैं। वैसे ही 'ग़ायब होता देश' में झारखण्ड के मुंडा आदिवासियों के समूह को पूँजीवादी विकास की दौड में शामिल लोग घास की तरह चरमरा रहे हैं। देखिए कैसे एक प्रदेश ग़ायब हो रहा है–"सरना-वनस्पति ग़ायब हुए, गीत गानेवाली, धीमें बहनेवाली, सोने की चमक बिखेरनेवाली, हीरों से भरी सारी नदियाँ 'इकिर बोंगा' जलदेवता का वास था ग़ायब हो गयी। मुंडाओं की बेटे-बेटियाँ भी ग़ायब होने शुरु हो गए। 'सोना' लेकिन 'दिगुम' ग़ायब होनेवाले देश में तब्दील हो गये। (ग़ायब होता देश)। वैसे ही तेजीन्दर का 'काला पादरी', वीरेन्द्र जैन का 'पार' जैसे उपन्यासों में भी कई तरह से अस्मिता विहीन बननेवाले अदिवासियों का जिक्र है। उनका विस्थापन असल में बहुत भयानक स्थिति पैदा करता है।

किसानों की स्थिति

भूमण्डलीकरण के साथ जो उदारीकरण हुआ उसका बुरा असर कृषकों पर पड़ा। उनको जो सुविधायें मिल रही थीं वह समाप्त हो गईं। आज हम भारत में महीनों से अपने अधिकार के लिए सड़क पर धूप, सर्दी, वर्षा आदि की कठोरता झेलते हुए कोविड महामारी की भीषणता का भी सामना कर हड़ताल करते आ रहे किसानों का दिल छूनेवाला दृश्य देख रहे हैं। अब गांधीजी के ये शब्द विचारणीय हैं–"अगर स्वराज्य सारी जनता की कोशिशों के फलस्वरूप आता है और चूँकी हमारा हथियार अहिंसा है इसलिए ऐसा ही होगा तो किसानों को उनकी योग्य स्थिति मिलनी ही चाहिए और देश में उनकी आवाज़ ही सबसे ऊपर होनी चाहिए। अगर विधान सभायें किसानों के हितों की रक्षा करने में असमर्थ सिद्ध होती हैं तो किसानों के पास सविनय अवज्ञा और असहयोग का अचूक इलाज तो हमेशा होगा हो।" (द बम्बई क्रोनिकल, 12-01-1945)। आज इसलिए किसान सड़कों में असहयोग आंदोलन कर रहे हैं। बड़ी बड़ी कम्पनियों को पोषित करने के लिए किसानों के हितों को तिलांजलि करती है सरकार। कृषिभूमि नष्ट होकर मज़दूर बनने को विवश होनेवाले किसान हैं। अपनी कृषि से उचित लाभ न प्राप्त होने से जीवन भर करजदार बनकर आत्महत्या करने वाले कृषक। समकालीन कई उपन्यासों में इदन्नमम, (मैत्रेयी

पुष्पा), सोनामाटी (विवेकी राय), हलफनामा (राजु शर्मा), अकाल में उत्सव (पंकज सुबीर), आख़िरी छलाँग (शिवमूर्ति) फाँस (संजीव), धारा का पुल (रवीन्द्र कुमार वर्मा) जैसे उपन्यासों में कृषकों के जीवन के यथातथ्य चित्र का पर्दाफाश हुआ है। अकाल में उत्सव का शामप्रसाद किसान से भिक्षुक बन जाता है। उपन्यास में खेती को मल्टीनेशनल कम्पनी को देने की तैयारी करनेवाली नयी पीढ़ी का जिक्र है। देखिए–"किसान और मल्टिनेशनल? इन दोनों को आप एक ही तरह से मत देखिए। किसान जब एक खेती कर रहा है, तब तक हमको खाने केलिए मिल भी रहा है अनाज, एक बार मल्टीनेशनल कम्पनियों ने खेती शु डिग्री कर दी ना, तो फिर देखिए क्या होते हैं अनाज के भाव?...आप उस दिन की भयावहता नहीं समझ पा रहे हैं।" (पृ. 176)। मल्टीनेशनल कम्पनी के वश में यदि खेती के पहुँचने पर यहाँ की स्थिति भयानक होगी इसका संकेत दिया गया है।

संजीव द्वारा लिखित 'फाँस' में सरकारी योजनाओं के शिथिल होने तथा किसानों की व्यथा का बयान किया गया है–"दिल्ली में ही बैठकर क्यों बना ली सरकारों ने हमारे गाँव के कायाकल्प की योजना? क्यों जगाए सपने ही बीज की तरह बाँझ सपने? मर गये लोग।" (पृ. 72)। रवीन्द्र कुमार वर्मा भी अपने उपन्यास 'धारा का पुल' में किसानों के प्रति सरकारी उपेक्षा की वजह भूमण्डलीय नीति कहते हैं। "पिछले चार साल में बुन्देलखण्ड के सात जिलों में लगभग दो सौ लोग आत्महत्या कर चुके हैं। आत्महत्या की कहानी काफ़ी कुछ एक जैसी थी। पहले साल फसली ऋण। फसल का सूख जाना। ऋण न चुका पाना। फिर साहूकार से सवाया गेहूँ.... कहानी का निश्चित अन्त आत्महत्या। डेढ सदी बार ऐसा अकाल फिर पड़ा था। एक फ़र्क़ ज़रूर था। अंग्रेज़ी की प्रतिरोधी नीति के चलते पचीसा (1866-69) अकाल में भी किसान ने आत्महत्या नहीं की थी। किसान की बलि लेते मौजूदा अकाल के पीछे आज़ाद देश का सठियाना विकास था जो भूमण्डलीकरण के कुएँ में डूब गया था।" (पृ. 29) यहाँ किसानों की शोचनीय स्थिति का मूल कारण हमारे सामने पेश हुआ है।

समाधान

उपर्युक्त सारे के सारे उपन्यासों के द्वारा भूमण्डलीकरण से उत्पन्न होनेवाली कई विपत्तियों का उद्घाटन हुआ है। इन विपत्तियों से बचने का रास्ता कुछ उपन्यासों में उपन्यासकार अपने ढंग से देने की कोशिश करते हैं। अलका सरावगी द्वारा रचित 'कलिकथा वया बाइपास' में आज की सारी समस्याओं के उपचार के रूप में गांधी

के विचार को प्रतिष्ठित किया गया है। उपन्यास में शान्तनु का कथन विचारणीय है–"जब हमारी दुनिया के सारे बाइपास के रास्ते बन्द हो गये, तो फिर मेरे पास यहाँ आने के सिवाय और कोई चारा था?" इसका मतलब है कि हमने किसी समस्या के कारणों को मिटाने की कोशिश नहीं की। हम समस्याओं को बाइपास करने का मार्ग ढूँढ़ते रहे। गांधी ने कहा था–" भारत को ग्रामीण उद्योगों के विकास के बिना और कोई चारा नहीं, इसे समझते वक्त मुझे विश्वास है एक दिन सब इस बूढे का स्मरण करेंगे। कांग्रसी, समाजवादी या साम्यवादी-सरकार किसी भी दल की हो, इस सत्य को मानने के लिए मजबूर हो जाएगी।" (संकलित रचनाएँ–एम.के. गांधी, खण्ड-90) यहाँ डॉ. रामविलास शर्मा द्वारा "गांधी, अम्बेडकर, लोहिया और भारतीय इतिहास की समस्यायें "शीर्षक ग्रन्थ में लिखित यह बात बिलकुल प्रासंगिक नज़र आती है–"भारतीय इतिहास में यह दिन अवश्य आएगा जब वामपन्थ अवसरवाद से मुक्त होगा, मार्क्सवाद के अनुसार भारत की जातीय समस्या और वर्ग संघर्षों की समस्या हल करेगा, स्वयं एकताबद्ध होगा, मज़दूरों को एकताबद्ध करेगा। मज़दूरों और किसानों की एकता के बल पर इस अर्ध-औपनिवेशिक व्यवस्था को बदलने केलिए आगे बढेगा, तब वही गांधीवाद से गांधीजी की क्रान्तिकारी विरासत पहचानेगा और उसे राष्ट्र जीवन में चरितार्थ करेगा।" यहाँ निर्मल वर्मा का यह विचार भी जोड़ना चाहूँगी–"सबसे बड़ा विकल्प तो गांधीजी का था, जिन्होंने केन्द्रीकरण के ख़िलाफ़ अपनी आवाज़ उठाई थी, जिन्होंने पंचायती राज पर बल दिया था, जिसमें भारत एक राष्ट्र होने के बावजूद छोटे-छोटे समुदायों और गाँवों पर आधारित हो, जहाँ एक मनुष्य दूसरे मनुष्य को पहचान सके।" (दूसरे शब्दों में)

अखिलेश द्वारा रचित "निर्वासन" उपन्यास ऐसा अनूठा उपन्यास है जिसमें जिन जड़ों की खोज है वह देशज संस्कार की खोज एवं पहचान की अनिवार्यता की याद दिलाती है। उपन्यास में इक्कीसवीं सदी के भूमण्डलीकृत विकास ने 'निर्वासन' को कई चेहरे दिये। काशीनाथ सिंह के अनुसार एक तो यह कि सूर्यकांत-गौरी के प्रेम के कारण अपने माँ-बाप के घर से निर्वासित है, उसके चाचा-चाची की अति-अधुनिक समृद्धि की होड और प्रदर्शन के कारण अपनी बीवी-बच्चा के परिवार से, बूढ़ी-दादी की इच्छा से ही निर्वासित है। निर्वासन का दूसरा चेहरा मानवीय रिश्तों से बाहर के जगत में जहाँ पानी नदियों से, पानी की मिठास कुओं से, हरियाली पेड़-पौधों से, जंगलों-पहाड़ों से, गन्ध फूलों से, स्वाद अन्न, फलों और सब्जियों से बाहर हो चुके हैं। तीसरा चेहरा उन्नीसवीं सदी की ओर अपनी जडों की खोज में चले जानेवाले राम अजोर पाण्डे है जो सूरीनाम से लखनऊ पधारे एक अरबपति है। वह

गोसाईंगंज के उसी भगेलू का पोता है जो करीब सवा सौ साल पहले 'गिरमिटिया' मज़दूर होकर सूरीनाम गया था। भगेलू को मज़बूरी में, लाचारी में जाना पड़ा। अकाल, सूखा, भुखंमरी, महामारी की वजह से। काम की खोज में कलकत्ता गए, दलाल के चक्कर में फंसकर सूरीनाम पहुँच गये। फिर सारी ज़िन्दगी बिसूरते रह गए अपनी धरती, आकाश और गोसाईंगंज के लिए। लेकिन नहीं लौट सके। यहाँ गोसाईंगंज एक चोटी सी बस्ती नहीं, पूरा देश हो। जब हम कई कारणों से निर्वासित होना मतलब हमारी धरती एवं देशज संस्कारों से बिछुटन है। इसलिए इस इक्कीसवीं सदी में हमारी धरती की ओर वापसी आज की माँग है। हम धरती या मिट्टी से बहुत दूर चले गए। वहाँ निर्मित सुख मात्र है, सहज सुख हमारी मज़बूत जड़ों के साथ है। वह है भारतीय संस्कृति की तलाश या भूमण्डलीय संस्कृति का प्रतिरोध।

भारतीय भाषाओं का अन्तर्सम्बन्ध-मलयालम और हिन्दी भाषाओं के अन्तर्संवाद के विशेष सन्दर्भ में

भारत की सांस्कृतिक परम्परा का आधार एक ही है, तब संवाद में कोई कठिनाई पैदा नहीं होती है। भारत में संस्कृति के सबसे प्रबल उपकरण आर्यों और आर्यों से पहले के भारतवासियों, खासकर, द्रविडों के मिलने से उत्पन्न हुए। इस मिलन, मिश्रण या समन्वय से एक बहुत बड़ी संस्कृति उत्पन्न हुई, जिसका प्रतिनिधित्व हमारी प्राचीन भाषा संस्कृत करती है। अर्थात् भारतीय जनमानस और जनसंस्कृति को सामासिक रूप में विकसित करने में प्राचीन भाषा संस्कृत का योगदान विचारणीय है। वस्तुतः व्यापक संस्कृत भाषा और उसके रचित विशाल वाङ्मय ही भारतीय सांस्कृतिक ऐक्य की आत्मा है।

10 वीं शताब्दी से 18 वीं शताब्दि के बीच भारत में पहली बार अनेकरूपी क्षेत्रीय भाषिक अस्मिता का सूत्रपात हुआ तथा इन क्षेत्रीय साहित्यिक भाषाओं को समानरूपी अनेकानेक सामाजिक और स्थानीय बोलियों को मातृभाषा के रूप में बोलनेवाले लोगों ने व्यापक किन्तु क्षेत्रीय सांस्कृतिक अभिव्यक्ति के माध्यम के रूप में स्वीकृत किया। इसप्रकार कहा जा सकता है कि इसी कालावधि में आधुनिक भारत संघ के भाषावार प्रान्तों के रूप में विभाजन का शिलान्यास हुआ। वस्तुतः आधुनिक भारतीय भाषाओं की साहित्यिक भाषाओं के रूप में स्थापित और विकसित होने के मूल में अनेक सामाजिक, सांस्कृतिक और राजनीतिक कारण रहे होंगे। किन्तु यह प्रक्रिया भी भक्ति आन्दोलन के समान पहले दक्षिण भारत में प्रारम्भ होती है, बाद में भारत के इतर क्षेत्रों में उसी आदर्श पर स्थानीय साहित्यिक भाषाओं का उद्भव और विकास होता है, जिन्होंने समान रूप से संस्कृत को अपना मुख्य उपजीव्य बनाया तथा प्राकृत, अपभ्रंश आदि अखिल भारतीय भाषाओं से प्रेरणा ली। इसलिए हमें सभी आधुनिक भारतीय साहित्यिक भाषाओं में चाहे वे आर्य-परिवार

की भाषायें हों या द्रविड परिवार की हों शब्दावली, रचना-शैली, अलंकार-योजना और अप्रस्तुत विधान के साथ-साथ साहित्य-रूप, कथानक, कथानक रूढियाँ और भाव, विचार आदि की समानता मिलती है।

भारतीय साहित्य की एकात्मता के मूल में भारत की मूल अखिल भारतीय संस्कार भाषा संस्कृत का योग तो अद्वितीय है ही, परन्तु उसके साथ अन्य अखिल भारतीय भाषाओं-प्राकृत, अपभ्रंश और अरबी व फ़ारसी का कम योगदान नहीं है। (वासुदेवशरण अग्रवाल–भारत की मौलिक एकता, पृ. 124) इसलिए सभी आधुनिक भारतीय भाषाओं में संस्कृत शब्दावली के साथ अरबी-फ़ारसी की जो अखिल भारतीय शब्दावली है, थोडे बहुत रूप और अर्थ-भेद के साथ सभी आधुनिक भारतीय भाषाओं में आज भी प्रयुक्त होती है।

हिन्दी और मलयालम का अन्तर्संबन्ध

भारत में मुख्यत: दो परिवार की भाषायें प्रयोग में और प्रचार में हैं–आर्यपरिवार की और द्रविड परिवार की। उत्तर भारत की आधुनिक भाषायें आर्य परिवार की हैं तो दक्षिण की कन्नड, तेलुगु और मलयालम द्रविड परिवार की हैं। संस्कृत से पाली, प्राकृत, अपभ्रंश से होकर हिन्दी का आविर्भाव हुआ। द्रविड परिवार की भाषाओं में सबसे प्राचीन भाषा तमिल है, वह संस्कृत के समान अतिप्राचीन समझी जाती है, उसकी रचनाएँ भी।

मलयालम पहले देश का नाम था बाद में मलयालम प्रदेश की भाषा मलयालम हो गई। वह दो शब्दों का सामासिक रूप है, "मलैअअलम" अर्थात् "पर्वत और समुद्र के बीच का स्थान और वहाँ की जनता की भाषा। "अलम" शब्द का "देश" अर्थ भी है। एक अन्य शब्द भी इस अर्थ में प्रचलित है–मलैनाड। नाड का अर्थ है देश। इस भाषा का पुराना नाम "मलयालम" भी प्रचलित था, जिसका अर्थ भी मलैनाड की भाषा ठहरना है। अब मलयालम देश का नाम केरल है, इसलिए कि यह देश नारियल या केर वृक्षों का देश है। केरल की भाषा होने से यहाँ के निवासियों की भाषा को "कैरली" भी कहा जाता है। प्रत्येक भाषा उस प्रदेश की संस्कृति है, विशेषकर भारत की हर भाषा भारतीय संस्कृति को वहन करती है। मलयालम के प्रसिद्ध कवि वल्लच्चोल ने अपनी भाषा के सौन्दर्य को यों खींचा "मेरी भाषा में कई चीजें घुली-मिली हैं–समुद्र की गहराई, सह्याद्रि की पहाड़ी दृढ़ता, गोकर्ण मन्दिर की प्रफुल्लता, कन्याकुमारी का आनन्द, गंगा और पेरियार नदियों की शुद्धता, कच्चे नारियल पानी का मीठापन, चंदन की शीतलता, इलाइची-लवैग की महक,

संस्कृत का स्वाभाविक ओज और ठेठ द्रविड का सौन्दर्य!" तब संस्कृत, तमिल और भारतीय एवं केरलीय संस्कृति की महक जो मलयालम में है वह स्पष्टत: परिलक्षित है।

मलयालम के प्रथम वैयाकरण लीलातिलककार का सूत्र है–"उहमेय संस्कृत प्रकृतिसंस्कृत भव: इह: तातवत् संस्कृतमनादि अन्यद् संस्कृतमनादि अन्यदादिमत सस्य संस्कृतात प्रभावस्यात् तत्र प्रकृतित्वेन स्थित क्वचिदूहविषयों भवति क्वचित् पुनरोत्यन्तंतिरोभवादूहो न शक्यचे तत्र रुढत्वमुच्चते।"अर्थात् जिस शब्द की संस्कृत प्रकृति अनुमाननीय है, वह संस्कृत प्रभाव है। अनादि है संस्कृत, इसलिए अन्य भाषाएँ उससे उत्पन्न हुई होंगी। उनमें कतिपय की प्रकृति अनुमाननीय है, कतिपय की प्रकृति अत्यन्त तिरोहित होने से अनुमान के अतीत है। लीलातिलककार मलयालम की पारिवारिक संपदा के रूप में ही इन रूढ शब्दों को प्रस्तुत करते हैं। मलयालम के आधुनिक वैयाकरण कोवुण्णि मलयालम को संस्कृत से जन्मी ही मानते हैं। उनका कहना है–

"संस्कृत हिमत्रिरिमिलता
द्रविडकणी कलिंद जानिलित
केरल भाषा गंगा
विरहतु मम हस्तरस्वदासंगा।

लेकिन मलयालम के बीसवीं शती के वैयाकरणों तथा विद्वानों ने कार्यकारण सहित सिद्ध किया है कि मलयालम को संस्कृत जनित कहना भ्रामक है। श्री. ए. आर. राजराजवर्मा ने अपने मानक व्याकरण ग्रन्थ "केरल पाणिनीयम" में" (1) अनुनासिकाति-प्रसरता (2) तवगीपमद्द या तालव्यादेश (3) स्वर संचरण (4) पुरुष भेद निरास (5) विलोम संग्रह और (6) अंगभंग" के छह नियमों के सहारे सोदाहरण सिद्ध किया कि तमिल से मलयालम कैसे परिवर्तित होकर स्वतन्त्र भाषा बन गयी। इसी तरह उल्लूर एस. परमेश्वरय्यर ने भी अपने साहित्य के इतिहास में इस का समर्थन किया है कि "एक भाषा दूसरी भाषा से चाहे 80 प्रतिशत शब्द ऋण के रूप में स्वीकार करे, तब भी उनका निजी व्यक्तित्व नष्ट नहीं होता। द्रविड भाषा-भाषी प्रान्तों के स्थान, नाम, उनके सर्वनाम, प्रत्यय आदि उन्हीं भाषाओं के अपने हैं। विभक्ति, प्रत्यय, वचन प्रत्यय आदि भी दोनों में भिन्न हैं। द्रविडों में कर्मणि प्रयोग नहीं है। संस्कृत और निपातों में अन्तर है। द्रविड में अचेतन संज्ञाओं तथा उनके स्थान में प्रयुक्त सर्वनामों का लिंग-वचन-विभक्ति-सम्बन्ध नहीं है। वर्णमाला में भी अन्तर है। संधि नियमों भी भिन्नता है।"

केरल के नंपूतिरी ब्राह्मणों में ऋग्वेदी अधिक हैं। जो यजुर्वेदी हैं, वे तैतरीय शाखा के हैं, सामवेदी तो विरले ही हैं। नंपूतिरि परिवार के सभी बालक आरम्भ से संस्कृत की शिक्षा अपने घर में शुरु करते थे। शायद वे आर्य लोग होंगे। उन्हीं की देखा-देखी में बाद में नायर तथा अन्य जाति के लोग भी संस्कृत शिक्षा की ओर आकृष्ट हुए थे। शिक्षा, निरुक्त, वेदवेदांग, काव्य, पुराण, गणित, ज्योतिष, आयुर्वेद, मन्त्र आदि सभी विषयों में ये नंपूतिरि लोग प्रवीण थे। यहाँ मन्दिरों का निर्माण हुआ। रामायण, श्रीमद्‌भगवत्गीता आदि का पारायण होने लगा। इस कारण संस्कृत शिक्षा केरल की सामान्य जनता में भी फैलने लगी। धीर-धीरे आर्य और द्रविड, जो आचार एवं संस्कार में भिन्न थे, एक दूसरे से घुल-मिल गये। इसका आरम्भ ईसवीं पूर्व हुआ।

संघकालीन कृतियों के रचयिताओं में कई केरल के साहित्यकार भी थे। तमिल पंच महाकाव्यों में "चिलपतिकारम्" की रचना केरल के राजा चेंकुटुवन के अनुज इलकोवटिकल ने की थी। इस समय के छोटे काव्य तथा गीतों (पाट्टु) में केरल की प्रशंसा हुई है। इन रचनाओं का काल ईसा के पूर्व का समय है। सातवीं शताब्दी में जीवित अय्यनटितनार केरलवासी कवि थे। जिन्होंने "पुरुपोरुलवेणामालै" नामक लक्षण ग्रन्थ रचा था। शैवाचार्यों तथा वैष्णवाचार्यों का समय ईस्वीं आठवीं शताब्दी तक है। उनमें भी केरल के अनेक भक्त कवि थे। आठवीं शताब्दी से चौदहवीं शताब्दी तक का समय मलयालम का अलग होने का समय है। चौदहवीं शताब्दी के मलयालम के व्याकरणाचार्य लीलातिलककार संस्कृत और तमिल के बड़े विद्वान थे। उन्होंने अपनी रचनाओं से यह व्यक्त किया कि केरल में तीन प्रकार की रचनाएँ प्रचलित थीं–(1) तमिल मिश्रित पाट्टु पद्धति, (2) मलयालम की स्वतन्त्र रचनाएँ और (3) संस्कृत मिश्रित मणिप्रवाल पद्धति। यथार्थ में लीलातिलक मणिप्रवल सम्बन्धी लक्षण ग्रन्थ है।

उपरोक्त तीनों पद्धतियों की रचनाएँ बहुत समय तक चलती रहीं, किन्तु तुंचत्त रामानुजन एषुत्तच्चन ने भाषा, व्याकरण, लिपि आदि में कुछ परिवर्तन करके आधुनिक मलयालम की स्थापना पन्द्रहवीं शती में की थी। वह भाषा रूप आज तक स्वीकृत है, इसलिए एषुत्तच्चन को आधुनिक मलयालम का पिता माना जाता है। उन्होंने आर्यद्रविड शब्दों का ऐसा मिश्रण प्रस्तुत किया कि यह अति से दूर रहा। उसके लिखने केलिए तमिल लिपि पर्याप्त नहीं थी। इसलिए उन्होंने मलयालम लिपि-माला के कुछ नए वर्णों को जोड़कर रूप दिया। वही आज तक वर्तमान है।

लिपि

आधुनिक मलयालम लिपि दक्षिण ब्राह्मी लिपि से उत्पन्न है। ब्राह्मी की उत्तरी और दक्षिणी दो शैली भेद हैं तो उत्तरी शैली से हिन्दी की लिपि नगरी लिपि का विकास। उत्तरी शैली से चौथी सदी में गुप्त लिपि, छठीं सदी में कुटिल लिपि और 9 वीं सदी के लगभग नागरी को प्राचीन रूप का विकास हुआ। प्राचीन नागरी से 12-16 वीं सदी में आधुनिक नागरी विकसित हुई। ब्राह्मी लिपि के दक्षिणी रूप को द्रविडी भी कहते हैं, केरल में "वट्टेषुत्तु" "कोलोषुत्तु", "मलयालम" नाम से तीन प्रकार के अक्षर प्रचार में थे। आधुनिक लिपि माला को "आर्यएषुत्तु" कहते हैं। यह लिपि संस्कृत वर्णमाला का अनुसरण करती दिखाई देती है। हिन्दी की लिपि भी संस्कृत वर्णमाला का अनुसरण करती है।

ध्वनियाँ–हिन्दी में स्वर एवं व्यंजन मिलाकर 45 हैं तो मलयालम में 51 हैं।

हिन्दी स्वर में–अ आ इ ई उ ऊ ऋ, ए, ऐ, ओ औ, अं, अः

मलयालम में–अ आ इ ई उ ऊ ऋ, ए, ए अ ए, ऐ, ओ, ओ अओ, औ, अं, अः

व्यंजन

हिन्दी– क ख ग घ ङ, च छ ज झ ञ, ट ठ ड ठ ण, त थ द ध न, प फ ब भ म, य र ल वश ष स ह

मलयालम– क ख ग घ ङ, च छ ज झ ञ, ट ठ ड ठ ण, त थ द ध न, प फ ब भ म, य र ल व श ष स ह ल़ ष़ ऱ, ऩ

अर्थात् स्वर में ए और ओ का दीर्घ मलयालम में है तो व्यंजन में ल़ ष़ ऱ, ऩ चार ध्वनियाँ ज़्यादा है।

शब्द

हिन्दी और मलयालम शब्दावलि पर विचार करने पर चार भागों में दोनों भाषाओं की शब्दावलि विभक्त की जा सकती है–(1) तत्सम (2) तद्भव (3) विदेशी और (4) देशज

1. तत्सम

संस्कृत की संज्ञाओं का ज्यों का त्यों प्रयोग हिन्दी और मलयालम भाषाओं में मिलता है। उन्हें तत्सम शब्द कहते है।

जैसे :-

संस्कृत	हिन्दी	मलयालम
कवि	कवि	कवि
सेना	सेना	सेना
अग्नि	अग्नि	अग्नि
अद्रि	अद्रि	अद्रि
निद्रा	निद्रा	निद्रा
सभा	सभा	सभा

हिन्दी और मलयालम कुछ तत्सम शब्दों में फ़र्क़ है:-

हिन्दी	मलयालम
पराजित	पराजितन
कुमार	कुमारन
आर्य	आर्यन
सुख	सुखम
तप	तपस
वय	वयस्स्
मन	मनस्स

तद्भव

तद्भव का उदय संस्कृत से ध्वनिमूलक परिवर्तनों से उत्पन्न अन्तरों के कारणों से है।

कुछ शब्द ऐसे से हैं हिन्दी और मलयालम में मूल अर्थ को बनाए रखते हैं।

हिन्दी	मलयालम
पर्वत	पर्वतम
पुस्तक	पुस्तकम
मन्त्री	मन्त्री

संस्कृत	हिन्दी	मलयालम
निद्रा	नींद	निद्रा
माता	माँ	माताव
गृह	गेह	गृहम
हस्त	हाथ	हस्तम

मलयालम में जब तद्भव शब्द बनते हैं कभी अर्थ विस्तार, अर्थ संकोच, अर्थादेश की स्थिति होती है।

जैसे–

साधन से साधनम संकट से संकटम	}	अर्थ विस्तार
अभ्यास–अभ्यासम परिपाटि–परिपाटि	}	अर्थ–संकोच
उद्योग–उद्योगम दाह–दाहम	}	अर्थादेश

सर्वनाम

हिन्दी और मलयालम कुछ संस्कृत सर्वनाम उसी प्रकार प्रयुक्त करते दिखाई देते हैं।

जैसे–मम, तव, अहं, तत्, किम, त्वम आदि

नाम विशेषण

हिन्दी और मलयालम में मूल संस्कृत नाम शुद्ध नाम विशेषण के रूप में प्रयुक्त है।

जैसे

हिन्दी	**मलयालम**
वह भीम है	अवन भीमन आकुन्नु
वह हिट्लर है	अवन हिट्लर आकुन्नु

संस्कृत	**हिन्दी**	**मलयालम**
उत्तम	उत्तम	उत्तमनाय
योग्या	योग्य	योग्यनाय
सुखी	सुखी	सुखियनाय
सुन्दरम	सुन्दर	सुन्दरनाय

क्रिया

मलयालम में संस्कृत से उत्पन्न शब्दों की संख्या ज़्यादा है। संस्कृत शब्दों के साथ "इक्कुका" जोड़कर मलयालम शब्द बनाता है तो हिन्दी शब्द करना, होना जोडकर बनाता है।

जैसे :-

हिन्दी	**मलयालम**
पूजा करना	पूजिक्कुका
प्रेम करना	प्रेमिक्कुका
मोहित होना	मोहिक्कुका
क्षीण होना	क्षीणिक्कुका

अव्यय

कुछ अव्यय हिन्दी और मलयालम में समान ढंग से प्रयुक्त है जैसे:- अथवा, अलम, इति, नाना, सर्वथा, पुनः,

हिन्दी में मात्र प्रयुक्त है, आदि, यथा, यद्यपि-तथापि, वाह, हाय, आरे, यदि, न मलयालम में मात्र "कष्टम"।

कुछ तत्सम रूप में मलयालम में है तो तद्भव रूप में हिन्दी में है-

मलयालम	**हिन्दी**
कदापि	कभी
ऊपरि	ऊपर
नित्यम	नित
आभ्यंतरम	भीतर
पार्श्वम	पास

इससे यह स्पष्ट है कि मलयालम संस्कृत से शब्द चुनने में हिचकती नहीं है। इसलिए आवश्यकतानुसार संस्कृत जैसे सम्पन्न भाषाओं से शब्दों को प्रयुक्त कर वह तमिल से दूर चली जाती है। हिन्दी के सम्बन्ध में भी यह सही है। हिन्दी ने अपने सम्पर्क के कारण आरबी, फ़ारसी शब्दों को भी बड़े पैमाने पर स्वीकार किया। उर्दू के साथ इनका नित सम्पर्क है।

पाश्चात्य एवं अरबी-फासी सम्बन्धों से बहुत से शब्द हिन्दी में आ गए और मलयालम में भी।

पोर्टुगीस	**हिन्दी**	**मलयालम**
विस्कोसिटो	बिस्कुट	बिसकट
बिस्पो	बिसप	बिषप्प
बोतिल्हा	बोतल	बोट्टिल
पाद्री	पादरी	पातिरी

तोल्हा	तौलिया	तवाला
कोको	कोको	कोको

अंगेज़ी

आलबम	आलबम	आलबम
ओगस्ट	अगस्त	ओगस्ट
बस	बास	बस्स
क्लर्क	क्लारक	क्लारक्कु
कॉन्ग्रस	काँग्रेस	काँग्रस्सु
रैल	रेल	रेयिल
स्कूल	स्कूल	स्कूलु
जैल	जेल	जयिल

अरबी-फ़ारसी

अल्ला	अल्ला	अल्ला
तक्रार	तकरार	तकरार
खज़नाह	खाजाना	खजनाव
अरब	अरब	अरबी
ख़क	ख़त	कत्तु
दुन्या	दुनिया	दुनियाव
ज़िला	जिला	जिल्ला
अर्ज़ी	अर्जी	हरजी

देशज शब्द

हिन्दी और मलयालम के अपने हैं

भारत की भाषाओं के बीच के आदान प्रदान से दोनों भाषाओं में कई शब्द समान हैं।

व्याकरणिक कोटियाँ–लिंग, वचन और कारक

संज्ञा शब्दों के रूपान्तर लिंग, वचन और कारक के कारण होते हैं। इन्हें संज्ञा की व्याकरणिक कोटियाँ कहते हैं। लड़का शब्द जातिवाचक संज्ञा है। निम्नलिखित वाक्यों में इसका रूपान्तर देखा जा सकता है।

हिन्दी	मलयालम
लड़का जता है।	आण्कुट्टि पोकुन्नु
लड़की जाती है।	पेण्कुट्टी पोकुन्नु।
लड़कियाँ जाती हैं।	पेण्कुट्टिकल पोकुन्नु।
लड़के को जाना है।	आण्कुट्टिकलक्कु पोकणम।
लड़की को जाना।	पेण्कुट्टिक्कु पोकणम।
लड़कियों को जना है।	पेण्कुट्टिकलक्कु पोकणम

यहाँ लडका या आण्कुट्टि के ये रूपान्तर लडके, लड़की, लड़कियाँ, लडके को, लड़कों को, लड़कियों को (मलयालम में आण्कुट्टिकल, पेण्कुट्टि, पेण्कुट्टिकल, आण्कुट्टिक्कु, आण्कुट्टिकलक्कुं, पेण्कुट्टिक्कुं, पेण्कुट्टिकलक्कुं, लिंग, वचन, कारक के आधार पर होते है।

द्रविड परिवार में केवल मलयालम एक ऐसी भाषा है, जिसमें कर्ता -क्रिया अन्विति की अपेक्षा नहीं है। इस दृष्टि से मलयालम, बंगला और असमिया के समान व्यवहार करती है या फिर अंग्रेज़ी की तरह जहाँ क्रिया का एक ही रूप तीनों पुरुषों में एक-बहुवचन में स्त्रीलिंग तीनों पुरुषों में एक-बहुवचन में स्त्रीलिंग और पुल्लिंग में चलता है। एक उदाहरण द्वारा स्पष्ट किया जाऐगा ("वा"-"आ") धातु के माध्यम से

वर्तमान	भूत	भविष्यत
वरन्नु	वन्नु	वरुम
ञान वरुन्नु	ञान वन्नु	ञान वरुम
(मैं आता/आती हूँ)	(मैं आया/आयी)	(मैं आऊँगी/आऊँगी)

अर्थात् मलयालम की क्रिया कर्तृ निरपेक्ष है।

मलयालम में लिंग केवल आर्थी है, जबकि हिन्दी में लिंग व्याकरणिक होता है। मलयालम का लिंग-विधान सरल है। जो पुरुषवाची है, वह पुल्लिंग शब्द है और जो स्त्रीवादी है, वह स्त्रीलिंग। इन दोनों के अतिरिक्त नपुंसक लिंग का भी विधान है - मानवेतर तथा अचेतन पदार्थों केलिए। सर्वनाम में इन तीनों केलिए अलग-अलग संकेत शब्द है जबकि हिन्दी में नहीं।

मलयालम सर्वनाम	हिन्दी
जैसे अवन, अवल, अतु	वह

मलयालम अन्य द्रविड भाषाओं के समान संश्लिष्ट है तो हिन्दी विश्लेषणात्मक है। कारक/ वियक्ति में भी दोनों में अन्तर है।

क्रिया

अस्तित्व वाचक वाक्यों में हिन्दी की "है"

"होता है" क्रियाओं के समानांतर मलयालम में "आकुन्नु" उंटु विद्यमान है, किन्तु संस्कृत में "अस्ति" के लोप के समान मलयालम में भी "आकुन्नु" का लोप होता है।

इतु पुस्तकम आकुन्नु (मलयालम)

यह किताब है (हिन्दी)

अन्य द्रविड भाषाओं के समान मलयालम कृदंत-बहुला है। हिन्दी में भी कृदंतों का प्रचलन है, किन्तु कई बार जो-वह, जब-जब, किन्तु कई बार जो-वह, जब-जब, जहाँ-वहाँ आदि) का प्रयोग अनिवार्य हो जाता है। ऐसे स्थलों पर मलयालम में कृदंत-प्रयोग के कारण मिश्रवाक्य की स्थिति नहीं आती है।

जैसे–अच्छन तामसिच्च मुरि (मलयालम)

वह कमरा जिसमें पिताजी रहते थे (हिन्दी)

कारक

जिस शब्द समूह से अर्थबोध न होता है, या जो शब्द-समूह निरर्थक हो, उसे वाक्य नहीं कहा जाएगा। व्याकरण में वाक्य को सार्थक बनानेवाले शब्द-चिह्न को विभक्ति प्रत्यय कहते हैं और उनसे बने शब्द रूपों को कारक कहते हैं।

हिन्दी के कारक	**प्रत्यय**
1. कर्ता	ने
2. कर्म	को
3. करण	से
4. संप्रदान	को, के लिए
5. अपादान	से
6. सम्बन्ध	का, के, की
7. अधिकरण	में, पर
8. संबोधन	ए, अरे।

मलयालम में भी कारकों की संख्या आठ है।

1. निदेशिका	नहीं
2. प्रतिग्राहिका	ए, ने
3. संयोजिका	ओर, आल् कोण्डु
4. उद्देशिका	क्कु–न्नु
5. प्रयोजिका	आल्, इल, निन्नु, काल
6. सम्बन्धिका	– उटे, न्टे
7. आधारिका	– इन्, क्कल, इ...
8. संबोधिका	– हे, ए

कारकों से विभक्ति प्रत्यय लगने पर शब्दों का रूपान्तर मलयालम और हिन्दी दोनों भाषाओं में होता है।

जैसे मलयालम में रामन + आल् = रामनाल्

हिन्दी में - लड़का + से = लडके से।

भाषिक संरचना

भाषिक संरचना पर यदि विचार किया जाये तो दोनों की संरचना समान है। सबसे पहले कर्ता, फिर कर्म और अन्त में क्रिया।

जैसे :-

राम ने रोटी खायी । (हिन्दी)

रामन रोट्टि तिन्नु (मलयालम)

हिन्दी और मलयालम भाषाओं के अन्तर्संबन्धों पर विचार करने पर कई समानताएँ स्पष्ट हो जाती हैं। एक ओर दोनों भाषाओं में अधिकाँश शब्द संस्कृत और संस्कृत केन्द्रित हैं। विदेशी सम्पर्क के कारण कई विदेशी शब्द भी दोनों के शब्द संपदा के विस्तार के हेतु बने। परिवार के फ़र्क़ के कारण कुछ अन्तर है तो भी जैसे लिंग, वचन, कारक की दृष्टि से और व्याकरणिक कोटियों के आधार पर भी । दोनों की भाषिक संरचना एक ही है।

पूर्व राष्ट्रपति डॉ. एस. राधाकृष्ण ने कहा था–"भारतीय साहित्य एक है, जो भिन्न-भिन्न भाषाओं में रचित है।" इसका आशय यह है कि भारतीय साहित्य की आत्मा एक है–सभी भाषाओं में अन्तर्सम्बन्ध है। पश्चिय में जागरण आने से पहले से भारत में उत्तर और दक्षिण के बीच संवाद चलता रहता था। उत्तर में कोई

विचार जन्म लेता था, दक्षिण में जाकर वह पल्लवित और पुष्पित होता था और फिर उत्तर में फलीभूत होता था। वेद की ऋचाओं और उपनिषों का जन्म उत्तर में हुआ, दक्षिण के आचार्यों ने उनके भाष्य लिखे, उपवेदों और कलाओं का सृजन किया, तब जाकर एक समन्वित पाठ्यक्रम को रूप मिला और उसीका प्रयोग तक्षशिला और नालंदा जौसे विश्वविद्यालयों में हुआ। अग्नि, वायु, वरुण, उषा, संध्या आदि वायवीय देवताओं की कल्पना उत्तर में हुई। द्रविड भूमि में आकर इन वायवीय देवताओं का पार्थिव सम्बन्ध स्थापित हुआ। वे देवता नाना रूप धारण कर पुराण-कथाओं का पात्र बन गए। वेदों में जिनका उल्लेख मात्र मिलता है, उस वासुदेवकृष्ण को दक्षिण के आलवार सन्त अपने मन में नयनों में देखने मात्र से सन्तुष्ट नहीं हुए। उन्होंने सहस्र पदों में इन लीलाओं को निबन्ध्द कर दिया। पुरुषोत्तम का वही लीला-माधुर्य, पुष्टिमार्ग की धारा में प्रवाहित हुआ और सूर सागर बना और मीरा का अवलंब "मेरो तो गिरधर गोपाल" बना।

रामायण, महाभारत आदि ग्रन्थ सभी भारतीय भाषाओं में अनेकानेक कृतियों के उपजीव्य बने हैं। रामायण, महाभारत, श्रीमद् भागवत आदि ग्रन्थों का सम्पूर्ण भारतीय भाषाओं में अनुवाद हुआ। वैसे ही प्राचीन भारतीय काव्यशास्त्र सारे भारतीय साहित्य में एकता का सूत्र पिरोता है। रस, अलंकार, रीति आदि काव्यशास्त्रीय तत्व सभी भारतीय साहित्यों में एक समान व्याप्त है। महाकाव्य, खण्डकाव्य, मुक्तक, पद, गीत, चरितकाव्य, प्रेमाख्यानक काव्य, सन्देश काव्य आदि विधायें सभी साहित्यों में एक समान उपलब्ध हैं। इसी तरह संस्कृत के वर्णिक और मात्रिक छन्द भी सभी भारतीय साहित्य में समान रूप से अपनाए गए हैं। भारतीय काव्यशास्त्र को आगे बढानेवालों में सारे भारत के मनीषी संलग्न थे। अनन्दवर्धन काश्मीर के, विश्वनाथ उत्कल के, भोज दक्षिण के थे। उर्दू को छोड़कर सभी भारतीय भाषाओं के साहित्य का जो शास्त्र है, उसका नब्बे प्रतिशत उसी प्राचीन काव्यशास्त्र पर आधृत है जिसका विधान समग्र भारत के मनीषियों ने संयुक्त रूप से किया था।

भारत में अंग्रेज़ों के शासन काल में उन्होंने जो "फूट डालो राज करो" की नीति अपनायी वह भाषा में भी अमल की थी। पहले मुसलमान और हिन्दुओं को विभक्त करने केलिए हिन्दी और उर्दू के बीच में विभाजन रेखा खींच ली। बाद में वह उत्तर-दक्षिण के क्षेत्र में आ गया, विशेषकर भारत के स्वतन्त्र होने के साथ साथ। भारतीय ऐक्य के सामने बाधक तत्व बनकर भाषा-भेद सामने आए। इसका एक कारण आधुनिक भाषावैज्ञानिकों के द्वारा किये गए भाषा परिवारों के विभाजन में आर्य और द्रविड भाषाओं को दो परिवार के बनाकर उन भाषाओं के बीच के

रिश्ते-नाते को तोड़ दिया। लेकिन फ्रांसीसी वैज्ञानिक एम.बी.एमिनो का आग्रह था कि भारत की सभी भाषाओं को एक समूह में रखना चाहिए। डॉ. रामविलास शर्मा जैसे विद्वानों का मानना है कि हिन्दी साहित्य और भाषा का अध्ययन दक्षिण-भाषाओं के अध्ययन के बिना अपूर्ण ही रहेगा। कतिपय विद्वानों ने हिन्दी और दक्षिण की भाषाओं खासकर तमिल के बीच सम्बन्धों को रेखांकित किया। महर्षि अरविंद ने अपनी "ऑन दि वेदाज़" में लिखा है–"ऋग्वेद का अध्ययन करते हुए जब उसकी भाषा के बारे में कोई संदेह होता है तो ग्रीक या लैटिन से मुझे कोई सहायता नहीं मिलती, तमिल भाषा की धातुएँ सहायक सिद्ध होती हैं।

आज भाषा भारतीयों के बीच दीवार की तरह उपस्थित होकर हमारे अन्तर्संवाद में बाधा पैदा करती रहती है जो भाषा पहले हमें मिलाती थी। इस सन्दर्भ में मलयालम कथाकार वैक्कम मुहम्मद बशीर के उपन्यास मतिलुकल (दीवारें) की याद आती है। यहाँ दीवार पार्थक्य की भयानकता को दर्शाती है। लेकिन इस भयानक बड़ी दीवार को तोड़ता है प्रेम का शब्द। हमारा हर भाषा साहित्य मानवीयता की है। उसे परस्पर पहचानना है। तब दीवार ऐसबर्ग के समान पिघल जाएगी है। इसकेलिए परस्पर संवाद अनिवार्य है। उस संवाद में साहित्य, कला संगीत, नाटक, फिल्म, विभिन्न ज्ञान-मण्डल का सारा साहित्य आदि की भूमिका बड़ी है। इन सभी में भाषा माध्यम है, भाषा के द्वारा इनकी अभिव्यक्ति होती है।

भाषा में अन्तर्सम्बन्ध स्थापित करने में अनुवाद का विशेष योगदान है। पहले एक भाषा से दूसरी भाषा में ज्ञान राशि सभी समाज में अनुवाद के माध्यम से मौखिक रूप से पहुँचती थी तो टीका-व्याख्या से लिखित रूप में पाठकों तक पहुँचती थी। भारतीय भाषाओं में रामायण-महाभारत के अनुवाद जो मध्ययुग में हुए, उनमें विलक्षण रूप से एक समानता है। विभिन्न भाषाओं के कवि-मनीषियों ने शब्दशः या अध्याय क्रम से अनुवाद करके अपनी मिट्टी की महक के साथ अपने क्षेत्र के लोगों की समझ और आवश्यकता के अनुरूप अपने वातावरण में कथा को ढाला और युगानुरूप स्थितियों और समस्याओं को कथा में गूँथ दिया। इसी का परिणाम है कि रामायण-महाभारत तो वही हैं लेकिन श्रोता और पाठक तथा देश-काल के अनुरूप उसके भिन्न-भिन्न भव्य रूप अलग-अलग भषां में देशभर में देखने को मिलते हैं। रामायण-महाभारत ही नही ज्ञान का सारा साहित्य अनुवाद के माध्यम से देश में फैला और भाषाओं के अन्तर्संबन्ध का आधार बना। उन सबकी केन्द्रीय भाषा संस्कृत रही थी। आज तो भारतीय भाषाओं के बीच पारस्परिक अनुवाद को बढावा देना और भी ज़रूरी है। बिना किसी पूर्वाग्रह और वैचारिक संकीर्णता के

भारत में अनुवाद के लिए हिन्दी को आधार भाषा रखा जा सकता है जिसके माध्यम से सभी भारतीय भाषाएँ एक दूसरे के सम्पर्क में आ सकती हैं। जैसे तमिल के किसी ग्रन्थ का अनुवाद पहले हिन्दी में हो जाता तो उसे हिन्दी से बंगला, तेलुंगु, कन्नड, मलयालम, मराठी, गुजराती, पंजाबी आदि में रूपान्तरित करने वालों की संख्या बहुतायत से मिल जाएगी। यदि भारतीय भाषाएँ ही प्रधानत: अन्तर अनुवाद का माध्यम बनती हैं तो अंग्रेज़ी अनुवाद के वर्चस्व को तोड़ा जा सकता है। भारतीय भषाओं में गजब की संवेदनशीलता है, विलक्षण शब्द संपदा है और अद्‌भुत शब्द शक्ति है। निश्चय ही यह शक्ति अनुवाद में मौलिकता का आस्वादन देने की क्षमता उत्पन्न करने और भाषाओं में अन्तर्सम्बन्ध को दृढ़तर करने में समर्थ होगी।

साहित्यिक अनुवाद संस्कृति का अनुवाद है, आज वह चल रहा है, फिर भी जितनी उम्मीद है उसके अनुसार शीघ्रता चाहिए वह नहीं है। सभी साहित्यिक विधाओं का विशेषकर लोक साहित्य का अनुवाद हमारी मिट्‌टी की ख़ुशबू के आस्वादन का मौक़ा प्रदान करता है। समय की माँग को ध्यान में रखकर विधाओं एवं पाठ को चुनना है और वह लक्ष्य भाषा के स्वरूप को निर्मित करने में सहायक बनेगा। जनोपयोगी एवं साहित्यिक गतिविधियों को पहचानने में मददगार होना चाहिए। इस दृष्टि से देखने पर आज की बड़ी माँग है उपन्यासों का अनुवाद। Novel is National Allegory" (उपन्यास राष्ट्ररूपक है) एक राष्ट्र को पूर्णत: समझने में वह सहायक है, उसमें लोकजीवन और लोक की भाषा का अंकन है । Novel is a history written very much from below' (Raymond Williams) क्योंकि उसमें स्थानीय भाषा एवं राष्ट्र का इतिहास सुरक्षित है। उपन्यास प्रत्येक राज्य की जाति, धर्म, वर्ग, वर्ण, लिंग, गोत्र, समूह, मिट्‌टी, जलवायु, हवा आदि सब मिलकर देश की अस्मिता को ज़ाहिर करता है। अथवा अस्मितामूलक भाषा का इस्तेमाल उपन्यास में किया जाता है। इसलिए उपन्यास सचमुच सांस्कृतिक साम्राज्यवाद के ख़िलाफ़ सांस्कृतिक राष्ट्रीयता की निर्मिति है। तब इसका अनुवाद भारतीय बहुस्वरता की प्रतिष्ठा के लिए हितकर होगा। इस दृष्टि से आज हमें तुलनात्मक साहित्य से भी ज़्यादा महत्त्व अनुवाद के अध्ययन को देना ही है। आज उपेक्षित अनेक जातियों एवं अल्पसंख्यकों पर बड़े पैमाने पर उपन्यास लिखे जा रहे हैं। यह भारतीयता की बहुल संस्कृति की बढावा देने केलिए के लिए सहायक बन जाएगा। साहित्यिक अनुवाद के ज़रिये भाषा मिश्रण भी सम्भव हो जाता है। विभिन्न विचार धाराओं, अवधारणाओं और चिन्तनों से अपने को संवर्द्धित करने का भी सुअवसर मयस्सर है। आज केन्द्र साहित्य अकादमी के नेतृत्व में भारतीय भाषाओं

के अनुवाद को सम्पन्न कराने के कई कार्य करता आ रहा है। प्रत्येक प्रान्तीय भाषा साहित्य की अकादमियों को भी इस ओर ध्यान देकर मज़बूत क़दम उठाना है।

भारतीय साहित्य के बीच में संवाद को बढाने केलिए तुलनात्मक साहित्य का अध्ययन एक सशक्त क्षेत्र है। उसकेलिए अनुवाद की भूमिका बड़ी है। उसके ज़रिये भारतीय भाषाओं की साहित्यिक प्रवृत्तियों एवं साहित्यकारों की तुलना कर साम्य वैषम्य को निर्धारित करने और उससे अपने साहित्य के संवर्द्धन के लिए अनेक दृष्टियाँ एवं पहुँचे हुए विचार भी प्राप्त हो जायेंगे। जैसे बंगला साहित्य, मराठी साहित्य पहले ही समृद्ध थे। इसके अनुवाद एवं तुलना से हिन्दी ही नहीं कई भारतीय भाषायें अपने को समृद्ध बना पाईं। बंगला में "उपन्यास" शब्द और उपन्यास विधा आ गई तो हिन्दी ने उसे उसी रूप में ग्रहण किया। टागोर सबके प्रिय रचनाकार बन गए। मलयालम में सबसे ज़्यादा अनुवाद बंगला का हुआ।

मलयालम के तुंचत्तु रामानुजन एषुत्तच्छन तुलसीदास के समान जननायक कहे जाते हैं। मलयालम के वल्लत्तोल नारयण मेनोन की कविताओं का वही स्वर है जो हिन्दी साहित्य के छायावाद युग के राष्ट्रीय-सांस्कृतिक धारा के कवियों का। मलयालम के कवि कुमारनाशान को हिन्दी के निराला से तुलना की जा सकती है। प्रेमचंद के समान मलयालम उपन्यास के क्षेत्र में प्रतिष्ठित है तकषी शिवशंकर पिल्लै। आलोचना के क्षेत्र में आचार्य रामचन्द्र शुक्ल के समान समाजशास्त्रीय आलोचना के शीर्षस्थ हैं जोसफ मुंडश्शेरी और कुट्टि कृष्ण मारार। जिस प्रकार हिन्दी में प्रगतिवादी काव्यधारा एवं प्रगतिशील लेखक संघ हुए, उसका असर मलयालम साहित्य पर पड़ा।

हिन्दी में ऐतिहासिक उपन्यास के "स्कोट" वृन्दावनलाल वर्मा हैं तो मलयालम में सी.वी. रामन पिल्लै हैं। 1960 के पास कविता और कहानी में "नयी" शब्द आ गया तो वह मलयालम में भी प्रकट है। हिन्दी में निर्मल वर्मा के समान मलयालम में एम.टी. वासुदेवन नायर हैं। हिन्दी में कृष्णा सोबती हुई तो मलयालम में माधविक्कुट्टी हुई। आज समकालीन साहित्य विमर्श के रास्ते से गुज़र रहा है, हिन्दी मलयालम में भी समान प्रक्रिया चल रही है। लेकिन मलयालम एवं हिन्दी साहित्य के अध्येता होने के कारण दोनों मेरी ही भाषायें हैं फिर भी मैं कभी कभी महसूस कर रही हूँ कि जितनी गहराई, वैज्ञानिकता एवं नयी साहित्यिक दृष्टियाँ मलयालम में प्रयुक्त एवं विकसित हो रही हैं वे हिन्दी साहित्य में नज़र आती नहीं हैं। हिन्दी को धार्मिक अन्धविश्वासों और अन्य जड मूल्यों से और भी बाहर निकलना है। अन्य प्रान्तीय साहित्य जब वैश्विक धरातल को छूने में सक्षम निकलते हैं तो हिन्दी साहित्य इसकेलिए योग्य

इसलिए नहीं बन रहा है कि अन्य साहित्यों से इसकी संवाद हीनता। इतने विस्तृत प्रदेश में प्रयुक्त होनेवाली हिन्दी अपने में सीमित हो रही है। हिन्दी के लोग यह कितने समझते हैं, पता नहीं। आचार्य रामचन्द्र शुक्ल, हज़ारी प्रसाद द्विवेदी जैसे आलोचकों के बाद हिन्दी आलोचना में वैश्विक धरातल पर अन्तरराष्ट्रीय सीमा को छूनेवाले कितने आलोचक हुए। प्रेमचंद, प्रसाद, अज्ञेय, निर्मल वर्मा जैसे रचनाकारों को पढते वक्त हम जैसे मलयालम भाषी भावविभोर हो जाते हैं। इसका कारण यह है कि आज भी हमसे संवाद करने में वे सक्षम हैं। लेकिन ऐसी सृजनात्मकता हिन्दी में विरले ही है। मार्क्सवादी आलोचनात्मक दृष्टि ने हिन्दी साहित्य को सीमित कर दिया। केरल में मार्क्सवाद का सारे के सारे क्षेत्र में प्रवेश है, लेकिन साहित्य और कला में परिवर्तित विचारों को अपनाकर अपने को संवारते हैं साहित्यकार। एक उदाहरण के रूप में मैं बताना चाहूँगी कि हिन्दी में अन्तरराष्ट्रीय बुक्कर सम्मान प्राप्त गीतांजलीश्री का उपन्यास "रेत समाधि"से सम्बन्धित हिन्दी प्रदेश के अनेक विद्वानों के विचारों को मैं ने पढा। वे उस पुस्तक को कितने सीमित दायरे में सिमटा देते हैं। असल में उस पुस्तक में हिन्दी साहित्य के सारे सरहदों को उन्होंने तोड़ा, समाजशास्त्रीय दृष्टि से और संरचनात्मक दृष्टि से। उसमें साहित्य सम्बन्धी उपनिषदीय सवाल - "इतिहास को और धरती को क्या दिया?" का सही जवाब है। समय की माँग को ध्यान में रखकर उन्होंने रचना की। इसलिए वे उस बुक्कर सम्मान केलिए योग्य बनी हैं। मैंने इसका अनुवाद मलयालम में किया तथा प्रकाशित भी हुआ। केरल के लोग इसे जो सम्मान मिलना है वह दे रहे हैं। मेरा मतलब है कि हिन्दी साहित्य को अपने वातायनों को खुलकर छोड़ना है। अन्यथा अन्य भारतीय भाषायें इससे संवाद केलिए तैयार नहीं होंगी, वे अन्तरराष्ट्रीय विकसित साहित्य से ही संवाद करेंगी। इसलिए खुद अपनी कूपमंडूकता से बच जाना है। तब भारतीयता गतिमय होगी। भारतीयता भारतीय जीवन को लेकर जो दृष्टि है उससे निरन्तर बनाना है, उसे सीमित करना नहीं है, उसे व्यापक बनाना है अन्तरराष्ट्रीयता को छूना है।

भूमण्डलीकरण के इस दौर में अंग्रेज़ी भाषा का वर्चस्व बढता जा रहा है, सर्वत्र अंग्रेज़ी माध्यम के स्कूल्स खोले गये। तब भारत की सारी की सारी भाषायें संकट की स्थिति पर हैं। अपनी-अपनी संस्कृति जिस भाषा में संजोई गई है, वह भाषा नयी पीढ़ी से दूर जा रही है। भूमण्डलीकरण की व्यापारी मानसिकता के एक रंगीय ग्लोब को तैयार करते वक्त अन्य भाषाओं को मिटाकर अपनी संस्कृति की भाषा को भी पूरी दुनिया की भाषा बना देती है। आज सारे विकासशील देशों की भाषायें ख़तरनाक स्थिति से गुज़र रही हैं। इसी बीच में क्षेत्रीयतावाद भी एक ओर मज़बूत

हो रहा है। उसकी वजह से भारत की किसी एक भाषा को केन्द्रीय भाषा के रूप में स्वीकार करने को कई क्षेत्र तैयार नहीं हो रहे हैं। अपनी प्रान्तीय भाषा और अंग्रेज़ी में वे सिमट जाना चाहते हैं। तब पूरे भारत को एक राष्ट्र के रूप में परिणित करने और राष्ट्र की एक भाषा को हमारी राष्ट्रीय अस्मिता बनाने में बाधा उत्पन्न होती है। इसलिए हिन्दी पूरे भारत की भाषा अभी तक नहीं बन पायी।

इस सन्दर्भ में भाषाओं के बीच अन्तर्संवाद को बढाने में शिक्षा नीति का हाथ बड़ा है। शिक्षा के क्षेत्र में जहाँ भाषा और साहित्य की उपेक्षा होती रही है उसका परिणाम हम वहाँ की संस्कृति में देख रहे हैं। विगत दशकों में विज्ञान, प्रौद्योगिकी प्रबन्धन जैसे विषयों के अध्ययन के लिए हमने हमारी सारी शक्ति और सारे संसाधन झोंक दिए और सामाजिक विज्ञान, मानविकी, साहित्य और भाषा आदि की उपेक्षा को ऐसे माहौल में देश के प्रति जो उत्साह, लगन और लगाव होना चाहिए था वह नहीं आ सका है। भाषा और साहित्य को समाज में प्रतिष्ठित करना है। भाषाई भेदभाव के चलते अनेक मानव अधिकारों का हनन होता है। भारत की भाषा सम्बन्धी नीति को अब भी राजनीतिज्ञ अपने वोट बैंक को लक्ष्य करके पूरी इच्छा शक्ति से अमल करने में तैयार नहीं हुए। इसका उदाहरण है त्रिभाषा सूत्र। क्या भारत के सभी स्कूलों में यह अमल किया जा सकता। उत्तर भारत के कितने स्कूलों में हिन्दीतर प्रदेश की भाषा को दूसरी भाषा के रूप में पढाया जाता है, विशेषकर दक्षिण की भाषा को। तमिलनाडु ने भी त्रिभाषा सूत्र को लागू नहीं किया। वैसे ही 2020 की राष्ट्रीय शिक्षा नीति में मातृभाषा को महत्त्व देते हुए दूसरी भाषाओं को पढने का वातायन खोलने का आशय रखा गया है। वह निस्सन्देह प्रशंसनीय कार्य है। बच्चे परस्पर आदान प्रदान करके अपने बीच की दीवार को खोलने और प्रेम से एकजुट होने में समर्थ बनेंगे। भाषा के बीच की दूरी को मिटाने और इस हेतु भारतीयता को गतिशील बनाने का मौक़ा मिलेगा। यह भी नहीं, भारतीय भाषाओं जैसे संस्कृत, पाली, प्राकृत, पेरशियन, आधुनिक भारतीय भाषायें तथा विदेशी भाषाओं के बीच के अनुवाद को विकसित करने के लिए IITI (Indian Institute of Translation and Interpretation) की स्थापना की बात उठाई गयी है। ये सब शिक्षा के क्षेत्र में भाषिक संवाद को बढावा देने के लिए समर्थ है। प्रत्येक भाषा की सम्पत्ति से परिचित होकर उनके प्रति सम्मान आदर का भाव भी बढेगा। भाषा अध्ययन के साथ अन्य अनुशासनों में इसका सही उपयोग कर इसकी सृजनात्मकता को आगे बढाने का कार्य इसमें है।

जिस तरह शिक्षा के क्षेत्र में भाषा और साहित्य की उपेक्षा होती रही है, वैसे ही पत्रकारिकता और मीडिया के क्षेत्र में यह ह्रास दिखाई दे रहा है। भारतीय भाषाओं के साथ संवाद स्थापित करने का काम साहित्य, मीडिया, कला और संस्कृति के द्वारा हो सकता है। इसमें मीडिया की भूमिका सबसे अहम हो सकती है। विभिन्न भाषाई मीडियाओं के बीच में परस्पर संवाद नहीं है, संवाद है तो अंग्रेज़ी में। स्वाधीनता संग्राम के दौर में साहित्यिक पत्रकारिता और समाचार पत्रकारिता के बीच तालमेल था। समाचार पत्रों से नयी पीढ़ी भाषा सीखती थी और साहित्यिक कृतियों से सरल भाषा में परिचित कराने का काम समाचार पत्र करते थे। पत्रकारिता का काम साहित्यिक संरक्षण करना भी था और साहित्य का काम पत्रकारिता को भाषा संस्कार और दिशा देना भी था। उस समय की पत्रकारिता लोकहित की बात करती थी। जनता और वंचितों के पक्ष में थी। अब उद्योग, व्यापार और राजनीति की भाषा बोलने लगी। ठकराव, अधिकार और अपसंस्कृति की भाषा फैला देती है। प्रिंट मीडिया, इलक्ट्रोनिक, इन्टरनेट और सोशल मीडिया ने मिलकर एक नयी भाषा का निर्माण किया। भारतीय भाषाओं से शब्द न लेकर अंग्रेज़ी के शब्द जबरदस्ती सिनेमा, अखबारों और चैनलों में ठूसे जा रहे हैं। वे देश में बहस का एजेंडा तैयार कर रहे हैं। भारतीय पत्रकारिता में लोकतन्त्र का हित कम नज़र आता है। वे पूँजीपतियों की मुट्ठी में हैं।

विभिन्न ज्ञान-विज्ञान के क्षेत्र से सम्बन्धित साहित्य का अनुवाद करना है। संस्कृत जैसी भाषा बड़ी समृद्ध भाषा है, उसमें गणित, ज्योतिष, आयुर्वेद, दर्शन साहित्य आदिक्षेत्रों में हमारी जो देन है, वह अनूदित होकर भारतीय भाषाओं में लाना है। वैसे ही भारत का प्रत्येक प्रान्त अपनी अपनी लोक कलायें एवं क्लासिकल कलाओं से समृद्ध है, जिनके साहित्य का अनुवाद और आज डिजिटल फ्लॉटफॉम में उन्हें प्रस्तुत करने का मौक़ा प्रदान करना है उसे सुरक्षित करना भी है।

वैसे ही फ़िल्म, संगीत, नाटक, तथा अन्य कलाओं का भी पारस्परिक संवाद भाषा के माध्यम से अनिवार्य है। केरल की "कथकलि" पूर्णत: महाभारत एवं रामायण की घटनाओं पर आधारित है। मन्दिरों से संबद्ध अनेक कलाओं ने केरल में जन्म लिया है, जैसे कूत्त, तुल्लल, पाठकम, कूटियाट्टम, तोलपावक्कूत्त आदि ये सब पौराणिक मिथकीय कथाओं का आधार ग्रहण किये हुए हैं। नाटक के क्षेत्र में आज भी भास-कालिदास के नाटकों का मंचन नवीनता प्रदान करता है। संगीत में हिन्दुस्तानी एवं कर्णाटिक पूरे भारत के हैं। एक ही फ़िल्म कई भारतीय भाषाओं में एक साथ दिखा जा रहा है। तब प्रत्येक भाषा में उत्पन्न भाव एवं विचारों का आदान

प्रदान सम्भव हो जाता है। इसके फलस्वरूप भारतीयों के बीच में सन्निकटता का भाव उत्पन्न होता है तब हम असल में भारतीय बनेंगे और हममें भारतीयता का उदय होगा। क्योंकि फ़िल्म आज समाज पर असर डालनेवाला सबसे सशक्त माध्यम है।

संक्षेपत: भारतीय भाषाओं के अन्तर्संवाद से बहुल संस्कृति की भारतीयता या भारत राष्ट्र का रूपायन सम्भव होगा। भारतीयता एक ठोस रचनात्मक संकल्प है। जीवन और जगत् को गतिशील एवं अर्थवान बनाने की दिशा में भारतीय दृष्टि में जो सृजनात्मक क्षितिज खोला है, वही अन्तत: भारतीयता है। भारतीयता हम भारतीयों केलिए राष्ट्रीय अस्मिता या राजनीतिक स्वत्वबोध का साक्षात्कार होते हुए भी वह मात्र भौगोलिक परिवृत्ति नहीं है। स्वत्वबोध का अपना मूल्य है, जब वह संकीर्ण परिधि चिन्तन से परे जाकर समग्र जीवन के सम्पूर्ण अर्थस्तर को वैपुल्य प्रदान करने का दायित्व भार ग्रहण करता है, वही भारतीयता के समष्टिबोध का स्वत्व संकल्प है। उसमें मानव-राशि को आगे की तरफ जाने की ताक़त प्रदान करने की क्षमता रखती है।

2020 की राष्ट्रीय शिक्षा नीति की भारतीयता

2020 की राष्ट्रीय शिक्षा नीति एक ऐसा ज्ञानपूर्ण दस्तावेज़ है जिसका उद्देश्य भारत के सर्वांगीण विकास को बढ़ावा देना और शिक्षा को सभी केलिए सुलभ बनाना है। अगले 25 साल में भारत को एक ज्ञानपूर्ण अर्थव्यवस्था के रूप में स्थापित करने और वैश्विक कल्याण के लिए ज़रूरी क़दम इस शिक्षा नीति में उठाया गया है। भारत एक संस्कृति है जो "वसुधैव कुटुंबकम" और "लोका सस्ता सुखिनो भवन्तु" में विश्वास करती है। इस लिए पूरी दुनिया की ज़िम्मेदारियाँ उठानेयोग्य शिक्षानीति की रूपरेखा बनायी गई है। अपनी शिक्षा और कौशल पर पारिस्थितिकी तन्त्र को मज़बूत करना है। उसके लिए प्रौद्योगिकी का लाभ उठाना ज़रूरी है। क्योंकि हम भारतीय 21वीं सदी के अवसरों और चुनौतियों के लिए तैयार हैं। राष्ट्रीय शिक्षानीति के 5+3+3+4 के दृष्टिकोण में प्री स्कूल से सेकेंडरी तक ई. सी.सी. ई पर ज़ोर, शिक्षक प्रशिक्षण, वयस्क शिक्षा, स्कूली शिक्षा के साथ कौशल विकास का एकीकरण तथा मातृभाषा सीखने को प्राथमिकता इसलिए दिया गया कि 21 वीं सदी के मुताबिक वैश्विक नागरिक को तैयार करना है। याने कि बदलती भौगोलिक स्थिति के अनुकूल युवा पीढ़ी को तैयार करने के उपलक्ष्य में इस शिक्षा नीति को निर्मित है। इसका बुनियादी लक्ष्य अच्छे मनुष्य को बनाना है। यह तार्किक चिन्तन, मानवीय मूल्य, धैर्य, वैज्ञानिक और सृजनात्मक कल्पना को महत्त्व देकर सकारात्मक एवं निर्माणात्मक व्यक्तित्व के गठन केलिए कटिबद्ध दिखाई देती है। कला और विज्ञान के बीच के अन्तर को मिटाने की कोशिश है इसमें। शिक्षा को सार्वजनिक सेवा के रूप में मान्यता दी जाती है। वैश्विक स्तर पर सबसे उच्च योग्य शिक्षा देना इस नीति का लक्ष्य ही है, वह भी अपनी परम्परा और अतीत की ऊर्जा ग्रहण करते हुए।

राष्ट्रीय शिक्षानीति में भाषाओं को जो स्थान दिया गया है, वह भारत को सांस्कृतिक दृष्टि से गतिमय बनाकर सांस्कृतिक बहुलता को कायम करते हुए और

ज्ञान-विज्ञान के माध्यम बना कर परस्पर आदान-प्रदान के लिए माहौल बना देता है। इससे प्रान्तीय भावनाओं की चौहटों से बाहर आकर राष्ट्रीय नहीं बल्कि अन्तरराष्ट्रीय भावना सशक्त करने में अवसर मयस्सर होता है। स्थानीय भाषा या मातृ-भाषा की महती भूमिका को मानकर प्रौद्योगिकी के साथ आगे बढाने की बात कही गई है। सभी भाषाओं के महत्त्व को स्वीकर करते हुए उन्हें राष्ट्रीय भाषाओं का दर्जा दिया गया है। कोई भी भाषा गुरु या लघु नहीं है का आदर्श इसमें अपनाया गया है।

सबसे पहले "भारतीयता" क्या है, इस पर थोड़ा विचार किया जायेगा। भारतीयता एक ऐसी दृष्टि है जिसका लगातार सोचने केलिए हम विवश हो जाते हैं। दरअसल राजनीति में इसके ग़लत इस्तेमाल की वजह से ख़तरनाक स्थिति पैदा हो रही है। सही अर्थ में भारतीयता, भारत का नवनिर्माण या नवीकरण है। भारत की वर्तमान स्थितियों को भूलकर हमारे मन में भारत सम्बन्धी जो परिकल्पना है उसके अनुसार भारत को बनाना है। इस सन्दर्भ में टैगोर की Lover Diction की पंक्तियों को याद करना होगा "You made your love imperishable Shajahan"। जब हम ताजमहल को देखते हैं तो उसके बाह्य रूप से बढकर जिस आदर्श प्रेम की कल्पना हमारे मन में है वह स्मरण में आती है। वैसे ही हमारे भीतर भारत सम्बन्धी जो संकल्पना है वही है भारतीयता। उसके अनुसार भारत का निर्माण किया जाना चाहिए।

भारतीयता कोई बनी बनायी दृष्टि नहीं वह बन रही है। वह एक संस्कार है, जीवन रीति है, जीवन को लेकर विशेष दृष्टिकोण है। वह निरन्तर बन रही प्रक्रिया है। वह सनातनता, आध्यात्मिकता एवं मानव मूल्यों के ठोस धरातल पर अवस्थित है। जहाँ कहीं इन तत्वों का ह्रास होता है, विघटन होता है और जहाँ-जहाँ इनकी अवमानना होती है या इनसे अलग होने का उपक्रम होता वहाँ वहाँ इसको लेकर काफ़ी सोच-विचार, चिन्तन एवं विरोध ज़ाहिर हो उठता है। भारतीयता पुस्तकों में या महाग्रन्थों में सुरक्षित भावना नहीं वह जनजीवन में सक्रिय रहनेवाली भव्यभावना है। इसके रक्षक एवं पोषक सभी भारतवासी हैं। अत: समय-समय पर इसका संशोधन होता रहता है। भारतीयता के दो तत्व विद्यमान हैं–जड़ और चेतन। जो जडतत्वों को स्वीकारता है वह प्रतिगामी बन जाता है। वे रूढियों एवं अन्धविश्वासों के घेरे में पड़कर असामाजिक वृत्तियों के समर्थक तथा अशान्ति के अग्रदूत बन जाते हैं। पर जो चेतन को स्वीकार करते हैं, वे आगे बढते हैं, प्रगतिशील बन जाते हैं। उसकेलिए आवश्यक शक्ति यानी कि ताक़त भारतीयता के चेतनातत्व में निहित है। इसलिए मैं ने सूचित किया था कि भारतीयता एक प्रक्रिया है। अपने समय के

सन्दर्भ में उसकी परीक्षा करते हुए उसमें निहित चेतना को स्वीकार करने पर ही आगे का रास्ता प्रशस्त हो जाना है। वर्तमान से भविष्य की ओर उन्मुख हो सकता है। जो मानसिकता हमें आगे की ओर उन्मुख करती है वह भारतीयता बन सकती है। उल्टे जो मानसिकता हमें जब तक सीमित रखती है वह कभी भी भारतीयता नहीं हो सकती। वह हमें सदियों पीछे की ओर ले जाकर बर्बर बना देगी। अत: भारतीयता वह है जो समय-समय पर मानव-राशि को आगे की तरफ जाने की ताक़त प्रदान करने की क्षमता रखती है। दूसरे शब्दों में कहें तो भारतीयता जड़ता नहीं चेतना है वह समय-समय पर अपनी ग़लतियों, कमियों एवं फिसलनों को सुधारते हुए आगे बढ़ती रहती है। अज्ञेय ने कहा भारतीयता वह है "जो अपने काल में रहकर भी आगे देखे, न इधर अनादि को, न उधर अनन्त को, वरन् हम से आगे के उस काल को जो हमारे काल से प्रसूत है और जिसके हम स्रष्टा हैं।" अर्थात् भारतीयता एक ठोस और रचनात्मक संकल्प है। जीवन और जगत् को गतिशील एवं अर्थवान बनाने की दिशा में भारतीय-दृष्टि में जो सृजनात्मक क्षितिज खोला है, वही अन्तत: भारतीयता है। भारतीयता हम भारतीयों के लिए राष्ट्रीय अस्मिता या राजनीतिक स्वत्वबोध का साक्षात्कार होते हुए भी वह मात्र भौगोलिक परिवृत्ति नहीं है। स्वत्वबोध का अपना मूल्य है, जब वह संकीर्ण परिधि चिन्तन से परे जाकर समग्र जीवन के सम्पूर्ण अर्थस्तर को वैपुल्य प्रदान करने का दायित्व भार ग्रहण करता है, वही भारतीयता के समष्टिबोध का स्वत्व संकल्प है।

नेहरू ने कहा–"हम अपने भारत को समझने का प्रयास कर, यद्यपि, सारे संसार को अपने सामने न रखने पर भारत-विषयक जो जो ज्ञान हम प्राप्त करेंगे, वह अधूरा होगा। (संस्कृति के चार अध्याय–दिनकर, प्रस्तावना) इसका तात्पर्य यह है कि वह बुनियादी और अन्तरराष्ट्रीय है। Raymond Williams के अनुसार– "Culture is the Whole way of life, Material, intellectual and spiritual" अर्थात् संस्कृति भौतिक, बौद्धिक एवं आध्यात्मिक जीवन शैली है। याने कि संस्कृति शारीरिक मानसिक या आध्यात्मिक शक्तियों का प्रशिक्षण, दृढ़ीकरण या विकास अथवा उससे उत्पन्न अवस्था है। पहले ही सूचित किया कि वह राष्ट्रीय एवं अन्तरराष्ट्रीय है। राष्ट्रीय पहलू यह है कि अनेक राष्ट्रों ने अपना कुछ विशिष्ट व्यक्तित्व तथा अपने भीतर कुछ खास ढंग के मौलिक गुण विकसित कर लिये हैं। भारतीय संस्कृति का रूप सामासिक है और उसके विकास धीरे-धीरे हुआ है। एक ओर तो इस संस्कृति का मूल आर्यों से पूर्व, मोहनजोदरो आदि की सभ्यता तथा द्रविडों की महान सभ्यता तक पहुँचता है, दूसरी ओर इस संस्कृति पर आर्यों

की बहुत ही गहरी छाप है, जो भारत में मध्य एशिया से आए थे। पीछे चलकर, यह संस्कृति उत्तर-पश्चिम से आने वाले तथा फिर समुद्र की राह से पश्चिम से आनेवाले लोगों से बार-बार प्रभावित हुई। इस प्रकार राष्ट्रीय संस्कृति ने, धीरे-धीरे बढकर अपना आकार ग्रहण किया। इस संस्कृति में समन्वय तथा नए उपकरणों को पचाकर आत्मसात करने की अद्‌भुत योग्यता थी। जब तक इसका यह गुण शेष रहा, यह संस्कृति जीवित और गतिशील रही। लेकिन अब यह गतिशीलता कमज़ोर होती जाती है, जिससे यह संस्कृति जड़ होती जा रही है और उसके सारे पहलू कमज़ोर हो रहे हैं। इस अवसर पर नवीन शिक्षा नीति का हाथ बड़ा है।

प्रत्येक राष्ट्र की शिक्षा नीति उस राष्ट्र स्वत्व को निर्मित करने में समर्थ होना है, साथ ही साथ अन्तरराष्ट्रीय भी होना अनिवार्य है। भारतीयता बहुल संस्कृति की गतिशीलता है। देश के निर्माण में भाषा की महती भूमिका है। भाषा समाज को जोड़ती है और तोड़ती भी है। शिक्षा के क्षेत्र में जिस तरह भाषा और साहित्य की उपेक्षा होती रही है, उसका परिणाम हम हमारी संस्कृति में देख रहे हैं। आज ऐसी ताक़तें हैं, जो जीवन में विच्छेद डालती हैं, जो मनुष्य-मनुष्य के बीच भेद-भाव को बढावा देती हैं। विगत दशकों में विज्ञान, प्रौद्योगिकी, प्रबन्धन जैसे विषयों के अध्ययन केलिए हमने सारी शक्ति और सारे संसाधन झोंक दिये और सामजिक विज्ञान, मानविकी, साहित्य और भाषा आदि की उपेक्षी की। ऐसे माहौल में देश के प्रति जो उत्साह, लगन और लगाव होना चाहिए था वह नहीं आ सका। भाषा और साहित्य को शिक्षा में महत्त्वपूर्ण स्थान देकर उसे अमल करने का नवीन उपकरणों एवं मार्गों को अपनाना है। भाषाई भेदबाव के चलते अनेक मानवीय अधिकारों का हनन होता है। वैसे ही अंग्रेज़ी माध्यम के स्कूलों को खोलकर भारतीय भाषायें मृत्यु की कगार पर पहुँचती रही हैं।

2020 की राष्ट्रीय शिक्षानीति में भाषा के स्थान पर विचार करते हुए उपर्युक्त विचारों का सूक्ष्म विवेचन करना सही होगा। इस शिक्षा नीति में दो स्थान पर भाषा शिक्षण एवं अध्ययन सम्बन्धी नीति को अंकित किया गया है। एक तो स्कूली पाठ्यक्रम की तैयारी के सन्दर्भ में Multilingualism and the power of language (बहुभाषिकता और भाषा की शक्ति) शीर्षक में 4.9 से 4.22 तक के भाग में है। यह कहा गया है कि बचपन में बच्चा जल्दी अपनी मातृभाषा में सब आत्मसात करता है, इसलिए शिक्षा का माध्यम कम से कम 5 वाँ ग्रेड तक, ग्रेड 8 तक है तो अच्छा है और उसके बाद भी घर की भाषा/मातृभाषा/स्थानीय भाषा

होना है। उसके बाद घर/स्थानीय भाषा को जहाँ जहाँ सम्भव है वहाँ वहाँ पढाना है। इसका अनुसरण सरकारी और ग़ैर सरकारी स्कूलों को करना है। उच्च गुणवत्ता की पाठ्यपुस्तकें, विज्ञान आदि का भी घरेलु भाषा में उपलब्ध कराना है। स्थानीय भाषा में पाठ्य पुस्तकें प्राप्त नहीं हैं तो भी छात्र एवं अध्यापकों के बीच की भाषा घरेलु भाषा होनी चाहिए जहाँ जहाँ सम्भव है। अर्थात् द्विभाषिकता को शिक्षा का माध्यम बनाना है, तब मातृभाषा के साथ दूसरी एक भाषा का अर्जन होगा, स्वाभाविक रूप से भारत के सन्दर्भ में वह दूसरी भाषा अंग्रेज़ी होगी। ग्रोड 3 तक मातृभाषा माध्यम बनाकर बच्चों की सारी भाषिक क्षमताओं को बढाना है। लेकिन ग्रेड 3 और उसके बाद अन्य दो भाषाओं की भी क्षमता को बढाना है। इस पर केन्द्र और राज्य सरकार को विशेष ध्यान देना चाहिए। विविध भारतीय भाषाओं के प्रशिक्षित अध्यापकों की लेन-देन की ज़रूरत है। क्योंकि तीन भाषाओं का अध्ययन करना मतलब संविधान में जो त्रिभाषा सूत्र की नीति निर्धारित की गई है उसको पूर्ण रूप से लागू करना है। अभी तक भारत में त्रिभाषा सूत्र को पूर्णत: लागू नहीं किया गया है। दक्षिण के स्कूलों में मातृभाषा के साथ भारत की भाषा के रूप में हिन्दी और विदेशी भाषा अंग्रेज़ी पढ़ाई जाती है। लेकिन तमिलनाडु में यह पूर्णत: स्वीकृत नहीं है। उत्तर भारत में वे भारत की किसी भाषा के अध्ययन की जगह कभी भी दक्षिण या हिन्दीतर प्रदेश की किसी भी भाषा को पढने के लिए तैयार नहीं हो जाते हैं। वे संस्कृत का अध्ययन कर इसे पूरा करते हैं। यदि सरकार इसका दृढ़ता से पालन करती है तो उत्तर-दक्षिण के बीच का भाषा सम्बन्धी द्वन्द एक हद तक पूर्ण किया जा सकता है। क्योंकि भारत में बहुभाषिकता एक स्वाभाविक प्रक्रिया है, जिसका आदर होना चाहिए। यह राष्ट्रीय एकता बढ़ाने और भारतीय संस्कृति में लचीलापन लाने में समर्थ बन पाएगी।

विज्ञान, गणित आदि ग्रेड 6 से ग्रेड 9 तक मातृभाषा/स्थानीय भाषा और अंग्रेज़ी में पढाने पर छात्र मातृभाषा और अंग्रेज़ी दोनों भाषाओं में अपने विचारों को अभिव्यक्त कर पायेंगे। इसके लिए उच्चस्तर की द्विभाषिक पाठ्यपुस्तकें तैयार करनी है।

मातृभाषा और दूसरी भारतीय भाषा के आदिकाल से आधुनिककाल तक के साहित्यकार, कई विधाओं आदि का अध्यापन, नाटक, खेल, संगीत, फ़िल्म आदि को इन भाषाओं के ज़रिये पढ़ाना भी अच्छा कार्य है। अपनी भाषा, संस्कृति और परम्परा में यदि शिक्षा दी जाए तो वह बड़े पैमाने पर शैक्षिक, सामाजिक और तकनीकी क्षेत्र की प्रगति केलिए लाभदायक होगा। संसार में भारतीय भाषायें सबसे ज़्यादा समृद्ध, वैज्ञानिक, सुन्दर और अभिव्यक्ति परक हैं। प्राचीन एवंआधुनिक

साहित्यिक संपदा, फ़िल्म, संगीत आदि भारत की राष्ट्रीय पहचान और संपदा के द्योतक है। इसलिए देश के हर छात्र को कभी कभी ग्रेड 6-8 तक "भारतीय भाषायें" पर फण प्रोजेक्ट/कार्यक्रम में भाग लेना है। इस परियोजना/ कार्यक्रमों के द्वारा छात्र मुख्य भारतीय भाषाओं की विचारणीय एकता सम्बन्धी बातें सीख लेंगे। यह इसके सामान्य ध्वनि और वैज्ञानिक-रूप से व्यवस्थित अक्षरमालायें और लिपियाँ, उनकी सामान्य व्याकरणिक संरचना, उनके स्रोत और शब्दों के उद्भव, जैसे संस्कृत और अन्य-क्लासिकल भाषायेओं से, वैसे ही उनके समृद्ध आन्तरिक प्रभाव और अन्तर को। वे भौगोलिक दृष्टि से कहाँ कहाँ कौन सी भाषायें बोली जाती हैं और जनजातीय भाषाओं की संरचना से भी परिचित हो जायेंगे। मुख्य भारतीय भाषाओं में कुछ पंक्तियाँ बोलने का अवसर मिल जायेगा। यह बहुभाषिकता हर उच्च साहित्य को पहचानने और अपने साहित्य को बढावा देने केलिए भी सहायक बन जायेगी। यह कार्य एकता को बढ़ावा देने के साथ सुन्दर जो सांस्कृतिक विरासत और बहुलता है वह विविध भाषाभाषियों के बीच की दीवार को तोड़ने में समर्थ बन जायेगी। इसके द्वारा भारत के हर कोने के लोग मिल जायेंगे। यह एक आनन्दपूर्ण एवं मनोरंजन का कार्यक्रम है।

यही है भारतीयता को गतिशील बनाने का कार्य। क्योंकि प्यार भरे दिलों में ही भारतीयता बसती है। मलयालम के कथा साहित्य में वैकम मूहम्मद बषीर के "मतिलुकल" (दीवारें) नामक उपन्यास में दीवार की भायनकता को दर्शाता है। लेकिन वह दीवार प्रेम के शब्दों ने गिरा दिया। वैसे ही गीतांजली श्री के रेत-समाधि उपन्यास में दीवारों का तोड़ना मुख्य विषय बन कर आया। अपने बीच में कई प्रकार की दीवारें बनाकर मानव अपने आपको एक-दूसरे से अलग करता है। उस भयानकता की दीवार को प्यार से गिरा जा सकता है। भाषागत दीवार को गिराने केलिए आपस में स्नेह मिलन होना चाहिए, इसकेलिए यह भाषागत परियोजना बहुत सहायक बनेगी। यहाँ टैगोर का जिक्र करना भी अनिवार्य है। उन्होंने राष्ट्रीयता से परे अन्तरराष्ट्रीयता की उच्च सदादायता को गीतांजली के माध्यम से रखा। आज़ादी मिलने के लिए भारतवासियों को दीवारों को तोड़ने का आह्वान सबसे पहले टैगोर ने किया था। सन् 1908 में Heaven of freedom में टैगोर ने गाया था– "To that level where the mind is without fear and the head is held high"। यहाँ भयरहित होने और सिर को ऊँचा करने के बारे में कहते हैं। यह है भारतीयता, यह भाषाई अस्मिता से सम्भव हो जाती है।

वैसे ही क्लासिकल भाषा संस्कृत को समझना तथा उसके माध्यम से भारत के साहित्यिक, वैज्ञानिक, दार्शनिक, राजनैतिक, व्याकरणिक, संगीत परक, जैसे पूरे ख़ज़ाने का परिचय प्राप्त करना है। इसकेलिए स्कूली शिक्षा के प्रत्येक स्तर और उच्च शिक्षा में भी महत्त्वपूर्ण स्थान देना है। इसके लिए माध्यमिक शिक्षा में ललित स्तर की पाठ्यपुस्तकों को संस्कृत में तैयार करना है और संस्कृत को संस्कृत में ही पढाना है।

भारत में संस्कृति के सबसे प्रबल उपकरण आर्यों और आर्यों से पहले के भारतवासियों, खासकर, द्रविडों के मिलन से उत्पन्न हुए। इस मिलन, मिश्रण या समन्वय से एक बड़ी संस्कृति उत्पन्न हुई, जिसका प्रधिनिधित्व हमारी प्राचीन भाषा संस्कृत करती है। संस्कृत के विकास में उत्तर और दक्षिण दोनों ने योगदान दिया। संस्कृत हमारी जनता के विचार और धर्म का ही प्रतीक नहीं बनी, वरन् भारत की सांस्कृतिक एकता भी उसी भाषा में साकार हुई। इसमें भारत का ज्ञान-विज्ञान का खजाना प्रप्त है।

अन्य क्लासिकल भाषायें तमिल, तेलुगु, कन्नड, मलयालम और ओडिया के साथ पाली, पेरशियन और प्राकृत में जो साहित्य है उसको भी पढने का कार्य शिक्षानीति में उल्लिखित है। भारत को पूर्ण विकसित देश बनाने केलिए अगली पीढ़ी को भारत के महत्त्वपूर्ण साहित्य से परिचित होना चाहिए जो बौद्धिक और सांस्कृतिक खजाना है। न भाषाओं को विकल्प के रूप में पढाये जाए, इसके लिए ऑनलैन मोड का इस्तेमाल किया जाये, क्योंकि हर भाषा विशेषज्ञ कहीं से भी हो पढ़ाया जा सकता है। ग्रेड–6-12 में कम से कम दो-सालों केलिए किसी भारतीय क्लासिकल भाषा और उसके साहित्य के अध्ययन करने का प्रावधान दिया जाना है। यह माध्यमिक कक्षा से विश्वविद्यालय तक ज़ारी कर सकता है। भारतीय शिक्षा के वातायन को खुला देने केलिए भारतीय भाषाओं के साथ अंग्रेज़ी, विदेशी भाषायें जैसे कोरियन, चैनीस, जापानीस, थाई, स्पानिश या रूसी को भी सेकेंडरी लेवल पर दिया जा सकता है। ताकि वैश्विक संस्कृति को भी समझने और वैश्विक ज्ञान विज्ञान में रुचि बढेगी।

इन भाषाओं का अध्यापन नवीकृत प्रयोगात्मक तरीक़े से करना है, जैसे कई विषयों के ज़रिये जैसे अपने अनुभवों, फ़िल्मों, नाटकों, कथाओं, कलाओं, संगीतों, लोकसाहित्य आदि। वैसे ही भारतीय संकेत भाषा (ISL) को भी मानक बनाकर भारत भर के बधिर छात्रों को शिक्षा के क्षेत्र में अग्रसर कराना है।

स्कूली शिक्षा में ही भाषा के महत्त्व को शिक्षा के द्वारा प्रसारित करने और भारत की प्रत्येक भाषा, क्लासिकल भाषा एवं विदेशी भाषाओं के ख़ज़ाने का परिचय देकर भारतीयता को अपनी संस्कृति की संकीर्णता से ऊपर उठाकर अन्तरराष्ट्रीय परिप्रेक्ष्य दिया गया है। इसके ज़रिये विभिन्न दीवारों को तोड़ने की क्षमता मिलेगी। मातृभाषा में अपनी जडों को मज़बूत करने पर अपनी चिन्तन शक्ति को मज़्बूत किया जा सकता है। अंग्रेज़ी के प्रति भी कोई दुराग्रह नहीं है। वह ज्ञान की भाषा है। अंग्रेज़ी की जानकारी होनी चाहिए, ताकि उसमें जो ज्ञान आ रहा है उससे हमें संवर्द्धित करना है। लेकिन अंग्रेज़ी राजरानी बनी रहे और सारी भारतीय भाषायें उसके अधीन हों यह हमारी भारतीय अस्मिता को चोट पहुँचा देती है। वैसे ही त्रिभाषा सूत्र में हिन्दी और अन्य भारतीय भाषाओं को जो स्थान दिया गया है, वह भारत राष्ट्र बनने केलिए सहायक है। यद्यपि विविधता का निर्वाह किया जा रहा है तो भी एक राष्ट्र की अस्मिता या पहचान एक भाषा से ही है। इस अस्मिता को बनाने में कौन सी भाषा सक्षम है, यह विचारणीय है, हिन्दी या अंग्रेज़ी। प्रत्येक भाषा के महत्त्व को मानते हुए भी भारत की अपनी एक भाषा होनी चाहिए वह भी औपनिवेशिक मानसिकता से मुक्त।

2020 की शिक्षा नीति में भाषानीति पर दूसरा विचार उच्च शिक्षा सम्बन्धी नीति में 22 में 22.15 तक प्राप्त है। "Promotion of Indian Langugage, Arts and culture" (भारतीय भाषा, कला और संस्कृति की उन्नति) में भारत की सांस्कृतिक सम्पत्ति की विराटता को समझाने की आवश्यकता को ध्यान में रखते हुए कला, भाषा, साहित्य आदि को शिक्षा के प्रत्येक चरण पर स्थान देने की बात उठायी गई है। यह मनुष्य के सर्वतोन्मुख विकास एवं भलाई केलिए अनिवार्य है। भाषा कला और संस्कृति से ख़ूब संबद्ध है। भाषा प्रयोग से एक व्यक्ति की संस्कृति को पहचाना जा सकता है। इसलिए संस्कृति भाषा ही है। यह तथ्य भाषा की अन्तर्निहित संकल्पना के भीतर है कि भाषा अपने भाषायी समाज के भीतर सामाजिक अस्मिता की भावना को प्रश्रय देती है। याने कि प्रत्येक भाषा उस भाषाभाषी के विचारों, संवेदनाओं और आचार विचारों को प्रकट करती है। इसलिए आजकल भाषा का अध्ययन सांस्कृतिक धरातल पर किया जाता है। कला, साहित्य, नाटक, संगीत, फ़िल्म आदि जो रूप हैं वे भाषा के बिना आस्वादनीय नहीं बनेंगे। इसलिए हमारी संस्कृति को बचाने और उन्नत करने केलिए प्रत्येक की संस्कृति की भाषा को बचाना है। भारतीय भाषाओं का विकास तब सम्भव है जब उनका उपयोग रोज़ किया जाये और अध्ययन-अध्यापन में प्रयुक्त करे।

भारत में अनेक भाषाओं का नाश हुआ एवं नाश हो रहा है। आठवीं अनुसूची में जो 22 भाषायें हैं वे भी कई प्रकार की समस्याओं का सामना कर रही है। हमें मालूम है अंग्रेज़ी माध्यम के स्कूलों के खोलने से भारतीय भाषायें विनाश के कगार पर हैं। छात्र भी जड़विहीन हो गए। इसलिए मरनेवाली एवं मरती भाषाओं को बचाना भी आज की भाषानीति का मुख्य लक्ष्य होना चाहिए। इसके साथ भाषा में समर्थ अध्यापकों का अभाव है। अब भाषा के अध्यापक सैद्धान्तिक दृष्टि से भाषाध्यापन करते हैं। यह साहित्यिक क्षेत्र से परे होकर भाषा के उपयोग केलिए सहायक नहीं होगा। इसलिए जो खाई भाषाध्यापन एवं अधिगम में उत्पन्न हुई इसे निपटाने केलिए विशेष भाषिक शिक्षा का कार्यक्रम भारतीय भाषाओं में आरम्भ करना है। भाषा को प्रासंगिक एवं समृद्ध बनाने के लिए भाषाओं में अच्छी गुणवत्ता की पाठ्यपुस्तकें, वर्कबुक, बीडियोस, नाटक, कवितायें, उपन्यास, पत्रिकायें आदि होना चाहिए। समयानुसार भाषाओं के आधिकारिक नवीनतम शब्दों और शब्दकोशों को बनाते रहना है। भाषाओं को नवीनतम विषयों को अभिव्यक्ति देने में समर्थ करना है। इसके लिए विश्वभाषाओं का भी अनुवाद करना है। इसलिए भारतीय कलायें एवं भाषाओं का अध्ययन प्रथमिक शिक्षा से शुरु कर उच्चशिक्षा तक ले जाना है। इसके लिए स्थानीय विशेषताओं के विशेषज्ञों को स्कूलों में किराये पर लिया जाये। भारतीय पारम्परिक ज्ञान का हिसाब खिताब लेना है और उसमें जनजातीय एवं स्थानीय ज्ञान को भी समाहित करना है। तब मानविकी, विज्ञान, कलायें, शिल्प और खेलकूद के पारम्परिक रूपों को भी पाठ्यक्रम में दर्ज करना है।

उपर्युक्त लक्ष्यों को अमल में लाने केलिए HEI को ज़रूरी विशेषज्ञता से युक्त मज़बूत विभागों की ज़रूरत है। उनको भारतीय भाषायें, तुलनात्मक साहित्य, सृजनात्मक लेखन, कलायें, दर्शन, आर्कियोलजी आदि में पाठ्यक्रम रूपायित करना है। आर्ट एन्ड म्यूसियम अडमिनिस्ट्रेशन, आरटीफाक्ट कनसरवेशन, ग्राफिक डिसैन, Translator and Enterpretation, Web Design आदि में उच्च स्तरीय प्रोग्राम एवं डिग्री तैयार करना है। इन अनुशासनों में चार वर्षीय B.Ed Dual degrees को भी दर्ज करना है। भाषाओं, कलाओं और संस्कृति की उन्नति केलिए एवं अध्ययन करने के लिए सभी उम्रवालों को छात्रवृत्ति आदि देकर प्रोत्साहित करना है। प्रत्येक शैक्षिक संस्था में "Artist (s)-in-Residence" को लक्षित करना है, जो छात्रों को भाषा, कला और भारत के सम्पन्न ख़ज़ाने की ओर आकर्षित करेगा। आज के छात्रों में सृजनात्मकता की कमी दिखाई पडती है। यह ऐसे कार्यक्रमों के माध्यम से निपटा जा सकता है। इस प्रकार के पाठ्यक्रमों के द्वारा नौकरी के क्षेत्र में उच्च स्तर के अवसर मिल जायेंगे।

भारत में भाषाओं के बीच के संवाद को बढाने के लक्ष्य में II TI (Indian Institute of Trannslator and Interpretation) स्थापित किया जाएगा। इसके ज़रिये अनुवाद और द्विभाषिया के क्षेत्र को विस्तार मिलेगा। लिखित और कथित सामग्रियाँ साधारण जनता को भी प्राप्त हो जायेंगी। यह संस्था भारत जैसे बहुभाषिक देश केलिए बहुत सहायक सिद्ध होगी, इस काम में अनेक बहुभाषिक विशेषज्ञों को नौकरी प्राप्त होगी। यह II TI समय के साथ प्राप्त करेगा और कई स्थानों पर भारत भर में स्थापित किया जाएगा और उसके ज़रिये योग्य उम्मीदवार सामने आ जायेंगे। वैसे ही क्लासिकल भाषाओं और उनके साहित्य की रक्षा केलिए संस्कृत जैसी भाषाओं केलिए संस्थायें बनाकर विश्वविद्यालयों के साथ मिला जायेंगी। पाली, प्राकृत और पेरशियन को पढाने और लिपियों को सुरक्षित रखना भी लक्षित है। प्रत्येक भाषा की अकादमी की स्थापना करना और नवीनतम अवधारणाओं केलिए सभी भाषाओं का अवलोकन कर उचित को पहचानना है। सामान्य जनों का सलाह भी शब्दकोश आदि की तैयारी के वक़्त लिया जाना है। शब्दकोश आदि को पुस्तक रूप में और "वेब" में प्राप्त करने लायक ढंग से तैयार करना है। हिन्दी और संस्कृति की अकादमियाँ केन्द्र सरकार के द्वारा संस्थापित की जाएँगी, उर्दू और सिन्धी के समान। लेकिन आठवीं अनसूचि की अन्य भाषाओं की संस्थापना राज्य सरकार द्वारा केन्द्र सरकार को उचित समर्थन के द्वारा करेगी। भारत की सारी भाषायें और उससे जुडी हुई कलायें एवं संस्कृति को दस्तवेज़ कर वेब आधारित प्लाटफॉम/पोर्टल/विकी में सुरक्षित रखना है। इस प्लॉटफॉम में वीडियो, शब्दकोश, रिकॉर्डिंग, इसके साथ लोगों की बोलचाल, कहानी वाचन, कविता पाठ, नाटक, लोकसंगीत और नृत्य आदि होंगे। इसके लिए भारत भर से समर्थ लोगों को बुलाये जायेंगे। विश्वविद्यालय और उसके शोधकर्ताओं के टीम भारत भर के लोगों को इस प्लॉटफॉम को समृद्ध बनाने केलिए प्रयत्न करेंगे। यह सुरक्षित रखने का प्रयत्न और उससे जुडी हुई पिरयोजनाओं केलिए NRF निधि देगा।

उपर्युक्त भषानीति से हम ख़ुश हो जायेंगे। एक राष्ट्र के निर्माण केलिए आवश्यक बहुमत की चीज़ें इसमें हैं। भारतीय भाषाओं का सर्वांगीण विकास और उसके ज़रिये ज्ञान-विज्ञान के आदान प्रदान की भूमिका को बढ़ावा दिया जाएगा। इसके ज़रिये प्रान्तीयता, जातीयता, वर्गीयता, धार्मिकता आदि संकुचित भेदभावों से मुक्त होने का रास्ता खुल जायेगा। यह भेदभाव पैदा कर संघर्ष करने वालों केलिए दवा सदृश्य है एवं अन्य युद्ध समान वातावरण जो परस्पर दूरी के कारण उत्पन्न होता है, इन सबसे आगामी पीढ़ी बच जायेगी। भारतीयता में जिस राष्ट्र की

संकल्पना है उसकेलिए सहायक भी है। वैसे ही संस्कृति के ख़ज़ाने को सुरक्षित कर विदेशियों को एवं टूरिस्टों को इस ओर आकृष्ट किया जा सकेगा। यह टूरिसम के विकास केलिए सहायक है। अथवा यह ज्ञानपूर्ण अर्थव्यवस्था को बढावा देता है । भाषा और साहित्य के अध्ययन से जो भावात्मक एकता रूपायित होगी यह भारतीय संस्कृति का बीज मन्त्र सहिष्णुता का निदान हो जाएगा। विदेशी भाषा को स्थान देकर भारतीयता में जो अन्तरराष्ट्रीयता है उसकी भी प्रतिष्ठा होगी। मातृभाषा सभी स्कूलों की शिक्षा का माध्यम बनाकर आगामी नागरिकों को खुद सोचने और चिन्तन मनन करने की शक्ति प्रदान करने और सृजनात्मकता को बढावा देने में सहायक बनती है यह नीति। अपनी लोक संस्कृति को बचाने का तन्त्र भी है। भूमण्डलीकरण की वजह से एक गाँव बनाने के व्यापारी षड्यन्त्र में पूरी दुनिया को एक रंगीय संस्कृति में परिवर्तित करने की कोशिश चल रही है। भारत जैसे विकासशील देश में इसका असर पड रहा है। तब बहुलता की संस्कृति नष्ट हो जाएगी, अपनी निजता खो जाएगी। यह शिक्षानीति इस भूमण्डलीय एकरूपीय संस्कृति के सामने चुनौती पैदा करती है। भारतीयता भारत की बहुरंगीयता में है। तब औपनिवेशिक ताक़तों के सामने भारत की प्रत्येक भाषा संकट पर है। इसे बचाने का एक उच्च उद्देश्य युक्त भाषानीति है 2020 की भारतीय शिक्षानीति। लेकिन यह सवाल उठता है कौन अमल करेगा? भारत सरकार या राज्यसरकार? इसे अमल करने की इच्छा शक्ति भारत सरकार को है? इसी सन्दर्भ में हम जैसे लोगों का कर्तव्य सवाल उठाते रहना है। नहीं तो परिणाम निकलेगा नहीं।

मेरे मन में यह शंका उठती है कि भारत एक राष्ट्र बनने केलिए पूरे भारत की अपनी एक भाषा अनिवार्य है। नहीं है तो भारत राष्ट्र दूसरे देशों के सामने गूँगा बनेगा और अपमानजनक स्थिति पैदा करेगा। हमारे स्वतन्त्रता संग्राम के समय पूरे भारत की सम्पर्क भाषा के रूप में हिन्दी को स्वीकार किया गया था, वह हिन्दी राजभाषा के रूप में संविधान में अंग्रेज़ी के साथ दर्ज किया गया है। लेकिन इस शिक्षा नीति में खुलकर भारत की राष्ट्रभाषा के रूप में हिन्दी का उल्लेख नहीं किया गया है। तब इसका उत्तर मिलना ही चाहिए। यहाँ भाषा सम्बन्धी राजनीति की बू आती है। कोई भी दल हो सत्ता पर आ जाए तो वह यह खेल खेलती रहती है। तमिल के महाकवि सुब्रह्मण्य भारती ने काशी में अपने लम्बे प्रवास में हिन्दी और हिन्दी साहित्य की अक्षय ऊर्जा प्राप्त की तब उन्होंने लिखा–

"एक राष्ट्रभाषा हिन्दी हो,
एक हृदय हो भारत जननी।"

मेरे कहने का तात्पर्य यह है कि संविधान की आठवीं अनुसूचित में जितनी राष्ट्रभाषायें हों उन सबकी उन्नति करते हुए पूरे भारत की राष्ट्रभाषा के रूप में हिन्दी को स्वीकृति देकर शिक्षानीति को तैयार करना है, यद्यपि त्रिभाषा सूत्र का उल्लेख 2020 की शिक्षानीति में हो। यू.एन में हिन्दी को स्थान दिलाने केलिए प्रयत्न किया जा रहा है, भारत की पहचान केलिए। लेकिन अपने देश में उसका सथान क्या है, यह देखना अनिवार्य है। भारतीयता को गतिशील बनाने के लिए ऐसी एक संस्कृति को निर्मित करना चाहिए, जहाँ भारत की अपनी एक भाषा अपनी पहचान का चिह्न बने। स्वतन्त्रता प्राप्ती के 75 वाँ वर्ष धूमधाम से मनाने इस अवसर पर ये एक गम्भीर चिन्तन का विषय ही है।

भारतीय संस्कृति, भाषा और साहित्य की बहुलता : हिन्दी प्रदेश के विशेष सन्दर्भ में

भारतीय संस्कृति एक महान नद के समान है, जो समय के मैदान में प्रवाहित होती है। इस नद में अनेक निर्झरों, नदियों तथा महानदियों ने अपने-आपको समर्पित किया और यह नद क्रमशः विशालतर बनता गया। आगे चल कर, कालान्तर में, उसमें शक, यूची, आभीर, हूण, यूनानी, अफ़गान, तुर्क, अंग्रेज़ आदि ने अपना-अपना योगदान दिया। यह नद विशालतर होता गया। दूसरे शब्दों में, भारतीय संस्कृति की एक विशेषता रही है–सर्वाश्लेषी सर्व-संग्राहक प्रवृत्ति।

हिन्दुस्तान अथवा इंडिया ये दोनों नाम 'सिन्धु' नदी से उत्पन्न है। "सिन्धु" सिन्ध नदी को कहते थे और उसी आधार पर उसके आसपास की भूमि को "सिन्धु" कहने लगे। यह 'सिन्धु' शब्द ईरानी में जाकर हिन्दू" और फिर 'हिन्द' हो गया और इसका अर्थ हुआ 'सिन्ध प्रदेश'। बाद में ईरानी धीरे-धीरे भारत के अधिक भागों से परिचित होते गये और इस शब्द के अर्थ में विस्तार होता गया तथा "हिन्द" शब्द धीरे-धीरे पूरे भारत का वाचक हो गया। इसी में ईरानी का 'ईक' प्रत्यय लगने से "हिन्दीक" बना, जिसका अर्थ है 'हिन्द का'। यूनानी शब्द 'इन्दिक' या अंग्रेज़ी शब्द "इण्डिया" का ही परिवर्तित रूप है और इसका मूल अर्थ है "हिन्द का"। कहने का मतलब यह है कि हिन्दुस्तान, हिन्दू आदि शब्द किसी विशेष धर्म या मतवाद पर केन्द्रित नहीं है। वह प्रदेशों द्वारा प्रदत्त है, यह एक जीवनशैली है। इसी सन्दर्भ में हमारे पूर्व राष्ट्रपति एवं दार्शनिक डॉ. एस राधाकृष्णन ने "The Hindu view of Life" में लिखा है–"हिन्दुत्व एक विचार से ज़्यादा जीने का ढंग है। विचारों की दुनिया में यह पूर्ण स्वातन्त्र्य देता है। यह प्रयोग का है। नास्तिक, आस्तिक, तार्किक, अज्ञेयवादी सब हिन्दू बन सकते हैं। यह एक नैतिक जीवन पर बल देता है।" तात्पर्य है कि वह आज हम सोच रहे हैं वह हिन्दुत्व नहीं है। वह कैसे

संकुचित घेरे में सिमट गया, उसका कारण क्या है आदि पर विचार करने के पूर्व भारतीय संस्कृति की मूलाधार बहुलता है, वह कैसे रूपायित हुई, उस पर विचार किया जायेगा।

हिन्दू हिन्दुस्तान के लोग हैं। यह धरती की पहचान है। धरती की पहचान के समान यह कई विश्वासों की व्यवस्था है: मुस्लिम, ईसाई, जैन, बौद्ध, सिख और अनेक आदिवासी समुदायों की। यह उपभूखण्ड बहुल विश्वासों का है। यह कभी भी एक धर्म पर केन्द्रित नहीं था। 1526 में प्रथम मुगल सम्राट बाबर जिन्होंने अफगान मुस्लिम लोदी को पराजित किया जो दिल्ली सलतनत के शासक थे। वही युद्ध पानीपत युद्ध नाम से प्रसिद्ध है। बाबर भारत की विविधता से सबसे ज़्यादा आकृष्ट हुए थे। उन्होंने लिखा–"यह एक अत्भुत देश है। हमारे देश से तुलना करने पर यह एक अलग दुनिया है। यहाँ के पेड़, यहाँ की खेती, यहाँ के जानवर और पौधे, यहाँ के लोग और उनकी भाषाएँ, यहाँ की वर्षा, यहाँ की हवायें सब अलग हैं। एक बार सिन्धु को पार करने पर हर चीज़ हिन्दुस्तान ढंग की है, धरती, पानी, पत्थर, लोग और भीड विचार और आचरण।" (बाबुरनामा-बाबर) भारतीय समाज ने यह विविधता सीख ली प्रकृति से ही। भारतीय संस्कृति की पहचान भारतीय वैविध्य से रूपायित है। यह 'आरण्य प्रकृति' की बहुलता, एकता और आत्मनिर्भरता से गठित है। यह है 'आरण्य संस्कृति।' कवीन्द्र रवीन्द्र ने कहा कि 'आरण्य जीवन' सांस्कृतिक विकास का सबसे उच्च रूप है। उन्होंने अपनी रचना "तपोवन" में लिखा –"समकालीन पाश्चात्य सभ्यता ईंट और लकड़ी से निर्मित है। इसकी बुनियाद शहर है। लेकिन भारतीय सभ्यता के मूल का पुनरुत्पादन, संसाधन और प्रतिभा वन में हुआ, शहर में नहीं। भारत के उच्च आशय एवं आदर्श जब मनुष्य भीड से दूर, पेड़ों, नदियों, तालाबों से मिलकर रहे तब पैदा हुए। वन की शान्ति मनुष्य के बौद्धिक विकास केलिए सहायक बन गई। वन संस्कृति ने भारतीय संस्कृति को ऊर्जा एवं गति प्रदान किया। वन से जो संसकृति उदित हुई वह जीवन की बहुल प्रक्रियाओं और नवीकरण को प्रभावित करती है। वह जीव-जीव, जाति-जाति, वंश-वंश, जलवायु-जलवायु, दृष्टि-दृष्टि, आवाज़-आवाज़, गन्ध-गन्ध को अलगाती है। वैसी बहुलता भारतीय संस्कृति का मूल सिद्धान्त या मन्त्र है।"

रवीन्द्र बाबू के विचारों से यह स्पष्ट है कि भारतीय विचार ईंटों, लकडियों और लोहे से निर्मित नहीं हैं, वे वन जीवन से गठित हैं। जीवित वन उनके खाने का स्रोत है। मानव और प्रकृति की अवस्थिति से ज्ञान का आविर्भाव हुआ। इस ज्ञान-व्यवस्था में प्रकृति जीवन्त और गतिमय है। अरण्य जीवन से यह सिद्ध हुआ कि प्रकृति ही

उनके प्रकाश, वायु, खाना और पानी का स्रोत है। जीवन के उत्स के रूप में धरती को पवित्र माना गया है। मनुष्य के विकास, बौद्धिक, भावात्मक और आध्यात्मिक को नापा जा सकता है धरती के ताल-लय और गति के साथ। मतलब है कि वन ने भारत को एक पर्यावरणीय संस्कृति प्रदान की है, वह भौम सदाचार, साकल्यता और हरित आध्यात्मिकता पर केन्द्रित है। उसमें समता, समानता, शान्ति, पारस्परिक आदर-सम्मान एवं बहुलता का संस्कार है।

संसार का प्राचीनतम ग्रन्थ हमारे देश का ऋग्वेद है। उसमें भी यह उल्लिखित है कि उस समय का जीवन ग्रामीण था, लोग पाशुपालन और खेती करके जीवन निर्वाह करते थे। उसमें लोक जीवन की गतिविधियाँ चित्रित हैं। ऋग्वेद की घोषणा है: "न ऋते श्रान्तस्य सख्याय देवा" (4.33.11) देवता उसी के सखा बनते हैं जो परिश्रम करता है। यहाँ श्रम में विभाजन नहीं है, वह उसकी बहुत बड़ी विशेषता है जो संसार के अन्य किसी ग्रन्थ में नहीं है। यह हमारा अतीत था और यह हमारा भविष्य भी होना चाहिए। उस समय वर्ण-व्यवस्था शुरु हुई थी।

हाँ, यह सही है कि किसी नयी मानव जाति के सम्पर्क के साथ ही साथ, उस जाति को अपने से दूर रखने, उससे अलग हटने की, उससे अपने को अछूता रखने की प्रवृत्ति भी कम या अधिक मात्रा में रही आई। दूसरे शब्दों में, एक ओर पृथकतावादी पवित्रवादी प्रवृत्ति भी रहती । इसका विरोध सर्व-संग्राहक संश्लेषणावादी सहिष्णुता की प्रवृत्ति ने किया। किन्तु हम यह देखते हैं कि वस्तुत: यह नए और पुराने के बीच का संघर्ष था, जिसमें कम या अधिक मात्रा में, नये ही की विजय हुई। समन्वयकारिणी संश्लेषण प्रधान संर्वसंग्राहक प्रवृत्ति ही प्रधान रहीं। किन्तु, जब-जब पृथकतावादी अहम्मन्य प्रवृत्ति का उदय हुआ, भारत में झगडे हुए और अराजकता मच गई। किन्तु, अन्तत: सहिष्णुता, सर्वसंग्राहकता, व्यापक भाव -दृष्टि, उदार हृदय और उदार दृष्टिकोण का ही सम्मान हुआ। दूसरे शब्दों में भारत में संकीर्ण संप्रदायवाद और जातिवाद बराबर रहे। संप्रदायिकता को धधकाने की नीति लेकर ब्रिटीश शासक शासन कर रहे थे। जहाँ तक सम्भव हो हिन्दू और मुसलमानों के बीच में दरार पैदा करने की कोशिश करते रहे, क्योंकि उनके शासन को सुचारु रूप से आगे बढाने केलिए यह 'फूट डालो, राज करो' की नीति अनिवार्य रही थी। भाषा की दृष्टि से भी फोर्ट विल्यम कॉलेज की स्थापना से लेकर यह अलगाववादी नीति कायम थी हिन्दी और उर्दू को लेकर। ब्रिटीशों ने कई कृत्रिम कानून बनाए, ये सब ग़लत धार्मिक पहचान से लक्षित थे। विवाह और विरासत" सम्बन्धी कानून के बारे में हेस्टिंग्स ने लिखा – "The Laws of the Koran with respect to Mohammedans and those of the shaster with respect to the Gentoos (Hindus) Shall be invariably adhered to" (India Divided - Vandana Shiva) इस कानून ने अरबी शब्द 'हिन्दू' को एक कल्पित धार्मिक वर्ग 'Gentoo' में कर दिया। इसके द्वारा आदिवासी समूह कोल, भील, हो, नागा, मिज़ो सब ग़ायब हो गए। उनके साथ सिख, बुद्ध, जैन और सौराष्ट्रीय भी ग़ायब। इस प्रकार Code of Gentoo Laws' के द्वारा यहाँ धर्म दो भागों में बंटा गया। विविधता का नाश शुरु हुआ। यह नीति भारत के विभाजन की वजह बनी, अब तक हमें यह पीछा कर रही है। आज धार्मिक तीव्रता भयानक रूप में हर क्षेत्र में प्रसारित हो रही है। यह तो समझने योग्य है कि चाहे किसी भी तरह की धर्मज्योति क्यों न हो यदि उसकी लौ संकीर्ण और कुधर्मी है तो उसे "तालिबन" बनते देर नहीं लगती। इसलिए सदियों पूर्व कहा गया था कि "धर्म यो बाधते धर्मः न सधर्मः कुधर्म तत्।" धर्म का मूल लक्ष्य मनुष्य की चेतना का उत्कर्षण है। एक ही धर्म के नाम पर राष्ट्र का ध्रुवीकरण के समान भयानक कार्य दूसरा नहीं है।

भारत में मानव-धर्म को उठ खड़ाने में बहुत से महात्माओं ने जैसे विवेकानन्द, अरविंद घोष, गांधीजी आदि ने अथक प्रयत्न किया। अन्ततः जीत भी मानव धर्म की हुई, संस्कृति का विकास भी उसी ने किया। किन्तु संकीर्णतावाद कभी भी पूर्णताः पराजित नहीं हुआ। वर्तमान उसका गवाह है धार्मिक तीव्रता का, चाहे हिन्दू राष्ट्रवाद के रूप में हो या मुस्लिम तीव्रवाद के रूप में हो। वैसे ही कई धार्मिक आचरणों को नयी व्याख्यायें देकर प्रतिष्ठित कर रहे हैं। जैसे मैकडनल और कीथ ने (वेदिक इंडेक्स, खं 2, पृ. 147) ऋग्वेद के एक मन्त्र का हवाला देते हुए कहा है कि इसमें विवाह प्रथा का वर्णन है और विवाह के समय गायें मारी जाती थीं। "अघासु गावः हन्यन्ते' (वेदिक इंडेक्स, खण्ड-1, पृ. 10) यहाँ गावः का अर्थ बैल भी हो सकता है। किसी ने इसे बैल कहा तो किसी ने इसे गाय" कहा। लेकिन ऋग्वेद में गाय केलिए 'अघ्न्या' शब्द प्रयुक्त है। जो नहीं मारी जाती है वह अघ्न्या है, उसे देवत्व प्रदान किया गया है। इसे लेकर आजकल गोमांस विरोध एक धर्म ने अपना मुख्य-अजेंडा बनाया।

हिन्दू संस्कृति की और एक मुख्य विशेषता है अध्यात्म सम्बन्धी। भारतीय संस्कृति आध्यात्मिक रही है, यह सच है। किन्तु, साथ ही यह भी रही है कि भौतिकवाद या संसोरोन्मुख कर्तव्य-भावना की भी हमारे यहाँ कभी कमी नहीं रही। शंकराचर्य ने सबसे ज़्यादा इस संसार को मिथ्या कहा। लेकिन लोक शब्द का स्पष्ट

प्रयोग करते हुए उन्होंने लिखा है, "सर्वं हि प्रजानामान्तः करणं चेतनावत् प्रसिद्धं लोके", "लोक में प्रजा के सभी अन्तःकरण चेतनायुक्त प्रसिद्ध हैं।" (मुण्डक, गीता प्रेसं, पृ. 101) भारतीय दर्शन में यथार्थवाद की परम्परा इतनी सुदृढ़ है कि ब्रह्म की चर्चा करते हुए शंकराचार्य बार-बार लोक से उदाहरण देते हैं। सन्यास भारतीय संस्कृति की मूल धारा नहीं है। महाभारत और रामायण में कोई भी पात्र सन्यासी नहीं है। महाभारत में स्वयं व्यास ने अपने पुत्र शुकदेव से कहा "गृहस्थस्तेवष धर्माणां सर्वेषां मूलच्युते', "यह गृहस्थ आश्रम सब धर्मों का मूल कहा जाता है।" (शान्तिपर्व, 234.6) और मनुस्मृति में कहा गया है, "गृहस्थ उच्यते श्रेष्ठा", सभी आश्रमों में गृहस्थ आश्रम श्रेष्ठ हैं। (6.89)। इसका मतलब भारत में जो भी ज्ञान-विज्ञान में उन्नति हुई है, वह सापेक्ष रूप में संसार और मानवशरीर को सत्य मानकर ही हुई है। यद्यपि मोक्ष अध्यात्मिकता का मुख्य लक्ष्य रहा था तो भी आत्यन्तिक रूप से यह जगत् के कल्याण केलिए थी। कई विश्वास जैसे पुनर्जन्म आदि पर हिन्दू धर्म विश्वास रखता था तो भी जैन और बौद्ध धर्म इसे न मानते थे। पुनर्जन्म तथा कर्म-सिद्धान्त को न चार्वाक संप्रदायवाले मानते थे, न आजीविक संप्रदायवाले।

प्राचीन आर्यों ने जिस जाति-व्यवस्था का विकास किया, वह अनेक संशोधन-परिवर्धन के साथ, आज भी उपस्थिति है। बौद्ध धर्म ने सबसे पहले जाति-व्यवस्था को गहरी चोट पहुँचाई। बौद्ध धर्म के ह्रास के बाद पुनः वर्णाश्रम धर्म उठ खड़ा हुआ। किन्तु मध्य युग के साधु-सन्तों ने विशेषकर कबीर जैसे निर्गुणवादियों ने जाति-व्यवस्था का उग्र विरोध किया। भक्ति आन्दोलन में शूद्र समझी जानेवाली जातियों ने बहुत बड़ा काम किया। जैसे चंडीदास ने कहा:-

"शुनह मानुष भाई
शाबार उपरे मानुष सत्य।
ताहार उपरे नाई।"

इसका मतलब है मनुष्य सत्य सर्वोच्च सत्य है, उससे उच्चतर कोई भी सत्य नहीं है। लेकिन आज के ज़माने में जातिवाद उग्र रूप धारण कर चुका है। मध्ययुग में उसका रूप धार्मिक एवं सामाजिक था। अब उसने सामाजिक तथा राजनीतिक रूप धारण किया है।

विभिन्न धर्म एवं बाहर से आई हुई संस्कृतियों की वजह से संगीत, नृत्य, मूर्ति, स्थापत्य, चित्र आदि कलाओं में अनेकता प्रकाट हुई, यह साँस्कृतिक वैविध्य को उजागर करने में समर्थ हुई। इस दृष्टि से सिनेमा का रोल बड़ा है।

भाषायी बहुलता–यह भाषायी बहुलता सांस्कृतिक बहुलता का द्योतक है। प्रत्येक देश की पहचान उस देश की भाषा के आधार पर है। यद्यपि भारत की भाषा हिन्दी है तो भी भारत में कई भाषायें प्रचुर प्रचार में हैं। भारत में मुख्यत: तीन भाषा परिवार-आर्य भाषा, द्रविड भाषा, मुंडा भाषा हैं। इन तीनों की भाषाएँ पहले से ही यहाँ विद्यमान थीं। आर्यभाषा संस्कृत के समान द्रविड भाषा तमिल भी अति प्राचीन है। कहा जाता है कि संस्कृत साहित्य या दुनिया के सबसे प्राचीन ग्रन्थ ऋग्वेद में भी कई लोकभाषाओं का सम्मेलन प्रकट है। इसका तात्पर्य है कि भारत में भषायी विविधता शुरु से प्रकट थी। द्रविड भाषा परिवार में तमिल, तेलुगु, कन्नड, मलयालम-ये चार भाषायें मुख्य हैं। मुंडा परिवार में मुख्यत: आदिवासियों द्वारा प्रयुक्त भाषाएँ हैं, वे भाषाएँ झारखण्ड, ओडीसा, बंगाल, बंग्लादेश में बोली जाती हैं। उसमें आनेवाली मुख्य भाषाएँ सन्ताली, मुंडारी, हो, कोरकु, सोरा आदि हैं। 2001 की जनगणना के अनुसार भारत में मुख्य भाषाएँ 122 हैं और अन्य भाषाओं की संख्या 1599 हैं। आज आठवीं अनुसूची में बाईस भाषाएँ हैं। विदेशी भाषा अंग्रेज़ी भारत की भाषा बन गई। मुगलों के समय से लेकर यहाँ भारत की अदालती भाषा फ़ारसी रही थी। अंग्रेज़ों के आगमन से वह अंग्रेज़ी बन गई। जब भारत को स्वतन्त्रता मिली भारत में राज्यों का विभाजन भाषा के आधार पर हुआ। प्रत्येक राज्य की भाषा को राष्ट्रभाषा एवं उस राज्य की राजभाषा का पद प्राप्त हुआ। भारत में दो राजभाषायें काम करती हैं, यह भी बहुलता का द्योतक है।

हिन्दी प्रदेश की भाषायी विविधता पर विचार करना मेरा लक्ष्य है। "हिन्दी" जिस भाषा-धारा के विशिष्ट देशिक और कालिक रूप का नाम है, भारत में उसका प्राचीनतम रूप संस्कृत है। संस्कृत कालीन बोलचाल की भाषा का विकसित रूप है "पालि।" बौद्ध ग्रन्थों में पालि का जो रूप मिलता है वह इस बोलचाल की भाषा का शिष्ट और मानक रूप था। उस समय भी क्षेत्रीय बोलियाँ चार थीं। यह 'पाली' बाद में विकसित होकर 'प्राकृत' भाषा रूपायित हुई। इस समय शौरसेनी, पैशाची, व्राचड, महाराष्ट्री, मागधी और अर्धमागधी क्षेत्रीय बोलियाँ सक्रिय थीं। प्राकृतों से ही विभिन्न क्षेत्रीय अपभ्रंशों का विकास हुआ।

हिन्दी भाषा का क्षेत्र हिमाचल प्रदेश, पंजाब का कुछ भाग, हरियाणा, राजस्थान, दिल्ली, उत्तर प्रदेश, मध्य प्रदेश तथा बिहार है जिसे हिन्दी प्रदेश कहते हैं। इस पूरे क्षेत्र में हिन्दी की पाँच उपभाषाएँ हैं, जिनकी मुख्य सत्रह बोलियाँ हैं। हिन्दी की उपभाषाएँ हैं–पश्चिमी हिन्दी, पूर्वी हिन्दी, राजस्थानी, पहाड़ी और बिहारी। पश्चिमी हिन्दी की बोलियाँ हैं खड़ीबोली, व्रजभाषा, हरियाणवी, बुन्देली और कन्नौजी। पूर्वी

हिन्दी की हैं अवधी, बधेली और छत्तीसगढी। राजस्थानी की बोलियाँ मारवाडी, जयपुरी, मेवाती, मालव हैं। पश्चिमी पहाड़ी और मध्यवर्ती पहाड़ी पहाड़ी उपभाषा में सम्मिलित बोलियाँ हैं। भोजपुरी, मगही, मैथिली बिहारी की बोलियाँ हैं। इन बोलियों की भी कई उपबोलियाँ मौजूद हैं। इन बोलियों में सशक्त साहित्य और लोक साहित्य भी प्राप्त हैं। तब बहुत से जनपदों एवं संस्कृतियों को वह अपने में समेटती है।

हिन्दी के कई रूप हैं। उनमें मुख्य हैं हिन्दुई, रेख्ता, दक्खिनी हिन्दी, हिन्दवी आदि। हिन्दी की मुख्य तीन शैलीयाँ हैं संस्कृत निष्ठ हिन्दी, हिन्दुस्तानी एवं उर्दू। हिन्दी में संस्कृत शब्दों का प्रयोग ज़्यादा है। लेकिन हिन्दुस्तानी में अरबी-फ़ारसी-तुर्की शब्दों का प्रयोग अधिक होता है। हिन्दी-उर्दू के दो साहित्यिक अथवा शिष्ट रूपों का सह-अस्तित्व है। व्याकरणिक दृष्टि से ये दोनों एक ही हैं। संरचना और मूलशब्द भण्डार की दृष्टि से दोनों रूप मिलते-जुलते हैं किन्तु विशिष्ट शब्द-भण्डार के विचार से हिन्दी-उर्दू में उतना फासला है जितना अंग्रेज़ी और लैटिन में नहीं है। वे खुद भी परस्पर प्रभावित हैं। इनका सह अस्तित्व चाहे जितना कलहपूर्ण है, यह बात अनिवार्य है कि लडते-झगड़ते हुए भी वे एक-दूसरे को प्रभावित करते रहे। प्रसाद, प्रेमचंद जैसे हिन्दी के महान रचनाकार प्रारम्भ में अपनी रचनाएँ उर्दू में करते थे।

आज भूमण्डलीकरण के इस दौर में संस्कृतियों और भाषाओं की बहुलता को नष्ट कर एक रंगीय बनाने केलिए अमरिका जैसे देश का उद्यम चल रहा है। संस्कृति एवं भाषा में अंग्रेज़ियत आ गई। जब उपनिवेश में ब्रिटेन ने इस बहुलता को नुक्सान पहुँचाया तो अब नवउपनिवेश में विकसित पश्चात्य देश का बोलबाला हो रहा है। यह हमारी लोकसंस्कृति एवं स्थानीय भाषा पर दबाव डालकर विविधता की जो छटा एवं अस्मिता है इसे तहस नहस कर रहा है। भारत जैसे विकासशील देशों में इसका असर ज़्यादा पड़ता है। दूसरी ओर हमें ध्यान दिलाना चाहिए कि धर्म तीव्रता से ज़्यादा भयानक है भाषा तीव्रता। इसका भी गवाह है भारत।

साहित्यिक बहुलता

वेद, ब्राह्मण, आरण्यक, उपनिषद, रामायण, महाभारत, पुराणों आदि सशक्त रचनाओं की लम्बी परम्परा से सम्पन्न है हमारा संस्कृत साहित्य। उस साहित्य को अहमियत प्रदान करने में क़ाबिल हुए व्यास, वाल्मीकि, कालिदास, भवभूति, बाणभट्ट, माघ जैसे विश्वविख्यात रचनाकार। उसके बाद उसी परम्परा में प्राकृत, अपभ्रंश के साहित्य भी हमारी साहित्यिक विविधता के परिचायक हैं। तमिलसाहित्य की परम्परा भी मज़बूत है। "तोलकाप्पियम" से शुरू होनेवाली यह साहित्यिक

परम्परा आज तिरुक्कुरुल, मणिमेखला जैसी रचनाएँ तथा सुब्रह्मण्यभारती जैसे रचनाकारों से धनी है। आज भारतीय साहित्य प्रत्येक प्रान्तीय साहित्य बंगला, मराठी, मलयालम, कश्मीरी असमिया, ओडिया, तेलुंगु, कन्नड, गुजराती, मणिपुरी, सबसे विशाल भूभाग के हिन्दी साहित्य आदि से समृद्ध एवं सम्पन्न है। इन सम्पन्न भारतीय भाषाओं के साहित्य का आदान प्रदान अनुवाद के माध्यम से सम्भव हो रहा है। यह अनुवाद भाषाई दिवारी को तोड़कर सांस्कृतिक समन्वयन केलिए समर्थ बनता है। यह भी नहीं विदेशी क्लासिकल रचनायें भी अनूदित होती जा रही हैं। इसके साथ जो लोक साहित्य विभिन्न बोलियों, उपबोलियों एवं भाषाओं में मौजूद हैं यह छोटे छोटे अंचल एवं छोटे जन समूह जो किनारे पर हैं, मुख्यधारा में नहीं है, वे भी अपनी पहचान को ज़ाहिर करते हैं। इस प्रकार के वैविध्यपूर्ण कई साहित्य दुनिया भर के साहित्य से टक्कर लेने में समर्थ हैं। नोबल पुरस्कार विजेता रवीन्द्रनाथ टागोर की रचना "गीतांजली" कई मायने में भारतीयों को गर्व प्रदान करती है। आज विभिन्न विधाओं के साहित्य जैसे कविता, उपन्यास, नाटक, कहानी, आत्मकथा, यात्रावृत्तान्त आदि के ज़रिये अपने सांस्कृतिक वैविध्य को पहचान दिला रहे हैं।

हिन्दी साहित्य की विविधता

हिन्दी साहित्य का वैविध्य उसके आदिकाल से ही हूबहु प्रकट है। उसमें सिद्धों, जैनों, नाथों का साहित्य दर्ज है। सिद्धसाहित्य के अन्तर्गत चौरासी सिद्धों की वे साहित्यिक रचनाएँ आती हैं जो तत्कालीन लोक-भाषा हिन्दी में लिखी गई हैं। सरहपा, लुइपा,विरूपा, कण्हपा आदि सिद्धों की रचनाएँ इस कोटि में आती हैं। जैन-साहित्य में वे हिन्दी रचनाएँ संम्मिलित हैं, जिनमें जैन धर्म की कथाओं, दार्शनिक मन्तव्यों या उपदेशों को आधार बनाया गाया है। श्रावकाचार, भरतेश्वर-बाहुवलीरास, चन्दनबाला रास आदि इसी वर्ग की रचनाएँ हैं। नाथ साहित्य के अन्तर्गत गोरखनाथ, चौरंगीनाथ, गोपीचन्द्र आदि हठयोगी कवियों की रचनाएँ सम्मिलित हैं। रासो साहित्य की जो रचनाएँ हैं उनमें राजाओं की ऐतिहासिक वीरगाथायें मिलती हैं। इसमें पृथ्वीराज रासो, बीसलदेव रासो, हम्मीर रासो, खुमाण रासो सम्मिलित हैं। कुछ "लोक साहित्य" भी प्राप्त है जिन्होंने लौकिक विधाओं को मुख्य आधार बनाया। जैसे-ढोला-मारु रा दूहा, जयचन्द्र-प्रकाश, जयमयंक-जस चन्द्रिका, वसन्त विलास, खुसरो की पहेलियाँ आदि।

भक्तिकाल में दक्षिण से आए कई दर्शनों जैसे आद्वैतवाद, द्वैतवाद, विशिष्टाद्वैत आदि का उपयोग भक्ति काव्य में हुआ। बहुत से लोगों ने भक्ति का आगमन द्रविड

देश से माना। वह भी भागवत से। लेकिन रामविलास शर्मा के अनुसार "भक्ति का स्रोत ग्रन्थ ऋग्वेदी है और ऋग्वेद के बाद पश्चिमी एशिया में बईबिल को ओल्ड टेस्टमेंट में यह धारा बहुत जगह दिखाई देती है, कई जगह वैदिक धारा से उसका साक्ष्य भी है।" (भारतीय संस्कृति और हिन्दी प्रदेश–भूमिका-पृ. 13)। भक्ति में भी ज्ञानमार्ग और भक्तिमार्ग है। ज्ञान मार्ग की है निर्गुण भक्ति। ज्ञान की अनुभूति ही है भक्ति। निर्गुण भक्ति है सन्तकाव्य। इससे प्रमुख-रूप से उपनिषद्, शंकराचार्य का अद्वैत-दर्शन, नाथ-पन्थ, इस्लाम धर्म तथा सूफ़ी -दर्शन हैं। निर्गुण भक्ति धारा में रामानन्द, कबीर दास, रैदास, नानकदेव जैसे महान कवि हुए। भारतीय धर्म -साधना के इतिहास में कबीरदास ऐसे महान विचारक एवं प्रतिभाशाली कवि हैं जो शताब्दियों की सीमा का उल्लंघन कर भारतीय जनता का पथ आलोकित करते रहे हैं।

हिन्दी साहित्य के मध्यकाल के आरम्भ से पूर्व ही एक ऐसी काव्य-परम्परा का प्रवर्तन हो चुका था, जिसे विभिन्न विद्वानों ने विभिन्न नामों से पुकारा है, यथा–"प्रेममार्गी" (सूफ़ी) शाखा, प्रेमकाव्य, प्रेमाख्यानक काव्य आदि। प्रेमतत्व की प्रमुखता है इसमें। भक्तिकाल के प्रेमाख्यान परम्परा को विभिन्न काव्य-ग्रन्थों में मृगावती, पद्मावत, मधुमालती, चित्रावली, रसरतन आदि विशेषत: ध्यातव्य है।

सगुण भक्ति रामभक्ति और कृष्णभक्ति के काव्यों की है। वे वैष्णव भक्त हैं। इनके प्रतिष्ठापक श्री रामानुजाचार्य, श्री मध्वाचार्य, विष्णुशास्त्री, बिम्बार्काचार्य, वल्लभाचार्य थे। तुलसी, सूर, मीरा जैसे कवि भारतीय संस्कृति के बेमिसाल स्तम्भ थे। बिहारी जैसे सागर में गागर भरनेवाले कवि हिन्दी में हुए। आधुनिक हिन्दी साहित्य कई बोलियों एवं भाषाओं में रचित है। व्रज, अवधी, मैथिली, भोजपुरी जैसी भाषा के जनसाहित्य हैं। आधुनिक साहित्य में सामाजिक, राष्ट्रीय एवं सांस्कृतिक बुनियाद को सशक्त कर लोक कल्याण को ध्येय मानकर रचना कर प्रतिष्ठित हुई भारतेन्दु, महावीरप्रसाद द्विवेदी, मैथिली शरण गुप्त, आचार्य रामचन्द्र शुक्ल, हज़ारी प्रसाद द्विवेदी की एक परम्परा प्रवहमान है। जयशंकर प्रसाद की कामायनी और मुक्तिबोध की साहित्यिक दृष्टि विश्व पटल को छूनेवाली है। प्रेमचन्द के उपन्यासों से सामाजिक यथार्थ साहित्य में मज़बूत हुआ। वे विश्व उपन्यासकारों के स्तर तक पहुँच चुके हैं। महादेवी वर्मा जैसी प्रतिभा स्त्री जाति के लिए गर्व हैं। अज्ञेय जैसे बहुमुखी प्रतिभा ने पूरे विश्वसाहित्य को अपने में समेट लिया। समाजवादी विचारधारा को आगे ले जाने में सिद्धहस्त हुए निराला, नागार्जुन, रामविलास शर्मा की एक लम्बी परम्परा हिन्दी साहित्य में कायम है। विभिन्न विचारधाराओं की चकाचौध में प्रसारित आधुनिकता के साहित्य के बाद समकालीन सन्दर्भ में बिलकुल

सामन्तवाद और पूँजीवाद से उपेक्षित एवं दमित लोकसाहित्य की बहुलता हिन्दी साहित्य को बहुलता की ऊँचाई की ओर ले जा रही है। स्त्री, दलित, आदिवासी, कृषक, वृद्ध, पारिस्थितिकी, ट्रान्सजेंडर, लेसबियन, गे, बैसेक्सुवल, बालक जैसे प्रत्येक की पहचान हिन्दी साहित्य में बुलन्द है। कविता, उपन्यास, कहानी, नाटक, आत्मकथा आदि विधायें प्रतिरोधी आवाज़ दर्ज कर बहुलता को प्रतिष्ठित करने में कटिबद्ध दिखाई देती है। नवउपनिवेशवादी साम्राज्यवादी शक्तियों के आर्थिक एवं राजनैतिक हस्तक्षेप के प्रतिरोध में अपनी सांस्कृतिक बहुलता को ज़ाहिर करने में हिन्दी साहित्य अपनी क़ाबिलियत एकदम प्रस्तुत करता आ रहा है। स्त्री और प्रकृति केन्द्रित हरितभाषा हिन्दी साहित्य की पहचान बन रही है। वह भाषा बहुलता एवं वैविध्य की है।

संक्षेपत: भारत राष्ट्र के निर्माण में और भारतीय संस्कृति की विविधता एवं सर्वसंग्राहक विकास में हिन्दी प्रदेश की निर्णायक भूमिका स्वीकार करनी चाहिए। दक्षिण में तमिलनाडु, उत्तर में कश्मीर, पूर्व में असम और पश्चिम में गुजरात, दूर-दूर के इन प्रदेशों को जोड़नेवाला, इनके बीच स्थित विशाल हिन्दी प्रदेश है। ऋग्वेद, अथर्ववेद, उपनिषद, महाभारत, रामायण, अर्थशास्त्र की रचना यही हुई। यही कालिदास और भवभूति ने अपने ग्रन्थ रचे और मौर्य तथा गुप्त साम्राज्यों की आधारभूमि यहीं प्रदेश था। उत्तरकाल में दिल्ली, आगरा इस प्रदेश के बहुत बड़े नगर बने। ये व्यापार के बहुत बड़े केन्द्र थे और सांस्कृतिक केन्द्र भी थे। तुर्क वंश राजाओं ने यहीं रहकर शताब्दियों तक एक बहुत बड़े राज्य का संचालन किया था। विद्यापति, कबीर, तुलसीदास, सूरदास जैसे कवि इसी क्षेत्र में हुए। इसी प्रदेश में प्रसिद्ध संगीतकार तानसेन का जन्म हुआ। अपने स्थापत्य सौन्दर्य से संसार को चकित कर देनेवाला ताजमहल इसी प्रदेश के आगरा नगर में है। इसलिए भारतीय संस्कृति की विविधता का पर्याय बना हिन्दी प्रदेश। आज इस विविधता को क्षति पहुँचानेवाली कई धार्मिक, राजनैतिक और औपनिवेशिक शक्तियाँ काम कर रही हैं, उसके षड्यन्त्र को पहचानकर समझदारी से काम करने का वक्त आ गया, नहीं तो भारत की भारतीयता नष्ट हो जाएगी। 'बृहत् में है आनन्द, अल्प में नहीं'

संन्दर्भ ग्रन्थ

1. The Hindu View of Life–Dr. S. Radhakrishnan
2. Baburnama–Babur
3. India Divided–Vandana Shiva

4. ऋग्वेद
5. भारतीय संस्कृति और हिन्दी प्रदेश–रामविलास शर्मा
6. हन्दी साहित्य का इतिहास–रामचन्द्र शुक्ल
7. हिन्दी साहित्य का इतिहास–नगेन्द्र
8. मुक्तिबोध समग्र–8–सं. नेमीचन्द्र जैन
9. मुण्डकोपनिषद
10. वेदिक इंडेक्स

गांधी और समकालीन उपन्सासों में हाशिए का समाज

महात्मा गांधी सार्वकालिक एवं सार्वदेशीय महात्मा हैं। जिन शाश्वत सत्यों और मूल्यों को अपने जीवन काल में उन्होंने कर्मजगत में प्रतिष्ठित करना चाहा उसे हम गांधी विचारधारा नाम से अभिहित करना चाहते हैं। वह सम्पूर्ण जीवन दर्शन है। वह जीवन के सम्पूर्ण क्षेत्रों को पुष्ट एवं समृद्ध करने में क़ाबिल है। लेकिन भारत स्वतन्त्रता के निकट आते आते गांधीजी से दूर होने लगा। गांधीजी की हत्या का मतलब भी एक प्रकार से गांधी के विचारों की हत्या ही है। साहित्य का क्षेत्र भी गांधीजी की उपेक्षा करने लगा। यशपाल की गांधी की शव परीक्षा, हंसराज रहवर का "गांधी बेनकाब" जैसी रचनाएँ उस समय सामने थीं।

गांधीजी की उपेक्षा का मुख्य कारण गांधीजी द्वारा प्रवर्तित स्वदेशी भावना के स्थान पर आधुनिकतावाद का आविर्भाव है। यह असल में पाश्चात्य संस्कृति की स्वीकृति है। साहित्य के क्षेत्र में यह आधुनिकता औद्योगीकरण का सौन्दर्यशास्त्र है। यह यूरोप केन्द्रित था। उसमें साहित्य की कोई स्थानीय सिद्धान्तकी नहीं है। लेकिन एकमात्र सिद्धान्तकी ज्ञान केलिए ख़तरनाक है। आधुनिकता में सबसे ऊपर दबाव है, सर्वत्र नियन्त्रण है। तर्कवाद द्वारा इच्छित वर्चस्व बनाने का कार्य आधुनिकता में हुआ। अस्मिता का निर्माण अन्यों के दमन और नियन्त्रण से बनता है। सत्ता, विचार आदि हमारे ऊपर लादा जाता है। अन्यों को हाशिए पर डाला जाता है। अन्य मतलब अल्पसंख्यक, पिछड़े लोग, स्त्री, दलित आदि है। इससे मानवतावाद का ध्वंस होता जाता है। पूँजीवाद का सर्वव्यापकत्व हो गया है। इस सर्वव्यापकत्व में निहित समग्रता को निपटने केलिए बहुलतावाद को रणनीति की तरह इस्तेमाल करना है। यह समकालीन साहित्य का लक्ष्य है। धर्म, जाति, लिंग, वर्ग आदि की केन्द्रीयता को चुनौती देने के लिए स्त्री, दलित, पिछड़े आदि केन्द्र में आने लगा। इस समूचे विमर्श में संस्कृति केन्द्र में है। अथवा सांस्कृतिक विमर्श में निहित प्रतिरोध है समकालीन

साहित्य का स्वर। 1909 में गांधीजी द्वारा रचित "हिन्द स्वराज" में स्थानीयता पर विशेष बल दिया गया है। उन्होंने उस किताब में आह्वान दिया कि स्थानीय विशेषताओं की ओर लौटना, उन्हें जाग्रत करना, रुचियों, भाषाओं और व्यवहार की विविधता को बनाए रखने की इच्छाएँ अनेक रूपों में होती हैं। यहीं से प्रतिरोध का संस्कार शुरु हुआ और समकालीन सन्दर्भ में इसे समकालीनता का दस्तावेज़ कहा जाता है। यह किताब पश्चिमी वर्चस्ववाद को चुनौती देती है। आधुनिकता पश्चिमी वर्चस्ववाद की निर्मिति है। इससे बचना है समकालीनता का लक्ष्य।

इस सन्दर्भ में सबसे उल्लेखनीय है निर्मल वर्मा का यह विचार–"सबसे बड़ा विकल्प तो गांधीजी का था, जिन्होंने केन्द्रीकरण के ख़िलाफ़ अपनी आवाज़ उठाई थी, जिन्होंने पंचायती राज पर बल दिया था, जिस में भारत एक राष्ट्र होने के बावजूद छोटे-छोटे समुदायों और गाँवों पर आधारित हो, जहाँ एक मनुष्य दूसरे मनुष्य को पहचान सके।"(दूसरे शब्दों में)

उपर्युक्त विचारों से मिलता जुलता विचार है अलका सरावगी द्वारा रचित "कलिकथा वया बाइपास" उपन्यास में। गांधीजी का विचार इस उपन्यास में सब समस्याओं का उपचार के रूप में प्रतिष्ठित किया गया है। उपन्यास में शान्तनु का कथन यों है–"जब हमारी दुनिया के सारे बाइपास के रास्ते बन्द हो गये, तो फिर मेरे पास यहाँ आने के सिवाय और कोई चारा था?" इसका मतलब है कि हम ने किसी समस्या के कारणों को मिटाने की कोशिश नहीं की। हम समस्याओं को बाइपास करने का मार्ग ढूँढ़ते रहे। गांधी ने कहा था कि "भारत को ग्रामीण उद्योगों के विकास के बिना और कोई चारा नहीं, इसे समझते वक्त मुझे विश्वास है एक दिन सब बूढे का स्मरण करेंगे। कांग्रेसी, समाजवादी या साम्यवादी सरकार किसी भी दल की हो, इस सत्य को मानने केलिए मज़बूर हो जायेगी। आज यह तुम्हारी समझ में आयेगा।" (संकलित रचनाएँ-एम के गांधी, खण्ड-90) यहाँ डॉ. रामविलास शर्म द्वारा "गांधी, अम्बेडकर, लोहिया और भारतीय इतिहास की समस्याएँ शीर्षक ग्रन्थ में लिखित यह बात बिलकुल प्रासंगिक नजर आती है–"भारतीय इतिहास में यह दिन अवश्य आयेगा जब वामपन्थ अवसरवाद से मुक्त होगा, मार्क्सवाद के अनुसार होगा, मज़दूरों को एकताबद्ध करेगा। मज़दूरों और किसानों की एकता के बल पर इस अर्ध-औपनिवेशिक व्यवस्था को बदलने के लिए आगे बढ़ेगा, तब वह गांधीवाद से गांधीजी की क्रान्तिकारी विरासत पहचानेगा और उसे राष्ट्र जीवन में चरितार्थ करेगा। इसलिए "कलिकथा वया बाईपास" में उपन्यासकार सिद्ध करती हैं कि हमारी मुक्ति केलिए गांधी की सांस्कृतिक विरासत ही करणीय है ।

गांधीजी ने जब रेसकीन की रचना "अनटु द लास्ट" पढ़ा तो उनमें "सर्वोदय" के विचार का प्रादुर्भाव हुआ। वहाँ से "अन्तिम जन" उनमें रूढ मूल हो गया। समकालीन उपन्यासों में अन्तिम जनों की अस्मिता के संघर्षों का स्वर गुंजायनमान है। जहाँ जहाँ अन्तिम जनों की सेवा और जागरण दर्शाया गया है वहाँ गांधीजी प्रकट हैं। भारत की आज़ादी की पचासवीं वर्षगांठ पर प्रकाशित गिरिराज किशोर द्वारा रचित "पहला गिरमिटिया" की प्रासंगिकता अत्यन्त विचारणीय है। स्वयं गिरिराज किशोर के अनुसार "पहला गिरमिटिया" बनते गांधीजी पर केन्द्रित है। अपना सब कुछ हार कर पेट की आग बुझाने केलिए दक्षिण अफ्रीका की धरती पर पहुँचे बेजुबान गिरमिटिया मज़दूरों में खुद भी गिरमिटिया गांधी ने ज़िन्दगी की एक नयी हरारत पैदा की थी।

रोटी की तीर्थयात्रा में धूलधूसरित लोगों के मुर्दा सपनों को उन्होंने स्पंदन विकल नए पंख दिये थे। दरअसल गिरिराज किशोर का पहला गिरमिटिया गांधी को केन्द्र में रखकर उन्हीं के रूपक के ज़रिये अंधकार में रोशनी के लिए छटपटाते मनुष्य की ऊर्ध्वगामी चेतना को फूँकता है। भूमिहीन दरिद्र भारतीय किसानों को ही पशुवत जहाज़ों में रख कर फ़िजी, सुरीनामा, डच और ब्रिटिश गयाना, मॉरीशस तथा दक्षिण अफ्रीका ले जाया गया था। वहाँ जानवरों से भी बदतर जीवन व्यतीत करने के लिए अभिशप्त वो मज़दूर जब तक साँस चलती थी अपने खून पसीने से सींचकर धरती से गोरों के लिए सोना उपजाते थे। और मर जाने पर उनकी हड्डियाँ वहाँ की धरती को और भी उपजाऊ बनाने में काम आती थीं।

ऐसे लोगों के अधिकार केलिए दक्षिण अफ्रीका में बेरिस्टर बनकर पहुँचे गांधीजी ने अहिंसा पर टिके जो लडाई लड़ी वह सदा स्मरणीय है। गोरों के ख़िलाफ़ लड़ने में जो साहस पेश किया वह गांधीजी की विचारदारा की अहमियत है। दक्षिण अफ्रीका में कायम अपार्थिड का भी उन्होंने घोर विरोध किया वे दक्षिण अफ्रीका के हज़ारों भारतीय मज़दूरों को चेतना की बुझी राख को प्रज्वलित कर उनके ठंडे दिल में संघर्ष और आज़ादी की लौ जगाने में क़ाबिल हो गये। ट्रान्सवाल में स्त्रियों को जागृत कर फिनिक्स बहनें तैयार की गई हैं। उन्होंने पहचान लिया वहाँ का रंगभेद ही है भात की छुआछूत एवं वर्णव्यवस्था। उनके जीवन में सत्य, अहिंसा, सत्याग्रह, प्रेम, कर्म का महत्त्व, धर्म, सेवा भाव, असहयोग आन्दोलन, शिक्षा, समाज और संस्कृति, स्वराज आदि सारे के सारे महान विचारों की रूपायिति उस दक्षिण अफ्रीका में हुई। उन्होंने वहाँ के मज़दूरों, स्त्रियों और अन्य हाशियेकृतों को

यह सिखाया कि "लडो, संघर्ष करो, अहिंसा को अपनाओ।" (पृ. 864) सबको व्यावहारिक बनाने के लिए उन्होंने रास्ता प्रशस्त किया। उन्होंने कहा - "डर को कभी छूना नहीं, सच को छोड़ना नहीं, देश को भूलना नहीं।" (पृ. 901)

ख्याति प्राप्त मज़दूर नेता शंकर गुहा नियोगी की हत्या के बाद उसके आघात एवं दुख से उत्पन्न उपन्यास है चित्रा मुद्गल द्वारा लिखित "आवाँ"। इस उपन्यास में ट्रेड यूनियन के नेता अन्ना साहब गांधीजी के प्रतिपुरुष के रूप में प्रतिष्ठित हैं। वे अपने कर्म क्षेत्र में गांधीजी के विचारों को अथवा मूल्यों को बरतनेवाले हैं। बम्बई में कामगर आघाड़ी नामक मज़दूर संघ के नेता के रूप में उन्होंने जो काम किया वह सबसे उदात्त एवं श्रेयस्कर है। आज औद्योगीकरण के बावजूद जिसे हम भूमण्डलीकरण जैसे सुन्दर नाम से अभिहत करते हैं, इस सिलसिले में विकास के लिए कई योजनाएँ जो तैयार हो रही हैं उनका बुरा असर समाज के किनारे पर जो लोग हैं उन पर पड़ता है। वे अभावग्रस्त लोग विस्थापन के शिकार बन जाते हैं। उपन्यास में श्रमिकों की छोटी-छोटी कुटियों के स्थान पर बड़े बड़े मकान बनाने वाले बिलडरों के ख़िलाफ़ अन्ना साहब का संघर्ष गांधीजी की अहिंसात्मक पद्धति में हुआ। लेकिन उसे हिंसा से पराजित करने केलिए लोग तैयार हो जाते हैं। गुंडागिरी करनेवालों को भी अन्ना साहब अपनी करिश्मा से अपने वश में कर देते हैं। उपन्यासकार उपन्यास की नायिका नमिता के द्वारा अन्ना साहब को महामानव के स्तर तक पहुँचा देती है। कहीं सन्दर्भों में गांधीजी के साथ उनकी तुलना भी की जाती है। जब अन्ना साहब के नमिता के साथ के व्यवहार में विचलन हुआ तो उपन्यासकार गांधीजी की ज़िन्दगी की घटनाओं के माध्यम से सिद्ध करना चाहती हैं कि मनुष्य होने के नाते जीवन में अनेक प्रकार के विचलन के आने की सम्भावना है। उस सन्दर्भ में अन्ना साहब ने नमिता से गांधीजी की आत्मकथा पढ़ने केलिए कहा। जब नमिता अपने गर्भ में अनचाहे पूँजीवाद का बीज ढोने को बाध्य हुई तो अन्ना साहब की हत्या की ख़बर सुनकर गर्भ-गिर जाता है। "अन्ना साहब की मौत उससे सहन क्यों नहीं हो रही? सहन होनी चाहिए थी न शायद, शायद उसकी चेतना पर प्रेत-सी ठिठ्डरती परछाइयों ने उसके साधारण मानव से महामानव बनने की प्रक्रिया को स्वीकार कर लिया है ।"" (आवाँ, पृ-53) यद्यपि अन्ना साहब के व्यवहार से खिन्न होकर नमिता ने "कामगार आघाडी को छोड़ा था तो भी उसके मन ही मन में अन्ना साहब की अमिट छाप अंकित थी। यहाँ उपन्यासकार गांधीजी और अन्ना साहब के जीवन की समानता इसी दृष्टि से भी करना चाहती हैं कि दोनों की हत्यायें भी समान तरीक़े से हुईं।

उपन्यास में कुटीर उद्योग के महत्त्व को सिद्ध किया जाता है। श्रमजीवी संस्था के माध्यम से चालियों और बस्तियों में रहनेवाली स्त्रियों को कुटीर उद्योग से स्वावलम्बन की ओर ले जानेवाली गांधीजी की शिष्या शाहबेन है। पापड़ बेलहारियों का स्वयंसेवी संघ है श्रमजीवी संस्था। वह गांधीजी के आदेश पाकर अनाथ बेसहारे औरत केलिए बाड़ी खोलकर स्वालम्बन सिखा देने लगी। इस संस्था में दो सौ से अधिक औरतें काम कर रही हैं। खूँट से बन्धे दिन भर के घेराव में कहीं कोई परिवर्तन किसी कारण अनिवार्य होता तो उसे शाहबेन को पहले से सूचित करना पड़ता। काम की आशा में बेगार सी आकर बैठी हुई किसी ज़रूरतमंद को अपनी जगह बैठकर उसे आधी-पौन दिहाड़ी कमा लेने का मौक़ा वह देती है। बरामदे में कोई औरत न दिखती तो वो किसी को किसी ज़रूरतमंद के घर दौड़ा कर उसे काम पर बुलाया लेती। अभावों की भारी जंगर चलाने की इच्छुक स्त्रियों की कमी नहीं। शाहबेन खादी का वस्त्र पहनती है और गांधीजी का यह शब्द बीच-बीच में याद करती है - "जीवन में कोई अकेला नहीं होता है, अकेला वही होता है, जिसे अपने ऊपर भरोसा नहीं होता।" (आवाँ पृ- 88) वंचित एवं दलित स्त्रियों को आत्म विकास केलिए श्रमजीवी संस्था की शाखाएँ पूरे भारत में वह खोलना चाहती है।

गाँव के सुधार केलिए स्वाधीनता आन्दोलन के कर्णधार महात्मा गांधी के "हिन्द स्वराज" का नए सन्दर्भों में पुनर्मूल्यांकन होना चाहिए, विनोबा, लोहिया और जयप्रकाश नारायण के संकल्पों का पुनरक्षण होना चाहिए" नदी, नारी और संस्कृति में विद्यानिवास मिश्रा ने जो विचार प्रकट किया, इसके आधार पर मैत्रेयी पुष्पा के उपन्यासों का अध्ययन-मनन करते तो गांधीजी के चिन्तनों का स्पष्ट प्रभाव प्रकट है। बेतवा बहती है, इदन्नमम, चाक, अलमा कबूतरी जैसे उनके उपन्यास ग्रामीण समाज के खोखलेपन का पर्दाफाश करते हैं। उनके उपन्यासों में अन्याय के विरुद्ध लडने वाले नारी पात्र हैं। महात्मा गांधी के विचारों को स्वीकार कर प्रकृति एवं पर्यावरण की सुरक्षा केलिए अथक प्रयत्न करनेवाले सुन्दरलाल बहुगुणा, बाबा आमटे, मेधा पटेकर आदि की यादें दिलानेवाले कई पात्र गांधी पर सोचने केलिए हमें मज़बूर करते हैं। इदन्नमम शब्द का अर्थ है, सब केलिए। गांधीजी के समान स्वार्थ को छोड़कर आत्मबल के सहारे अपने समाज के मुद्दों का हल करने में दत्तचित्त कई पात्र हैं इसमें। उपन्यास में मंदा और महाराज गाँवों के लोगों के शोषण चक्र की जटिलता और भयावहता को समझते हैं। इसके ख़िलाफ़ आन्दोलन एवं जन-जागरण इनकी अगुवाई में चलते हैं। इस आंदोलनात्मक जागरण के पीछे श्रमजीवियों की हित-चिन्ता के साथ-साथ प्रकृति के दोहन-शोषण और पर्यावरण

के असन्तुलन से उत्पन्न समस्या भी है। स्त्री शोषण के ख़िलाफ़ लड़ने वाली मंदा की स्त्री सम्बन्धी धारणा है कि "माँ और शक्ति रूपी स्त्री बेईमान नहीं होती, भ्रष्ट नहीं होती, अन्याय नहीं करती।" वह जागरण का सन्देश देती है–"सो जागो रे जागे, चेता रे चेबे, छोटे-बड़े, नन्हे-मुन्ने, बूढ़े पुराने-नये जवानों के अलावा ढ़ोर-छापो, परवा-पंछी, नदी-ताल, पेड़-रुख, हवा-पानी, यहाँ तक की दसों दिशाओं को जगाना होगा। बचने बचाने को जूझना होगा।" (इदन्नमम)। "चाक" उपन्यास में नायिका सारंगी अनपढ़ एवं शोषणचक्र में पिसनेवाले किसानों के जागरण एवं प्रबूद्ध करने में अपना पूरा समय व्यतीत करती है। "अलमा कबूतरी" में दलित एवं नारी शोषण का चित्र देने के साथ हाशियेकृत कबूतर जनजाति को केन्द्र में लाने की आवश्यकता पर भी ज़ोर दिया गया है। गांधीजी के "गाँव की ओर लौटना" के नारे के साथ दलितों, किसानों, नारियों की उन्नति भी इन उपन्यासों का लक्ष्य है। मृदुला गर्ग के "कठगुलाब" शीर्षक उपन्यास में यन्त्र बननेवाले मनुष्य के स्थान पर सेवा निरत एवं मनुष्य कि ज़रूरत केलिए खुद अपने प्रयत्न से हरितग्राम का निर्माण करनेवाली स्त्रियाँ समय की नब्ज़ को पहचानती हैं। "गोधड़" नामक आदर्श आदिवासी गाँव की सृष्टि इस उपन्यास को गांधी के स्वप्न की सफलता की ओर ले जाती है। एक आदिवासी इलाके की परिपूर्ण विकास की प्रक्रिया है उपन्यास में। वह भी समाज द्वारा परित्यक्त स्त्रियों के ज़रिये। गोधड़ में पेड़ों के हरे होने के साथ लोगों को अपनी अधभूली प्राचीन परम्परागत तकनीकें याद आने लगीं। पेड़-पौधों से उसका लगाव और ग्रामवासियों के संघर्ष में उसका मुक्त उल्लास सभी भेदभाव को दूर करते थे। पुरुष एवं औरत एक साथ मिलकर गाँव की प्रगति केलिए सहज स्वभाविकता के साथ काम करने लगे। अनेक कुटीर उद्योगों का विकास हुआ। इधर नगरवासी क्यों ग्राम की ओर आकृष्ट हो जाता है और ग्रामीण जीवन की सामूहिकता का सुख आदि के द्वारा मनुष्य के सहयोग से प्रकृति की गोदी में स्वार्थ मुक्त ज़िन्दगी की एक फेंतसी तैयार हो जाती है, यह है गांधीजी का ज़िन्दगी सम्बन्धी विचार। "कठगुलाब" तथा अन्य स्त्री केन्द्रित उपन्यासों का जो ज़िक्र हुआ है उससे गांधीजी का यह वाक्य सही सिद्ध होता है–"अहिंसा हमारे जीवन का ध्यानमन्त्र है, तो कहना होगा कि देश का भविष्य स्त्रियों के हाथ में हैं।" (गांधीदर्शन में नारी स्वतन्त्रता-फ़ौजिया परवीन-पृ. 57)

संजीव के "फाँस" उपन्यास की स्त्रियाँ गांधीजी के क़दमों का अनुगमन करती दिखाई देती हैं। शकुन के मन में अपनी सहेली आशा की आत्महत्या दारु-विरोध के इरादे को और भी पुख़्ता कर देती है। गांधीजी का वर्धा अब दारु का अड्डा बन गया

है। तभी शकुन का भट्टी भंजक दल में इसको बन्द करने की ज़िम्मेदारी उठाती है। थानेदार कहता है "इसे कहत हैं नारी शक्ति। शबाश, शबाश। मैं तो कहता हूँ आप लोगों ने एक मिसाल कायम की है। देश के एक चौथाई लोग भी आप जैसे जागरूग हो जाएँ तो दारु तो दारू, हर तरह का नाश और करप्शन छू मन्तर हो जाये। गांधीजी के रास्ते काम हुआ–यह और बड़ी बात है। (संजीव-फाँस पृ. 154) यहाँ गांधीजी की यह उक्ति सार्थक बना देती है कि "स्त्री साक्षात त्याग मूर्ति है जब कोई स्त्री किसी काम में जी जान से लग जाती है तो वह पहाड़ को भी हिला देती है" (हिन्दी नव जीवन पृ. 25)

गांधीजी का नारा "गाँव की ओर लौट" को बुलन्द करने वाले हिन्दी के समकालीन उपन्यासकार हैं विवेकी राय। उनके प्राय: समस्त उपन्यासों में गाँवों की समस्याएँ याने स्वतन्त्रता प्राप्ति के बाद ग्रामीण जीवन में जो गिरावट आई है, राजनैतिक, सांस्कृतिक, शैक्षिक एवं सामाजिक जीवन मूल्यों में जो ह्रास हुआ है, व्यक्ति मानस में स्वार्थ साधन की जो प्रवृत्ति पनपी है, पारिवारिक सामाजिक सम्बन्धों में जो बिखराव आया है, ग्रामीण जीवन के सहज अकृत्रिम प्रवाह को जो धक्का लगा है और इन सबके चलते एक संवेदन शील मन में निराशा का जो कुहासा घनीभूत हुआ है उसका बड़ा ही सजीव एवं यथार्थ चित्रण किया गया है। "समरशेष" और "लोकऋण" उपन्यासों में गांधीजी की अहिंसा का समर्थन किया जा रहा है। "सोनामाटी" उपन्यास गांधीजी के सपने का जो पंचायती राज है, इसका दूषित रूप हमारे सामने पेश करता है। गांधीजी का कहना था कि राजनीति और अर्थनीति दोनों में गाँवों की मुख्य भूमिका है। सत्ता का केन्द्रीकरण न होकर विकेन्द्रीकरण होना है। ग्रामपंचायत द्वारा ग्रामीण विकास के स्वप्न साकार हो जायेंगे। मसलन साक्षरता, पिछडापन दूर करना, अंधविश्वास को भगाना एवं प्रगति की नयी रोशनी में क़दम बढ़ाना इन पंचायतों के द्वारा कृषि को उन्नत व बहुफ़सली बनाकर खाली समय केलिए लघु और कुटीर उद्योगों को प्रोत्साहन देकर ग्रामीण आत्मनिर्भरता की ओर क़दम बढाया जा सकता है। लेकिन सोनामाटी में जो ग्राम पंचायत है वह घोर स्वार्थ एवं द्वेषपूर्ण राजनीति का अड्डा है। पंचायती राज की संस्था में अत्याचार, अन्याय, दमन, शोषण, हिंसा, पारस्परिक वैमनस्य, लूटपाट, मुकद्दमेबाज़ी, चोरी-डकैती आदि चल रहा है। लेकिन विवेकी राय ने अपने उपन्यासों में मूल्यवादी पात्रों की सृष्टि कर यह दिखाया कि इनके द्वारा गाँव का त्राण सम्भव है। वे पात्र गांधीजी के प्रतीक हैं, सदा हमारे बीच अभयमुद्रा में अजेय सेनानी की तरह हमारा मार्गदर्शन करते हुए खड़े गांधीजी की तरह।

गिरिराज किशोर के उपन्यास "परिशिष्ट" में दलितों की समस्याओं एवं उनके जीवन परिवेशों को सहजता से उद्घाटित किया किया गया है। जातियाँ अनुसूचित नहीं होतीं, मानसिकता अनुसूचित होती है। यह हमारे सामाजिक जीवन का एक अपरिहार्य अंग बन गयी है। इसी वजह से ही अनुकूल के पिता बावनराम और राम उजागर के पिता सुबरन चौधरी की आशा-आकांक्षाएँ आख़िरकार मिट्टी में मिल जाती हैं। उन दोनों की पीढ़ी ने जितना अपमान सह लिया, अत: उनकी चाह है कि अगली पीढ़ी को ऐसा अनुभव कभी न हो। इसीलिए बावनराम अपने बेटे अनुकूल को कोटे के अन्तर्गत प्रवेश मिलता है। राम उजागर चतुर्थ वर्ष का छात्र है, जो बिना कोटे के अन्तर्गत ही प्रवेश पाता है। लेकिन आई आई टी में वे दोनों समान रूप से आभिजात वर्ग के झूठे अहं के शिकार होते हैं। उपन्यास में दर्शाया गया है कि सतह पर अबाध बहने की चाह से आगे बढ़ने वाली नौकाओं के पालों से हवा की ओर से निकाल दी जाती है और ये यात्राएँ कैसे परिशिष्ट मात्र रह जाती हैं।

अभिजात और दलित के बीच की विभाजन रेखा इतनी गहरी और मोटी है कि उसे पाटना उतना आसान नहीं हैं। उच्च स्तरीय ख्याती प्राप्त संस्थान इस दृष्टि से काफ़ी आगे भी है। इसीलिए उपन्यास में बावनराम यह निष्कर्ष निकालता है–"बड़ी जगहों को बड़ी समझता था, पर यहाँ आकर लगा कि छोटी जगहों से भी ज़्यादा छोटापन है। खास तौर से छोटे लोगों को लेकर।" आभिजात वर्ग के झूठे दर्प का प्रक्षेपण उपन्यास में यत्र तत्र है। उपन्यास में दलित छात्रों का दमन सब मिलकर करते हैं। लेकिन दलित छात्र आगे आनेवाली चुनौतियों केलिए योग्य बनने की तैयारी में हैं। वहाँ राम उजागर की आत्महत्या भी हुई है। उसकी आत्महत्या पर हुई जाँच अधिकारी के रपट में भी किसी प्रकार की संवेदनशीलता प्रकट नहीं है। जाँच अधिकारी के नाम पर सुबन चौधरी ने जो पत्र भेजा है वह विचारणीय है और इस उपन्यास का सार भी है–"हम और हमारे बच्चे आज लोगों की नज़र में ज़रूर नीच है। पर हम अपनी नज़र में ज़रा भी नीच नहीं। हम जानते हैं कि इन्सान होते हुए इन्सान बनकर रहने की परेशानियों क्या होती हैं। आप नहीं जानते। आप तो इसी गुमान में जीते हैं कि आप लोग इन्सान ही पैदा होते हैं और ज़िन्दगी भर इन्सान ही बने रहते हैं। अगर हम लोगों के होनहार बच्चे इसी तरह हर रोज़ आप लोगों के इन अनजान दाने की भेंट चढ़ते रहेंगे तो हम किसलिए ज़िन्दा रहेंगे? इस दृष्टि से गांधीजी की बहुलता एवं स्वदेशी विचारों को यह उपन्यास रेखांकित करता है। गांधीजी का यह विचार उल्लेखनीय है कि "मैं ऐसे भारत के लिए कोशिश करूँगा, जिसमें ग़रीब से ग़रीब लोग भी यह महसूस करेंगे कि वह उनका देश है। जिसके निर्माण में उनकी

आवाज़ का महत्त्व है। मैं ऐसे भारत केलिए कोशिश करूँगा जिसमें ऊँचे और नीचे वर्ग का भेद नहीं होगा और जिसमें विविध संप्रदायों में पूरा मेलजेल होगा। "(यंग इंडिया) गिरिराज किशोर ने अपना उपन्यास "पारिशिष्ट" और "यथा प्रस्थावित" दोनों में हरिजन समाज के जीवन परिवेश और तमाम आरक्षणों के बावजूद इसके सामने जी पाने की समस्यायें और एक तरफ प्रशासन की उदासीनता तथा दूसरी ओर जातिगत वैमनस्य के कारण लगातार इस पर होने वाली अमानवीय हरकतों के प्रक्षोपास्त्रों की मार से तड़पते दलित कहलवाने के वर्ग की स्थिति का स्वाभाविक चित्र उभारा है। गांधीजी ने कहा "जब तक हिन्दू धर्मावलम्बी छुआछूत को हिन्दू धर्म का हिस्सा मानेगा, तब तक स्वराज्य सम्भव नहीं होगा।"

गांधीजी ने "आदिवासी" नाम उन लोगों को दिया है, जो कि पहले से ही इस देश में बसे हुए थे। उनकी आर्थिक स्थिति हरिजनों से शायद ही अच्छी होगी। लम्बे अरसे से अपने आप को ऊँचे वर्गों के नाम से पुकारने वाली हमारी जनता ने उनके प्रति जो बेपरवाही बताई है, उसका परिणाम उन्हें भोगना पड़ा है, परन्तु अभी तक ईसाई धर्म प्रचारकों ने ही यह काम किया है। यद्यपि उन्होंने इस काम में बहुत मेहनत की है तो भी उनका काम जैसे चाहिए था वैसे फल-फूला नहीं क्योंकि उनका अन्तिम हेतु आदिवासियों को ईसाई बनाना था और उन्हें हिन्दुस्तानी मिटाकर अपने जैसे परदेशी बना लेने का था (मेरे सपनों का भारत-पृ. 320)। इस प्रकार का एक उपन्यास है तेजिंदर द्वारा लिखित "काला पादरी"। यीशु की इमेज प्लांट करने के पहले आदिवसियों के अतीत देखिए–"क्या यह सच नहीं कि हमारी इमेजेज़ में पहाड़ थे, नदियाँ थीं, पेड़ थे, शेर थे, छीते थे और राजा ने हमें बन्धुआ बना दिया, फिसिकली और इक्नोमीकली एक्सप्लाइट किया, लेकिन आप ने क्या किया? यू शदरटेम्ड अस, आपने हमें पालतू बना दिया हमारे लिए हिन्दू फंडमेटलिस्टों और आप में कोई खास फ़र्क़ नहीं हैं। हमारी सारी इमेजेज़ छीन ली, आप लोगों ने।" "पार" उपन्यास में भी वीरेन्द्र जैन आदिवासी की विस्थापित स्थिति की ओर इशारे करते हैं। वहाँ आदिवासियों का मुखिया आनेवाले मुखिया से सवाल करता है–"हमें गाँववालों से किसी चीज़-बसत का सहारा था क्या? तब तो हम अपनी गुजर-बसर इसी डाँग से कर लेते थे। अब दिनों-दिन गाँववालों को आसरा होते जा रहे हैं। काहे। काहे कि अब डाँग में वह बरकत नहीं रही। तू भी तो जाता है डाँग में। बता तू ही कि कितना भरकने के बाद जलावन मिलता है। शहद मिलता है। जडी-बुटियाँ जाने कहाँ समाती जा रही हैं। हम भले ही हरा भरा रुख बच पाए। हम उनका कटवा रोक पाए? रोक पाएँगी कभी? अब ये शहरवाले नदी बाँध रहे हैं। तब प्रलय आयेगी। जो

अब तक बचा है वह सब स्वाहा हो जायेगा। तब हम कहाँ जायेंगे? कैसे जीयेंगे?" (पार- पृ. 51)

आज उपन्यासों में भारतीय किसानों की स्थिति बहुत शोचनीय है। जो भी सरकारें बदल बदलकर आती हैं वे सब किसानों की दुरवस्था के बारे में चिन्तित नहीं दिखाई देती हैं। वे जीवन-यापन में असफल होकर आत्महत्यायें करते दिखाई देती हैं। आज प्रेमचंद के उपन्यासों में जो किसानी स्थिति दिखाई देती है इससे ज़्यादा फ़र्क़ बिलकुल नहीं है आज के उपन्यासों में। गांधीजी के ये शब्द विचारणीय हैं–"अगर स्वराज्य सारी जनता की कोशिशों के फलस्वरूप आता है और चूँकी हमारा हथियार अहिंसा है इसलिए ऐसा ही होगा तो किसानों को उनकी योग्य स्थिति मिलनी ही चाहिए और देश में उनकी आवाज़ ही सबसे ऊपर होनी चाहिए। लेकिन यदी ऐसा नहीं होता है और मर्यादित मताधिकार के आधार पर सरकार और प्रजा के बीच कोई व्यावहारिक समझौता हो जाता है तो किसानों के हितों को ध्यान से देखते रहना होगा। अगर विधान सभायें किसानों के हितों की रक्षा करने में असमर्थ सिद्ध होती हैं तो किसानों के पास सविनय अवज्ञा और असहयोग का अचूक इलाज तो हमेशा होगा ही।" (द बम्बई क्रोनिकल, 12-01-1945)

समकालीन उपन्यासों में इदन्नमम, सोनामाटी, राजु शर्मा का "हलफनामा", पंकज सुबीर का "अकाल में उत्सव", शिवमूर्ती का "आख़िरी छलाँग" आदि उपन्यासों में कृषक जीवन की बेबसी और अभाव का यथातथ्य चित्रण प्राप्त है। "अकाल में उत्सव" का शामप्रसाद किसान से भिक्षुक बन जाता है। बैंक के छूटे क़र्ज़ के कारण आत्महत्या कर रहा शामप्रसाद और सरकारी उत्सव का उद्घाटन यह एक में है। अकाल में उत्सव में खेती को भी मल्टीनेशनल कम्पनी को देने की तैयारी करनेवाली नयी पीढ़ी का ज़िक्र है। उस सन्दर्भ में आनेवाली भयानकता का वर्णन उपन्यासकार यों करते हैं–"किसान और मल्टिनेशनल? इन दोनों को आप एक ही तरह से मत देखिए। किसान जब एक खेती कर रहा है, तब तक हमके खाने केलिए मिल भी रहा है अनाज, एक बार मल्टीनेशनल कम्पनियों ने खेती शु डिग्री कर दी ना, तो फिर देखिये क्या हेत हैं अनाज के भाव?...आप उस दिन की भयावहता नहीं समझ पा रहे हैं (पृ. 176)

संजीव द्वारा लिखित "फाँस" उपन्यास में सरकारी योजनाओं के शिथिल होने तथा किसानों की व्यथा का बयान किया गया है। "दिल्ली में ही बैठकर क्यों बना ली सरकारों ने हमारे गाँव के कायाकल्प की योजना? क्यों जगाए सपने हीबीज की तरह बाँझ सपने? मर गए लोग।" (पृ-72) रबीन्द्र कुमार वर्मा द्वारा लिखित "धारा

का पुल" उपन्यास में भी किसान की समकालीन शोचनीय स्थिति का कटु यथार्थ है। पिछले चार साल में बुंदेलखण्ड के सात जिलों में लगभग दो सौ लोग आत्महत्या कर चुके हैं। आत्महत्या की कहानी काफ़ी कुछ एक जैसी थी। पहले साल फसली ऋण। फसल का सूख जाना। ऋण न चुका पाना। फिर साहूकार से सवाया गेहूँ... कहानी का निश्चित अन्त: आत्महत्या। डेढ सदी बार ऐसा अकाल फिर पड़ा था। एक फ़र्क़ ज़रूर था। अंग्रेज़डी की प्रतिरोधी नीति के चलते पचीसा (1866-69) अकाल में भी किसान ने आत्महत्या नहीं की थी। किसान की बलि लेते मौजूदा अकाल के पीछे आज़ाद देश का सठियाना विकास था जो भूमण्डलीकरण के कुएँ में डूब गया था। (पृ. 29,–धारा का पुल-रवीन्द्र वर्मा)

संक्षेप में कहा जाए तो आज देश भर में हमारे मानवीयता एवं मानवाधिकार का ध्वंस जो हो रहा है इसकी पहचान रचनाकारों की श्रेयस्कर रचनाओं में सन्निहित है। इन अमानवीय परिवेशों का कारण असल में क्या है? न किसी को देश से मतलब है, न मानवता से, उसके साथ संकुचित भेदभाव है और उसके सामने एक ही आदर्श है "आप आप ही चरै।" आज गांधीजी की पल-पल ज़रूरत महसूस हो रही है। हमें वह अग्निपरीक्षा की घड़ी याद आ रही है, जब गांधीजी आग की लपटें शान्त कर रहे थे। हर दिन लगता है कि हमारी सारी समस्याओं का जवाब गांधीजी के पास है। नेलसन मण्डेला के मुताबिक़ "आज के सन्दर्भ में केवल गांधी ही विकसित औद्योगिक समाज की समीक्षा है।" यही आवाज़ समकालीन उपन्यासों में बुलन्द है।

कुछ साहित्यिक विमर्श

उत्तराधुनिक सन्दर्भ में विमर्श से तात्पर्य लिखित, कथित भाषा चिह्नों अथवा किसी विशेष लाक्षणिक घटना का विश्लेषण है। विमर्श अथवा Discourse शब्द का प्रयोग सबसे पहले फ्रेंच सामाजिक चिन्तक मैकिल फोकोल्ट (Michel Faucault) ने किया था। उनके अनुसार अधिकार और राजनीति परस्पर संबद्ध हैं, इसलिए मनुष्य के बीच का सम्बन्ध अधिकार के द्वन्द्व और मोलतोल से है। उनके अनुसार ज्ञान अधिकार का निर्माता है। इसलिए अधिकार हमेशा सत्य को प्रकट कर सकता है। लेकिन अधिकार द्वारा प्रकट सत्य निर्माणात्मक और दबाव का भी हो सकता है। फूकोल्ट के अनुसार विमर्श अधिकार से संबद्ध है, वह अधिकार बहिष्कृतों के ऊपर शासन चलाता है। अर्थात् अधिकार के द्वारा बहिष्कृतों अथवा हाशियेकृतों की सृष्टि होती है। Antonio Grashmi के अनुसार अधिनायकत्व एक ही साथ राजनीतिक, बौद्धिक और धार्मिक है। उपनिवेश और स्वदेशी उपनिवेश का अधिनायकत्व है।

बीसवीं सदी के नब्बे के दशकों तक आते आते अधिकार अथवा सत्ता द्वारा बहिष्कृत अपनी अस्मिता को प्रतिष्ठित करने की कोशिश शुरु करने लगे। इसका कारण है कि वे भी शिक्षित होकर ज्ञान से अधिकार में आने केलिए तैयार हुए। उन्होंने सत्ता द्वारा अपनी संस्कृति की स्वीकृति अनिवार्य समझी। इसे सांस्कृतिक राजनीति (cultural politics) कहा जाता है। तब साहित्यिक रचनाएँ इसी परिप्रेक्ष्य में लिखी जाने लगीं और चिन्तन की शैली भी बदल गई। रचना का सांगोपांग विवेचन अर्थात् एक रचना में प्रयुक्त भाषा का राजनैतिक, सामाजिक, मनोवैज्ञानिक, सांस्कृतिक, दार्शनिक आदि कई दृष्टियों से मंथन मनन कर रचना में निहित सारे पक्षों को विश्लेषित किया जाता है। तब किनारे पर पड़े उपेक्षितों का यथार्थ चित्र प्रकट हो जाता है, वहाँ सत्य का खुला प्रकटीकरण है। यहाँ हमारी व्यवस्था का पर्दाफाश होगा। यह है असल में साहित्यिक विमर्श। इसलिए समकालीन साहित्य में

सत्ता द्वारा दबाए गए स्त्री, दलित, आदिवासी, कृषक, वृद्ध, प्रकृति, बालक, एल जी बी टी सब अभी तक की केन्द्रीयता के प्रति विरोध ज़ाहिर करने के सथ अपनी सांस्कृतिक अस्मिता की प्रतिष्ठा भी करने के निरन्तर प्रयत्न में है। इसलिए उनसे जुटे विमर्श रूपायित हुए।

उपर्युक्त विमर्शों के केन्द्र में जो संस्कृति है वह मुख्यतः लोक एवं स्थानीय संस्कृति के आधार है। तब अधिकारी वर्ग एवं अमीर लोगों के द्वारा जब केन्द्रीय शासन चलाया जाता है तब हमारी मिट्टी की महक एवं लोक जीवन शैली, भाषा आदि का नाश हो जाता है। तब जो नवीन संस्कृति पनपती है वह विकास की है और औद्योगीकरण की है। वह मूल संस्कृति एवं स्थानीयता से दूर है। वह निर्मित संस्कृति जानवरीयता और रक्त से रंगित है। लेकिन हमें चाहिए सादगी, प्रकृति और स्त्री केन्द्रित बहुलता की संस्कृति। उसमें प्रत्येक का स्थान होगा, हर विमर्श का लक्ष्य भी यही है।

इस लेख में मुख्यतः पारिस्थितिक, किसान, वृद्ध, बाल और एल जी बी टी विमर्शों पर विचार किया जाएगा।

पारिस्थितिक विमर्श

अनादिकाल से प्रकृति एवं मनुष्य के बीच की अवस्थिति होती है। यह मनुष्य के अस्तित्व केलिए अनिवार्य भी है। मनुष्य प्रकृति के करोड़ों जीव-जन्तुओं में एक ही है। लेकिन आधुनिकता औद्योगीकरण का सौन्दर्यशास्त्र बनकर जब आ गई तब से मनुष्य अपने को केन्द्र में प्रतिष्ठित कर शेष सबको अपने अधीन बनाने का कार्य करने लगा। इसलिए मनुष्य और प्रकृति के बीच का रिश्ता टूटने लगा। मनुष्य अपने विकास केलिए प्रकृति और प्रकृति के संसाधनों का सीमातीत उपयोग शुरु करने लगा। इसका मतलब है कि उपभोग संस्कृति रफ्तार से बढने लगी और पर्यावरण का नाश शुरु हुआ। तब स्वभावतः सामाजिक, सांस्कृतिक, राजनैतिक, आध्यात्मिक एवं संवेदनात्मक विचलन उत्पन्न होते हैं। ऐसी दुखद स्थिति और शेष वन्य प्रकृति के रुदन दोनों सर्जनात्मकता से मिलकर उच्च साहित्यिक रचनाओं में परिणत होते हैं। ये हमें स्मृति जगानेवाली रचनायें हैं। यह हरित अध्यात्मिकता (Green Spirituality) पर केन्द्रित है। यह अध्यात्मिकता धर्मनिरपेक्ष है। दुनिया के समस्त जड चेतन के साथ चेतनबत् व्यवहार करने की पद्धति है। विवेक के साथ समस्त विश्व की जड-चेतन वस्तुओं में व्याप्त चैतन्य को स्वीकार करने की पद्धति है।

अमरिकी वनिता रेचेल कर्सन के 'Silent spring' (मौन बसन्त) से यह पारिस्थितिक चर्चा शुरु हुई । लेकिन आज साहित्यिक क्षेत्र में यह विमर्श बनकर रूपायित हुआ। पाश्चात्य एवं भारतीय साहित्य जगत् में यह एक सशक्त विमर्श बन चुका है। यह विमर्श मानव संस्कृति की प्रकृति के साथ जो अटूट सम्बन्ध और उसके परस्पर प्रभाव पर विचार करता है। आधुनिकता के साहित्य में संसार मनुष्य के सामाजिक संसार में सिमट जाता है। लेकिन पर्यावरण विमर्श में संसार व्यापक बनकर मनुष्य की पूरी आवास व्यवस्था को धारण करता है। इसमें आज जो जैविक, सामाजिक एवं सांस्कृतिक संकट हो रहे हैं उनका खुलासा है और प्रतिरोध भी है।

समकालीन हिन्दी साहित्य में कविता, उपन्यास, कहानी, नाटक आदि विधाओं में ऐसी कई रचनाएँ प्राप्त हैं जिनका विश्लेषण पर्यावरण विमर्श के परिप्रेक्ष्य में किया जा सकता है। इनमें हरितक्रान्ति की व्यापकता के साथ कीटनाशकों के बहुतायत प्रयोग से वंशनाश हुए अनेक जीवनजन्तु, पक्षि-पतंग, मछलियाँ हैं। ये कीटनाशक मनुष्य-मस्तिष्क तथा स्नायुतन्त्र को पूर्णतः शिथिल करके मनुष्य को अनबूझ रोगों के शिकार भी बना रहे हैं। शहरीकरण की भयानक विपत्ति बनकर मनुष्य का विस्थापन, सांस्कृतिक संकट, भौमताप का बढना, वायु और जल प्रदूषण, भूमि का धँसना और भूकम्प जैसे अनेक विषयों पर विचार हुआ है। काव्य-क्षेत्र में अज्ञेय से लेकर, त्रिलोचन, ज्ञानेन्द्रपति, एकांत श्रीवास्तव, अरुण कमल, राजेश जोशी, मदन कश्यप, उदय प्रकाश, स्वप्निक श्रीवास्तव, अन्नामिका, निर्मला पुतुल, नीलेश रघुवंशी आदि अनेकों कवियों की कविताओं में पर्यावरण संकट की चर्चा हुई है। उपन्यास के क्षेत्र में यदि विचार किया जाए तो प्रेमचंद के 'रंगभूमि' को भारत का प्रथम पारिस्थितिकी का उपन्यास माना जाता है। मृदुला गर्ग (कठकुलाब), वीरेन्द्र जैन (डूब, पार) नासिरा शर्मा (कुइयाँजान), संजीव (धार, सावधान नीचे आग है), मैत्रेयी पुष्पा (इदन्नमम), समकालीन आदिवासी जीवन पर केन्द्रित सारे के सारे उपन्यासों में पर्यावरण संकट के विभिन्न रूपों का खुलास हुआ है। कहानियों में मृदुला गर्ग (विनाश दूत, इक्कीसवीं सदी का पेड़, मेरे देश की मिट्टी, अहा, बर्फ बनी बारिश आदि) चित्रा मुद्गल (जिनावर, जंगल), क्षमा शर्मा (दादी, मम्मी आ रही है, माँ, इकोफ्रेंडली आदि) राजेश जोशी (कपिल का पेड़, मैं हवा, पानी, परिन्दा कुछ नहीं), स्वयं प्रकाश (बलि, कहाँ जाओगे बाबा), संजीव (आरोहण), बटरोही (कहीं दूर जब दिन ढल जाए), नमिता सिंहा, गीतांजली श्री आदि विशेषतः ध्यातव्य है। नाटक के क्षेत्र में अन्यत्र ऐसी रचनाएँ उपलब्ध हैं।

किसान विमर्श

1995 से 2000 तक के वर्षों में देश में नवउदारवादी आर्थिक नीतियाँ लागू की गई है। गाट करार के नियमों को पूर्णत: भारत में स्वीकार किया गया है। इसके फलस्वरूप कृषि का क्षेत्र आज बिलकुल पूँजी और तकनीकी केन्द्रित बन रहा है। यहाँ जैववैविध्य पर अधिकार अमरिका जैसे विकसित देशों के पास है। बहुराष्ट्र कम्पनियों के नेतृत्व में 'अत्युत्पादक बीज' का निर्माण हुआ। देशी बीज व्यवस्था समाप्त हो गयी। किसी भी बीज के लिए उनपर निर्भर होना है। इसके साथ कीटनाशक, खाद और कृषि उत्पादन पर भी बहुराष्ट्र कम्पनियों का आधिपत्य जम गया। इस नवीन व्यवस्था और आर्थिक नीति की वजह से अब तक लाखों किसानों ने आत्महत्या की। भारत के इतिहास में यह ध्यान देने योग्य दुर्घटना है। इसके साथ किसान अपनी ज़मीन से बेदखल हो रह हैं, अन्त में कर्ज के भार से आत्महत्या करनी पड़ती है।

कृषक अनादिकाल से ऋतु परिवर्तन और प्रकृति के काललय के अनुसार जीनेवाले हैं। कभी कभी सूखा पड़ता है तो कभी अनावृष्टि होती है। कभी अकाल में बारिश और सूखा आ जाते हैं। सरकार कभी कभी उनकी क्षतिपूर्ति केलिए धन का प्रस्ताव रखती है। लेकिन किसान के हाथ तक यह धन पहुँचने तक का रास्ता बहुत कठिन है। कभी कभार मिलता तो ज़्यादातर वे इससे वंचित हो जाते हैं। हमें खिलाने पिलाने वाले कृषकों की दुर्गति पर कई रचनाकार आज लिखते आ रहे हैं। किसानी जीवन का यथार्थ, उसके जीवन संघर्ष, ज़मीन से उसका अटूट रिश्ता, उसका खेती से बिछुडन, उसकी मज़दूरी, किसान से मज़दूर बनना और अन्त में उसकी आत्महत्या सम्बन्धी विषयों पर समकालीन रचनाकार विभिन्न साहित्यिक विधाओं के ज़रिए प्रतिरोध की भाषा के सहारे लिखते आ रहे हैं।

कवियों में राजेश जोशी, निलय उपाध्याय, कुमार अंबुज, लिलाधर मण्डलोई, एकांत श्रीवास्तव, स्वप्निल श्रीवास्तव जैसे कई कवियों ने किसानी संस्कृति को अपने काव्य-विषय का अभिन्न अंग बनाया। समकालीन उपन्यासकारों में विवेकी राय (सोनामाटी, समरशेष) शिवमूर्ति (आख़िरी छलांग), संजीव (फाँस) पंकज सुबीर (अकाल में उत्सव), चाक (मैत्रेयी पुष्पा), राजु शर्मा (हलफनामा), राजकुमार राकेश (कन्दील), सुनील चतुर्वेदी (काली चाट) आदि विशेषत: उल्लेखनीय है। कहानी के क्षेत्र में स्वयं प्रकाश (जो हो रहा है) संजीव (तीस साल का सफरनामा), मिथिलेश्वर (आज़ादी झूठी है) पुन्नी सिंह (सुतिया), विवेकी राय (अतिथि) ऋतु

शुक्ल (चक्षुदाह), काशीनाथ सिंह (अग्निमुखी), महेश कटारे (पहरुआ), जयनन्दन (छोटा किसान), सुरेश काटक (एक होते हुए, सूरज उगने के पहले) कैलास बनवासी (बाज़ार में रामधन) आदि।

वृद्ध विमर्श

बुढापा मानव जीवन का एक महत्वपूर्ण पड़ाव है जहां व्यक्ति शारीरिक एवं मानसिक रूप से दुर्बल पड़ने लगता है। लेकिन आज की बाज़ारु संस्कृति 'यूज़ एंड थ्रो' की है। वृद्धावस्था तक आते प्रत्येक का उपयोग काफ़ी मात्रा में हुआ होगा। आजीवन काम करके अपने घर-परिवार को सँभालने के बाद बुढापा आरामदायक होना चाहिए। लेकिन आज की उपभोगवादी संस्कृति में वृद्ध उपयोगशून्य वस्तु है। उसे सन्तान वृद्धाश्रमों की ओर धकेल देती है। आज इसलिए वृद्धाश्रम एक नया उद्योग बनकर सर्वत्र पनप रहा है। यह मूल्य ह्रास से उत्पन्न एक जीर्ण संस्कृति है। वृद्धाश्रम में पहुँचनेवाला बूढ़ा त्रासदीपूर्ण जीवन बिता रहा है। नहीं तो एकल या अणुपरिवार में सभी प्रकार से उपेक्षित जीवन गुज़ारने केलिए वे विवश हो जाते हैं। अपने बच्चों और बच्चों की सन्तानों द्वारा घृणित बन जाता है। मन में वेदना है तो भी अपने बच्चों के बीच में सभी प्रकार की उपेक्षा झेलते हुए जीने में वे ख़ुशी महसूस करते हैं। बूढे लोग कई प्रकार के जीवनानुभवों से सम्पन्न हैं। इसलिए घर में उनकी उपस्थिति घरवालों को फायदामंद होगी, विशेषकर छोटे बच्चों केलिए। परम्परा से चलती आ रही सांस्कृतिक विरासत के हस्तांतरण इसके ज़रिए सम्भव है। यह आज के अणु परिवारों के लिए अत्यन्त ज़रूरी है ।

वृद्धों का सबसे बड़ा अभिशाप है अकेलापन और अनाथत्व। बुढापे में पति-पत्नी एक साथ हैं तो उनका जीवन इतना दुखद नहीं बन जाएगा। आजकल के व्यस्त जीवन में वैधव्य वृद्धजनों के एकाकीपन बढा देता है। इसके साथ नयी पीढ़ी और वृद्धों के बीच की दरार वृद्धों के आत्मसंघर्ष को बढा देती है। अधिकारों से वंचित वृद्ध लोग कभी कभी समय के साथ समझौता करने में असमर्थ बनते हैं। शारीरिक और मानसिक शिथिलताएँ एवं आर्थिक तंगी भी वृद्धों की समस्या के कारण बनती हैं। लकिन आज वृद्ध भी प्रतिरोध की संस्कृति को अपनाते दिखाई देते हैं। वृद्धावस्था को स्वस्थ बनाने केलिए धन बटोरकर रखते हैं। वैधव्य से आने वाले अकेलापन को दूर करने केलिए जीवन साथी को चुन लेते हैं। आज अपनी देखभाळ करने वालों केलिए वसीयत तैयार की जाती है, सन्तानों के भविष्य केलिए नहीं।

समकालीन साहित्य में कविता, उपन्यास, कहानी आदि विधाओं में रचनाकारों ने बुढापे का महत्त्व और वृद्धों के आदर सम्मान की ज़रूरत आदि का विस्तार देते हुए उनके प्रति जो अन्याय हो रहा है उसका विरोध करते हैं और प्रतिरोध का रास्ता भी ढूँढ़ते हैं। समकालीन कविता में गगन गिल (बहुत सारा एकांत था दादी के पास), राजेश जोशी (बीसवीं सदी के अन्तिम दिनों का एक आश्चर्य, अरुण कमल (कविता और समय), ब्रज श्रीवास्तव (वृद्धाश्रम) अनामिका (वृद्धाएँ धरती का नमक हैं, जलेबा बुआ) विष्णु नागर (वे दोनों बूढे और अकेले हैं), नीलेश रघुवंशी (काकी की आवाज़) मनोहर वंदोपाध्याय (बूढ़ापे में कविता) आदि वृद्ध विमर्श के सन्दर्भ में उल्लेखनीय हैं। उपन्यास में कृष्णा सोबती (समय सर्गम), चित्रा मुद्गल (गिलिगडु), ममता कालिया (दौड), अलका सरावगी (शेष कादम्बरी), निर्मल वर्मा (अन्तिम अरण्य) आदि उपन्यास इस परिप्रेक्ष्य में चर्चित हैं। राजी सेठ (उतनी दूर), गिरिराज शरण (पराजित), निर्मला सिंह (प्यासी रेत) मृणाल पाण्डे (चिंगादडे), मृदुला गर्ग (संगति, बासफल), मदन मोहन (बूढा), उदय प्रकाश (छप्पन तोले का करधन) कृष्णा सोबती (दादी अम्मा) काशिनाथ सिंह (अपना रास्ता लो बाबा) आदि कुछ उदाहरण मात्र हैं। कई कहानी संग्रह वृद्धजीवन को केन्द्र में रखकर प्रकाशित हुए हैं। उनमें वृद्ध जीवन की कहानियाँ (सं. डॉ. शिवनारायम) वृद्धमन की कहानियाँ (सं. डॉ. शीतांशु भरद्वाज) वागर्थ (1999 दिसम्बर) और नयी धारा (2010, अप्रैल-मई) आदि उल्लेखनीय हैं। इससे स्पष्ट है कि वृद्ध विमर्श हिन्दी साहित्य का एक समृद्ध विमर्श ही है।

बाल विमर्श

बच्चों के जीवन में व्याप्त असंगतियों का पर्दाफाश तथा उससे उत्पन्न असामाजिक स्थितियों का संप्रेषण है बाल विमर्श का लक्ष्य। बच्चे माता-पिता की सम्पत्ति मात्र नहीं हैं। वह भविष्य का नागरिक है। राष्ट्र की सम्पत्ति है। स्वस्थ नागरिक के बिना स्वस्थ-राष्ट्र का गठन सम्भवन नहीं है। इसलिए स्वस्थ दृष्टिवाले, व्यक्तित्ववाले और मूल्यबोध रखनेवाले नागरिक के रूपायन में बच्चों पर विशेष ध्यान रखना ज़रूरी है। बच्चे युवाओं, प्रौढ़ों और बूढ़ों से अधिक ताक़तवर हैं। उनको सपने देखने की क्षमता है। वे काफ़ी महत्त्वाकांक्षी हैं। लेकिन आज बचपन से ही उनकी इस शक्ति को नष्ट किया जाता है। सही शिक्षा न देकर बचपन में ही काम करने को विवश किया जाता है। समकालीन साहित्यकारों ने हमारे बच्चों की वर्तमान स्थिति, मनोदशा, उसके मानवाधिकार को अपने साहित्य का विषय बनाते हुए बालकों के

प्रति अपनी चिन्ता ज़ाहिर की है। आज हमारे बच्चे श्रम, भिक्षाटन, ग़रीबी जैसी कई समस्याओं का सामना कर रहे हैं। उनको बचपन में समवयस्कों के साथ मैदान में कूदने, पानी में भीगने, तितलियों को पकड़ने, स्कूल जाने के बदले अपनी रोज़ी-रोटी इकट्ठा करने केलिए ज़िन्दगी से लडाई करनी पडती है। इस प्रकार असुरक्षित ज़िन्दगी के रास्ते पर सामाजिक संवेदना के अभाव में बच्चे रहते हैं। भारत में बालश्रमिकों की संख्या उत्तरोत्तर बढ़ती जा रही है। बच्चे इस प्रकार काम पर क्यों जा रहे हैं? इस सन्दर्भ में कवि राजेश जोश की कविता 'बच्चे काम पर जा रहे हैं' ख़ूब विचारणीय है। राजेश जोशी की ही कवितायें हमारे 'समय के बच्चे', 'रुको बच्चों', एकांत श्रीवास्तव (दातून बेचनेवाले बच्चे), अनामिका (कूडा बीनते बच्चे) बोधिसत्व (जोगी), मंगलेश डबराल (बच्चों केलिए चिट्ठी) आदि उल्लेखनीय है।

बालकों केलिए लिखे गए कई उपन्यास, कहानियाँ, एकांकी एवं नाटक प्राप्त हैं हिन्दी साहित्य में। वैसे ही 'नन्दन' जैसी बालपत्रिकाएँ भी निकल रही हैं। ये बच्चों को रूपायित करने में सहायक हैं। लेकिन जिस रचना में बच्चों के अधिकारों का ध्वंस और उनका प्रतिरोध ज़ाहिर है उसे बालविमर्श में हम शामिल कर सकते हैं। प्राचीरों में कैद बचपन, हाशिए का बचपन, बालश्रम, बच्चों की बढ़ती पलायनवृत्ति आदि की चर्चायें अवश्य बालविमर्श की रचनाओं में होनी चाहिए। उपन्यासों में आपका बंटी (मन्नु भण्डारी) पचपन खंभे लाल दीवारें (उषा प्रियंवदा), कडियाँ (भीष्म साहनी) सूरजमुखी अंधेरे के (कृष्णा सोबती), लालटेन की छत्त (निर्मल वर्मा), कठगुलाब (मृदुला गर्ग) आदि ध्यान देने योग्य है। कहानी में क्षमा शर्मा, अलका सरवगी आदि की कहानियों में इसी प्रकार का दिशा निर्देश प्राप्त है। मृदुला गर्ग, रमेश बक्शी, चन्द्रपाल सिंह यादव, ऋषिमोहन श्रीवास्तव, विष्णु प्रभाकर आदि द्वारा लिखित एकांकी एवं नाटक बाल विमर्श के सन्दर्भ में सराहनीय उद्यम है।

क्वीर (Queer) विमर्श अथवा एल जी बी टी

क्वीर शब्द एल जी बी टी को प्रतिनिधित्व करता है। अथवा एल जी बी टी आन्दोलन ने अपने को द्योतित करने केलिए प्रयुक्त शब्द है क्वीर। क्वीर शब्द एक छात्ता के समान है इसके नीचे अल्पसंख्यक सारे सेक्स और लिंग समाहित हैं जो जन्म से किसी लैंगिक पहचान के नहीं हो। तब एल-लेसबियन, जी-गे, बी-बैसेक्सुवल, टी-ट्रान्सजेंडर-ट्रान्ससेक्सुवल, आदि हैं। इन्होंने अपनी राजनैतिक तीव्रता को सूचित करने के लिए 1990 के आसपास इस शब्द का प्रयोग किया। वे अपनी विशिष्ट संस्कृति और रीतिरिवाज़ के कारण साधारण विपरीत लैंगिकों (Hetrosexuals)

से अलग हैं। इनकी लैंगिक पहचान जन्म जिस सेक्स में हुआ उससे सम्भव नहीं। उनकी लैंगिक इच्छाओं के कारण उनके लिंग अलग होंगे। इस क्वीर सिद्धान्त पर आधारित है क्विर विमर्श।

लेसबियन (स्त्री समलैंगिक)–स्त्रियों के बीच के शारीरिक और विकारपरक सम्बन्ध को लेसबियनिसम अथवा स्त्री-समलैंगिकता कहते हैं। स्त्री समलैंगिकता में भाग लेनेवाली स्त्री को लेसबियन कहा जाता है।

गे (पुरुष समलैंगिक)–पुरुषों के बीच के शारीरिक और विकारपरक सम्बन्ध को पुरुष लैंगिकता कहते हैं, इस लैंगिकता में भाग लेनेवाले पुरुष को गे अथवा पुरुष समलैंगिक कहते हैं।

बैसेक्सुअल (उभय लैंगिक)–स्त्रियों और पुरुषों से शारीरिक और वैकारिक आकर्षण होनेवाला व्यक्ति है बैसेक्सुवल अथवा उभय लैंगिक। इस श्रेणी में आनेवाले व्यक्तियों को परुषों और स्त्रियों के प्रति उत्पन्न होनेवाली यौन-इच्छाएँ परिस्थितियों के अनुसार बदलती जाती हैं।

ट्रैंन्सजेंडर (Transgenders)–एक लिंग में जन्म लेकर दूसरे लिंग की इच्छाएँ और चेष्टाएँ प्रकट करनेवाले व्यक्तियों को ट्रान्सजेंडर कहते हैं। पुरुष रूप की स्त्रैणता और स्त्री रूप की पुरुषता के कारण इनको समाज जल्दी पहचानता है।

ट्रैंन्ससेक्शवल (Transexuals)

ट्रान्सजेंडरों में कई लोग किसी एक लिंग का व्यक्तित्व लिंग-परिवर्तन-शल्यक्रिया के माध्यम से अपनाते हैं। कुछ स्त्रीलिंग में परिवर्तित होते हैं तो कुछ पुरुष लिंग में। ऐसे लिंग परिवर्तित लोगों को ट्रैंन्ससेक्सुवल कहते हैं।

हिन्दी में एल जी बी टी अथवा क्वीर विमर्श अपनी शैशवावस्था में है। साहित्यिक जगत् जब तक इनकी वास्तविकता की संवेदनात्मक अभिव्यक्ति नहीं करेगा, इनकी मानसिक एवं शारीरिक कठिनाइयों की अथवा समस्याओं के ज्ञान से वंचित रहेगा, तब तक यह विमर्श पाठक की रूह को छू नहीं पाएगा। अत: इस दिशा में साहित्य जगत् की सक्रिय भागीदारी आवश्यक है। इस दिशा में पहले कदम के रूप में ट्रैंसजेंडर विमर्श ने अपनी जड़ें जमानी शुरु कर दी हैं।

ट्रैंसजेंडर विमर्श

मनुष्यराशि के सर्जक, स्त्री और पुरुष सामाजिक संरचना की मुख्य धुरी हैं। इन दोनों से हटकर एक तीसरा लिंग भी है जिसमें प्रजनन की क्षमता तो नहीं है, लेकिन

मानवराशि का उतना ही हिस्सा बने हुए हैं, जितने के स्त्री व पुरुष। समाज द्वारा तिरस्कृत इस जेंडर की दर्दभरी दास्तान को आज सुननेवाले मिल गये हैं। भारतीय समाज ने इस लिंग को कभी सहजता से देखा ही नहीं। ज़माना तेज़ रफ्तार से बदलने लगा। हर कोई अपनी अस्मिता केलिए संघर्ष कर रहा है। उनमें ट्रैंसजेंटर भी शामिल है।

भारतीय समाज में इन्हें नाचने-गाने और पैसा वसूलने वालों के रूप में काफ़ी घृणा से देखा जाता है। परन्तु विडंबना की बात है कि दुआँओं केलिए शादी या बच्चे के जन्म पर इनकी बाट जोही जाती है। समाज इनके जीवन संघर्षों को नहीं समझता है। इन्हें रोज़मर्रा की ज़रूरतें भी होती हैं, जिन्हें पूरा करने केलिए इन्हें नाच गाने, फूहड अभिनय या भीख माँगने से लेकर वेश्यावृति तक करनी पड़ती है। समाज द्वारा तिरस्कृत यह लिंग अब समाज से सम्मान प्राप्त करने के लिए जी-तोड़ मेहनत करने लगा है। ट्रैंसजेडर समाज की शिक्षा और अधिकारों केलिए पूर्णत: समर्पित लक्ष्मी नारायण त्रिपाठी इसकेलिए अच्छा उदाहरण प्रस्तुत करती हैं। उनकी आत्मकथा 'मैं हिजड़ा, मैं लक्ष्मी ' ने हिन्दी साहित्य में इस विमर्श केलिए विस्तृत आधार दिया है। देर से ही सही, उनके जीवन और मानसिक स्थिति पर उपन्यास, कविताएँ, कहानियाँ एवं लेख लिखे जा रहे हैं। मनोबी बन्दोपाध्याय जैसे ट्रान्सजेंडर का प्रतिनिधित्व करनेवालों ने समाज के विरोधों व उपहासों को सहकर भी उच्च शिक्षा प्राप्त कर अपने पैरों पर खड़ा होने का जो साहस दिखाया है, उससे यही सिद्ध होता है कि इन्हें समाज के स्त्री एवं पुरुष के समान सामाजिक सहयोग, विश्वास और अपनापन की ज़रूरत है।

हिन्दी उपन्यास के क्षेत्र में नए आयाम बनकर ट्रैंसजेंडर केन्द्रित कई उपन्यास दर्ज हुए। उनमें मुख्य हैं, 2019 में साहित्य अकादमी पुरस्कार प्राप्त चित्रा मुद्‌गल द्वारा लिखित पोस्टबॉक्स नं. 203 नाला सोपारा, यमदीप (नीरजा माधव), किन्नर कथा (महेन्द्र भीष्म), मैं पायल (महेन्द्र भीष्म), तीसरी ताली (प्रदीप सौरभ), ग़ुलाम मंडी (निर्मला भूराडिया), प्रति संसार (मनोज रूपड़ा) आदि। कहानियों में ई मुर्दन का गाँव (कुसुम अंसल) पहली बख्शीश (रजनी मोरवाल) विन्द्रा महाराज (शिवप्रसाद), बीच के लोग (सलाम बिन रज़ाक), किन्नर (एस.आर. हरनोट), हिजड़ा (कादंबरी महेश), त्रासदी (महेन्द्र भीष्म), खलीक अहमद बूआ (राही मासूम रजा) आदि ढेर सारी कहानियाँ ट्रैंसजेंडर पर केन्द्रित हैं। आत्मकथा में लक्ष्मी नारायण त्रिपाठी के साथ मानोबी बन्दोपाध्याय की 'पुरुष तन में फँसा नारी मन' और सिम्रेन की 'अस्तित्व की तलाश में' विशेषत: ध्यातव्य है। नाटक 'जाने मन' (मछिन्द्र मोरे)

बहुत बारीकी से इस समाज के जीवन-संघर्ष पर विचार करता है। कविताओं की कतार लम्बी है। उनमें निलय उपाध्याय द्वारा लिखित 'हिजड़े' शीर्षक कविता उल्लेखनीय है। साँझ (पूनम प्रकाश) कीर्ति (सत्य शर्मा), नपुंसक (राजगोपाल शर्मा) आदि इस लम्बी कत्तर की कुछ कडियाँ मात्र हैं। कई सिनेमा भी निकल चुके हैं। फिर भी इस विमर्श को और भी आगे बढने की ज़रूरत है।

हिन्दी साहित्य में उभर आनेवाले कुछ विमर्शों पर इधर कुछ जानकारियाँ प्रस्तुत की गई हैं। किसी भी विषय का विमर्श सम्भव है। आज मीडिया विमर्श भी रूपायित हो रहा है। वैसे जीवन के विभिन्न क्षेत्रों का विमर्श के माध्यम से गहरे से चिन्तन मनन किया जा सकता है। इसलिए विमर्श को किसी एक विषय तक सीमित करने की प्रक्रिया नहीं है।

मलयालम साहित्य पर रवीन्द्रनाथ टैगोर का प्रभाव

व्यक्ति के समान देश को भी निद्रा तथा जागरण की अवस्थायें होती हैं। भीतरी एवं बाहरी कारणों से देश का प्राण सदृश्य संस्कार जब क्षीण एवं क्षयोन्मुख हो जाता है तब उसका चैतन्य नष्ट हो जाता है, कल्पना मर जाती है, स्वतन्त्र सोच-विचार का अन्त हो जाता है। इस स्थिति में जनता जीर्णशीर्ण सम्बन्धों के भूतकाल के अनुभवों की विकृत छायाओं का सपना देखते हुए जीने लगती है। संस्कृति के स्वतन्त्र विकास तथा जीवन्त निर्माण तब सम्भव नहीं होंगे।

पाश्चात्य लोगों के दबाव एवं दमननीति से भारत निष्प्राण अवस्था में पहुँच गया था। उस स्थिति से आध्यात्मिक, राजनैतिक एवं कलात्मक आत्म प्रबुद्धता की शुरुआत हुई। तब रवीन्द्रनाथ टैगोर कलात्मक नवोत्थान के नायक बनकर सामने आये-उसमें आध्यात्मिक एवं राजनैतिक स्वर भी अनुकूल बनकर समाविष्ट हो चुके थे।

एक व्यक्ति के महत्त्व को आंकने के मार्गों में एक है लोकजनता के हृदय में पड़नेवाला उसका प्रभाव। भारत के चिन्तन में और जीवन में आस्था की शक्ति एवं धार्मिक सौन्दर्य को आवेष्टित कर आदर्श परक महापरिवर्तन लाने में क़ाबिल दो महात्मायें हैं गांधीजी एवं टैगोर। भौतिक शक्तियों के दबाव में दम घूटनेवाली मनुष्यताओं के दु:ख को उन लोगों ने देखा। मानवनिर्मित जँजीरों से मनुष्य-मन को मुक्त करने की उनकी कोशिशें सराहनीय हैं। आदर्श मानवीयता का दर्पण है टैगोर द्वारा रचित "गीतांजलि"। गांधीजी ने विश्वहृदयों में अपने त्यागपूर्ण कर्मों के ज़रिये प्रवेश किया, तो रवीन्द्रजी भावदीप्त गीतों के जरिए। रवीन्द्रजी एक गायक बनकर विश्वजगत में प्रवेश करते हैं। उन्होंने "गीतांजलि" के पन्द्रहवें गीत में यों कहा–"मैं इधर आपके प्यार के लिए गीत गाने को आया हूँ। आपकी सभा में एक कोने में मुझे भी जगह है। मुझे आपकी दुनिया कोई भी कर्म करने को नहीं। विश्वात्मा के हाथों से

प्रेमगीत गाने के लिए दी गई एक बाँसुरी मात्र थी टैगोर की ज़िन्दगी। उसमें से सौन्दर्य के तालपूर्ण जो गाना निकला वह दुनिया की सभी भाषाओं में प्रतिध्वनित हुआ। हमारी कविता के नवीन परिवर्तन तथा उसके परिणाम स्वरूप हुए स्वच्छन्दतावादी आंदोलन के नवचैतन्य के लिए टैगोर की रचनाएँ सहायक हुईं।

टैगोर के साहित्यान्दोलन की मुख्य विशेषताओं पर विचार किए बिना मलयालम साहित्य पर विशेषत: कविता के रूप एवं भाव पर उनके प्रभाव को परखना सही नहीं है। कला का आविर्भाव सीमारहित आत्म चेतना से है। टैगोर के सम्बन्ध में साधारण ज़िन्दगी की आवश्यकताओं या अपूर्णताओं की सीमा से ऊपर उठकर प्रेम आदि श्रेष्ठ विकारों एवं अनुभूतियों की उच्चता में पहुँचनेवाली आत्मा कला में प्रतिबिम्बित है। आत्मचेतना के विभिन्न अनुभूतियों, विकारों एवं विचारों को प्रकृति एवं ज़िन्दगी को परिष्कृत बनाने तथा सम्पन्न बनाने के लिए टैगोर ने प्रयुक्त किया। स्वानुभूति को शान्त स्मृति में लाकर शब्दों में वैसे प्रकट करना टैगोर का लक्ष्य नहीं था, बल्कि कल्पना से संजोकर आदर्श के साँचे पर ढ़ालना था। उन्होंने प्रकृति का सिर्फ़ अनुकरण नहीं किया, बल्कि प्रकृति को विस्मयकारी बनाया। सर्वांगीण सौन्दर्य प्रदान करनेवाला यह आदर्शीकरण टैगोर साहित्य का प्राण है।

टैगोर आस्तिक थे, उन्होंने जिन्दगी को आध्यात्मिक मूल्य दिया। इस सौन्दर्य सत्ता को सबकी समता एवं विश्वशान्ति के आधार रूप मानकर जकड़कर पकड़ा। देश, काल, वर्ग आदि की संकुचित सीमाओं में महाकवि सिमटते नहीं थे, उन केलिए ज़िन्दगी प्रतियोगिता नहीं है, यज्ञ है। गीतांजलि के हर गीत में यह अध्यात्मिक वृत्ति प्रकट है। टैगोर व्यक्त करते हैं कि कला आत्मानुभूति की रूपायति है। वह वस्तु प्रधान नहीं है, वह भाव प्रधान है। चाहे विषय भौतिक हो या आध्यात्मिक उनकी कृतियाँ अपूर्व एवं अमूल्य अनुभूतियों का स्वतन्त्र प्रकटीकरण हैं। परन्तु उनकी कृतियाँ अपनी सार्वभौमिकता के कारण सबसे आकर्षक बनती हैं। आदर्शात्मकता, आध्यात्मिकता और काल्पनिकता-ये उनके साहित्य के तीन मुख्य धर्म हैं।

गीतांजलि के एक गीत में उन्होंने सूचित किया कि ईश्वर जीवात्मा के रूप में कवि में प्रविष्ट होकर अपनी सृष्टि का रसास्वादन कर रहा है। अनेक रूपों एवं भावों में प्रकट प्रकृति के आन्तरिक ऐक्य को जानकर उसे अपनी सृजनात्मकता में कल्पना के ज़रिये रूपायित कर उनके स्पंदनों को सुननेवाला महान कवि व्यक्तित्व है टैगोर का। पर्वत, नदी-नाले, नक्षत्र, पुष्प-गुल्म सबको एक दिव्य भाषा उन्होंने दी। मानव जीवन और प्रकृति को ताना-बाना बनाकर कला रचना करने के कवि का सामर्थ्य अनुकरणीय है।

टैगोर के काव्य का रूपसौन्दर्य सबको चकित करता है। छन्दों की विचित्रता, गेयता, नवीनता आदि विशेष उल्लेखनीय हैं। गुरुदेव यह भूले नहीं हैं कि स्वानुभूत हृदय की ओर संप्रेषित होने का सबसे बड़ा अपकरण है भाषा । इसलिए उन्होंने शब्दों एवं प्रयोगों पर ध्यान दिया। उन्होंने साधारण सादृश्य पर केन्द्रित प्रतिरूपों से आशयों को प्रकाशित करने की साधारण रीति से अलग होकर समासोक्ति, अप्रस्तुत प्रशंसा, रूपकातिशयोक्ति आदि अलंकार तथा लाक्षणिक प्रयोगों से चमत्कार लाने की अद्भुत प्रणालि को अपनाया था। यह "प्रतिरूपात्मकता (Symbolism) गुरुदेव की रचनाओं को अतिरमणीय बनाने की वजह बन गई थी। रहस्यवाद (Mysticism) के रास्ते से होकर उनकी सृजन-यात्रा और "प्रतिरूपात्मकता" (बिम्बवाद) टैगोर कविता को सुसम्पन्न और समृद्ध बना देती है।

मलयालम कविता में स्वच्छन्दतावाद की शुरुआत सचमुच "कवित्रय" नाम से विख्यात कुमाराशान, वल्लत्तोल और उल्लूर से हुई थी। उनके पूर्व भक्ति, श्रृंगार एवं काव्य के रूप पर बल देनेवाली प्रवृत्तियों से काव्य को बचाने की कोशिश राजराजवर्मा ने शुरु की थी। उन्होंने भाषा एवं साहित्य को परिष्कृत करने में सफलता हासिल की, जिस प्रकार हिन्दी में महावीरप्रसाद द्विवेदी ने किया। मलयालम में "काल्पनिक युग" से विख्यात है कवित्रय का समय। वल्लत्तोल और उल्लूर की रचनायें काल्पनिक साहित्य के यद्यपि सुन्दर नमूने हैं तो भी बंगला साहित्य अथवा टैगोर का प्रभाव पड़ा कुमारनाशान के कवित्व पर। कुमारनाशान की रचनाओं में अंग्रेजी स्वच्छन्दावादी कवियों तथा रवीन्द्र की कविताओं का संगम प्रकट है। आशान की "वीणपूव" शीर्षक काव्य में रवीन्द्र काव्य की विशेषताएँ प्रकट हुईं । सुन्दर वस्तुओं के नाश में दुःखी होकर मुरझाए फूल के पास खड़े होकर लम्बी सांस लेनेवाले आशान की चेतना विकसित होकर मृत्यु को जीवन की पूर्णता मानने लगी। यह विचार महाकवि टैगोर के विचारों की याद दिलाता है।

टैगोर की रचनाओं में रति और विरती का संघर्ष एक मुख्य विषय है । "चतुराध्यायी जैसे उपन्यास और कई काव्यों में यह विचार आधार बना है। आध्यात्मिकता और लौकिकता का सुन्दर अनुपात टैगोर कृतियों में सम्मिलित हैं। आशान कुछ दिनों तक बंगाल में "तर्कतीर्थ" परीक्षा पढ़ने गए वहाँ से वे वापस आए तो गीतांजलि तथा Lovers Gift के रतिविरती का सुन्दर समन्वय अर्थात् रहस्यभाव को लेकर केरल आए थे। इसलिए आशान कविता ने मलयालम कविता को मूल्यहीन हास्य एवं श्रृंगाराभास से बचाया। आशान कविता के भी मूल में श्रृंगार है। लेकिन उन्होंने उसमें एक अलग अलौकिक प्रभापूरित, चमकीले स्नेह

को रूपायित किया। जिसप्रकार कोयला और वज्र का मूल कार्बण है तो भी वज्र बिलकुल अलग है। यह पहले कालिदास कृतियों में यद्यपि मौजूद थी, लेकिन हम भूल गये थे। वह अंग्रेजी स्वच्छन्दतावादी कवियों तथा टैगोर पुन:प्रकट हुआ तो हमारे भारतीय कवियों ने स्वीकार किया। वह आत्मार्पण का दिव्य एवं अलौकिक लगनेवाला प्रेम नयी बत्ती बनकर मलयालम में कुमारनाशान में सबसे पहले जलने लगी। टैगोर की एक रचना में नलिनी है नायिका। वह रचना आशान की "नलिनी" काव्य के लिए प्रेरणा बनी। कथावस्तु में भी समानता है। बाल्यकिशोरावस्था का मित्र गाँव छोड़कर चला गया। फिर भी नलिनी यौवन में उसे प्रेमी मानकर उसकी आराधना करती है। माता पिता उसके लिए वर ढूँढ़ने लगा तो उससे बचने केलिए वह घर छोड़कर चली गई। आत्महत्या श्रम से हार गयी तो एक योगिनी के संरक्षण में पाँच सालों तक सारी पंचवृत्तियों को रोककर तपस्या कर जी रही थी। एक दिन हिमवतभूमि में एक सन्यासी से उसकी भेंट हुई। उसने उसकी जीवन चर्चा में तृप्ति प्रकट कर उसे आगे ले जाने को कहकर जब जाने लगा तो नलिनी ने कहा -

मेरा एक मात्र जीवन धन आप हैं
मेरे भोग और मोक्ष भी आप हैं
मेरे ईश्वर! इस दृढ़पादांबुज-

की सीमा से मैं जाऊँगी नही "कहकर वह पादों पर गिरती है, उसके प्रति करुणा उत्पन्न हुई सन्यासी में उसने उसको महावाक्यतत्व बता दिया है तो उस आनन्द लहरी में मूर्च्छित हो गई। बाद में उसकी आत्मा व्योममण्डल की ओर उड़ गई। यहाँ रतिविरती का जो संघर्ष है, वह टैगोर से आशान ने ग्रहण किया। राग का मार्ग या विराग का मार्ग जीवन में स्वीकारना है, यह संसार में अधिकाँशों का विषय नही है। रति को संशय के बिना जल्दी चुन लेता है। लेकिन परिवेश एवं वातावरण दूसरी मन:स्थिति का कारण बनता है। नायक दिवाकर जब नलिनी जिन्दा थी तो एक पाश मात्र समझता था। लेकिन उसके ग़ायब होने के बाद वह "स्नेहयोग" के प्रति सजग हो जाता है। नलिनी के निर्माण से दिवाकर ने जो पाठ सीखा, उसने आशान के संशयों को दूर कर दिया–"जन्तुओं के वासनाबंधन शरीर के गिरने तक जारी रहेगा" यह आशान के दर्शन को रूपायित करने में सहायक हुआ। रतिभाव की मौलिकता को उन्होंने स्वीकार किया। नलिनी में उसकी दिव्यता है। वहाँ वह समुद्र और धरती में न दिखाई पड़नेवाले स्वर्ग का प्रकाश है। (The light that was never on sea or land)

काल्पनिक या स्वच्छन्दतावादी कवियों में दूसरी पीढ़ी के सशक्त कवि है जी. शंकरकुरुप्प। मलयालम कवियों में टैगोर का अनुकरण सबसे ज़्यादा जी. शंकरकुरुप्प ने किया था। प्रथम ज्ञानपीठ पुरस्कार विजेता जी. शंकरकुरुप्प के मुख्य काव्य हैं "ओटक्कुषल" (बाँसुरी) "पाथेय", "जीवनसंगीत", "सूर्यकांती", "विश्वदर्शनम्", "साहित्यकौतुकम" आदि। वे तो एक आस्तिक कवि थे, प्रकृति के उपासक, बिम्बवाद एवं रहस्यवाद के उन्नायक थे। भौतिकविज्ञान के विकास और उसके द्वारा दिए गए सारे अर्थों को पहचानने वाले टैगोर ने अंग्रेज़ी रोमांटिक कवियों के समान आस्तिकता के काव्य लिखे। षेल्ली के काव्य का सम्बन्ध एक मूर्त ईश्वर से ज़्यादा पाश्चात्य विराट दर्शन से है। षेल्ली ने अडोनैस Adonais 1821 में लिखा–

"The light whose smile kindles the universe
That beauty in which all things work and move
That benediction which the eclipsing curse
Of birth can quench not, that sustaining love
Which through the web of being blindly wove
By men and beast and earth and air and sea
Bums bright or dim, for each are the mirrors
Of the fire which all thirst now beans in me
Consuming the clouds of cold mortality"

यह तो हमारा उपनिषद् दर्शन ही है, उसका पुनर्जन्म पाश्चात्य देश में हुआ। इसके समान है रवीन्द्र का विश्वदर्शन भी। उस विश्व कवि को समझने और उसके आस्वादन करने की समझ शंकरकुरुप्प को अपने परिवेश से प्राप्त हुई। शंकरुकुरुप्प को "जी" उपनाम से मलयालम में संबोधित किया जाता है। उन्होंने खुद कहा कि रवीन्द्र के गीतांजलि, "उद्यानपालन", "चन्द्रकला" आदि गीतसंग्रहों के अंग्रेज़ी अनुवादों को उन्होंने पढ़ा और उनका गहरा प्रभाव उनपर पड़ा। गुरुदेव के उन्नत कल्पना, अचुंबित आशय तथा आत्मा को परिष्कृत करनेवाले प्रकृतिदर्शन आधइ उनको अचुंबित कर देता है। कई वृक्षों की छाया में खुलने को उत्सुक होकर प्रतीक्षा में पड़ी उनकी कविता को रवीन्द्र ने ही तेजपूर्ण एक नया क्षितिज तैयार किया। जी.के पुष्पगीत, वृन्दावन, सन्ध्यातारक, रागलहरी आदि में गीतांजलि में विद्यमान आस्तिकता और रति का संयोग दिखाई देता है। पुष्पगीत की ये पंक्तियाँ उदाहरण के तौर पर देख सकते हैं–

"यह बूँद यदि कोई भी लेता तू तेजराशी
दुर्बलता से मिट्टी में गिर गया तो"

यों गानेवाले इस फूल के विनय, भक्ति, प्रेम आदि में स्त्रीचेतना की कोमलता देखते हैं। संध्यातरकम ने मलयालम कविता में अपूर्व दिव्यप्रभा को प्रसारित किया–

"अरे कौन है तू आनन्दकंदक! दुनिया में
बिन्दी समान सौन्दर्य देता है
पल्लवित विश्वशान्ति
की जुही के द्वारा दी गयी पहली कली समान
...   .
तुझमें और मुझमें दीप्त प्रकाश
एक का ही कण होगा।
मूल वह नहीं तो तू जब जलता है
दुःख दूर होकर कैसे मेरी आत्मा चमकती है।"

यह प्रकृति का मानवीकरण कर उस में और मनुष्य में व्याप्त एक ही शक्ति की रहस्यात्मकता की ओर संकेत है। या विश्वभर में व्याप्त उस अलौकिक सत्ता की विद्यमानता भी यहाँ प्राप्त है। प्रत्यक्ष और अपूर्ण प्रपंच को परोक्ष एवं परिपूर्ण सर्गशक्ति में बदलनेवाला यह आध्यात्मिक भाव जिस प्रकार टैगोर के सरल गीतों को मधुर प्रकाश प्रदान करता है वही प्रकाश "जी" की कविताओं के जरिए भी मिलता है।

उपनिषदीय संस्कृति के पारम्परिक गुणों से सम्पन्न श्री टैगोर केलिए प्रकृति मनुष्य जीवन का एक जड़ वातावरण नहीं है। वे प्रकृति और अपने में एक ही चेतना को देखते हैं। वैसे ही उपनिषदीय संस्कृति एवं भारतीय आध्यात्मिक वातावरण से ऊर्जा ग्रहण करनेवाले कवि हैं "जी" भी। उनके अनुसार प्रपंच का एक-एक स्पंदन अर्थवान है, हर वर्ण और आवाज़ भावव्यंजक है। सनातन जीवन-सत्य का निमन्त्रण है। पूरी प्रकृति को खुद अपने में समाहित कर अपने हृदय स्पंदन से प्रकृति की शिराओं में नवोन्मेष देने को कवि चाहते हैं। अरूप भावों को बहुत हृदयहारी बनाने केलिए प्रतीकों का भी ख़ूब इस्तेमाल किया है। उनके सागरगीतम कविता संग्रह में कई प्रतीकों एवं बिम्बों का इस्तेमाल हुआ था। सचमुच वे सभी प्रकार से एक मिस्टिक कवि हैं। उनकी कविता "आज मैं, कल तू" में कबीर कविताओं में जीवन की जो क्षणिकता दिखाई देती है वह है। यह टैगोर कविताओं में भी बहुत

संजीदगी से प्रकट है। कबीर कविता में यों अभिव्यक्त है - "माली आवत देख के कलियाँ करै पुकार फूली फूली चुन ली काल्ही हमारी बारी। "भाषा के भीतर एक भाषा का निर्माण करते हुए पुष्पों, नदियों, नक्षत्रों से गाने गवाये थे कवि। वही तो प्रतिरूपात्मकता है। "जी" के ही "सन्यासी" शीर्षक नाटक में टैगोर की रतिविरती का द्वन्द्व प्रकट है। मलयालम के कहानिकारों में पोन्कुन्नम वर्की के कहानी संग्रह आराम में रवीन्द्र का अनुरणन प्राप्त है। उस संग्रह की भूमिका जी शंकरक्कुरुप्प ने ही लिखी।

मलयालम में रवीन्द्र कविताओं की विशेषताएँ सबसे ज्यादा परिलक्षित है "जी" कविताओं में। रोमान्टिक काव्यधारा के प्रथम चरण के कवियों में कुमारनाशान की कविताओं में जितना स्थान रवीन्द्र के विचारों को प्राप्त हुआ उतना और किसी की कविता में मिला नहीं है। अन्य विधाओं में रवीन्द्र का प्रभाव प्रकट नहीं है।

मलयालम साहित्य में वैदिक दर्शन और योगशास्त्र

भारतवर्ष में शंकराचार्य की भूमि केरल की मज़बूत दार्शनिक परम्परा है। यहाँ वैदिक संस्कार अनेक काल से कायम है, इसलिए दर्शन के विकास केलिए कोई असुविधा नहीं थी। ईसवीं दूसरी शती में जीवित भवदास ने मीमांस-दर्शन के अन्तर्गत आनेवाली कृति जमनीय-सूत्रों की वृत्ति रची थी। ईसवीं सात सौ के आसपास प्रभाकर गुरु ने शाबह भाष्य केलिए बृहती और लघ्वी नामक व्याख्याएँ लिखीं। मीमांसा शास्त्र के पोषक पय्यूर पट्टेरियाँ भी केरल की सन्तान थे। वैष्णव आलवार कुलशेखर की "मुकुन्द माला" प्रसिद्ध संस्कृत कृति है, जिसमें दार्शनिक तत्व समाहित हैं। ऐसे महान आध्यात्मिक मार्ग पर चलनेवाले लेखकों की परम्परा में ही आदिशंकर ने जन्म लेकर केरल और समस्त भारतवर्ष को धन्य किया था और अपने भाष्यों तथा "सौन्दर्य लहरी" आदि रचनाओं से अद्वैत सिद्धान्त की प्रतिष्ठा की थी। मेल्पत्तूर का "मानमेयोदयम" यहाँ याद रखनेयोग्य है। उपर्युक्त सभी दार्शनिकों ने संस्कृत साहित्य को समृद्ध और सम्पन्न करने में अपना मूल्यवान योग दिया है। ऐसी हस्तियों में कृष्णलीलाशुक का नाम भी बड़े आदर के साथ स्मरणीय है। ब्रह्मांडपुराण में दार्शनिकता प्रकट होनेवाले कई सन्दर्भ हैं। गुरु गीता, सिद्धदीपिका, जनकागस्त्य संवाद, तत्वमसी की व्याख्या जैसे अनेक दार्शनिक ग्रन्थ निरणम कवियों में एक के द्वारा हुई।

केरल के भक्त कवियों में ज्ञान तथा सगुणलीला गायन प्रमुख रूप से विद्यमान हैं। श्रीमद्‌भागवत इन भक्त कवियों के लिए उपजीव्य बना है। रामायण तथा महाभारत से भी अपनी रचनाओं केलिए इन भक्तों ने काव्य सामग्री स्वीकार की है। वेदों, उपनिषदों तथा गीता से वे प्रभावित हुए थे। योगपद्धति की ओर भी वे झुके थे। मलयालम के सन्त कवि चेरुश्शेरी, पूंतानम्, मेलपत्तूर नारायण भट्टतिरी, एषुत्तच्छन आदि ऐसे सन्त थे, जो सगुण निर्गुण दोनों को भगवान के रूप में मानते थे

और ज्ञानोपदेश तथा भगवान की लीलाओं का गायन भी करते थे। राम और कृष्ण ही विष्णु के मुख्य अवतार थे, जिनकी लीलाओं को इन कवियों ने प्रभूत मात्रा में अपनी रचनाओं केलिए आधार माना था। पूंतानम ने "ज्ञानप्पाना" शीर्षक रचना में भगवान के निराकार तथा ज्ञान महिमा का एक ओर तो वर्णन किया तो दूसरी ओर श्रीकृष्ण कर्णामृत में लीलावतार कृष्ण के वत्सल एवं उज्ज्वल भावों को विस्तार दिया। चेरुश्शेरी ने कृष्ण गाथा में सगुणलीला सम्बन्धी पदों को प्रसतुत करते हुए बीच-बीच में श्लोक रूप में निराकार ब्रह्म का उल्लेख किया। तुंचत्त रामानुजन एषुत्तच्छन इस क्षेत्र में सबसे विचारणीय हस्ति हैं।

एषुत्तच्छन की रचनाओं में योगशास्त्र

हठयोगियों और कालों के समान दक्षिण के योगी भी कुंडलिनी जागरण को भी मुख्यता देते थे। कुंडलिनी वह परम जीवनशक्ति है, जो सभी व्यक्तियों के मूलाधार के नीचे त्रिकास्थियों के ऊपर तीन कुंडली बनाकर नीचे की ओर सिर किए रहती थी। उसी के ऊपर मेरुदंड स्थित है, जिसके भीतर से ब्रह्मरंध्र तक चलने वाली तीन अति सूक्ष्म नाड़ियाँ हैं। इसी शक्ति को जाग्रत करना योगियों का काम है। उसके लिए मूलाधार, स्वाधिष्ठान, मणिपूरक अनाहत, विशुद्ध आज्ञा आदि षड्चक्रों को पार करा के कुंडलिनी से सहस्त्र पद्म को भेदने का प्रयत्न योगियों की ओर से होता है। यही उनका परम लक्ष्य है। उस अवस्था में अमृतपान तथा अद्भुत नाद श्रवण का अवसर योगी को प्राप्त होता है और यह ब्रह्मानन्द में तल्लीन हो जाता है। इस कुंडलिनी जागरण के पूर्व यम-नियमादि का पालन आसन-मुद्राबंध और प्राणायाम की विविध विधियों का अनुसरण भी आवश्यक माना जाता है। हठ योगी अपने शरीर और मन को सदैव शुद्ध बनाए रखने का प्रयत्न करता है। इसके लिए त्राटक, नेति, धौति, अग्निसारनौली, वस्ती इन शोध प्रक्रियाओं को स्वीकार करते हैं। दक्षिण सिद्धों ने इन क्रियाओं को स्वीकार किया है और इस कारण केरल में भी सर्वादृत रही हैं। पातंजलीय योगशास्त्र के अनुयायी यम, नियम, आसन, प्राणायाम, प्रत्याहार, ध्यान धारणा, समाधि के षड् मार्ग को स्वीकार करते हैं। उनका लक्ष्य भी कैवल्य अथवा परमात्मा की प्राप्ति ही है। प्रकार भेद से अन्य योगचर्याएँ भी जैसे मन्त्रयोग, स्वर योग, भक्तियोग, ज्ञानयोग, ध्यानयोग, लययोग आदि को आश्लेषण करने वाले सिद्ध योगी भी दक्षिण में कम नहीं हैं।

पिण्ड में व्याप्त ब्रह्मांड को खोजना, कैलाश में स्थित सदाशिव को प्रत्यक्ष करना, विशिष्ट साधना के मार्ग से शक्ति का जागरण करना, विविध सिद्धियों को

प्राप्त करना तथा ब्रह्मानन्द या मोक्ष को प्राप्त करना योगियों का लक्ष्य था। वेद और उपनिषद् काल से यह मार्ग प्रारम्भ होकर गीता और पुराणों में गहराई से जड़ें जमा लेता है। वैखरी की स्वर-साधना करके जैसे सपेरा क्रुद्ध नाग को अपने वश में करके नचाता है वैसे योगी भी कुंडलिनी को जगाकर वश में कर लेता है। दक्षिण के योगी सिद्धियों को कभी-कभी सामाजिक कल्याण के लिए भी उपयोग में लाते थे और अन्त में समाधिस्थ होने का साधन भी बना लेते थे। अपनी असीम सिद्धि और चमत्कार को समय-समय पर हम देखते आ रहे हैं।

इस योग विद्या का विशेष प्रभाव सभी भारतीय मध्यकालीन साहित्यों में प्राप्त होता है। मलयालम साहित्य का मध्यकाल सुवर्णकाल माना जाता है। उस समय के अधिकतर कवि भक्त या योगी या वैरागी थे। वेद, उपनिषद्, योग-सूत्र, रामायण, महाभारत, महाभागवत आदि सभी पुराण ग्रन्थ भारतीय साहित्यों को नित्य महान् स्त्रोत के रूप में उपजीव्य प्रदान करते थे। ईसवीं दसवीं शताब्दी से लेकर महाभागवत और अध्यात्म रामायण कवियों के चिन्तन मण्डल को विशिष्ट सरणी प्रदान करने वले अनुपम ग्रन्थ रहे। मध्यकाल में दक्षिण भाषाओं में रामायण, महाभारत, महाभागवत तथा भगवद्गीता और अन्य पुराणों का क्षेत्रीय भाषाओं में जो अनुवद या स्वतन्त्रानुवाद हुआ, उन सभी में योग पद्धति का स्वर सर्वोच्च है। केरल के कवियों में कुलकूटस्थ तुंचत आचार्य रमानुजन एषुत्तच्छन का नाम मलयालम मध्यकालीन कवियों में उच्चतम है। उनकी मुख्य रचनाएँ अध्यात्म रामायण, श्रीमद्भागवत, श्रीमद्महाभारत, हरिनामकीर्तन् तथा चिन्तारत्नं स्थान-स्थान पर योगशास्त्र की महिमा को घोषित करते हैं। अन्तिम ग्रन्थ पूर्णतया योगशास्त्र ग्रन्थ है, जो एक विपठिषु शिष्य के लिए आचार्य के मुख कमल से निसृत योग पाठ है। अध्यात्म रामायण, महाभारत और भारत के भी अनेक प्रकरणों में प्रसंगवश योगचर्या का उन्होंने प्रतिपादन किया है।

उनकी रचना अध्यात्म रामायण अद्वैत तत्वों का व्यापक परिचय देने वाला सैद्धांतिक ग्रन्थ है, उसमें भक्ति और अन्य भारतीय सिद्धान्तों का परामर्श है।

यतार्थत: एषुत्तच्छन एक साधक योगी थे। योग परक उनके चिन्तन अधिकतया श्रीमहाभारतं, श्रीमहाभागवतं तथा चिन्तारत्नं में स्थान-स्थान पर आए हैं। योग को ध्येय मानने वाले एक परमहंस की तूलिका से ही रचनाएँ संसार को प्राप्त हो सकती हैं। महाभारत में शान्ति पर्व में एषुत्तच्छन ने योग की सम्पूर्ण व्याख्या की। उसका सारांश निम्नलिखित है–हर साधक को चाहिए कि वह ब्रह्मचर्य निष्ठा के साथ योग का अनुष्ठान करे। वेद, वेदान्त, विविध शास्त्र आदि ज्ञान-विज्ञान के ग्रन्थों का

अध्ययन करे। वह नियम, आसन, प्राणायाम की विधियों को स्वीकार करते हुए उसको एक विशिष्ट आसन पर स्थित होकर मूलधार में स्थित कुंडलिनी शक्ति को सुषुम्ना नाड़ी द्वारा जागृत करना चाहिए। जब यह शक्ति बिजली की तरह षड्चक्रों को पार करके ब्रह्मरंध्र तक पहुँच जाती है तब चन्द्रमण्डल से अमृतवर्षा शु डिग्री होती है। उस समय यह परमानन्द में लीन होता है तथा काल, देश, अवस्था आदि की स्मृति से अलग हो जाता है। उसी स्थिति में परमपुरुष के रूप से संलग्नता प्राप्त कर विशिष्ट आनन्द को प्राप्त करना ही योगी का लक्ष्य है। श्रीमद्भागवत के मौसल पर्व में कवि ने श्रीकृष्ण के मुँह से वैकुंठ प्राप्ति की इच्छा व्यक्त करते हुए उसका वर्णन निम्न प्रकार से किया है वैकुंठ प्रवेश की इच्छा में रत कृष्ण सबसे पहले परमासनस्थ हो जाते हैं और शरीर को सीधा करके बैठ जाते हैं। फिर प्रामायाम के सहारे कुंडलिनी शक्ति को उद्दीप्त करके समस्त चक्रों को जला देते हैं। तदुपरांत सशरीर समाधि को प्राप्त करते हैं। उसी समय निषाद का शर निमित्त स्वरूप पैरों पर आकर लग जाता है। महाभारत के समान एषुत्तच्छन के श्रीमद्भागवत में भी योग तत्वों का विस्तार से वर्णन है। महाभागवत के विविध स्कंधों में हठयोग विद्या से कुंडलिनी जागरण और षड्चक्रों का उल्लंघन विस्तार से वर्णित है? योग की महत्ता और उससे प्राप्त परमानन्द की प्राप्ति आदि योग कार्यों का सांगोपांग वर्णन करने वाले कवि के शब्दों से योगपरक ज्ञान का वास्तविक परिचर हमें प्राप्त हो जाता है। एक भुक्त योगी ही इस अनुभव रस का सच्चा वर्णन कर सकता है।

अध्यात्म विद्या का सम्यक् अध्ययन करने के लिए आई हुई अपनी शिष्या को आवश्यक तत्वोपदेश देने के उद्देश्य से ही उनकी रचना चिन्तारत्नं लिखी गई थी। यह कृति अत्युत्तम दार्शनिक ग्रन्थ है। उपनिषदों से लेकर सांख्यवेदान्तों के समग्र तत्वों के प्रतिपादन का भी प्रयत्न इस ग्रन्थ में हुआ है। वेदशास्त्र में तथा मीमांसा में एषुत्तच्छन का जो अनुभव ज्ञान है, वह इस कृति में प्रमाणित है। सबसे बड़ी विशेषता यह है कि कवि ने योगशास्त्र का सम्पूर्ण वर्णन इस दृष्टि से किया है कि अपनी शिष्या योग विद्या को सरलला से अध्ययन कर पाएँ। इस योग विद्या के वर्णन के पूर्व ब्रह्मतत्व, विद्या, अविद्या स्थूल और सूक्ष्म शरीर के भेद, जीवात्मा परमात्मा आदि का स्वरूप इत्यादि सांख्य शास्त्र के तत्वों का प्रतिपादन करते हैं तथा मनुष्य के शरीर तत्व का परिचय देकर यथार्थ ज्ञान के लिए हठयोग के सहारे शक्ति जागरण का उपाय समझाते हैं। उस कृति से योग मार्ग सम्बन्धी कवि के विचार नीचे उद्धृत किए जाते हैं–

पंचभूतात्मकमाय त्वंङ्मांसस्थिकलकोन्ड
संचित मायिट्टिरिप्पोन्निदेह क्षेत्रङ्ल।
एषुन्डु मतिर्लातनोन्पतु कवाड वुम
ताषिकक्कुडत्तिनु कीषरुनिलकलुम।
अरायनिलय्क्कुमेलीलाराराम निलर्यात-
लारारिल परन परमेश्वरनिरिण्य तुम
उल्लकम स्वयंप्रभयाल प्रकाशिक्कुन्नतु
मुल्लिलेप्पाणकलुम करणव्यापारवुम
ओक्केयुं पार्त्तुकन्डालोक्कुन्निल्लतुनिन
क्कुलक्कपिलुन्डावानाय् चोल्लुवन कोळक्कुबाले

अर्थात् यह देह रूपी क्षेत्र पंचभूतात्मक है। त्वचा, मांस, अस्थि आदि का संचित रूप रहता है। उसकी सात दीवारें हैं, नौ किवाड़ हैं, ऊपर के कुंभज के नीचे छह कक्षाएँ हैं। छठी कक्षा के ऊपर बारहवीं तल्लों में छः परमपुरुष परमेश्वर स्थित हैं। भीतर स्वयं प्रभा से प्रकाशित है, हे बाले, भीतर की कारीगरी, कारण और व्यापार सभी को बाह्य नेत्रों से देखना सम्भव नहीं है। उसे भीतरी मन से देखने का उपाय उन्हें मैं बता दूँगा, सुन लो।

नाड़ी विवरण

तन्ङ्ल तन्ङ्लक्कुल्लोरु विरलकोन्डोरु तेल्लुम
नीडत्तेयलन्नु सुक्षिच्चुनोक्किककाणुपोल
अंगुलम तोण्णूटा डिग्री कुटियालुल्लायत-
मेङ्मे कुरयाते कन्डीडा शरीरिणाम
न्मध्ये सुषुम्नाख्यनाडियाकुन्नीततु
मोन्नायिट्टतु वेणुकाण्डमेन्नतुपोले-
मुलच्चु मूलाधारंतन्निलन्नितु पिन्ने
वलर्न्नु कपालपत्मत्तोळमोन्नायिट्टु
सुषुम्नयुडे वलभागमें मूट्टिल मुल-
च्चेषुन्नु सुषुम्नमेल चुषुन्नु पडर्न्नुडन
वलर्नु कपालपत्मत्तोलमेत्तिश्शेषि-
च्चङोडिन्डु नालविरल नीलत्तिल तून्डियतु

पिंगलयेन्नुल्लोरु नाडियाकुन्नितु
तन्ने नासिका वलत्तेतायिट्टिरिप्पतुम।
पिंगला यथा तता इडयुं वामपार्श्वे-
निन्नुन्डायितु वामनाडियाकुन्नितुं।
पिंगला सुषम्ना वा द्वै च पृष्ठ पार्श्वमा
पिंगलयप्पोल वलन्नोंटिनु तून्डियतु
धारिक पुनरलंवुषयुमतुपोले
वामनलोचनं पिन्ने हस्तिजिह्वायां नाडि
वामकर्णमां वलत्तेच्चेवि गान्धारियुं।
मूट्टिल निन्नुन्टायोरु नाडिकलेयिन्ङन
केट्टालुमतिन्नमेल मणिपूरकंनन्निल
कुक्कुटाडंपोलो डिग्री कन्दमुन्ट तिन्मेलनि-
न्नोक्कवेयुन्टाय वन्नु मट्डुल जरंपुकल।
मुन्ने चोन्नवयेषु नाडियुमतिनुल्लिनल
तन्नेयन्यमुन्टायतीक्केयुं बहिर्भागे।
अक्किर्षान्डमेल न्नि नालु नाडिकलन्टा-
यौक्केय्क्कुं मूलमोन्नु मुखन्ङल वेवेरयाँ
सुषुम्नयुटे मुन्पिनपोक्किक्कुवामभागा-
लेषुन्नशुद्धि चक्रातिन्नधोभागत्तोलं
सुषुम्नयुटे सुषिरत्तिल तन मुखं कोट्टु
त्तिरुन्नुं मूर्द्धाक्किल पीयूषमुन्टाक्कुन्नु।
शंखिनियेन्न नाडियाकुन्नीतिलूटे
मुंन्पिलुन्टोरु नाडि तनमामं पर्यास्वीनी
तनमुन्पिल विश्वोदर याकुन्नीतवट्टिनु
मोन्नायीट्टुन्नु कोष्ठं तथ्न्मार्ग्गाननं द्विधा
भोजननाडियायिटुन्नितु विश्वोदरा
जीवननाडि पर्यास्वामिनियुमरिनत्रालुं
एवमिमून्नु नाड़िक्कुं पुरोभागत्तिन्कल
मेवोट्टुन्नितु सरस्वतियाकुन्न नाडि
रसनयाकुन्नतेन्नरिक पिन्ने विश्वो-
दरतनमूलं रंटु मुरियायिरिप्पतिल

कीषमुरि पक्वाशय पात्रमायतुपोले
मेलमुरियामशय पात्रवुंमरिकेटो।
पिन्नेयुं नाडीकन्दत्तिन्नधोभागार्त्तन्कल
निन्नु नाडिकल कीष्योट्टेक्कु पोयव मून्नुं
एन्ततिलवलीशकृत्यागकरिणि तदा
तन्नुटे मुखमायीटुन्नतु गुरुद्वार।
राकयेन्नेरु नाडि बालि तन मुन्पिलमूत्र
द्ववारमाकुन्नितु वालियेप्पोलेतन्ने
राकाबालियेन्निव रन्टिनुं पुरोभागे
राकय्क्कु तनिक्कु मन्तरद्वार रण्डायिट्ट
बाह्य भागतु मुखोन्नयि शुकस्विनि
नाडियाकुनिनतुतन्ने शुक्लवाहिनि
इन्ङ्ने पतिन्नालुनाडिकल देहंतन्निल
तिन्ङिटुं वलंपून्टिट्टुल्लतेन्नरित्रालुं।
पिन्नेयुं नाडीकन्दाल तिर्यकमूर्ध्वाधोभागाल
पोङ्ङियन्नुवायोरिपत्तीररयिरं
एण्णुकिल कुरिविल्ला नाडिकल देहंतन्नि
लेन्ङुमे पटर्न्नितु देहरक्षार्त्थम तदा।
सुषुम्नयुटे पिन्निल तन्डेल्लामतु बलं
कलर्न्नु देहक्षेत्रत्तिन्नु तूणेन्नपोले
वल्लनुं शिरस्साकुं ताषिकक्कुटत्तिनु
बलन्ङलं कोटित्तिरिक्कुन्नितेन्नरित्रालुं।

अपनी-अपनी ऊँगलियों से ठीक प्रकार से मापने पर मालूम होगा कि 96 अंगुल पर हर शरीर के भीतर मध्य में सुषुम्ना नाड़ी स्थित है। वह वेणुकांड की तरह उगकर मूलाधार से आगे बढ़कर कपाल पद्म तक जाकर मिल जाती है। सुषुम्ना के दाएँ भाग में नीचे से ऊपर सुषुम्ना को घेर कर कपाल पद्म तक फैलकर चार उँगली लम्बी लटकी नाड़ी है पिंगला।

वह दाहिनी नाक तक पहुँचती है। इसी तरह इड़ा वाम से उगकर पिंगला की विपरीत दिशा में सुषुम्ना को घेर कर ऊपर कपाल पद्म में पहुँचकर वाम नासिका की ओर लटकती है। दाहिने क्षेत्र में उषा नामक नाड़ी है, वही अलंपुषा नाड़ी भी

है। बाएँ नेत्र में हस्त जिह्वा नाड़ी है। दाहिने कान पर गांधारी नाड़ी है। अब नीचे से उत्पन्न नाड़ियाँ जो हैं उनका नाम, सुन लो।

मणिपूरक के नीचे कुकुटाङ जैसा एक कंदमूल है। उसी से सब उगती हैं सब नसें भी उसी से उगती हैं। उसी से बाहरी नसें भी उगी हुई हैं।

उसी कंद से चार नाड़ियाँ जो हुई हैं, उन सबका मूल एक ही है किन्तु मुख भिन्न-भिन्न है। वे सुषुम्ना के आगे नाभि के वाम भाग में ऊपर शुद्धि चक्र के अधोभाग तक सुषुम्ना के विवर में मुख कर मूर्धा में पीयूष धारा पैदा करती है। शंखिनी उन में से एक है, उसके आगे पयस्विनी नामक नाड़ी है।

उसके आगे विश्वोदरा है। इनका कोष्ठ एक है तथा मार्ग दो हैं। विश्वोदरा भोजन नाड़ी है तथा जीवन नाड़ी है पर्यास्वनी, यह अच्छी तरह जान लो। इन तीनों के पुरो भाग में रसस्वती नाड़ी स्थित है। रसना के किनारे विश्वोदरा का मूल जो टुकड़ा होता है उसके नीचे का टुकड़ा पक्वाशय पात्र है और ऊपर का भाग आमाशय है। उसी तरह नाड़ी कंद के अधोभाग में से नीचे की ओर जाने वाली तीन नाड़ियाँ हैं। उनमें बलीश कृत्याग कारिणी का मुख है। गुरुद्वार राका नाड़ी बाली नाड़ी से आगे है वही मूत्रद्वार है। इन दोनों के पुरोभाग में शुर्कास्वनी नाड़ी है। उसका तथा राका का अन्तर्द्वार दो होकर बाहर एकमुखी हो जाता है। वही शुक्ल वाहिनी है। इसी तरह चौदह नाड़ियाँ शरीर में सम्पूर्ण बल के साथ स्थित हैं, जान लेना नाड़ी कंद से तिर्यक, ऊर्ध्व तथा अधोभाग से उगने वाली 22000 नाड़ियाँ शरीर में सर्वत्र व्याप्त होकर देहरक्षार्थ स्थित हैं। सुषुम्ना के पीछे उस को सभी प्रकार का बल देने समस्त शरीर में स्तम्भ के समान व्याप्त होकर कुंभज को बल देकर ये रहा करती हैं-

गात्रक्षेत्र

पन्चभूतन्ङलुटे गुणकोन्टुलवायि
सन्चितं त्यागादि धतुक्कलाला गात्रक्षेत्रं
तोलि चोर मांसं मेदे/स्थिमज्जयेन्निव
पल साधनन्ङलाल पणितिरितीरिक्कुन्न
मात्रक्षेत्रत्तिनोटु तुल्यमाय वन्नीटुमो
मूरं कल्लेन्नव कोंटुण्डायतु
ईश्वनिरिकुन्न क्षेत्रवुं प्रतिमयुं
गात्रक्षेत्तोलं महत्त्वं मदृन्य था
क्षेत्रङ्ळकिल्लेन्नरिजीटुक मध्यभागे
निन्नीटुं सुषुमानयाम् नाडितन्नन्तर्भागे

श्रीकोविलांरुटतनिलोरोरो पीठन्ङलुं
श्रीकरमायुल्लतिन्मेल स्थितिचेयतीटुन्नु
शिवशक्तिकलकलयोटु निष्कलामायु-
मविटेत्तन्ने चराचरेषु वसिक्कुन्नु।
प्रतयेकमोरो शिवशक्ति क्षेत्रत्तित पुक्कु
नित्यवुं पूज क्रमाल वेय्तीटा मस्सिनु
मानस ध्वजमल्ले जीवन्नतिनाले
मानससहितनाय जीवनु गमिच्चीटुं।
मूलारादयाधारमारिलुं पूजिक्कुम्पोल
मेले निन्नीटुं निरञ्जननां जीवन तदा।
तन्नन्तर्भगत्तिन्कलुल्लक्षेत्रन्ङतोरुं
ननायि स्थितचेय्युमीश्वरस्वूरपत्ते
तन्त्रियेप्पोले पूजिच्चीटां पूजाद्रव्यन्ङ
लेन्तेन्नालतुनिवेदिक्कां दासकवल सदा।
सेविक्कां वलंवय्क्कां सतुतिक्कां नमिच्चीटां
भावन्ङल तनिक्केनतेन्नालतु साधिच्चीटाम।
पिन्नेयेन्तिन वृथा सेविक्कुन्नन्यक्षेत्रं
तन्निल चेन्नीशन प्रतिमकलिलुन्डेन्नोर्त्तुम?
दीप तन्नुटे कैयिलिरिकुम नेरत्तिन्कल
तीयन्वेषिच्चु नटक्केणमेन्निल्लायलो।
वल्लजातियुं भगवतस्वरूपत्तेक्काण्क-
यल्लातेयो डिग्री श्रद्धयिल्लल्लो मनस्सिनु।
एन्नाल निन मनस्सिनालनन्नायि विचारिच्चु
तन्नुल्लिलिरूनीटुमीश्वरने मानसं
तन्नुडे क्षेत्रंतन्नुन्टेन्नु बोध्ययमावा-
लन्यक्षेत्रन्ङलिलुं सेविच्चाल फलमुन्टां।
कण्णिल्लात्तंवन मोहाल पशुवेन्नुरचोरू
कन्निनेक्कोन्टपो वन्नीटुमरियाञाल।
गात्रमोर्क्कुम्पोल शिवक्षेत्रमाकुन्नतति-
लास्थया शिवन परमार्थकैवल्यप्रदन
नित्यन्वयन परमानन्दन परमात्मा

सत्यसन्कल्पनात्मावाकुन्नु निरामयन।
गात्रमायिरिक्कुन्न क्षेत्रवुमन्यमुल्ल
क्षेत्रवुं तम्मिलुल्ल भेदन्ङल निरूपिच्चाल
तीर्त्तुं चोल्लीटां सममल्लेन्नु, महिमक-
लेरेयमुन्टल्लो गात्रक्षेत्रत्तिनतुमल्ल,
गात्रङ्कलकान्टु वेप्टिचुन्टाक्कटुन्नोरन्य-
क्षेत्रन्ङल धरातलंतन्निलुल्लवयेल्लां।
गात्रमां क्षेत्र कर्म्म सहितं धावविनाल
कल्पितं पंचभूतसन्चितं तत्वावृत्तं।

पंचभूतों के गुणों से उत्पन्न हैं त्वक् आदि धातुएँ, उससे संचित है गात्र रूपी क्षेत्र। त्वक्, रक्त, मांस मेदा, अस्थि, मज्जा आदि अनेक वस्तुओं से निर्मित शरीररूपी क्षेत्र के समकक्ष क्या लकड़ी, पत्थर आदि से निर्मित मन्दिर रहेगा? ईश्वर का वास स्थान जो मन्दिर और मूर्ति है, वही मानव जाल है क्योंकि वह पात्र होकर रहता है, गात्र रूपी क्षेत्र का जो महत्त्व है, हे वरानने, जान लो वह मन्दिरों को प्राप्त नहीं है, ऐसे गात्र रूपी मेदिर के मध्य से जाने वाली सुषुम्ना नाड़ी के भीतर गर्भगृह हैं, उनमें एक-एक पीठ है। ऐश्वर्य प्रदान करते हुए वही शिव और शक्ति कलाओं के साथ निष्कलंक होकर रहते हैं। वही चराचर भी रहता है। एक-एक शिवक्षेत्र में प्रवेश कर रेज़ क्रम से मन-पूजा कर सकता है। जीवन मानस ध्वज है, इसलिए मानससहित होकर जीवन भी गमनशील होता है।

मूलाधार आदि छह आधारों की पूजा करते समय निरंजन रूपी जीवन ऊपर रहेगा। उसके भीतरी हर क्षेत्र में अच्छी तरह रम कर रहने वाले ईश्वररूप की तन्त्रियों की तरह पूजा की जा सकती है। पूजा द्रव्य जो भी हैं, उन्हें दास की तरह अर्पित कर सकते हैं, सेवा कर सकते हैं, प्रदिक्षणा कर सकते हैं। इस तरह अपने सभी भावों की प्राप्ति की जा सकती है। तब क्यों अन्य मन्दिरों की सेवा करें? यह सोचकर कि मूर्तियों में हमारे ईश्वर निवास करते हैं। जब दीप हमारे हाथ में रहता है तब आग की खोज क्यों करें? किसी न किसी प्रकार भगवान् के स्वरूप के दर्शन की बात को छोड़कर दूसरी श्रद्धा मन को नहीं रह जाती है। तुम्हें अच्छी तरह मन में ध्यान कर अपने भीतर रहने वाले ईश्वर के अस्तित्व का बोध जब हो जाता है तब अन्य मन्दिरों की सेवा करने से फल वृद्धि होगी। नहीं तो उस अंधे की स्थिति हो जायेगी, जो एक बछड़े को गाय समझ लेता है। हमारा शरीर शिव मन्दिर ही है। उसी में आस्था के

साथ परमार्थ कैवल्य प्रदान करने वाले नित्य, अद्वय परमानन्द प्रदान करने वाले परमात्मा सत्य संकल्प निरामय ईश रहा करते हैं।

गात्र रूपी मन्दिर तथा अन्य मन्दिरों का अन्तर सोच-विचार करने पर यही है -दोनों समान नहीं हैं। गात्र मन्दिर की महिमा बड़ी है। संसार के सभी मन्दिर गात्र रूपी मन्दिरों से ही कार्यान्वित हैं। गात्र रूपी मन्दिर कर्म सहित है, दाता से कल्पित है, पंचभूत संस्थित है तथा तत्त्वों से आवृत है।

त्वङ्मांसास्थिकलकोन्टु रम्यमां शरीरत्तिल
निर्मलमाय मनोरथमुन्टतिनमीते
निन्नीटुमात्मा सच्चिन्मयनव्ययन सदा
जमादिहीनन जगत्क्कारणन परब्रह्मं
सर्वसाक्षियाय सनातननाय सर्वात्मावाय
निर्विकारियायुल्ल परमात्मावुतन्ने
जीवनायतुमात्मावायतुं महामाया
देवियायतुं मायाकर्म्मनन्ङलायुल्लतुं
सत्तमायतुं मिध्ययातुं जगत्रय-
कर्तावायुतुमन्यमल्लेनु बोधिच्चालुं।
जीवात्मावेन्नुमात्मावेन्नुं चोल्लीटुन्नतु
केवलमल्ल मायाकार्यहेतुक्कल्लो
मायोपाधिकलिल मेवीटुम्पोल चोल्लुं जीव-
नायोन्नात्मावोन्नयन्यं परमात्मवोन्नेवं
एरियुं कूप घट मिन्ङने मून्नायिट्टु
पेरु चोल्लुन्नु जलं मुन्निलुमोन्नुतन्ने
कुंभ जीवनं कूपजीवनमोरिक्षीरं
सांप्रत्रमुपाधि भेदन्ङलकोन्टेवं चोल्लुं।
कुम्भत्तिलुल्ल जलं कूपत्तिल चेन्नीटुम्पोल
कुम्भशंकरमेन्न नामवुमिल्लातेयां।
कूपजीवनमुन्टन्नेरमायतुमोरि-
क्षीरत्तिल चेर्क्कुमप्पोल कूपतोयवुं नहि,
एरियिलन्नु वेराय तीन्निय नीरुं क्रमा
लेरियिल तन्ने चेरुमन्नेरमतुपीले

जीवनचैतन्यं परमार्थिकनायीटुम्पोल
जीवनेन्नुल्ल नामं पोय पारमार्थिकनां
पारमार्थिकायोरात्मावु कूटस्थनाय
चेरणं परमानन्दामृतमायीटुन्न
परमात्माविनोटन्नेरमात्मावुतन्ने
परमात्मावुमेन्नु बोधिक्का वषिपोले।

त्वचा, मांस अस्थि आदि से बने इस रम्य शरीर में निर्मल मनोरथ स्थित है, उसके ऊपर स्थित आत्मा सच्चिन्मय, अपव्यय सदा जन्मादिहीन जगत् कारण सर्वसायी, सनातन, सर्वात्मा, निर्विकार परब्रह्मरूपी परमात्मा ही है। समझ लो कि वही जीवन है, आत्मा है, महामाया देवी है, मायाकर्म है, सत्य है, मिथ्या है, जगत्रय कर्ता है, दूसरी नहीं है।

जो जीवात्मा परमात्मा के भिन्न नाम से अभिहित हैं वे केवल नहीं माया कार्य कर्तव्य है। माया की उपाधियों के रहते समय जीवात्मा परमात्मा भिन्न नामों से पुकारे जाते हैं। जैसे तालाब, कूप, घट आदि के जल तीन नामों से पुकारे जाते हैं। कुंभ और कूप का जल आदि सभी एक ही जल है, उपाधि भेद से भिन्न कहा जाता है। कुंभ का जल जब कूप में पहुँचता है तो कुंभजल नाम भी मिट जायेगा। इसी तरह कूप जल को तालाब के जल में मिलाने पर कूप जल नहीं रहता, दोनों एक हो जाते हैं। इसी प्रकार जीवन चैतन्य भी परमार्थिक बन जाता है तो जीवन का नाम मिटेगा, पारमार्थिक नाम रहेगा। पारमार्थिक आत्मा कूटस्थ से मिलने पर परमानन्दामृत रूपी परमात्मा हो जाता है, यह बोध धीरे-धीरे उत्पन्न हो जाता है।

इसी तरह योग विद्या के विस्तार से कवि वर्णन करते हैं और सभी छोटी-बड़ी प्रक्रिया का व्यावहारिक परिचय शिष्या को प्रदान करते हैं। वस्तुत: यह ग्रन्थ अध्यात्म विद्याओं की अनुपम व्यावहारिक रचना है, जिसे एक भुक्त भोगी योगी कवि ने तैयार किया है।

इसी से मालूम होता है कि "तिंतारत्न" में संख्याशास्त्र तथा अन्य आध्यात्मिक सिद्धान्तों का संकलन करके योग तत्त्वों का प्रतिपादन करना ही कवि का मुख्योद्देश्य रहा है। चिन्तारत्न वस्तुत: आध्यात्मिक चिन्तन के सभी रत्नों की एकावली है। परमात्मबोध प्राप्त करने के लिए योग की प्रधानता को इस ग्रन्थ में स्पष्ट कर दिया गया है।

मध्यकालीन साहित्यकारों में एषुत्तच्छन के अलावा सर्वश्रेष्ठ भक्त तथा ज्ञानी कवि पूंतानम के अनेक स्तोत्र तथा ज्ञानप्पाना नामक ग्रन्थ विशेष उल्लेखनीय है। वेदान्तों के रत्नों को संचित रखते हुए योगमार्ग का भी आंशिक परिचय उस कवि ने दिया है। एषुत्तच्छन के शिष्यों में भी करुणाकरण एषुत्तच्छन के "ब्रह्मपुराणम" में तथा "शिवरात्रिमाहात्म्यम" में योग सम्बन्धी चर्चा मिलती है। गोपालन एषुत्तच्छन के स्कंध पुराण में योग सिद्धान्तों का उल्लेख प्राप्त होता है। बाद में कोट्टयम केरल वर्मा से रचित भीष्मोपदेश मोक्षदायकं, वैराग्य चन्द्रोदयं आदि रचनाओं में भी अष्टांग योग महिमा का लघु विवरण है।

केरल में व्यापक रूप से सर्पों की आराधना होती है। सर्प मूर्तियों के देखते समय ऐसा लगता है कि सुषुम्ना को घेरी हुई इडा और पिंगला नाड़ियाँ हों। सचमुच सर्पकुंडलिनी का प्रतीक माना जाता है। उसी के जागरण का कर्म केरल के सिद्ध करते थे, जिसके लिए सर्पों की पूजा करते थे। मलयालम साहित्य में अनेक कुंडलिनी गीत और सर्प गीत प्राप्त हैं। उनका विषय भी योगांतर्गत कुंडलिनी योग ही है। इसी तरह गणपति के आकार में कुंडलिनी का आरोप कुछ विद्वान करते हैं। केरल में गणेश पूजा भी बहुत प्राचीन है।

यही मध्यकालीन केरल की सन्त परम्परा आगे तक चल कर चट्टंपी स्वमिकल् तथा श्री नारायण गुरु में आकर नया उन्मेष पाती है। ये दोनों सन्त शूद्र थे और वेदाध्ययन, योग साधना तथा पूजा क्रम को स्वीकार करके कर्म से अपने को द्विज सिद्ध कर गए। साधारण से साधारण जन को भी समझने लायक सरल देशीय भाषा में वैदिक धर्म सिद्धान्तों को चट्टंपी स्वामिकल् ने अपनी रचनाओं में प्रकाशित किया। संस्कृत को त्याग कर देशीय भाषा ने उन सिद्धान्तों को समझाने का प्रयत्न किया। कठिन से कठिन साधना मार्ग के व्यावहारिक परिचय देकर उन्होंने सभी जातियों एवं वर्णों के लोगों को इस भारतीय धर्म-मार्ग की ओर आकृष्ट किया। चट्टंपी स्वामिकल् के ही मार्ग को स्वीकार कर श्री नारायण गुरु ने भी भारतीय जनता में व्याप्त जाति-पाँति एवं भेद-भावनाओं का खण्डन किया–

"ओरु जाति ओरु मतं ओरु दैवं मनुष्यनु"

ओरु योनियोराकारेमोरु भेदवु मिल्लतिल" का सिद्धान्त वाक्य प्रस्तुत कर उन्होंने अपने सिद्धान्त पर ज़ोर दिया कि-मनुष्य की एक ही जाति है, एक धर्म है एक ईश्वर है। एक ही योनि से वह पैदा होता है, एक ही आकार लेकर आता है। इसलिए मनुष्य-मनुष्य में कोई भिन्नता नहीं है। आधुनिक जन जीवन में जाति, धर्म,

भाषा, वर्ग, आदि के आधार पर परस्पर संघर्ष करने वाले जनसमूहों के लिए यह कैसा दिव्य उपदेश है, इसका हम अनुमान कर सकते हैं। इसी प्रकार इन सन्तों ने मानवतावादी चिन्तन से युक्त समसृष्टि स्नेह, सहयोग, स्नेह, स्वार्थ, त्याग, उदारता, दूसरों के प्रति सहानुभूति आदि महान् आदर्शों के साथ ही साथ धर्मभेद, जाति-पाँति, पंडित-पामर भेद आदि हीन भावनाओं को त्यागने का महान उपदेश दिया। स्वयं उन्होंने यह करके दिखाया। इस हेतु जन साधारण को वे अपने प्रवचनों की ओर आकृष्ट कर पाए। करनी और कथनी की यह एकरूपता आज के युग में दुर्लभ है, किन्तु स्नेह रहित, विद्वेष एवं स्वार्थता से जटिल, युयुत्सा वृत्ति से कलुषित आधुनिक जीवन में हमारे सन्तों की वाणी रुग्ण हृदय को लेपन के लिए सुखदायक ही सिद्ध होगी। इसलिए निस्तर्क यह कहा जा सकता है कि मध्यकालीन भारतीय सन्तों का मानवतावादी दृष्टिकोण एवं सांस्कृतिक आध्यात्मिक चिन्तन की एकरूपता एवं आदर्शपूर्ण सुख-समृद्ध लोक कल्याणदायक लोकजीवन का लक्ष्य इस यान्त्रिक युग में भी प्रासंगिक है, स्वीकार्य है।

संक्षेप में कहा जा सकता है कि एषुत्तच्छन से लेकर आधुनिक कवियों तक ने भारतीय वैदिक दर्शन के विविध रूप विविध प्रकार से मलयालम साहित्य में प्रयुक्त किया है।

सन्दर्भ ग्रन्थ

1. चिन्तारत्नम–एषुत्तच्छन
2. योगचिकित्सा शास्त्रम–डॉ. एन रामन नायर

केरल में वयनाट के आदिवासियों के बीच में प्रचलित रामायण की मौखिक परम्परा

काल-देश के भेद के बिना मौखिक एवं लिखित रूपों में भारत भर में प्रचुर प्रचरित इतिहास काव्य है रामायण। बग़ैर जाति एवं धर्म के भारत के सांस्कृतिक जीवन में राम-कहानी का जो प्रभाव पड़ा वह तर्कातीत है। कई पाठ एवं पाठभेद रामकथा की विशेषता है। केरल में प्रचलित लोककथा यों है—एक छिद्र से जब राम की अंगूठी ग़ायब हो गई तो उसकी खोज में हनुमान पाताल में पहुँचता है। वहाँ की आत्माओं के सम्राट ने हनुमान से कहा कि राम अनेक हुए, किस राम की अँगूठी की तलाश में आये हो? क्योंकि किसी एक अवतार के खतम होते ही दूसरा अवतार लेता है। एक थाली में अनेक अंगूठियाँ दिखाई दीं। ये सब राम की हैं। इससे चुनो। तुम्हारा राम भी लब-कुश को राज सौंपकर सरयु में डूब गया। तात्पर्य है कि हमारे बीच में अनेक रामकथायें प्रचार में हैं।

एक आदिवासी कथा के अनुसार हनुमान द्वारा विरचित रामायण एक पहाड़ के ऊपर से जब चारों ओर बिखर गया तो वाल्मीकी ने उसे एकत्र कर रामायण की रचना की। इससे ज़ाहिर है कि रामकथा वाल्मीकी के पूर्व ही लोककथाओं में व्याप्त थी। केरल में वयनाट के आदिवासियों के बीच में रामायण सम्बन्धी मौखिक कहानियाँ प्रचलित हैं। वयनाट गोत्रसंस्कृति से सम्पन्न जगह है। वनयाट का हर गोत्र समूह रीतिरिवाज, भाषा, वेष एवं अन्य सांस्कृतिक क्रियाओं से भिन्न है। रामायण इनमें से कुछ गोत्रों में प्राप्त है। वह उनकी देशीय कथा है। "मुल्लुक्कुरुमर", "कनलाटिकल" आदि गोत्रों के गीतों एवं मिथकों में रामायण के कथांश बिखरे पड़े हैं। उत्तर वयनाट में सीता परित्याग की कथा में वहाँ की जगहों को स्थान दिया गया है। उस कथा में सीता की यात्रा कोणिच्चिरा से शुरु होकर इरुलन, पुलप्पल्ली,

आश्रम कोल्ली, सीतमटी, शिशुमला, रामप्पल्ली और जटयट्टकाव में समाप्त होता है। यह "सीतायनम" है। जटयट्टकाव में सीता का अन्तर्धानि हुआ है।

मुल्लुक्कुरुमर के रामायण में राम है। उनके खेल "वट्टकली" "कोलकली" पुरुषों के "खोर का खेल" आदि में रामायण कथा का इस्तेमाल किया जाता है। कृषकों के एरुमाटम" (पेड़ के ऊपर बनाया हुआ छोटा सा घर), "कावलप्पुरा" (पहरेदारी का घर) आदि में पहरेदारी का जो गाना गाया जाता है वे सीता परित्याग पर आघृत हैं। यह कथा भी प्रचार में है कि कुश नामक घास से वाल्मीकी ने कुश की सृष्टि की थी। ये सब कुछ उदाहरण ही हैं। इसप्रकार वयनाट के आदिवासियों के बीच में अनेक लोकगीतों एवं कथाओं में रामायण की कथा फैली हुई है। इनमें सीता को ज़्यादा स्थान दिया गया है। इनकी सबसे बड़ी खासियत यह है कि इन रामायणकथाओं के पात्रों को ईश्वरीय परिवेष नहीं दिया गया है। साधारण जनजीवन से जुडे हुए हैं वे। जनता से दूर नहीं है। इसलिए उनके मिथकों के होते हुए भी लोककथायें हैं।

एषुत्तच्छन का रामायण हाशियेकृतों केलिए लिखित है। खुद एषुत्तच्छन बोलते हैं कि–"ऋतुमति स्त्रियों, भिखमंगों एवं पापियों केलिए"। वह परिष्कृत मलयालम भाषा में तोते से कहलवाया गया। उसे "अध्यात्म रामायण" कहते हैं। एषुत्तच्छन के पूर्व फोक्लोर अध्ययन के अनुसार मलयालम में रामायण नहीं था। इस अध्ययन के अनुसार सबसे कम रामायण भारत में केरल में हुआ। आदिवासी रामायण अर्थात् वयनाटन रामायण कुछ गोत्रवर्गों तक सीमित है। वह भी प्रदेश पर सीमित है। वहाँ भी काल, वर्ग, देश के अनुसार पाठभेदों का निर्माण किया गया था। आशुद्ध एवं शुद्ध का विभाजन नहीं है। सीता केन्द्रित है वयनाट के रामायण। वहाँ की जगहों का नाम सीता के जीवन पर घटित घटनाओं पर आधारित है। कई मौखिक कथायें यहाँ प्रचारित हैं। कैआ को देखने से सात बार नहाना है। इसकी वजह है कि वनवास के समय कौए ने सीता के कुचाग्र को चोंच मारकर ले लिया। राम ने तब बाण मारा तो वह कौए की आँखों पर घुस गए। इसलिए कौए के चलने में तिरछापन आ गया। सीता को सताने से उसे देखकर नहाना पडता है इटुक्की का बाँध कुरवन एवं कुरत्ती पहाड़ों को मिलाकर निर्मित है। यहाँ की जनश्रुति है कि सीता का नहाना छिपते देखा लिया कुरबान एवं कुस्ती ने उनको शाप पाकर वे पहाड़ बन गये।

राम कभी भी केरल में ईश्वर नहीं था–"यत्क्रौच मिथुनम"–रामायण का केन्द्रीय स्वर हैं। सामाजिक जीवन में जोडा बनकर जीना है। केरल में पहले से एकपत्नीव्रत का पालन करता आया था। एक जनता की संस्कृति एकरूपीय नहीं

है। सार्वजनिक (केन्द्रीय) संस्कृति नाम से हमारे बीच में जो विद्यमान है वह प्राय: यथार्थ से दूर होगी। जनता के जीवन क्रम को ताल प्रदान करनेवाली लघुसंस्कृतियाँ हैं यथार्थ। रामायण में मौखिक रूप प्राय: लोक जन समूहों में व्याप्त है। पीढ़ी-दर-पीढियों से हस्तान्तरिक होनेवाला मौखिक रामायण रूप उस जनता की संस्कृति से जुडा हुआ है।

राम से परित्यक्त सीता ने जहाँ रोते रोते विनती की उस स्थान को केणिच्चिरा और छोटे से पुल के पास रोती हुई बैठी सीता को वाल्मीकी अपने आश्रम की ओर ले आया। इस रास्ते के बीच का स्थान "इरुलम" है। कारण रात्री में उस स्थान से गया। अन्त में आश्रम जहाँ स्थित है वह स्थान है "आश्रमकोल्ली"। अब भी वाल्मीकी के आश्रम समझकर उस की देखभाल की जाती है। आश्रमकोल्ली से होकर बहनेवाली नदी का रंग पीला है। कारण विश्वास है कि सीता उस नदी में हल्दी लगाकर नहाती थी। पास वाले छोटा पहाड़ है वह शिशुपहाड़ और सीतामटी है। लवकुशों के खेलने की जगह है वह। आजकल वह शशिमल नाम से जाना जाता है। यहाँ की विशेष लता के पत्तों को तोड़ने पर दूध जैसा द्रव निकलेगा। कहा जाता है कि इन पत्तों पर लवकुशों ने दूध पिया था। "सीतामटी" नामक छोटा सा पहाड़, आज "सीतामौंट" नाम से पुकारते हैं। "सीतामटी" का प्रमुख आराधना केन्द्र "सीतालवकुश" मन्दिर है। उससे एक किलोमीटर दूरी पर "चेटाट्टिन काव" है। " "जटयट्टकाव" चेटाट्टिनकाव में बदल गया। सीता यहाँ से भूमि में अन्तर्धा हो गई यह विश्वास है। भूमि के भीतर की ओर गई सीता का बाल ही राम को मिला। प्राप्त बाल जहाँ फेंका गया, वह स्थान है "मानीवयल" बाल मानि की घास बनकर बढ गए। मुलायम पतली घास है मानीघास"। इस प्रकार सीतापरित्याग सम्बन्धी कई कहानियाँ वयनाट के गोत्रजन सुरक्षित रखते हैं।

दक्षिण वयनाट के प्रमुख गोत्रजन हैं मुल्लुक्कुरुमर और कलनाटिकल। मिथों से यह स्पष्ट होता है कि वे वेटराज हैं। कथायें यह सूचित करती हैं। त्रेतायुग ने राम और सीता के संर्थक मूलनिवासी है मुल्लुक्कुरुमर। युद्ध के दौरान राम को हथियार देकर इन्होंने मदद की है। मलयालम महीना के आषाढम-चौदहवीं तारीख को मुल्लुक्कुरुमर रावणवध नाम से मनाया जाता है। इनके "दैवप्पुरा" पूजा केलिए निर्मित घर है। एक प्रदेश की आराधना में सब एकत्र होते हैं और भोजन खाकर चले जाते हैं। विवाह जैसे मंगल कार्य भी यहाँ चलाया जाता है। करक्किटकम महीने की तिथि 14 को केंकड़ा और मुर्गी की करी अवश्य भोजन में होगी। केंकडा कबंध को

और मुर्गी रावण को प्रतिनिधित्व करते हैं। मुर्गे के सिर के फूल दल सिर मानकर काट लिया जाता था।

मुल्लक्कुरुमर एवं उनके गाने में रामायण के कथांश बिखरे पड़े हैं। मुल्लक्कुरुमर का मुख्य कलारूप है "वट्टक्कली"। उसमें वृत्ताकार में नृत्य किया जाता है। इसमें पुरुष लोग मात्र भाग लेते हैं। सभी त्योहारों में अवश्य "वट्टक्कलीप्पाटु" होगा। इसमें रामायण कथायें हैं कई भागों में है। विश्वामित्र के साथ जानेवाले रामलक्ष्मण, सीतास्वयंवर, परशुराम के साथ की मुठभेठ, वन की ओर आने में सीता को रोकना, मारीच का हिरण बनकर आना, बालीकथा, जटायु का मोक्ष, हनुमद समागम, रावणसभा में हनुमान इन्द्रजीत के युद्ध और उसमें मृत्यु आदि "वट्टक्कलीप्पाट्टु" में है। वट्टक्कली समान मुख्य कलारूप है कोलकली। इसमें भी एक हिस्सा रामकथा के गाने हैं।

मुल्लुक्कुरुमर एवं कलनादियों के रामायण गानों को जाँचने पर एक बात स्पष्ट हो जाती है कि पूर्ण रामायणपाठ इनको नहीं है। यह भी नहीं है कि आराधना केलिए प्रयुक्त गाने नहीं हैं। इन खेलों केलिए लायक ढंग से गानों का गठन किया गया है। इन खेलों के ताल एवं पदचलन के अनुसार है ये गाने। इन खेलों में पूर्णत: रामायणकथायें नहीं हैं। महाभारत कथायें भी हैं। रामायणकथा में सीता परित्याग से लेकर जो कथाएँ हैं उनको ज़्यादा स्थान दिया गया है।

कई रूपों एवं भावों में व्यापक रामायण कथाओं की विशाल दुनिया में गोत्र रामायण की कथाओं का भी अपना महत्त्व है। रामायण पाठ में उनको भी मिलाना चाहिए। तभी तो रामायण पाठ पूर्ण बनते हैं।

कुछ गाना तो सुनिए–

राम भाई और सीता के साथ जब वन में रहता था
राक्षस मारीच सोने का हिरण बनकर आया
उस हिरण की हत्या की है रामदेव ने
दस सिर रावण को क्यों हुए?
उत्तम सीता का दशानन ने किस दिन चुरा लिया ?
उन्नत मारुति ने किस दिन लंका में प्रवेश किया?
अक्षर जाननेवाला बुद्धिमान है तो इसका
उत्तर तू दे........

पहरे के घर में सोये बग़ैर बैठने से ही जंगली जनवरों से फसलों को बचा सके। नींद से बचने केलिए जो गाया जाता है वह है या पहरेदारी का गाना।

सुन्दर माथे पर कुंकम से बिन्दी लगाकर
आँखों में अंजन कान तक लगाकर दर्पण देखकर
कानों पर तोड़ा पहनकर
तुतलाकर राघव के सामने बैठी
नाचते भागते चलती है और सिहराना कुच हिलते डुलते हैं
हनुमान और रावण का तर्क
अरे लाकर रख राम को आज दे दे
अरे चीरी की गई सीता कहाँ है? हरण की गई सीता कहाँ
अरे तेरा वीर्य कहाँ है, मुख क्यों काला हो गया ।
कलह के रूप में तेज ताल में गाना तैयार किया गया है।

ग्रामीण युवतियों के समान अपने को अलंकृत कर श्रृंगारभाव से बैठनेवाली शूर्पणखा है यहाँ ।

मलयालम रामकथाओं में सीताराम

बिना काल-देश के भेद के मौखिक एवं लिखित रूपों में भारत भर में प्रचुर प्रचार प्राप्त इतिहास काव्य है रामायण। बग़ैर जाति एवं धर्म के भारत के सांस्कृतिक जीवन में राम-कहानी का जो प्रभाव पड़ा वह तर्कातीत है। कई पाठ एवं पाठभेद रामकथा की विशेषता है। रामायण के प्रत्येक पाठ के निरीक्षण से यह स्पष्ट होता है कि हर युग एवं काल की जनता ने अपनी ज़रूरतों को प्रतिबिम्बित करने और सफल बनाने में रामकथा का इस्तेमाल किया। यह पुनर्पाठ तद्युगीन वातावरण को समझने में सहायक है। रामायण के व्याख्यानों के ऐतिहासिक अध्ययन सदा उपर्युक्त तथ्य पर आधारित हैं। साहित्य जगत् में जो परिवर्तन प्रकट हुए थे वे तद्युगीन रामायण के पाठ से समझा जा सकता है। साहित्य में ही नहीं, सांस्कृतिक एवं राजनैतिक क्षेत्रों में भी रामायण-पाठ परिवर्तन का आईना बनकर आता है।

एक आदिवासी कथा के अनुसार हनुमान द्वारा विरचित रामायण के पन्ने एक पहाड़ के ऊपर से जब चारों ओर बिखर गये तो वाल्मीकि ने उसे एकत्र कर रामायण की रचना की। मतलब, राम वाल्मीकि के पहले ही लोक कथाओं में था। उसकी परम्परा दीर्घ थी। ए.के. रामानुजन एक लोककथा को यों उद्धृत करते हैं भूमि के एक छिद्र से जब राम की अंगूठी ग़ायब हो गई तो उसकी खोज में हनुमान पाताल में पहुँचता है। वहाँ की आत्माओं के सम्राट ने हनुमान से कहा कि राम अनेक हुए, किस राम की अंगूठी की तलाश में आये हो? अनेक रामों का अवतार हुआ है, किसी एक अवतार के खतम होते ही दूसरा अवतार जन्म लेता है। एक थाली में रखी गयी अनेक अंगूठियाँ दिखा दीं। ये सब राम की हैं। इनसे चुनो। तुम्हारा राम भी लव-कुश को राज सौंपकर सरयु में डूब गया।"

मलयालम में एषुत्तच्छन के रामायण में सीता कहती है कि "रामायण के कई रूप कविप्रवरों द्वारा आनन्द के साथ कहते सुना मैं ने।" इसका तात्पर्य है कि रामकथा सारी भारतीय भाषाओं में कई रूपों में उपलब्ध है। तुलु जैसी काफ़ी स्वीकृति

न प्राप्त भाषाओं में, भील-संथाली जैसी आदिवासी भाषाओं में तथा बालिनीस, असमीस, कंबोडियन, चीनीस, जापानीस, लावोसिय, मलेशियन, तिबत्तिन भाषाओं में लिखित रामायण प्राप्त हैं। संस्कृत में, पच्चीस पाठभेद हैं। फादर कामिल बुल्के ने "रामकथा" में बुद्ध-जैन पाठों को मिलाकर 300 रामायणों का जिक्र किया था। रामकथा का लचीलापन उसका महत्त्व है। भारत को एक साथ मिलाने केलिए गांधीजी ने राम को साधन बनाया। आर.एस वर्माजी के अनुसार मलयालम भाषा में रामायण पर केन्द्रीय 190 से ज़्यादा स्वतन्त्र रचनाएँ, 19 अनुवाद और 24 गद्य प्राप्त हैं। चीराम का "रामचरित", निरणम कवि का "कण्णश रामायण", अय्यप्पिल्ली आशान का "राम कथप्पाट्टु", एषुत्तच्छन का "अध्यात्म रामायण किलीप्पाट्ट्" जैसे राम से जुडे आविष्कार उल्लेखनीय हैं। इन आरम्भिक रचनाओं में रामायण धर्म-अधर्म के बीच की लडाई और अन्त में धर्म की विजय है। लेकिन इन सबसे भिन्न है एषुत्तच्छन का रामायण। महर्षी रामानन्द द्वारा रचित अध्यात्मरामायण को मूल आधार बनाकर रचित एषुत्तच्छन के "अध्यात्मरामायण किलिप्पाट्टु" (किलिप्पाट्टु-तोते का गाना) में "राम" विष्णु का अवतार है। राम उसमें मनुष्य नहीं ईश्वर है।

केरल में खेती के साथ मिलकर राम पर केन्द्रित लोक गीत गाया जाता था –जैसे–

> *"जनकन्टे मकलल्ले सीताप्पेण्णु,*
> *ओलयल्ले रावणन कट्टोण्डु पोई*
> *(जनक की बेटी है सीता,*
> *उसकी चोरी रावण ने की है न)*

एषुत्तच्छन के पूर्व केरल में पूरा रामायण पाठ नहीं था। केरल में उस समय राम ईश्वर नहीं था। स्थान के नाम से कुछ सांस्कृतिक व्यवहारों का सृजन सीता-राम पर आधारित हुआ। इटुक्कि बाँध दो पहाड़ "कोरवन" और "कोरत्ती" को जोडकर निर्मित है। यहाँ एक जनश्रुति चलती है कि "कोरवन और कोरत्ति" जो पति-पत्नी था उन्होंने जब सीता नहा रही थी छिपकर देखा तब उनको राम ने शाप दिया, उस शाप से वे दोनों पहाड़ बन गये। यह केरल में प्रचलित लोककथा है। वाल्मीकि रामायण का केन्द्रीय स्वर है–"यैत्क्रौचमिथुनाम।" अर्थात् जोड़ा बनकर जीना, "एकपत्नीव्रत" वाल्मीकि रामायण का बिम्ब है। इस जोडे में से एक की हत्या, पुरुषाधिपत्य को सूचित करती है। केरल में वरेण्य वर्ग को छोड़कर बाकी सब निम्न

जातियों में एकपत्नीव्रत का अनुसरण होता था। परिवार की संकल्पना निम्नजाति में थी। इसलिए रामायण पर उस समय पाठ नहीं बनाया गया, पाठ बना है तो वह सीता पर मात्र था।

रामायण कथायें कुछ आदिवासी गोत्रवर्गों के बीच में प्राप्त हैं। वे उनकी देशीय कथायें हैं। वे काल, वर्ग और देश के आधार पर निर्मित हैं। इसका शुद्ध और अशुद्ध ऐसा कोई विभाजन सम्भव नहीं है। उनका रामायण सीता पर केन्द्रित है। उत्तर वयनाट में "सीतायनम्" है। उस में सीता की यात्रा कोणिच्चिरा से शुरु होकर, इरुलन, पुलप्पल्ली, आश्रम कोल्ली, सीतमटी, शिशुमला रामप्पल्ली और जटयट्ट काव में समाप्त होती है। जटयट्ट काव में सीता का अन्तर्धान हुआ है। मुल्लुक्कुरुमर के रामायण में राम है। उनके अनुसार कौवे को देखने पर सात बार स्नान करना है। इसके पीछे यह कहानी है कि पंचवटी में जब सीता राम की गोदी में लेट रही थी तब सीता का कुचाग्र कौआ ने तोड़ लिया। उनका रामायण एवं साधारण रामायण में इतना फरक इसलिए नहीं है कि किसी समय किसी राजवंश के अधीन, वे रहे होंगे। उनके वट्टक्कली, कोलक्कली, पुरुषों का खोट का खेल आदि खेलों में रामायण कथा का इस्तेमाल किया जाता है। कृषक लोगों के "एरुमाटम" (पेड़ पर निर्मित कुटिया) "कावलप्पुरा" (खेतीबारी की पहरेदारी केलिए निर्मित कुटिया) आदि में जिस पहरेदारी का गाना गाया जाता है वह सीता परित्याग परआश्रित है। कुश सम्बन्धी एक कथा भी उनके बीच में प्रचार में थी। कथा यों है–सीता का एकमात्र बेटा था लव। जब सीता आश्रम के बाहर गयी, बच्चा चलते खेलते बाहर गया और ढूँढ़ने पर मिला नहीं। वाल्मीकि डर गया कि सीता से क्या कहें। उन्होंने कुश के घास से एक बच्चे को बनाया, वह है कुश। इस प्रकार अनेक कथायें रामायण का आधार बन कर केरल में वयनाट के आदिवासियों के बीच में प्रचार में हैं।

एषुत्तच्छन ने "सर्ववेदान्त सारसर्वस्व रामतत्व" मानकर सवर्णों के हाथ से भक्ति को सभी के हाथ में पहुँचाने के लक्ष्य में साधारण जनभाषा मलयालम में रामायण लिखा। उसका नाम है "अध्यात्म रामायण किलिप्पाट्टु"। यह मलयालम का प्रथम काव्य है। इसलिए उन्हें मलयालम भाषा का पिता माना जाता है। जब भक्ति का प्रवाह सम्पूर्ण भारतवर्ष में गति पकड़ने लगी तब मलयालम में भक्ति रस में यहाँ की सारी जनता को बग़ैर उच्च-निम्न भेद के, लिंग भेद के, जाति भेद के, वर्ण भेद के आप्लावित करने के लिए यह रचा गया।

उस समय के विदेशी आधिपत्य और राजाओं के बीच के युद्धों में फँसे हुए केरलीय संस्कार को बनाना उनका मुख्य लक्ष्य रहा था। श्रीराम को ईश्वर के रूप

में प्रतिष्ठित कर भक्ति के द्वारा मुक्ति का सन्देश दिया गया है। इसी सिलसिले में राम को ईश्वर मानकर लिखी गयी कई साहित्यिक रचनाएँ सामने आयीं। उन सब में राम ईश्वर था, इसलिए किसी को भी सवाल उनसे नहीं था, सीता को भी नहीं था।

केरल की सीताराम-संकल्पना भारत के अन्य भागों से भिन्न है। उत्तर भारत के समान राम को ईश्वर रूप में मात्र केरल में समझा नहीं जा रहा है। इसमें तीन चरण हम देख सकते हैं। एक एषुत्तच्छन तक का जो समय, बाद में एषुत्तच्छन का राम। एषुत्तच्छन के समय तक का राम आदर्श राम था। लेकिन एषुत्तच्छन भक्ति आन्दोलन का हिस्सा थे। उन्होंने सभी केलिए प्राप्य राम को हमारे सामने प्रस्तुत किया। भक्ति आन्दोलन की सामाजिक भूमिका यही थी। उन्होंने ब्राह्मणत्व के अधीन बन्द रखे गऐ सारे ईश्वरों को भक्ति नामक चाभी से खोलकर समाज के उच्च-नीच भेद के बग़ैर सबके सामने रखने की हिम्मत उठायी। यहाँ तक ऋतुमती स्त्री, ग़रीब, पतित एवं राजा सबको प्राप्त है ईश्वर। यहाँ एषुत्तच्छन ने भक्ति का प्रजातन्त्रीकरण किया। इसकेलिए महाविष्णु के पूर्णावतार को उन्होंने उतारा था। वाल्मीकि के राम से यह भिन्न है। वाल्मीकि का राम ईश्वर नहीं बल्कि पुरुषोत्तम है। एक उत्तम पुरुष कैसे होना है, उसका पूर्ण रूप वाल्मीकि ने अपने राम में आवेषटित किया। ऐसे सद्‌गुओं से सम्पन्न एक व्यक्ति ईश्वर का अवतार ही है, ऐसा मेटाफोरिकल प्रस्ताव दरअसल भक्ति आन्दोलन ने ही रखा। "If somebody is so perfect, he will be God" यह मात्र हमको मानना है। "Perfect is God"–पूर्णमदः पूर्णमिदं। उस समय कई प्रकार के उच्चनीच भेदभावों से पूर्ण समाज को बचाने केलिए भक्ति-आन्दोलन को ऐसे एक पूर्ण मनुष्य की सृष्टि कर ईश्वर का दर्जा देना ज़रूरी था। इसलिए एषुत्तच्छन का पूर्णराम सीता केलिए भी पूर्ण था, वह सवालों के परे था।

आरम्भिक और एषुत्तच्छन के राम के बाद आधुनिक काल में याने कि 18-19 वीं सदी तक आते आते नवोत्थान के समय में राम की जो अवधारणा रूपायित हुई वह पहले से भिन्न थीं। तब केरल की जनता के मन में रूपायित संदेह था कि क्या राम पूर्ण पुरुष है, सभी कलंकों के परे है? यहाँ उल्लेखनीय बात यह है कि राम और कृष्ण को उत्तर भारतीय दृष्टि से भिन्न होकर केरल ने देखा। इसका कारण हमारी राजनैतिक एवं सामाजिक परिस्थितियाँ हैं। इसलिए हमारे मन में मूर्तवत्, idolise, पवित्र किए गए ईश्वर रूप को मनुष्य कर दिया गया। सचमुच केरलीय एषुत्तच्छन का नहीं, वल्मीकि का अनुकरण करते हैं। यह केरलीयों की ही विशेषता है। केरल के फोक्लोर आदि का भी विश्लेषण करते समय यह स्पष्ट होता है। नृतत्वशास्त्रियों और सामाजिक मनोवैज्ञानिकों को इस ओर ध्यान देना चाहिए कि केरल के लोग

क्यों और कैसे इस दृष्टि के बन गए। केरलीय पहले से ही वैसे थे इसका संर्वोत्तम उदाहरण है केरल का सांस्कृतिक त्योहार ओणम का मिथक।

ओणम सम्बन्धी कहानी भागवत में नहीं है। यद्यपि वामनावतार की कहानी भागवत में है तो भी ओणम सम्बन्धी संकल्पना भागवत में कहीं भी नहीं। महाबलि नामक एक सम्राट था। केरलीयों के अनुसार महाबलि एक असुर सम्राट है। असुर सम्राट का अहंकार बढ गया, लेकिन वह धार्मिक था, न्यायनिष्ठ था। उसके ज़माने में जनता को पूर्ण आनन्द था। झूठ कहीं पर भी नहीं था, बालकों की मृत्यु कहीं नज़र आती नहीं थी। वैसे सभी प्रकार की समता, एकता और आनन्द की आदर्शपूर्ण स्थिति थी उनके ज़माने में। ऐसी एक राजनैतिक परिस्थिति में जनता पूर्णत: ऐश्वर्य एवं समृद्धि में थी। तब देवता लोगों के दूत बनकर विष्णु ने वामनावतार लेकर महाबलि की दानशीलता और धर्मनीति से लाभ उठाया। छलपूर्वक वामन जब पाताल की ओर पाद से भेजते समय महाबलि ने अपनी अन्तिम इच्छा प्रकट की कि साल भर में एक दिन अपनी प्रिय जनता के दर्शन करने की अनुमति दें। इसकी अनुमति दी गई। महबलि जनता के दर्शनार्थ आनेवाला दिन है ओणम यहाँ केरलीय किसके साथ हैं? धार्मिक, प्रजातत्पर-एक सम्राट को राजनैतिक कुतन्त्र और छलकपट से जिस वामन ने समाप्त किया उसके साथ नहीं है। केरलीय जनता सदा महाबलि के साथ है, यद्यपि वामन ईश्वर है तो भी। याने कि केरलीय दिल हमेशा मानवीयता के पक्ष में है। हमारे प्रगतिशील आशयों की बुनियाद के पीछे सामाजिक मनोविज्ञान काम करता है। Keralites are with the deprived and poor किसके साथ अन्याय चलता है, उस शिकार के साथ है केरलीय। केरलीयों का मन कभी भी विजेता के साथ नहीं है। पराजितों का साथ देना केरल के लोगों का सामाजिक स्वभाव है। इसलिए केरलीयों के इस सामाजिक मनोविज्ञान में सवाल करने का स्वभाव निहित है। राम पुरुषोत्तम होगा, महाराजा होगा, फिर भी सवालों के परे नहीं है। राम ने जो अन्याय सीता के प्रति, बालि के प्रति तथा ऐसे कई दुर्बलों से किया इनपर केरलीय सवाल करते रहते हैं। केरल के आदिवासियों के रामायणों से लेकर आधुनिक अधिकाँश साहित्यिक रचनाएँ सीता पर केन्द्रित हैं। सीता प्रकृति है, सीता के प्रति अन्याय प्रकृति के प्रति अन्याय है। राम के महत्त्व को स्वीकार करते हुए भी राम की आलोचना की जाती है।

आधुनिक युग में सामाजिक समवाक्य बदल गए। श्रीराम के पवित्रीकरण से अलग होकर श्रीराम से सवाल करना शुरु हुआ। केरल के लोगों ने वाल्मीकि

को स्वीकार किया। उन्होंने यह दिखाया कि हम शोषितों के साथ हैं। राम नायक के स्थान से अलग हो गया। डॉ. बी.आर अम्बेडकर ने अपने "रिडिल्स ऑफ़ हिन्दूईसम" में और ई. वी रामस्वामी नाईक ने राम के ईश्वरीय रूप को छोड़ा। बालिवध, सीता परित्याग, शूर्पणखा प्रसंग, शंबूक वध जैसे प्रसंगों में जो अन्याय हैं उन्हें रचनाकारों ने उठाया। आर्यावर्त ने द्रविडों को अपना उपनिवेश बनाया और द्रविडों के अस्तित्व को नष्ट किया। इसलिए द्रविडों ने रावण को नायक बनाया जहाँ उत्तर भारत में राम को नायक बनाया गया। इस परिप्रेक्ष्य में मलयालम के प्रसिद्ध आलोचक कुट्टिकृष्ण मारार का "वाल्मीकि का राम" विचारणीय है।

राम की आलोचना करती है मलयालम के प्रसिद्ध कवि कुमारनाशान की रचना चिन्ताविष्टयाय सीता (चिन्तातुर सीता)। "चिताविष्टयाय सीता" सीता की विचारभाषा है। सीता के अन्तर्धान के पूर्व की रात वाल्मीकि के आश्रम में एकांत में बैठकर अपने पूर्वानुभव और निकट भविष्य के बारे में विचारने की क्रिया है इस काव्य का प्रमुख विषय। श्रीराम से परित्यक्ता और तपस्विनी सीता के चारों ओर जो सघन और मौन वन है उसे एक करुणार्द्र कवि-हृदय ने शब्द प्रदान किया। वाल्मीकि के रामायण केलिए सीता, राम और रावण का विशाल जीवन विषय बना। लेकिन सीता की ज़िन्दगी के कुछ क्षण हैं आशान का आश्रय। लघु सन्दर्भ ने आशान के काव्य में सबको विह्वल कर दिया। केवल जनापवाद के नाम पर राजाधिकार की लालसा से प्रेरित राम ने लक्ष्मण के द्वारा सीता को वन में छोड़ा था। वहाँ वाल्मीकि के सीमातीत प्यार से रक्षित सीता में कभी राम के प्रति रोष हुआ, यह जानना सभी लोग चाहते हैं। आशान कहते हैं कि "हर जीवन को वासना का बंधन शरीर के निश्चल होने तक होगा।"

वाल्मीकि ने अयोध्या राज्य और वहाँ की जनता के सामने सीता की पवित्रता को सिद्ध करने की दृष्टि से आदिकाव्य को लवकुशों को सिखाकर अश्वमेध के समय अयोध्या में पहुँचाया। तब सीता के मन में कई सवाल उठते हैं कि क्या राम उसको वापस बुलायेगा, बुलाने पर जाना है, जाने पर अगले दिन से तपस्विनी बनकर या रानी बनकर जीना है। सीता के इन सवालों से पूर्ण चिन्ताग्रस्त मन को बहुत मनोवैज्ञानिक एवं ख़ूब कलात्मक ढंग से आशान ने उतारा है। यहाँ सीता की विचारभाषा दिवास्वप्न दशा में प्राय: चलती है। सीता के शिकायतें और सवाल पुरुषाधिपत्य व्यवस्था की जडों को तोड़ते हैं।

जनता की राय सुनकर गर्भवती स्त्री को छोड़ना कितना अन्याय है। शंबूक नामक शूद्र मुनि को मार डाला गया। धर्म का पालन करनेवाले स्त्री एवं शूद्र के प्रति

अन्याय करता है। राजभार प्राप्त करने से हृदय रूखा हो जाता है। ऐश्वर्य, अधिकार, बल, कीर्ति, जीत और स्वातन्त्र्य सबको अहंकारी बना देते हैं। इस प्रकार लम्बे समय के बाद स्त्री की निष्कपट आवाज़ साहित्य में गूँज उठी, वाल्मीकि की सीता, व्यास की पांचाली और कालिदास की शकुंतला के बाद। पाश्चात्य साहित्य में इब्सन के "डोल्स हाउस" के समान स्त्री-स्वातन्त्र्य की गूँज है इसमें।

सीता के मन में उठनेवाले सवालों की निरन्तरता में अभी तक की राम की छवि फीकी जाती है। 1919 में लिखित इस रचना में सीता सवाल करती है–"राक्षस सम्राट को मेरी देह के प्रति मोह उत्पन्न होना क्या मेरा दोष है?" वह पवित्रताधर्मी और स्वाभिमानी थी। वह सदा अपने शील एवं मर्यादाओं के बंधन में थी। उसके प्रति राम का यह अन्याय आशान के कवि ख़ूब वेदना और क्रोध के साथ अभिव्यक्त करते हैं। इन सबके बावजूद आशान सीता को अपनी कुलवधु की मर्यादा को लाँघने नहीं देते हैं। सीता कहती है–"इन सबके होते हुए भी हे राम, तुम्हारी हालत मैं पहचानती हूँ।" यहाँ एक पत्नी की आर्द्रता सीता प्रकट करती है। उसका और सवाल है कि उन दिनों पंचवटी में एक गर्भवती हिरणी को देख दोनों आँखें जिस राम की आर्द्र हो गईं उसी राम ने मुझ गर्भवती के साथ यह अन्याय कैसे किया? इसका तात्पर्य यह है कि सीता जानती है कि राम हृदयालु है, अपना पति कठिन हृदय का नहीं, फिर क्यों उसके साथ अन्याय किया? राम को सामने खड़ा कर ऐसे अनेक सवाल कुमारनाशान ने करवाये। यह केरलीयों के मन में उफनते आये एक आशय का सबसे सुन्दर आविष्कार है। केरलीय मन में कई शताब्दियों से ये सवाल थे? सभी कठिनाईयों का राम का पूरा साथ देते हुए किसी प्रकार के अनिष्ट के बग़ैर सीता ने सामना किया उस सीता को किसी का दोषारोपण सुनकर सघन वन में छोड़ना कोई केरलीय क्या झेल पाता?

जो पराजित और दुःखी होता है उसका साथ देना ही केरलीयों का स्वभाव है। कई सन्दर्भों में राम की प्रवृत्तियों की आलोचना केरलीयों ने की है। शुर्पणखा का अंगों का विच्छेद क्यों किया? वही तो रावण के गुस्से की वजह बना। वैसे ही है बालिवध। यह राम को कभी-भी माफी नहीं देता। सीता की अग्निशुद्धि की कहानी भी न्यायपूर्वक नहीं थी। शंबूक वध भी हीन कर्म रहा था। वैसे ही है परमसाध्वी पत्नी सीता को वह भी उससे कहे बिना सघन वन में छोड़ना। इसलिए मलयालम में इन सभी सन्दर्भों को मुख्य विषय बनाकर साहित्यिक रचनाएँ की गई हैं आधुनिक युग में। अब रामायण का पुनर्पाठ दलित, स्त्री, मानवीयता, पारिस्थितिकी आदि परिप्रेक्ष्य में किया जा रहा है।

समकालीन रचना में वी.टी जयदेव द्वारा रचित "हरितरामायण" स्त्रैणता और प्रकृति पर आधृत है। वन में लम्बे अर्सों तक रहने के बाद भी राम ने राजाधिपत्य के स्वभाव को छोड़ा नहीं है। वन में वह किसी बन्धन में नहीं था। लेकिन नगर आकर वह एकदम एक राजा और पुरुष बन गया। वह कोई भी अधर्म करने के लिए तैयार हो जाता है। चिड़िया का कलकूजन भी वह सुनने में असमर्थ हो गया। उसकी ज़िन्दगी धारदार बाण मात्र बनकर सिमट गई। यह कवि को व्याकुल बना देता है। लेकिन सीता ने वन में स्वतन्त्र होकर जीवन यापन कर सभी जीव-जन्तुओं तथा यहाँ तक कीडों को भी अपने दोस्त बनाये। स्त्री और प्रकृति मिलजुलकर रहती हैं। लेकिन पुरुष स्त्री और प्रकृति से दूर हो गया और अलग संस्कृति का निर्माण करता आ रहा है। पुरुष में स्त्री और प्रकृति नहीं बल्कि महत्त्वाकांक्षा, निर्ममता और अहं काम करते हैं। शूर्पणखा, ताटका जैसे आदिवासियों पर बाण के प्रयोग करने वाला राम केवल क्षत्रिय है। शंबूक का सुकोमल और आर्द्र हृदय इसमें है। हरितरामायण में शोककाण्ड, प्रव्रज्याकांड, आरण्यकांड, उत्तराकांड और मोक्षकांड तक पहुँचते ही राम नगर, आचरण, धर्म, खेती, जाति-मर्यादा, अर्थशास्त्र, शापपूर्ण अवतार-कथा के औचित्य को लांघकर जंगली जानवर बनता है। सभी प्रकार के सुखों को छोड़कर जब राम टूटे फूटे मेघों की तरह सीता पर बरस पडते ही मोक्षकांड पूरा होता है। मतलब है कि स्त्री और प्रकृति के आश्रय में आनेवाला राम यथार्थ में मोक्ष को प्राप्त करता है। स्त्री और प्रकृति केन्द्रित एक संस्कार की ज़रूरत को यहाँ रेखांकित किया जाता है जो राम जैसे पुरुष की मुक्ति केलिए ज़रूरी है।

मलयालम में रामायण केन्द्रित कुछ नाटकों का उल्लेख करना अनिवार्य है, उनमें सीता मुख्य पात्र है। श्री. सी.एन. श्रीकंठन नायर द्वारा 1961 में रचित "कांचन सीता",1975 का "साकेत", 1976 का "लंका लक्ष्मी" रामकथा की नयी व्याख्यायें प्रदान करनेवाले लोकप्रिय चर्चित नाटक हैं। कांचन सीता में प्रकृति मुख्य भूमिका में है। यज्ञ चलाने केलिए दूसरी शादी करने को तैयार होनेवाले राम के सामने हनुमान अपनी असहमति प्रकट करता है। इसलिए काशीराज की बेटी से शादी करने की तैयारी छोड़कर लोहे से सीता की मूर्ति बनाई गई, राम का शिलारूप भी। उस समय भूमि टूट गई, शिला रूप उसमें समा गया। लेकिन सीता को कोई हानी नहीं हुई, वह प्रकृति है। साकेत में दशरथ को प्राप्त शाप से सन्तान लब्धि से वंचित होने की कहानी है। लंका लक्ष्मी में राम कथापात्र भी नहीं है, मुख्य कथापात्र रावण है। आर्य-द्रविड राजनीति लंका-लक्ष्मी और कांचन सीता में है। राक्षस लोग आदिवासी द्रविड है। राम आर्य है। भारत की वर्ण-व्यवस्था और धर्म के अधीन बननेवाली राजनीति इसमें चर्चा का विषय है।

पी. बालचन्द्रन द्वारा रचित "माया सीतांक" में सीता को वन न भेजने के लिए प्रेरित किया जाता है। शंबूक वध इसमें मुख्य विषयों में एक बनकर आ रहा है। इस नाटक में राम से सवाल करनेवालों में कौसल्या भी है। नाटक में यह भी उल्लिखित है कि पत्थर और कांटे वन में नहीं अयोध्या में हैं। राम लवकुशों का गाना सुनकर उस शोककथा का इनकार करता है।

मलयालम में सारा जोसफ ने कई कहानियाँ रामायण केन्द्रित लिखी हैं वे सब राम से सवाल करती हैं। इसलिए श्री. के. सच्चिदानन्दन ने उनकी इन कहानियों को "सारायणम" कहा। ये कहानियाँ हैं, "अशोका", "तायकुलम", "करुत्त तुलकल" (काले छिद्र) "कथयिल्लात्ततु" (कथा रहित), "कान्तरतारकम" (वनतारक) भूमिराक्षस आदि। अशोका में रावण की पराजय के बाद विभीषण सिंहासन में आरूढ होनेवाला है। युद्ध से आतंकित और दु:ख से कलुषित है लंका। सीता लंका में एक साल से धूप, वर्षा, आदि को झेलते झेलते भूमि सदृश बन गयी। आज वह सुन्दर नहीं है। विभीषण सीता को आज्ञा देता है कि सिर डूबोकर स्नान कर भीगे वस्त्र पहनकर शुद्धिकलश के लिए आना है। तब सीता का उत्तर "अस्नाता द्रष्टुमिच्छामि भर्त्तारम" विभीषण को लज्जित करता है। लंका पराजितों और बाजों की जगह है। रावण अपने छिन्न-भिन्न रथ की सीढियों पर रक्ताभिषिक्त पड़ा है। समुद्र की तरंगों की आवाज़ मृत्यु-घर का रोदन जैसी है। लंका भर विधवाएँ हैं, वे अपने पतियों केलिए बलि-तर्पण करती हैं। धोखेबाज़ और भ्रातृहंता विभीषण के प्रति सीता को घृणा है। उसकी हमदर्दी इन विधवाओं के प्रति है। विजेता की आज्ञा में रक्त है। शिमशिपवृक्ष भी उस पाप को समझता है। प्रकृति सीता के साथ है। वृक्ष सीता के सामने हाथ फैलाता है, पत्ते उसके सिर सहलाते हैं। अबोध पड़ी सीता को लंका की बेचारी विधवा स्त्रियाँ सहारा देती हैं। विभीषण का ग़ुलाम बनना वह नहीं चाहती है। जब वह अबोधावस्था से जागती है तब उसने देखा कि जड़ टूटकर गिरे हुए अशोकवृक्ष और सूखा तालाब। उनका नमन कर वह समुद्र की ओर चली जाती है। भयभीत करनेवाली युद्धभूमि है। बच्चों और माताओं का रोदन सर्वत्र गूँज रहा है। भूमि की अपमानित स्त्रियाँ हैं सीता, शूर्पणखा आदि। राम द्वारा विधवा हुई मंडोदरी के साथ सीता लंका के समुद्र में स्नान करती है।

यह कहानी प्रतिरामायण है। इसमें राम जेता है, प्रेमी नहीं है। राम क्रोधी एवं संशयग्रस्त है। आर्यगोत्र को बचाने केलिए उसने युद्ध किया। वह पातिव्रत्य की परीक्षा करनेवाला नेत्ररोगी है। उसने सीता से कहा कि भरत, लक्ष्मण, सुग्रीव,

विभीषण में से किसी के साथ जीने को। सीता के चारों ओर अग्नि धधकती है। फिर जली हुई मिट्टी के सदृश्य वह बीज और वर्षा की प्रतीक्षा में है। सीता उर्वरता का प्रतीक है, आगामी पीढ़ी के लिए शहीद बनी है। कथा में सर्वत्र प्रकृति और पंचभूतों का सम्मिश्रण हुआ। स्त्री और प्रकृति की समानता से यहाँ पारिस्थितिक स्त्रीवादी दृष्टि प्रकट है। विरुद्धता का द्वन्द्व है "अशोका" में, जैसे न्याय-अन्याय, युद्ध-समाधान, स्नेह और अधिकार की विरुद्धता।

करुत्त तुलकल (काले छिद्र) में अयोध्या की अधिकार-लीलाएँ हैं। सिंहासन मासूम लोगों के रक्त में प्रतिष्ठित किया जाता है। अयोध्या में अधिकार के लालच और कामवासनाएँ हैं। एकाकी स्त्रियों से पुरुष एक साथ लड़ते हैं। "तायकुलम" कहानी में शूर्पणखा नायिका है। भारतीय संस्कृति में स्त्री-लैंगिकता कैसे चित्रित की गई है, इसका खुलासा कहानी में है। "कथयिल्लात्तत" (बिना कथा का) कहानी में सारा जोसफ ने यह दिखाने की कोशिश की कि विजेता और पराजित का इतिहास अलग-अलग है और सारी कविताएँ शोक से जन्म लेती हैं। लव-कुश के शोक-गीत से पहले हुए शंबूक के बच्चों का गीत लवकुश पहली बार सुनते हैं। धर्म, क्या मृत्यु का ऋण मृत्यु से चुकाने में है? ब्राह्मण के निर्णयों को निभाना है क्षत्रिय-धर्म और बाकी लोग इनके अनुसरण करनेवाले हैं? रामराज्य की संकल्पना गिर रही है । "कांतारतारकम" (वनतारक) में अंगद के ज़रिये रामायण पर सवाल उठाया जाता है। सनातन धर्म को पवित्र और बाकी सभी को ग़लत सिद्ध करनेवाले हैं सवर्ण लोग । राक्षस वंश आदिवासी और दलित लोगों को प्रतिनिधित्व करता है। सवर्ण मानसिकता का विरोध है इसमें। वैसे ही सारा की कहानी "भूमिराक्षस" भी रामायण पर सवाल करती है।

उपर्युक्त साहित्यिक व्याख्याओं के साथ मलयालम में कई क्लासिकल कलाएँ एवं लोक कलाएँ रामायण कथा को आधार बनाती हैं। कथकलि, कूटियाट्टम, तोलपावक्कूत्तु, संगीत, तुल्लल, पाठकम, चाक्यार कूत्तु, नृत्य, चित्रकला, मूर्तिकला, तन्त्रशास्त्र आदि इसके उदाहरण हैं। अन्त में रामायण के बारे में यह निष्कर्ष निकाल सकें कि रामायण एक ऐतिहासिक मिथकीय साहित्य रचना है, इसे धर्म और राजनीति का उपकरण बनाकर इसकी गति को नहीं रोकना है, अन्यथा यह अनादि काल तक निरन्तर प्रवहमान होकर सबके चित्त को आनन्द में निमग्न करेगा और उसमें अनन्त व्याख्याओं की सम्भावनायें रहेंगी। याने कि वह हर समय से संवाद करने में समर्थ रहेगा।

साहिर : अक्षरों का जादूगर - एक टिप्पणी

'साहिर: अक्षरों का जादूगर' (साहिर : अक्षरंगलुटे अभिचारकन) के. पी.ए. समद द्वारा उर्दू और हिन्दी के कवि तथा हिन्दी सिनेमा के गानरचयिता साहिर लुधियानवी की मलयालम में रचित जीवनी है। 2020 में प्रकाशित इस जीवनी का आरम्भ लुधियानवी के इन शब्दों से है कि "चेहरे पर हज़ार चेचक के दाग सही, ज़िन्दगी ख़ूबसूरत है, डॉक्टर कपूर।" हिन्दी सिनेमा के क्षेत्र में हमें मोहित करते हुए गुज़रे लुधियानवी की यह जीवनी अथवा उपर्युक्त उनके शब्द हिन्दी के मशहूर स्क्रिप्ट लेखक, गानरचयिता एवं साहिर के शिष्य जावेद अक्तरजी की यादों में विकास प्राप्त करते हैं। जावेदजी की यादों की कुछ घटनाओं का अनावरण यहाँ किया जा रहा है।

अपने पिता से रूठकर अलग जीनेवाले जावेद के लिए साहिर पिता जैसे थे। साहिर शादी शुदा नहीं और उनकी सन्तानें भी नहीं थीं, इसलिए उन्हें जावेद बेटा सदृश्य था। जावेद के प्रति साहिर का वात्सल्य अपने दोस्त का बेटा और दूसरे दोस्त के जामाद होने के कारण नहीं है। जावेद कहते हैं–"मैं बम्बई जब आया तो पिता से नाराज़ होकर था। खाने का कोई रास्ता नहीं था, रहने का वासस्थान भी। उस समय महीने में एक बार साहिर से मिलने जाता था। कुछ भी उनसे माँगता नहीं था। लेकिन साथ बिठाकर खिलाते थे, मदिरा भी देते थे। वे हमेशा मुझे अपना समतुल्य मानते थे। साहिर ने पहचान लिया था कि बीस साल का मैं कविता समझनेवाला था। हज़ारों कविता मुझे कंठस्थ था। उस समय साहिर के द्वारा रचित आख़िरी कविता हो या जो कविता या गाना लिख रहे थे वे मुझे सुनाते थे। मेरी राय पूछते थे। मुझे जावेद नाम से नहीं, बल्कि नौजवान पुकारते था। वे कहते थे "और सुनाओ नौजवान! क्या हाल है?"

बेकारी और बेधन से जावेदजी तडप रहे थे। तब एक दिन साहिर से मिलने गए। वे साधारणतया शाम को जाते थे, खाना खाकर, देर रात तक बातें कर, सोकर,

सुबह लौट आते थे। उस बार दिन में गये थे। उन्होंने साहिर से किसी न किसी प्रकार एक नौकरी के बन्दोबस्त करने को कहा, सह निदेशक, सह डयलोग लेखक या किसी प्रकार की। उन्होंने जावेदजी को सांत्वना देकर कहा कि इस प्रकार की स्थिति ज़िन्दगी में सर्वसाधारण है और उसे बड़ा मत मानना है। यह मात्र नहीं उनके हाथ में दो सौ रुपया पकड़ाया। 1965 में वह रुपया दो महीनों तक आराम से जीने केलिए काफ़ी था।

समय बदल गया। जावेदजी ने कई अच्छे अच्छे सिनेमा केलिए स्क्रिप्ट लिखे और साहिर ने उनकेलिए गाने लिखे। दोनों ने एक साथ कई काम किये। उसी बीच में दो सौ रुपये की याद जावेदजी करते थे और साहिर से कहते थे कि वे वह रुपया नहीं देंगे तो साहिर कहते थे कि वे वह ले लेंगे।

साहिरजी माता के साथ भारत विभाजन के समय लाहोर से बम्बई आये थे। शादी नहीं की थी। इसलिए ज़िन्दगी में माँ की मौत के बाद वे बिलकुल अकेले हो गए। यह स्थिति जावेदजी के शब्दों में–"अधिकारों से लड़नेवाले थे, संगीत निदेशकों और गायकों को/अपने से बड़ा न माननेवाले थे, गर्वीले अभिनेताओं, निर्माताओं और सत्ताओं को भी न माननेवाले साहिर डरे हुए बेसहारे होकर फूट फूटकर रोने वाले से दिखाई पड़े। अपने कमरे में जाने से भी वे डरते थे। ड्रायिंग रूम में सोफा में रात में सोते थे।" वे हृदय रोग से पीडित थे। इसलिए उन्हें डर था कि अकेले भीतरी बेडरूम में सोने पर दूसरे लोग कैसे उनकी बदतर स्थिति पहचानेंगे। यदि बाहर नहीं जाते तो भी उन्हें यह जिद्द था कि रोज़ सुबह आठ बजे ड्राईवर अस्लम को युनिफोर्म में उनके सामने हाज़िर होना है। शायद डॉक्टर को बुलाने की ज़रूरत पड़ेगी, यह सोचकर होगा। किड्नी स्टॉन की भी समस्या थी। लेकिन हार्ट अटाक की सम्भावना की वजह से ऑपरेशन नहीं किया गया। आख़िरी दिनों में ख़राब तबियत उसे डराती थी ओर सताती थी।

यश चोप्रा जब कभी उनसे मिलने जाते तो लिखने में ध्यान केन्द्रित करने को कहते थे। जवाब में वे कहते थे, 'कुछ मज़ा नहीं आया यार, लिखने का'। फिर बाद में गान-रचना उन्होंने शुरु की। उनमें मुख्य हैं यश चोप्रा का त्रिशूल (1978), काला पठार (1979), बी.आर. चोप्रा का 'द बेणिंज ट्रैन' (1980, "इनसाफ का तराजु" (1980) आदि। 'दी बेणिंग ट्रैन' सिनेमा में आर.डी बर्मन के संगीत निदेशन में मोहम्मद रफी और आशा भोसले ने मिलकर 'पल दो पल का साथ हमारा पल दो पल के यारा न है' गाया। यह कवाली साहिर की आख़िरी उत्कृष्ट रचना है।

'इस पल में जीना' यह बौद्ध सिद्धान्त है। इससे साहिर बेहद प्रभावित थे। उनके कई गानों में यह चिन्तन अनुगूंजित है। जैसे-

"ज़िन्दगी इक तेज़ रौ तूफान है
इके जो पीछा करे नादान है
गुमशुदा ख़ुशियों पे कौन हैरान है
वक्त लौटे इसका कब इंकाम है
झूम जब तक धडकनों में जान है
झूमना ही ज़िन्दगी का शान है
अव्वल आख़िर हर कोई अनजान है
ज़िन्दगी बस राह की पहचान है।
दोस्तों अपना ये ईमान है
जो भी ज़िन्दा साथ दे एहसान है
उन का रिश्ता जोडने वाले
अपनी नज़र में दीवाने है।"

1980 अक्तूबर 25 को साहिर के डॉक्टर कपूर का स्वास्थ्य ख़राब हो गया, यह जानकर साहिर कपूर से मिलने गये। तब डॉक्टर ने ख़ुशहाल पूछा तो उन्होंने जवाब दिया कि "चेहरे पर हज़ार चेचक के दाग सही/ ज़िन्दगी ख़ूबसूरत है, डॉक्टर कपूर"। उन दोनों ने मजाकों और खेलतमाशाओं के साथ सबसे प्रिय ताश खेलना शुरु किया। उसी बीच ताश नीचे डालकर हृदय को दबाकर और डाक्टर के द्वारा कुछ किए जाने के पहले डाक्टर के ही हाथों में गिर पड़े। यह उनकी आख़िरी सांस थी। लाश को देखते ही जावेदजी की स्मृतियों में साहिर सम्बन्धी बातें एक-एक करके झिलमिलाने लगी। जावेदजी के ये शब्द सुनिए–"अगले दिन ग्यारह बजे तक लाश श्मशान की ओर ले गया। दफनाया गया। मैं वहाँ कुछ देर तक अकेला खड़ा रहा। फिर बाहर की ओर जाते वक्त एक आदमी दौडते पास आया और उसने मुझसे "दो सौ" रुपया पूछा। कारण पूछा तो उस आदमी ने कहा कि कब्र को जिसने बनाया उसको मजूरी देनी है। यहाँ और कोई नहीं है। मेरे पास पैसा नहीं। साहिर साहब की मौत की ख़बर सुनते ही दौड आया। पर्स लिया नहीं। मैं ने जेब से दो सौ रुपया लेकर दिया। तब मैं ने सोचा उधार लिया था। लौटा दिया। साहिरजी ने मुझे ऋणमुक्त कर दिया।"

प्रपंच के सारे सौन्दर्य को एक बूँद ओस में प्रतिबिम्बित करनेवाले कलाकार के करिश्मा के सदृश्य साहिर ने भी अपनी ज़िन्दगी को छ: पंक्तियों में यों उकेरा है-

*"अश्कों में जो पाया है वो ही गीतों में दिया है
उसपर भी सुना है कि ज़माने को गिला है
जो तार से निकली है वो धुन सबने सुनी है
जो सास पे घुस्ती है वो किस दिल को पता है
हम फूल हैं, औरों केलिए लाये हैं ख़ुशबु
अपने लिए ले-देके बस इक दाग मिला है।"*

साहिर के अक्षरों का करिश्मा सारे भारतीयों, विशेषकर संगीत प्रेमियों ने अनुभव किया और उससे अपनी आत्मा को शीतल बनाया। वह कई रंगों से रंगित है। उसमें हमारी संस्कृति की असलियत है, मिट्टी की ख़ुशबु है और आध्यात्मिक चैतन्य है। उन कविताओं के सुनने और अध्ययन करने पर दूसरे गुरुओं को तलाशने की ज़रूरत नहीं। सबसे उल्लेखनीय है कि उनका वह करिश्मा पूर्णत: हमसे संवेदित करने में के पी ए समद ने भी जादूगरी का सफल प्रयोग काव्यात्मक भाषा में किया।

❑❑